Langyong Xiangyata:

Xinshiyexia Gaoxiao Guanli Tizhi Gaige Yanjiu

浪涌象牙塔

新视野下高校管理体制改革研究

褚金海 高 昕 /著

人民出版社

目　录

序　言

　　2010 年，我国颁布的《国家中长期教育改革和发展规划纲要（2010—2020 年）》（以下简称《纲要》）开启了我国教育改革发展新历史篇章，确定了未来 10 年我国教育改革发展的战略目标、总体任务、改革思路和重大举措的同时，明确提出了"优先发展、育人为本、改革创新、促进公平、提高质量"的工作方针。诚如《纲要》所言：强国必强教，强国先强教。作为教育体系的重要组成部分，高等教育的兴衰始终与国家的兴衰密切相关。从公元 11 世纪到现在，哪里有一流大学的兴起，哪里就有一个国家的崛起、一个民族的兴旺。美国的崛起固然受益于工业化历史的发端以及第二次世界大战和冷战的特殊历史境遇，但究其根本，还是得益于建立和发展了出色的高等教育体系。以研究著称的德国大学在众多科学领域都取得了辉煌成就，长期身负世界科学的中心，其学术组织和传统的延续，使德国在经历了第二次世界大战后期的国家分裂、人才尽失后，仍具备再次崛起的力量。身处欧洲的传统"强国"英国不仅拥有悠远的大学历史，还创建并发展了颇具规模的"城市大学群"，这些大学与城市的工业化发展互为依托、相得益彰。

　　教育要发展，根本在改革。目前，我国的高等教育事业进入快速发展时期和改革攻坚阶段，新问题和老矛盾在短时期内相互叠加、集中凸显。高校管理体制改革已经不再只是阳春白雪，它同时也是一个极其重要的民生话题。大学到底处于一个什么样的状况，既关系到国家的核心竞争力，也直接关系到无数普通学子和教师及其家庭的命运。大学改革问题越来越成为社会的焦点话题，根本原因正在于此。

在高校管理体制改革的这场整体性演进中，褚金海先生沉心潜行所呈献的《浪涌象牙塔》更显难能可贵。这是一部探讨新形势下高校管理体制改革、寻求大学和谐发展道路的力作。它以创新为使命，直面现实，为读者展示了强烈的问题意识，开拓了高等教育研究的视野，丰富了高等教育研究的内容，视野开阔，资料丰富，立论深入，辨析淋漓。它既是作者对多年实践工作的回顾与总结，也是对高校管理体制改革理论研究与探索，其中或深沉凝重或灵动闪光的对话，为相关的讨论临摹出宏大的背景，也开辟了独特视角。就特色而言，其一，重视背景研究，把教育研究放在社会经济、科学技术发展的大环境下进行。其二，重视理论研究，但又不空泛议论，理论联系实际。其三，研究的指导思想明确，重点突出。其四，研究的方法科学、规范。

综上所述，可以看出这一著作的字里行间都渗透着褚金海先生的心血，凝聚着他的智慧，在许多问题上闪烁着他独到的见解和创新求索的精神。该书的问世，不仅对丰富我国高校管理体制改革理论、促进高校管理体制改革与发展将起到有益的作用，而且在一定程度上是我国改革开放以来高校管理体制改革与发展的一个缩影。本书没有回顾我国高校管理体制改革的全程，也不是考察我国高校管理体制改革的全景，而是孤军执锐，直取当前我国高校管理体制的要害，揭示高校管理体制改革发展的规律，探索高校和谐发展的道路。我将此书誉为力作，正是对这种专注不移的研究精神的赞扬。

许耀桐

2011 年 9 月 1 日

绪　论

　　高校管理体制改革是高校发展内在的客观需要，是高等教育适应经济社会发展的需要。我国高校管理体制改革作为高等教育体制改革领域的重要组成部分，伴随着改革开放的步伐已经走过了30多年的风雨历程。30多年来，这一改革围绕高校自主权下放、高校后勤社会化改革、人事与分配制度改革、党委领导下的校长负责制的健全与完善、现代大学制度建设等主题不断深化，取得了重要的改革成果，为我国高等教育的发展奠定了良好的基础。随着我国政治经济体制改革的进一步深入，面对全球化浪潮和知识经济的兴起，处在社会转型时期的我国高等教育要从传统的高校管理体制转向现代大学制度所要求的以创新和完善内部治理结构为核心内容的现代高校管理体制，将是当前和今后一段时间内我国高等教育领域内一项重要的改革内容。高校管理体制更好地适应高等学校使命和任务的变化，适应社会主义市场经济体制逐步建立对高等学校内部管理体制的要求，更好地实现高等教育的社会职能，已经成为高校发展的重要任务，而且这一改革在经济社会变革的大背景下，不断被赋予新的要求和使命。

第一节 高校管理体制改革的时代意义

党的十七大明确提出："要深入贯彻落实科学发展观，把改革创新精神贯彻到治国理政各个环节，毫不动摇地坚持改革方向，提高改革决策的科学性，增强改革措施的协调性。" 2010 年 7 月，党中央、国务院召开了新世纪以来第一次全国教育工作会议，发布了《国家中长期教育改革和发展规划纲要（2010—2020 年）》，对未来 10 年的教育改革和发展进行了全面部署，开启了我国从教育大国迈向教育强国的新征程。以改革创新精神推动教育事业科学发展，是这次制定教育规划纲要的基本原则，也是全国教育工作会议的根本要求。胡锦涛总书记指出，改革是教育事业发展的强大动力，要重视改革的系统设计和整体安排，加快重要领域和关键环节改革步伐，以改革推动发展，以改革提高质量，以改革增强活力，进一步消除制约教育发展和创新的体制机制障碍，全面形成与社会主义市场经济体制和全面建设小康社会目标相适应的充满活力、富有效率、更加开放、有利于科学发展的教育体制机制。在此背景下，进一步推进我国高校管理体制改革意义重大。

一、适应我国国家发展战略的需要

教育是民族振兴、社会进步的基石，是提高国民素质、促进人的全面发展的根本途径，寄托着亿万家庭对美好生活的期盼。当前，我国正处于全面建设小康社会和加快社会主义现代化建设的关键时期，处于全面实施科教兴国战略、人才强国战略和可持续发展战略的关键阶段。进一步推进高校管理体制改革必将推动我国教育事业在新的历史起点上加快改革和发展，更好地适应我国经济社会发展新要求与人民群众新期盼，具有重大而深远的战略意义。

首先，进一步推进高校管理体制改革是建设人力资源强国、加快推进社会主义现代化建设进程的迫切需要。改革开放以来,我国经济快速发展,社会不断进步,综合国力显著增强,人民生活持续改善。然而,长期以来我国的发展对低成本劳动力和资源过度依赖,自然资源相对不足矛盾的日趋突出,生态环境压力加大,经济社会可持续发展面临前所未有的严峻挑战。我国将在 2020 年实现全面建设小康社会,将在 21 世纪中叶基本实现现代化,要保证这一战略目标顺利实现,就必须突破发展瓶颈,找到推动经济社会发展的新型引擎和持久动力。当前中央特别强调转变经济发展方式,就是要把经济发展真正转移到依靠科技进步、劳动者素质提高和管理创新的轨道上来,这是我国全面建成小康社会、进而实现现代化的关键举措。为此,进一步深化高校管理体制改革,全面推进教育改革发展,使我国进入人力资源强国行列,必将为经济社会又好又快发展和社会主义现代化建设提供强大人才支持和重要知识贡献。

其次,进一步推进高校管理体制改革是提高综合国力、增强国际竞争力的迫切需要。我国的社会主义现代化建设,是在全球科学技术飞速发展和世界范围大发展大变革大调整的背景下进行的,面临着激烈的国际竞争。这场竞争的核心是人才与科技竞争力,基础则是学习与教育竞争力。纵观世界各国发展趋势,知识越来越成为提高综合国力的决定性因素,人力资源越来越成为推动经济社会发展的战略性资源,人才培养与储备越来越成为增强核心竞争力的重要手段。为此,许多国家都把教育作为重要的国家战略,纷纷制定教育和人力资源开发战略规划,将其作为抢占国际竞争有利位置乃至制高点的重要举措。特别是当前,世界各国都在利用知识经济的发展机遇,通过优先部署教育和科技发展提高国家竞争力,应对后金融危机时代挑战。不仅如此,教育还是文化传承的重要途径,在培养全民族精神力量、增强民族凝聚力中发挥着不可替代的作用。我们要进一步增强国家竞争力和文化软实力,必须主动把握和全面谋划教育改革和发展。

最后,进一步推进高校管理体制改革是满足人民群众新期盼、努力办好人民满意教育的迫切需要。当前,我国仍处于并将长期处于社会主义初级阶段的基本国情没有变，人民日益增长的物质文化需要同落后的社会生产之间的这一社会主要矛盾没有变。目前我国人均国内生产总值达到 3600 美元。国际的经验表明，这一时期既是战略机遇期，又是矛盾凸显期，人民群众对包括教育在内的公共服务需求快速增长，改善民生、促进公平、建设和谐社会的任务更加繁重。随着社会不断发展进步，广大人民群众对通过接受教育提高自身素质、改变命运的愿望更加强烈。教育公平直接关系人民群众切身利益，教育公平实现得越好，就越能消除家庭贫困的代际传递，就越能促进社会流动，体现社会公平。我们必须把促进教育公平作为促进社会公平、建设和谐社会的大事来抓，努力办好人民满意的教育，使全体人民学有所教，保障公民依法享有接受良好教育的机会。这是党和政府义不容辞的职责，是促进社会公平正义的客观要求，是中国特色社会主义的本质体现。

二、适应社会主义市场经济的需要

市场经济已成为我国经济发展的主旋律，高等教育作为社会的一个有机体不可能摆脱或躲避市场经济的冲击。市场经济对高等教育的影响是一种客观存在，其中既有积极的正面影响，也有消极的负面影响。一方面，市场经济的大潮冲破高等教育原有的运行机制和管理理念，给高等教育注入新的活力和动力，驱动高等教育加快改革步伐；另一方面，市场经济的天然性的弊端也对高等教育不可避免产生一定负面的影响。

我国高等教育体制深受苏联教育模式的影响，高等教育的整个运行机制主要是以计划经济为理论基础，从管理体制到办学模式，从招生到分配，以至于专业和课程设置都充分体现了计划经济的基本特征。人们曾急切地呼吁改革这种教育模式，但实际效果并不明显，其根本原因就是缺少改革的动力和社会的外部要求。计划经济僵化了高等教育模式，高等教育自身很难冲破这种模式，高等教育在计划经济的大环境中可以不需要大的变革就能生存。以专业设置为例，我国高等院校的专业设置大多数带有产品流程的色彩。既然社会的物质生产部门在计划经济模式之下可以获得生存，那么高等院校的专业也就有了生存的土壤，它完全没有必要进行专业改革。计划经济的畸形发展导致人才培养的畸形发展，由此形成了一种恶性循环，人才比例失调，学科和专业结构失调。正是在这个意义上说，市场经济是深化高等教育改革的动力。市场经济对高等教育的冲击既表现为一种动力机制，也表现为一种契机，它同样体现一种长期效应。这种长期效应主要表现在如下几方面：第一，市场经济中多种所有制形式的存在将对单一的国家办学模式提出挑战，它将促进多种形式发展高等教育的新局面，适应人们接受高等教育的需要，形成国家办高等教育与社会、个人办高等教育并举的格局。第二，市场经济的竞争机制将对高等院校培养的人才在层次和类别以及能力上提出新的挑战，促使高等教育尽快建立起与市场经济相适应的"教育产品市场"———人才市场。第三，市场经济的发展将为高等教育提供广阔的社会实践领域，迫使高等院校走出"象牙塔"，面向社会，知识的价值会得到充分的体现，知识转化为生产力的周期将会大大缩短。第四，市场经济对高等院校的内部管理体制和教学过程提出挑战，在高等学校内部建立起提倡竞争、讲究效率的机制，调动起广大教师的积极性，促使教师主动地探索新的教学过程。

与此同时，市场经济固有的缺陷，在一定程度上也对高等教育产生负面影响。一方面，市场经济条件下社会环境的某些价值取向会对高等教育产生负效应。在价值观方面，市场经济所遵循的是价值规律，逐利思想是市场经济重要的驱动力。获得利润的高低，是评价市场行为成功与否的重要指标。市场经济的等价交换原则和求利原则有时会导致价值观念的扭曲。由于我国社会主义经济是由公有制为主体的多种经济成分构成的。利益主体的多元化和市场经济运行中的分散决策，使经济领域的竞争目的不可避免地包含着个人利益和小团体利益。社会上会出现个人利益和社会利益相分离的现象。物质利益关系可能会使理想和信念变成单纯对物质利益的追求。如果渗透到高等教育领域，将会影响高校的办学效益和教学质量，不利于高素质人才的培养。另一方面，市场经济运行规律与高等教育运行规律之间的矛盾和反差。市场经济是按价值规律和供求变化来进行市场调节的。这种调节在一定程度上具有自发性、盲目性。特别是市场需求瞬息万变，市场行为具有短期性、速效性和波动性，使市场信息业难以规范化。而教育的运行过程不但周期长，要求有一定的稳定性，而且具有长期性、滞后性等特点，因此，教育过程的长期性、教育作用的迟效性与市场调节的短期性、市场作用的速效性之间就存在着反差。市场引导企业是正确的，但是人才培养却不能完全由市场来决定。如果我们不遵守教育规律，而完全依赖市场进行办学，则高等教育不会有大的发展，难以起到促进社会进步的作用。

　　我国高等教育在市场经济的双重影响下，其自身也发生了深刻的变化。一是高校功能发生了巨大的变化。在市场经济体制下，高校不仅具有传统的传播学术思想和知识体系的学术功能，维护和宣传意识形态的政治功能，提升公民整体素质的社会功能，同时还具有以人力资源培育为主导目标的经济功能。高校管理体制改革的目标之一，就是要建立良好的运行机制，实现大学的主要功能；二是高校管理权力主体发生了重大变化。随着经济体制改革向纵深发展，各类市场主体逐渐介入一直相对保守的教育领域，政府的教育垄断地位受到动摇，高校管理权力主体发生了变化；三是作为服务产品的高校教育效用发生了根本性改变。计划经济体制时期人们接受的高校教育是"公共产品"，市场经济条件下，人们求学的目标具有多元性，高校教育作为一种"准公共产品"，与传统的"公共教育"相比，不仅在效用形式上由单一化向多元化转变，而且在实现效用的方式上也由长期性向非长期性转变，个人教育投入产出还受到边际报酬递减或递增规律的制约；四是高校教育形式发生了新的变化。除传统的校园式高校教育之外，诸如成人教育、远程教育、网络教育等新的教育形式不断创生。这些新的教育形式变革及在探索过程中引发的争鸣，也为进一步推动高校教育形式变革提出了更高的要求。高校的这些变化，对高等学校管理体制改革提出了新要求。在教育理念上，应把高等教育当成人们的公共服务需求，而不只是政府单一管制下的社会管理工具；在高等教育的社会功能作用上，应把高等教育当成社会公共事业，而不只是政府的行政职能；在高校的社会地位定位上，应把高校看做一个拥有充分自主权的组织，而不再只是政府的一个部门或附属机构。

用动态的观点来分析，市场经济对高等教育的双重影响实际上是一个此消彼长的动态过程：即消极因素表现为一种短期效应，积极因素表现为一种长期效应，其发展是短期效应逐渐减少、长期效应逐渐增多的过程。市场经济给高等教育带来的积极影响将表现为一股强有力的动力机制，驱动高等教育加快改革步伐。这是市场经济给高等教育带来长期效应的集中表现，也是认识市场经济与高等教育关系的本质。市场经济给高等教育带来的长期效应必须是建立在运行机制正常的市场经济基础之上，克服市场经济可能给高等教育带来的短期效应并不是一个自然的过程，它要求高等教育自身具有识别和调控短期行为的功能，这应该是建立在对市场经济的本质和教育规律认识基础上的产物。市场经济已成为我国经济发展的主旋律，高等教育作为社会的一个有机体不可能摆脱或躲避市场经济的冲击。既然市场经济对高等教育的冲击在本质上表现为长期效应，高等教育的唯一选择就是正视市场经济的冲击，按照教育发展的基本规律指导改革，把市场经济可能带来的短期效应降低到最小程度。

三、适应高等教育改革发展的需要

20世纪以来，高等教育在国家发展中的战略地位日益突出，经济和社会的发展比以往任何时候都更加倚重知识和技术的创新，更加倚重劳动者素质的提高，更加倚重科技、教育的快速发展。高等教育开始从间接推动经济社会发展向直接拉动经济社会发展转变。如何提升高等教育质量，使其更好地为社会服务，是世界各国高等教育发展的趋势所在。伴随着全球化、信息化、市场化以及知识经济时代的来临，世界高等教育改革也呈现出了新的特点。一是高等教育办学体制由单一向多元转变。各国高等教育大众化的发展过程，都有一个共同的特点，那就是鼓励多种形式办学，发展新的办学形式；二是高等教育社会化功能愈加突出。随着高等教育从社会的边缘走向社会的中心，其在不同领域的社会服务功能愈加广泛和深入，从而在更高层次上要求高校应树立社会发展的使命感和责任感，增强全面服务社会、引领社会的自觉性和前瞻能力；三是高等教育将成为终身教育的一个组成部分。经济社会的飞速发展，科学知识的快速增长以及知识更新周期的缩短使终身教育成为一种必然，高等教育必须变得更加多样化和更具灵活性，以此来适应社会的需求和变化；四是高等教育将进一步国际化。随着经济全球化进程的加快，跨国际、跨民族、跨文化的高等教育交流、合作和竞争将逐渐成为高等教育发展的内在要求和发展趋势；五是高等教育更加注重产学研相结合。科研、教学、生产一体化，是当今世界高等教育、科学和经济综合发展的产物，建立以高等教育为主导的、同科研和生产紧密结合的联合体，将是世界各国推行的高等教育改革与发展的共同模式，高校面向社会经济，并服务于社会经济，这已成为世界高等教育改革的大趋势；六是高等教育课程的综合化。现代科技与生产的发展，是以综合化为基本特征的，反映到高等教育中就是课程的综合化，要求基础教育和专业教育、应用研究和开发研究相互渗透、交叉进行，培养学生适应社会发展的需要和具有解决复杂课题的技能。世界高等教育发展与改革对于提高我国高等教育的现代化水平，拓宽高等教育市场，促进我国高等教育体制的变革与创新等提供了有利条件，同时也对我国高校现行的办学体制、运行机制、专业结构、管理方式以及教育资源、教育目标价值取向等方面形成了挑战。

伴随经济社会改革与发展的伟大进程，我国高等教育在党的领导下，经历了从恢复到改革、发展和创新的一系列剧变。经过30多年的艰辛探索，我国逐步成为世界上规模第一的高等教育大国，为改革开放以来的经济社会发展提供了强有力的知识贡献和人才支撑，走出了一条适合中国国情的、有自身鲜明特色的高等教育发展道路。特别是近几年来，在改革办学体制、管理体制、投资体制、招生和毕业生就业制度、学校内部管理体制等方面都取得了不同程度的新进展。同时，我们也要清醒认识到，我国教育还不完全适应国家经济社会发展和人民群众接受良好教育的要求，教育体制亟待改革，教育质量亟待提高，教育投入亟待增加。我们必须坚定不移地把教育摆在优先发展的战略地位，切实转变教育发展方式，在人才培养、考试招生、办学方式、管理体制等方面进行大胆创新，完善中国特色社会主义现代教育体系，全面推进教育事业科学发展，显著提高教育现代化水平，使教育发展更加符合时代发展的潮流，更加符合建设中国特色社会主义对国民素质和各类人才的需要，更加符合广大人民群众对教育的殷切期望。当前，我国高等教育已从精英型向大众化转变，高等教育形式也逐步向多层次、多元化转变，社会对高等教育的评价已发生新的变化，对优质教育资源和人才多样化的需求日益迫切，对高校的办学理念、办学模式及办学水平都提出了新的要求。在发展方向上，未来我国的高等教育要以提高质量为导向；在发展路径上，将以加强世界一流大学和高水平大学建设为重点；在发展机制上，将要注重自我约束、自我发展，构建高等学校可持续发展良性机制，推进高等学校的健康发展；在人才培养上，将以培养创新思想为主导，形成创新机制，培养创新人才；在改革内容上，将着重处理好政府依法管理与学校依法自主办学的关系。传统办学体制中"高度集中、高度统一"的管理方法，造成了高校内部行政机构臃肿，人浮于事，已经阻碍了高校的进一步持续发展，所以，改革高等学校传统的办学体制和管理体制，是高校在未来谋求长足发展、提升内涵的必由之路《国家中长期教育改革和发展规划纲要（2010—2020年）》（以下简称《纲要》）指出，"教育要发展，根本靠改革。要以体制机制改革为重点，鼓励地方和学校大胆探索和试验，加快重要领域和关键环节的改革步伐。创新人才培养体制、办学体制、教育管理体制，改革质量评价和考试招生制度，改革教学内容、方法、手段，建设现代学校制度，构建中国特色社会主义现代教育体系。加快解决经济社会发展对高质量多样化人才需要与教育培养能力不足的矛盾、人民群众期盼优质教育与资源相对短缺的矛盾、增强教育活力与体制机制约束的矛盾，为教育事业持续健康发展提供强大动力。"同时，《纲要》还专门就高等教育改革明确提出了"现代大学制度改革试点。制定、完善学校章程，探索学校理事会或董事会、学术委员会发挥积极作用的机制；全面实行聘任（聘用）制度和岗位管理制度；实行新进人员公开招聘制度；探索协议工资制等灵活多样的分配办法；建立非事业编制合同制专职科研队伍，推进管理人员职员制；完善校务公开制度"等内容和任务。

面对新的形势和挑战，高校管理必须突破传统的管理模式和管理手段，深入贯彻落实科学发展观，进一步深化管理体制改革，不断增强适应社会的能力，这无疑是一项长期而艰巨的工程，尚需要在诸多的环节和方面进一步地实践和探索。河南农业大学的管理体制改革始于邓小平同志南方谈话之后兴起的国家新一轮改革浪潮。作为河南省本科院校管理体制改革的先行者，河南农业大学既是河南省学分制改革的试点学校，又是人事分配制度和后勤改革的试点单位。自1992年始，河南农业大学开展了一系列深化管理体制改革的讨论活动，并从此展开了一场轰轰烈烈的"改革创新求发展"的运动。笔者亲身经历了这一系列改革，并在许多关键问题上参与了学校的决策，深深地体会到，高校管理体制改革关系到高校人才培养质量的提高、关系到高校的安定团结、关系到高校的全面协调可持续发展。高校快速发展，出路在于改革，基础在于改革，根本在于改革。

基于此，本书通过对河南农业大学改革经验的分析和总结，结合我国当前教育改革实际，以点带面，从机制体制层面上来揭示我国高校改革取得的成绩和存在的问题，提出完善高校管理体制改革的对策和建议，以及对其他高校的管理体制创新提供有实践意义的借鉴素材。

第二节　高校管理体制改革的内涵和概念

研究高校管理体制改革，所涉及的概念是多方面的，其中主要的概念包括两个方面的内容：一是包括高等教育、高等学校、体制、管理体制等在内的基本概念；二是包括高等教育管理体制、高校管理体制、高校管理体制改革等在内的核心概念。

一、基本概念的界定

1.高等教育和高等学校

汉语"教育"一词始见于《孟子·尽心上》："君子有三乐，而王天下不与存焉。父母俱存，兄弟无故，一乐也；仰不愧于天，俯不怍于人，二乐也；得天下英才而教育之，三乐也。"《说文解字》的解释，"教，上所施，下所效也"；"育，养子使作善也"。"教育"成为常用词，则是19世纪末20世纪初叶的事情。19世纪后半期，中国人开始兴办新式教育，现代汉语中"教育"一词的通行，与中国教育的现代化联系在一起，反映了中国教育话语由"以学为本"向"以教为本"的现代性转变。西方"教育"一词源于拉丁文educare，本义为"引出"或"导出"，意思就是通过一定的手段，把某种本来潜在于身体和心灵内部的东西引发出来。从词源上说，西文"教育"一词是内发之意，强调教育是一种顺其自然的活动，旨在把自然人所固有的或潜在的素质自内而外引发出来，以成为现实的发展状态。教育有广义和狭义之分，广义的教育泛指一切有目地影响人身心发展的社会实践活动。凡是有目地对受教育者的身心施加影响，使之养成教育者所期望的品质的活动，无论是有组织的或无组织的，系统的或零碎的都是教育；狭义的教育主要指学校教育，即教育者根据一定的社会要求和受教育者的发展规律，有目的、有计划、有组织地对受教育者的身心施加影响，期望受教育者发生预期变化的活动。

高等教育的发展历史可以追溯到中世纪的大学，后来历经发展，主要是英国、德国、美国的大学的不断转型，形成了高等教育的三项职能即：培养专门人才、科学研究和服务社会。在我国，高等教育是指中学后教育，《高等教育法》所称的高等教育是指在完成高级中学教育基础上实施的专业教育，是培养高级专门人才的社会活动。广义的高等教育泛指一切中学后教育。狭义的高等教育是指学制系统中最高层次的教育，是建立在完全中等教育的基础上进行的专业教育，它担负着培养高级专门人才和发展科学技术文化的重要任务。高等学校是实施高等教育的组织形式，泛指对公民进行高等教育的学校。高等学校从广义上也称为大学。狭义的大学是指学科门类较多的高等学校。高等教育和大学之间存在着相互涵盖的关系而不是相互取代的关系。高等教育是人类活动的一个领域，大学则是一种社会机构，它是被称为学校这类机构的一个子系；高等教育是现代教育体制中的一个层次，是人类的一种心智活动，大学则是实施这一层次教育的一类机构，但不是唯一的一类机构，同时，大学不只实施这一层次教育，甚至并不只是实施教育。

2. 体制和管理体制

体制是组织领域里广泛使用的概念，是指体系化的组织制度，具体而言是指国家机关、企事业单位在机构设置、领导隶属关系和管理权限等方面的体系、制度、方法、形式等的总称。体制可分为政治体制、经济体制、企业体制、事业体制、文化体制等。体制是国家基本制度的重要体现形式，它为基本制度服务。基本制度具有相对稳定性和单一性，而体制则具有多样性和灵活性。从历史唯物主义角度上来说，体制是联系社会有机体三大子系统——生产力、生产关系和上层建筑之间的结合点，是三者之间发生相互联系、相互作用的桥梁和纽带。

教育体制就是指教育事业的机构设置、隶属关系和管理权限划分的体系和制度的总称。从教育层次上划分，包括高等教育体制、中等教育体制和初等教育体制等；从内容上划分，包括举办体制、财政体制、管理体制等。管理体制是指管理系统的结构和组成方式，即采用怎样的组织形式以及如何将这些组织形式结合成为一个合理的有机系统，并以怎样的手段、方法来实现管理的任务和目的，具体地说，管理体制是规定中央、地方、部门、企业在各自方面的管理范围、权限职责、利益及其相互关系的准则，它的核心是管理机构的设置。各管理机构职权的分配以及各机构间的相互协调，它的强弱直接影响到管理的效率和效能，在中央、地方、部门、企业整个管理中起着决定性作用。

教育管理体制是一个国家在一定的政治、经济和文化制度基础上建立起来的对教育事业进行组织管理的各项制度的总和。教育管理体制是整个教育体制得以构成和运行的保障，它对学校教育管理体制改革和发展的方向、速度、规模有直接的影响，涉及教育系统的机构设置、职责范围、隶属关系、权力划分和运行机制等方面，其外延包括教育领导体制、办学体制和投资体制为核心的一系列教育制度。

二、核心概念的释义

1. 高等教育管理体制及其改革

高等教育体制就是高等教育事业的机构设置、隶属关系和管理权限划分的体系和制度的总称。包括高等教育举办体制、高等教育管理体制、高等学校管理体制等。高等教育管理体制是指体系化的高等教育管理组织制度，是关于高等教育事业的机构设置，人员配置，隶属关系和职责，权益划分的体系和制度的总称。高等教育管理体制主要包括国家各级政府及教育行政部门对高等教育的管理体制和高等学校的自身管理体制，它既包括宏观的政府、社会与高校各要素之间的相互关系及其组织运行方式，也包含微观的高等学校内部管理体制，具体包括办学体制、管理体制、投资体制、招生就业体制、内部管理体制等。从宏观角度看，高等教育管理体制是国家管理高等教育事业的根本制度，是国家在高等教育行政管理工作中机构设置、相互关系和责权划分的制度，主要是明确国家对高等教育进行行政管理中，由哪级政府统筹和决策，它们之间的责权如何划分及对高等教育机构如何管理等。它是高等教育体制的重要组织部分，是带有根本性和全局性的组织管理制度。其主要内容是规定中央与地方、政府与学校在实施高等教育管理过程中的相互关系及各自的职能，包括采取什么样的管理方式来协调和理顺中央与地方、政府与学校、社会与学校以及学校内部上下之间、各部门之间关系的一系列规定和制度。如果把高等教育作为一个大系统，各个高校就是其子系统。那么，高等教育管理体制是带有高等教育的全局性、整体性的制度，支配着高等教育的全部管理体制，同时涉及高校内部的领导分工、机构设置、管理权限及相互关系等管理制度，它决定学校的教学、科研、人事、财务、后勤等一系列管理活动，直接支配着高校的全部管理工作，一方面直接制约高等教育各种功能的发挥，另一方面又是高校教育与社会联系的枢纽，这也是高等教育管理体制的微观层面。

相应的，高等教育管理体制改革也包括宏观层面的改革和微观层面的改革。从宏观来看，高等教育管理体制改革是指政府或高等学校、高等教育机构对高等教育体制的改革。改革的内容相应地分为两个层次：一是政府（中央）与政府（地方政府）在管理权限方面的分配与安排，也就是中央政府与地方政府在集权和分权之间如何实现合理的安排；二是政府、社会和高等学校的关系，即政府如何宏观调控、社会怎样积极参与、高校如何自主办学。高等教育管理体制改革的基本任务在于，适应新形势下经济体制、政治体制变革的要求，协调政府、学校和社会三方面的关系，增强高等学校面向社会自主办学的能力，建立一个有利发挥各方面的积极性、解放教育生产力、推动高等教育事业发展的中国特色社会主义的高教管理体制，高等教育管理体制改革，也是教育资源重组，不仅是我们国家高等教育改革发展中需要解决好的问题，也是世界高等教育改革的趋势。从微观看，高等教育管理体制改革是指高等学校或者高等教育机构内部管理体制方面的改革。如精简机构、转换机制，减员增效、分流冗员，全员聘任、平等竞争，后勤服务、走向社会等[①]。这两个层次相互联系相辅相成，没有宏观改革的大背景，微观改革就难以开展；没有微观改革做支撑，宏观改革就失去意义。

2. 高校管理体制及其改革

目前，对于何谓高校管理体制理论界主要有两种认识。一种观点认为高校管理体制是其组织制度和结构体系。阎亚林在《大学内部管理体制比较研究》一文中指出：大学内部管理体制是指学校的管理制度、机构设置、管理

---

① 潘正星：《论高校内部管理体制改革的紧迫性及思路》，《广东教育学院学报》1999 年第 5 期。

权限及其相互关系的根本性组织制度，其核心是权力结构。大学的权力结构由行政权力、学术权力、其他利益群体权力组成。行政权力的主体是大学各管理层次中的领导和辅助人员，学术权力的主体是各学科领域、各专业中的著名学者、教授。其他利益群体权力的主体则是一般教职工和学生。① 喻岳青认为：高等学校内部管理体制是指高等学校内部的组织结构体系，包括管理机构的设置、隶属关系和管理权限的划分，以及内部管理运行机制。在操作层面上，内部管理体制改革涉及学校管理体制改革、党政机构改革、院系组织结构调整、人事制度、分配制度改革和后勤改革等方面。② 黄春平认为：高等学校内部管理体制，是指高等学校内部的组织结构体系，包括管理机构的设置，隶属关系和管理权限的划分，以及内部管理的运行机理。在操作层面上，它主要解决的是高等学校内部的管理问题。内部管理体制改革涉及学校管理体制的改革、党政机构的改革、院系组织结构的调整、人事制度和分配制度的改革以及后勤的改革等方面。③ 另一种观点认为高校管理体制是其组织系统内部之间管理关系的构建体系。叶澜认为：高等学校内部管理体制是指学校的内部组织系统及其构建的原则与功能的规定，涉及机构设置、职责分工，权力分配及其相互关系等一系列重要且具体的方面。④ 徐毅鹏等认为高等学校内部管理体制管理重点在五个方面：学校机关改革，学术单位调整，分配制度改革，人事制度改革，后勤改革。⑤

综合这些观点，我们可以这样定义高校管理体制：高等学校内部组织系统之间的相互关系及高等学校为治理内部事务而具有相对稳定性的管理规范

---

① 阎亚林：《大学内部管理体制比较研究》，《教育探索》2003 年第 10 期。

② 喻岳青：《20 世纪中国高等教育发展历史的若干启示》，《高等教育研究》1999 年第 3 期。

③ 黄春平：《高等学校内部管理体制改革的新趋向及其逻辑》，《山西财经大学学报》（高等教育版）2005 年第 4 期。

④ 叶澜：《深化中国高等学校内部管理体制与运行机制改革的研究报告》，《教育发展研究》2000 年第 5 期。

⑤ 徐毅鹏、袁韶莹：《21 世纪初叶的中国高等教育》，高等教育出版社 2000 年版，第 166—167 页。

和制度，并与此相协调建立的支撑体系和管理方法。涉及高等学校的领导体制、行政体制、学术体制、人事体制、财务体制等多个方面，这也是本书所指的高校管理体制，即高等教育管理体制的微观层面。

高校管理体制改革的内容主要包括管理机制改革、人事分配制度改革、教学科研管理改革、民主体制改革、后勤服务改革等，其根本目的是要使高校的教育资源得到合理充分地开发和配置，提高教育教学质量、增进办学效益，实现高等教育人才培养、科学研究及社会服务的三大职能。① 我国高校的管理体制，是在计划经济体制下形成的，改革前，学校管理机制基本上与上级主管部门的管理职能对口，具有明显的依附性、封闭性特点，高校缺乏面向社会自主办学的能力。改革开放以来，我国高等学校管理体制的改革取得了长足进展，管理机制和模式发生了很大变化，提高了对经济两个转变和教育两个转变的适应性。但与计划经济体制对应的教育观念和体制虽然失去了现实合理性，却还没有完全被克服，因此，在新的历史时期，继续深化高校管理体制改革仍然是高等教育改革的一项重要任务。

辩证唯物主义认为，内因是事物发展的根据，外因是条件，外因通过内因而起作用，这是事物发展的普遍规律。高等学校管理体制改革也遵循这一规律。具体而言，高等学校组织结构、组织行为、劳动人事制度等是影响高等学校发展的内因；外部环境如教育法律、教育政策、教育决策、教育规划、教育经费、办学体制、经济环境等是影响高等学校发展的外因。任何一所高校如果既能通过自身改革充分激发内部活力，发动内因；又可以适应外部环境，争取外因，毫无疑问就可稳步前进，实现自己的理想。随着高等教育体制改革的重心逐步下移，高等学校管理体制改革的地位和意义越来越重要。发达国家的历史经验也表明，教育的改革必定经历一个从系统的、宏观的层面转向学校层面的过程。高等学校不同于高等教育，他们是微观和宏观的关系，高等学校管理体制改革不同于高等教育的改革，高等学校是一个组

---

① 郭明顺：《高校内部管理体制改革的策略选择》，《辽宁教育研究》2007 年第 8 期。

织，其管理体制改革是组织的改革，高等教育的改革是行业的改革，推进高校管理体制改革仅仅认识和掌握教育的规律是不够的，高校的改革和管理实践不仅需要遵从教育理论，更应遵循管理理论、组织理论。

第三节　高校管理体制改革的研究综述

现代高校是当代最复杂的社会机构之一，其管理体制对高校的运行起着十分重要的作用，世界范围内的高校都在研究和探讨内部治理的科学性、有效性和可行性，正如美国密西根大学前校长詹姆斯·杜德斯达所言："大学所面临的一个巨大的挑战，既不在于财政上的限制，也不在于学生的能力和研究机构的效能，更不在于当前机制的转变。最大的挑战在于大学内部以及大学与外部社会的管理措施和管理方式的改革。"[1] 自20世纪80年代以来，许多国家的政府都把高校管理体制改革作为关系到本国在 21 世纪国力兴衰的一个关键的因素，开始探讨与经济发展相适应的高等教育改革和发展战略。近些年来，对于高等学校管理体制改革的研究也一直是高等教育管理领域研究的热点。

一、国外对高校管理体制改革的研究

西方高等教育已有几百年的历史，从高等教育管理的宏观运行机制来看，各国的管理模式具有各自的传统和特色，但普遍对市场制度有很强的适应性。英国高校的管理模式具有显著的"学者寡头"的特点。虽然英国大学的办学经费一直主要来自政府拨款，但是在经费的使用上，学校有很大的自主权，在处理学校内部事务方面，学术人员的权力更大。20 世纪 80 年代以

---

[1]　詹姆斯·杜德斯达著，刘彤、屈书杰、刘向荣译：《21世纪的大学》，北京大学出版社 2005 年版。

后英国就开始推行自由经济政策，大幅度削减了政府对大学的投入，为高等教育注入了市场因素，开始把注意力转向了市场需求——学生和工商界，大学之间的竞争程度有了明显的提高。近年来，学者们就英国大学内部管理的沉闷问题进行了反思，认为完善的内部治理结构和管理方式是和学术工作的组织分不开的，"拒绝对大学内部的管理优先性进行讨论，不仅会导致学校的专制和混乱，而且会导致资源的浪费。"①

　　欧洲大陆的其他国家则在市场化、国际化及欧洲大陆高等教育的整合上进行了广泛的研究。如法国在总结英国高等教育发展经验的基础上，提出了大学教育应逐步转变到国际化和全球化的轨道上②；西班牙学者在研究大学与社会关系的基础上，提出大学的布局应根据教育的功能、文化传统和特色以促进学校之间的交流和合作。③而东欧国家的学者则从推进教育市场化、完善教育立法④和加强学术竞争⑤的教育探讨了各自改革的思路和设想。近年来，澳大利亚高等教育事业的迅速发展引致了有关高等教育模式能否适应市场和经济发展需求的争论，V.Lynn Meek 等学者就政府与大学的关系和高校内部的治理结构进行了深入研究⑥，认为澳大利亚大学的决策过程烦琐、治理结构不完善、缺乏管理效率，因此，在大学数量和规模扩张的同时应根据英联邦教育体系的标准进行管理的教育创新，特别是高校内部的管理创

---

　　① John Dearlove，"The deadly dull issue of university 'administration' ? good governance. Managerialism and organizing academic work"，*Higher Education Policy*.1998（11）.

　　② Marijk C.van dei Wende, "Internationalisation policies: about new trends and contrasting paradigms", *Higher Education Policy*, 2001（14）.

　　③ Pablo Campos Calvo-Sotelo, "The architecture of higher education. University spatial models at the twenty first century", *Higher Education Policy*, 2001（14）.

　　④ Voldemar Tomusk, "Higher education reform in Estonia: a legal perspective", *Higher Education Policy*, 2001（14）.

　　⑤ David D. Dill, "The regulation of public research universities: changes in academic competition and implications for university autonomy and accountability", *Higher Education Policy*, 2001（14）.

　　⑥ V. Lynn Meek, Fiona Q.Wood, "Higher education governance and management: Austrlia", *Higher Education Policy*, 2001（14）.

新。当然，高等学校的私有化和竞争效率也是研究的重要内容。①

　　美国高等教育也具有明显的市场特征，公立大学经费的 40% 来自州政府，15% 来自联邦政府；私立大学经费的 20% 左右来自州和联邦政府。大学之间通过竞争来争取学生和研究项目。与此同时，计划在美国的高等教育管理中也发挥着非常重要的作用。多校园大学存在的部分原因是"避免不必要的重复和竞争"，采取相对集权的管理形式比依靠学校之间的自由合作，更能够有效地实现大学的多重目标。②

　　近年来，受现代科学技术快速发展的影响，美国、英国、德国等西方发达国家的高校都在不断调整发展战略和管理体制，学术界对高校管理体制的创新也十分关注，并进行了不少有价值的研究。归纳起来，在这一领域有以下三方面的研究。

　　第一，对大学与企业和社会的关系的研究。近年来，英国和美国大学校园中对大学与企业的关系产生了激烈的争论，争论的焦点在于大学是维持独立的科学精神，还是为工业发展服务。最典型的争论发生在美国加利福尼亚大学伯克利分校，该校于 1998 年 11 月与瑞士制药业巨头、转基因作物生产商诺华公司签署了一项协议，规定诺华公司向学校提供 2500 万美元经费资助植物和微生物学系的基础研究。学校则同意将该系 1/3 科研成果的特许经营权授予诺华公司，同时吸收公司的两名代表进入该系的五人研究委员会。这一协议在校内外产生了强烈反响。校内有 41% 接受调查的教师支持该协议，50% 的教师反对该协议，认为这会对学术自由产生消极影响。校外，美国 1980 年通过了《贝赫—多尔法》，允许公司对大学提供资助。由此，大量私人资本源源不断地流入学校。据统计，从 1980 年至 1998 年，工业对学术研究的资助以年均 8.1% 的速度增长。然而，这部法律从一开始就引起激烈争议，相当多的研究认为没有私欲的研究和探索是高等教育的首要

---

① Jan Currie, Lesley Vidovich, "Privatization and competion policies for Australian universities", *International Journal of Educational Development*, 2002（20）.
② 余新：《90 年代美国公立学校私营化》，《比较教育研究》1998 年第 3 期。

价值，不能允许商业力量来决定大学的科学精神、教育使命和学术目标。①

第二，对于高校管理评估的研究。美国教育界非常重视管理评估的研究，他们从评估方法、评估技术及评估内容三个层面进行了深入研究。例如，在评估方法和技术研究方面，他们不赞成就评估谈评估，认为评估应首先确定评估的目的，主要有两个问题：一是为谁评估，是为投资者、管理者、政治领袖还是为客户群体；二是要解决什么问题，是为了改善教育质量、降低成本还是为了提高工作绩效。出于不同的目的，要采用不同的方法。管理评估理论称之为评估目的假设。在评估内容方面，他们从总体、教学和科研三个层次，把评估分为三大块：即制度绩效评估，教师、课程和专业评估以及研究评估。绩效评估实质上是目标评估，即评价高校目标的实现程度。Patric 和 Thomas 从教师认知的角度细化了提高组织绩效的衡量指标。

第三，对高等学校资源配置问题的研究。Bowen（1980）将资源配置效率这个概念移植到高等教育研究领域。他研究了美国大学的财力状况与资源配置形式之间的关系，发现随着大学财力水平的提高，更大比例的资源被配置在"学生服务"、"雇佣非学术人员"和"采购"等非直接教育的环节上，并认为这是"恩格尔定律"在高等教育中的表现形式。同时，欧美学者还对区内教育资源的共享进行了实证分析，如荷兰学者 Vojin Raki 从欧洲大陆高等教育发展的问题入手，分析了荷兰、比利时和德国三国高等教育政策整合的必要性以及对大陆其他国家高等教育的影响，认为教育整合有利于学生的流动和教学质量的提高，但不会对现有的高等教育体系形成明显的冲击。而英国学者则从管理整合、经济发展和区域分工的角度提出了沿海地区教育市场整合的目标、结构和管理模式，R. C. Ballinge 等学者从海运政策的行业背景出发验证了教育市场整合的作用。美国学者 Alan Day Haight 通过微观的调查分析提出了工资铁律法则，认为在所有行业中周密的计划、心理调适、人力资源原理将提高工资的绩效水平。这一结论在 Roemer 和 Steiner 的研究

---

① 陈孝彬:《外国教育管理史》，人民教育出版社 1999 年版。

中也得到了证实。在发展中国家，教育筹款及其使用效率问题是经济学家关心的重要内容，增加学费、吸引外国学生、接受企业和外国政府捐赠、大学的企业化经营成为解决这一问题的重要途径。

高校管理的实践决定高校管理理论的走向。由于美、英等发达国家的高等教育长期存在于市场制度之中，他们的管理是建立在市场制度的基础之上的，因此，其高校管理改革所要解决的大部分问题是与科技进步和社会经济发展有关的，即管理如何适应外部环境。相应地，国外学者对高校管理体制改革的研究主要侧重于研究高校管理如何适应经济发展和技术进步，这一研究视角是由国外高校的特定体制所决定的。

二、国内对高校管理体制改革的研究

国内对高校管理体制改革问题的研究也始终围绕高校管理体制改革实践这一主题进行的。从 20 世纪 90 年代开始，随着高等教育体制改革逐步由宏观向微观深入，后勤改革和人事分配制度改革为高校管理改革开了先河。1993 年，原国家教委先后下发了《关于高等学校管理体制改革的意见》、《关于国家教委直属高校管理体制改革的若干意见》和《关于国家教委直属高校深化改革、扩大办学自主权的若干意见》三个文件，从而有力地推动了高校的管理体制改革①。管理体制改革也因此而成为理论界所关心的重要问题。目前，国内学术界对高校管理体制改革的研究主要集中在以下八个方面。

第一，对改革外部条件和内部动力的研究。对于外部条件，有的学者认为观念的选择是高校管理体制改革的保障和前提②；有的学者认为民主化与法制化建设是高校管理体制改革的目标趋向和关键所在③；有的学者认为，必须把社会主义市场体制运行中的价格机制、供求机制和竞争机制引入高

---

① 中国人民大学课题组：《我国高校内部管理体制改革的问题与对策》，《教学与研究》2000 年第 4 期。

② 陈优生：《论高校内部管理体制改革的观念选择》，《高教探索》2000 年第 2 期。

③ 金中：《高校内部管理体制改革的民主化和法治化建设》，《江苏高教》1999 年第 5 期。

校管理，推动高校各项改革的发展①。朱九思认为，大学是研究高深学问和培养高级人才的场所，大学的根本特性可以概括为两个字：学术，"学术自由，追求真理"是"大学生命的真谛"，也可以说是"大学的灵魂"。他援引章开沅的谈话，认为"在学术自由问题上，我们没有很好地解决。尤其是在社会科学领域，学术自由不是很多。现在有些年轻人，毕业参加工作，首先考虑的不是追求真理或终极关怀，而是会不会犯错误。""学术自由问题，是个很重要的问题。没有学术自由，只能培养庸才，培养不了具有高度创造力的人才。"②学术自由与高等学校的本质相联系，反映在高等学校内部管理体制中，就是学术管理在高等学校管理中的地位问题。苏君阳认为，"影响大学发展的因素很多，其中起主要作用的有政治因素、经济因素以及内部自主性因素。""在影响大学发展的三种存在要素中，政治的因素对大学的发展起着政策导向作用，大学向哪个方向发展，大学具有怎样的社会功能与服务功能，都是由大学发展中所存在的政治因素决定的。大学的发展规模与水平，以及大学发展的速度都是由经济的因素决定的。自主存在的因素是大学发展的根本动力，政治因素与经济因素给大学的发展提供了一个空间与可能性，大学究竟向哪个方向发展以及发展的程度如何最终决定于大学发展的内部自主性因素。因此，大学能否获得更好的发展，关键在于大学自治的合理性"。③要进行外部系统的整合、内部系统的整合，确立学术治校理念，加强学术在大学发展中的地位与作用。文胜利、王彦坦认为，"制约高校管理体制改革的因素主要有国家的劳动人事制度、国家的社会保障体系、社会对高等教育的参与、调节与监督等方面"④。毕宪顺认为，"高等学校管理体制

① 韩静雅、田东林：《深化高校内部管理体制改革的几个问题》，《高等农业教育》1999年第10期。

② 朱九思：《大学生命的真谛》，汪永铨：《面向21世纪我的教育观》（高等教育版），广东教育出版社2000年版，第442—445页。

③ 苏君阳：《论大学治理权力结构的基本类型》，《浙江社会科学》2007年第3期。

④ 文胜利：《论高校内部管理体制改革的制约因素》，《教育发展研究》2000年第1期。

改革的核心在于政治权力、行政权力、学术权力的科学配置与整合，外部又受市场的力量、政府的力量、社会的力量的制约和影响。高等学校内部管理体制改革呼唤重构政府、社会与高等学校的关系，落实高等学校办学自主权。市场的力量、政府的力量、社会的力量形成合力，与高等学校内部的力量形成互动，促进高等学校面向社会，依法自主办学，实行民主管理，将高等学校内部管理体制改革推向前进，推动建立和完善现代大学制度"①。对于内部动力，大部分学者认为，追求学术自由是引导高校管理体制改革的灵魂。②别敦荣也强调，"高等学校是学术机构。它以知识的传授、传播、储存、研究、发展和应用为主要职能。离开了知识活动，高等学校就不称其为高等学校，它也就失去了其存在的特殊价值"。"高等学校管理应当遵循自主、自由、自律三原则"③。当然，在这些研究中，分析高校管理体制改革的意义作用以及必要性和紧迫性占据了相当大的比重。

　　第二，对高校权力配置问题的研究。国内许多学者认为，目前我国高等学校存在着政治权力代替行政权力、行政权力代替学术权力的现象，学术权力在高校管理中未能充分发挥其应有的作用。张德祥在《多学科观点的高等教育研究》中论述了高等学校的二元权力结构及其运行，认为"高等学校内部有不同层次的权力关系，即系、院各层次纵向维度和横向维度的权力关系交织在一起，构成高等学校内部的权力网络，编织了一个权力的百景图"。"高等学校内部学术权力和行政权力可以做到互补，两者互补与协调的基础是既遵循知识和学术发展的内在规律，又使大学适应自身运行和外界需要，实现大学的目标，这实际上是高等教育内部关系规律和外部关系规律的客观要求。在现代，把高等学校完全置于学术权力和行政权力任何一方都不可能，只有使两者整合、协调、共同发挥作用，才能使高等学校得以存在和发

　　① 毕宪顺：《试论高等学校内部领导管理体制的构建——一个政治学研究的视角》，《教育研究》2005 年第 11 期。。

　　② 朱九思：《大学生命的真谛高等教育研究》2000 年第 5 期。

　　③ 别敦荣：《论高等学校发展战略及其制定》，《清华大学教育研究》2008 年第 2 期。

展。"① 张珏在《试论大学的学术权力》中将大学的学术权力分为系统学术权力和学者学术权力，并构建了大学学术权力的主客体关系图。夏再兴在《什么是学术权力》一文中分析了学术权力的性质、地位、作用和组织结构的特点，认为"高校必须建立一种新型的以学术权力为主导的权力机制"。戚业国、姜学海则认为，"我国高校管理体制改革的核心问题是权力配置。影响我国高校管理的主要权力包括政治权力、行政权力、学术权力和学生权力"。李承先提出了高校内部权力整合模式，即高校行政学术化。目前我国高等学校政治权力占据核心地位，行政权力处于主导地位，学术权力处于次要地位，学生权力处于附属地位。应适当放宽行政控制，加快学术权力的制度化，切实提升学术权力，努力在行政人员学术化（教授治校）与行政工作学术化（科学行政）的基础上实现高校内部权力的合理整合。② 毕宪顺提出了学术权力与行政权力耦合的三种模式：二元权力分离，适度渗透；二元权力渗透，学术权力主导；二元权力渗透，行政权力主导。作为改革的走向，目前先以加强学术权力为基础，从二元权力渗透、行政权力主导向学术权力主导转变；而后，从二元权力渗透向二元权力分离过渡；最终实现二元权力分离、学术权力主导的权力格局。③ 另外，国内的学者还译介了国外的相关研究成果，其中最为典型的是对伯顿·克拉克等著名学者论著的译介，伯顿·克拉克比较研究了美国等七个发达国家高等学校的行政权力与学术权力问题，归纳十种学术权力概念、四种学术权力模式，并进行了层次分析、整合分析和分化分析、发展分析、利益分析，是用比较方法研究高等教育管理体制的代表作。④

---

① 潘懋元：《多学科观点的高等教育研究》，上海教育出版社2001年版，第290—313页。

② 李承先：《高校行政学术化——我国高校内部权力整合模式初探》，《江苏高教》2003年第2期。

③ 毕宪顺：《高校学术权力与行政权力的耦合及机制创新》，《教育研究》2004年第9期。

④ 约翰·范德格拉夫等编著，王承绪等译：《学术权力——七国高等教育管理体制比较》，浙江教育出版社2001年版，第198—218页。

　　第三，对我国高校管理体制改革目标体系的研究。不少学者分析了计划经济体制下我国高校治理结构的弊端。朱君强认为，"在计划经济体制下形成的大学治理结构带有政府举办和直接管理高校的特点，大学在一定程度上成了政府机构的延伸甚至附属品。大学结构与政府机构高度同构，造成的直接弊端是大学管理机构重叠、管理队伍臃肿，缺乏活力，效率不高。"① 黄勇认为，"大学结构与政府机关的同构还使学校行政权力机构与教师监督机构之间因权力不对称而效率低下。"② 并最终导致大学治理的行政失灵，即学校行政政策的失灵。③ 在此基础上，一些学者提出了构建合理大学治理结构的途径。程勉中提出，依照法制规则实施现代大学治理。从宏观的角度看，大学的办学行为要合法，用国家的有关法律法规规范自身的办学行为；从微观的角度看，就是建立和完善规章制度，严格按规章制度办事④。焦笑南在比较了美国、英国和澳大利亚的大学治理模式之后，指出我国大学应引入利益相关者参与大学治理的模式，建立大学内部权责划分和制约机制；政府应制定法律法规，指导高校建立和逐步完善大学治理结构⑤。郭卉也认为应扩大教师对大学管理的参与，平衡教师与行政人员的权力分配，淡化大学的官僚色彩，使大学回归学术组织的本来面目⑥。针对校院系三级治理关系的构建，有学者提出，大学应实行以学院为重点的管理体系，明确校院两级管理

---

　　① 朱君强：《以人为本，深化高校内部管理体制改革》，《陕西师范大学学报》（哲学社会科学版）2005 年第 11 期。

　　② 黄勇：《我国公立高校内部管理的模式、效率分析及模仿创新》，《现代教育科学》2005 年第 7 期。

　　③ 彭江：《大学管理的"行政失灵"：原因、表现、对策》，《现代教育科学》2005 年第 3 期。

　　④ 程勉中：《现代大学治理与管理制度创新》，《南京工业大学学报》（社会科学版）2005 年第 1 期。

　　⑤ 焦笑南：《美国、英国、澳大利亚的大学治理及对我们的启示》，《中国高教研究》2005 年第 1 期。

　　⑥ 郭卉：《大学治理中教师与行政人员的关系：基于社会资本的研究》，《现代大学教育》2005 年第 3 期。

权限①，在学院一级实行参与型的治理模式，即学院各类利益群体都能有效地参与决策过程。这种模式要充分体现决策、执行和监督分离的管理原则。参与型的治理模式应包括健全的决策执行系统（院务委员会），有效的参谋咨询系统（教授和业务专家）和完善的监督反馈系统（院监督委员会）。学校在管理重心下移的同时，还必须建立与其配套的制衡机制②。另有学者提出院系分工协同负责制是院系治理的最佳模式，认为这种模式的优点一是权责明确，互为主辅角；二是对以上不同管理模式扬长避短，取其优点组合。作者还提出了明确党政分工协同负责制中党政部门职责、建立分工协同负责制、形成院系党政协同激励与长效监督约束的长效机制等具体的实施方案③。

第四，对人事分配制度改革的研究。根据我国高校管理体制改革的阶段和状况，教育界集中对用人制度改革、工资分配制度改革、后勤社会化改革、人才流动保障及服务体系等问题进行了研究与探讨。相当多的从事教育人事工作的同志都把高校人事制度改革放在重要位置，有的认为是重点，有的认为是先导，有的强调是突破口。而教育主管部门始终把高校人事制度改革作为重点来抓，20 世纪 80 年代至 90 年代末高等学校管理体制改革的三次高潮也都是围绕人事和分配制度展开的。近几年关注和讨论的焦点表现在三个方面：一是教师职务制度，二是教育职员制度，三是分配制度。管培俊认为，归根结底，改革的焦点在人事分配制度。高校后勤改革的难点，在一定意义上说也是人事问题。高校用人制度改革总的有以下四个方面：第一，教师聘任制和全员聘任制。第二，教师职务制度。第三，职员制度。第四，学校分配制度。④ 陈文博强调，高校实行职员制度是一项前所未有的、政策

---

① 翁子健：《谈高校校院系三级管理体制改革》，《福建教育学院学报》2005 年第 7 期。

② 王敏、裴兆宏：《从院系视角探讨大学管理模式》，《清华大学教育研究》2005 年第 8 期。

③ 王培根、赖黎黎：《高校院（系）实行分工协同负责制体制探讨》，《理论界》2005 年第 5 期。

④ 管培俊：《关于高校人事改革和教师队伍建设的认识论和方法论问题》，《高等师范教育研究》2002 年第 3 期。

性强的制度改革和创新工作，是高校改革和发展的一件大事。高校建立和实施职员制度，对于加强管理队伍建设，建立科学、合理的管理制度，优化队伍结构，转换用人机制，提高管理人员整体素质和专业化水平，理顺高校内部人员关系，调动高校管理人员工作的积极性，提高高等学校的用人效益和管理水平，将起到积极的推动作用①。在1999年5月上海召开的高校管理体制改革座谈会上，大家普遍认为，必须通过深化改革，提高教育质量、科研水平、管理水平和办学效益，加快学校的建设与发展。近几年，一些学者专家也对高校的分配制度进行了研究。杨学礼教授提出分配制度上的平均主义和"大锅饭"挫伤了教职工的积极性和创造性，应按照"存量不变，增量拉开"的原则，强化岗位、以岗定薪、按劳取酬、优劳优酬②。而降富楼等人比较了不同高校人事制度改革的具体做法，认为进一步促进高校职工思想观念的转变，加快高校人事制度的改革步伐，营造高校改革的社会环境，是高校管理体制改革的重中之重③④。有的学者从系统整合的角度提出将人才进行有效整合、开发，形成持续的、核心的竞争力，是高校管理体制改革必须竭尽全力要解决的问题之一。⑤

第五，对建立现代大学制度的研究。近几年，不少学者开始提出现代大学制度，这实质上也是高等学校内部管理体制改革。改革高校管理体制，构建现代大学制度是我国目前高校管理体制改革的一个核心问题。潘懋元认为，"大学制度包括组织机构、决策机制、激励机制、资源配置机制、工作

---

① 陈文博：《以教育创新推进教育事业发展》，《中国高等教育》2002年第19期。

② 杨学礼：《深化内部管理体制改革为学校发展增添新动力》，《北京高等教育》2000年第4期。

③ 降富楼、樊琳、黄明勇等：《国内高校内部管理体制改革概述》，《云南高教研究》2000年第4期。

④ 刘建：《高校内部管理体制改革的措施》，《南都学坛》2000年第7期。

⑤ 王志峰：《试论高校内部管理体制改革的理论支撑》，《河海大学学报》（哲学社会科学版）2001年第2期。

机制（包括科研、教学和社会服务活动的运作模式）和制度创新机制。"① 邬大光认为，"大学制度一般可以从宏观和微观两个层面进行，宏观的大学制度是指一个国家或地区的高等教育系统，包括大学管理体制、投资体制和办学体制等；微观的大学制度是指一所大学内部的组织结构和运行机制，包括组织结构的分层、内部权力体系的构成等。"② 阎志坚认为，"现代大学制度下的高等学校，应是在政府的统筹规划、宏观指导下，依法面向社会自主办学的实体，这就要求建立一套与之相适应的管理体制和管理模式。"③ 康乃美认为，现代大学制度的核心问题是两个转换，即转换政府职能与转换大学运行机制。④ 袁贵仁认为，"现代大学制度的核心是在政府的宏观调控下，大学面向社会，依法自主办学，实行民主管理"。⑤ 张武升认为，"现代学校制度是按照教育市场法则运行的非计划型的教育制度，这个制度的内容主要有五点：学校所有权与经办权分离；政校分开；权责分明；管理科学；市场选择"。⑥ 毕宪顺认为，高等学校管理体制改革的目标是建立现代大学制度⑦。社会主义市场经济体制完善和健全之时，现代大学制度的框架应该形成。现代大学制度的前提是与社会主义市场经济体制相适应，符合高等教育规律；核心是面向社会，依法自主办学，实行民主管理；特征是学术自治、政校分开，权责分明，管理科学；关键是建立现代大学法人制度。为了实现现代大学制度的目标，高等学校内部管理体制改革必须坚持管理体制多样化、资源

---

① 潘懋元：《走向社会中心的大学需要建设现代制度》，《国家教育行政学院学报》2001年第2期。

② 邬大光：《论建立有中国特色的现代大学制度》，《中国高等教育》2006年第19期。

③ 阎志坚：《现代大学的管理体制、模式与机制取向》，《现代大学教育》2001年第3期。

④ 康乃美：《"两个转换"是现代大学制度确立的关键》，《现代大学教育》2001年第3期。

⑤ 袁贵仁：《建立现代大学制度推进高等教育改革和发展》，《国家教育行政学院学报》2000年第2期。

⑥ 张武升：《为中国教育的伟大复兴做出新贡献》，《江西教育科研》2000年第11期。

⑦ 毕宪顺：《建立现代大学制度是高校管理体制改革的目标》，《管理科学文摘》2004年第2期。

配置社会化、教育活动市场化、管理法制化的方向。① 也有学者认为，我国建立现代大学制度的关键是大学中的权力制衡问题，即如何处理大学内部行政权力与学术权力之间的关系。

第六，对后勤社会化改革的研究。对于高校后勤社会化改革的研究主要集中在三个方面。一是以高校后勤社会化改革的实践为例，全面总结高校后勤社会化改革的主要成就和经验，并就我国高校后勤社会化改革面临的主要问题从不同角度进行了全面的分析和梳理。具有代表性的著作如龚守相主编的《先行——华中科技大学后勤社会化之路》，以华中科技大学后勤社会化改革的实践为例，认为我国高校后勤社会化改革过程中，形成了"政府主导、学校主体、社会参与"的立体式改革模式；"适度开放、有序竞争、依法管理"的校园市场管理模式；"因地、因校、因事制宜"的多元化改革模式；理论研究与大胆实践相互促进的改革策略。同时，也指出了我国高校后勤社会化改革面临着一些具体问题。二是在探讨后勤社会化概念的基础上，通过回顾高校后勤社会化改革历程、对比分析改革中的困难和问题，重点从宏观的角度探讨了高校后勤社会化的体系配置和改革突破口的选择。如钟顺虎在《高校后勤系统重组研究》一书，在对国内外高校后勤进行系统分析的基础上，将我国高校后勤改革与重组放在社会、市场、高校、政府的系统中加以考察，并着重于从结构与功能、整体与部分、内部与外部环境之间的关系和制约之中去把握后勤改革与重组的方法。三是从微观的角度对高校后勤社会化进程中的后勤资源配置、科学管理等提出比较系统的理论和科学方法，并就某一具体的问题展开讨论，提出解决对策。其研究较多的是对高校后勤建立现代企业制度的研究。浙江大学钱西山、李桂英在《中国院校后勤信息》上发表的《关于高校后勤产业构建现代企业制度的研究》明确高校后勤建立现代企业制度，就是从根本上解决后勤产业进入市场的问题，只有建

---

① 毕宪顺：《建立现代大学制度：高校管理体制改革的目标》，《山东师范大学学报》2003年第 4 期。

立现代企业制度，市场作为资源配置的基础性手段才能在高校后勤产业中发挥作用。南京大学沈丽丽在《中国高校后勤研究》上发表的《高校后勤产业构建现代企业制度必须产权清晰》指出资本运作和公司重组是产权清晰的重要途径。华中科技大学龚首相编著《高校后勤改革》明确提出高校后勤产业构建现代企业制度必须权责明确，管理科学。南通师范学院马卫东在《高校后勤现代企业制度建立的难点与对策》一文中阐述了建立现代企业管理体制，实行现代管理制度面临不少困难和问题。并从产权、体制、机制等方面提出了相应的对策。张朵银在《高校后勤社会化现状及现代企业制度》中，从高校后勤社会化出发，提出建立现代企业制度的必要性，利用产权明晰和运行机制的规范来解决社会化过程中的许多弊端。

第七，对贯彻落实《高等教育法》的研究。许多学者把高等学校内部管理体制改革与落实《高等教育法》联系起来，强调依法治校或实现高等学校管理法制化。叶澜认为，"把《高教法》的相关规定转化为高校内部真实的体制与机制，是今后十年体制与机制改革的主题。深刻理解这一主题，是深化高校体制与机制改革的必要前提。"[①]劳凯声认为，我国教育领域中的社会关系正在面临分化与改组。在持续而深入的教育体制改革中，发育出影响教育发展的三种力量：政府的力量，学校的力量和市场的力量，并逐步形成主导学校运行的三个主体，这就是举办者、办学者和管理者。在教育系统内部，社会关系发生分化，由过去的政府学校这两个主体之间的关系，逐步演变为举办者、办学者和管理者三个主体之间的关系。目前传统的政府职能尚未得到彻底分化，政府仍然为学校教育机构的举办者、办学者和管理者。教育政策与法律应当成为教育公共治理结构的有力支撑。其基本目标是构成一个"政府调控、市场介入、社会参与、学校自主"的良性互动结构。就我国学校法人制度来讲，存在着三个问题：学校法人资格并没有使学校获得确

---

①　叶澜：《深化中国高等学校内部管理体制与运作机制改革的研究报告》，《教育发展研究》2000 年第 5 期。

定的办学自主权；学校法人治理结构尚未完善；对转制学校的法律地位缺乏明确的规范。因此，要完善学校法人制度，落实高等学校办学自主权。[①] 靳希斌等还从领导体制和运行机制角度研究高等学校内部管理体制改革，提出"首先，要在领导体制上处理好集权与分权的关系。我国高校校级集权过多，负担太重，直接管理的二级学院太多。改革的出路是下放管理重心，向系放权，精兵简政。同时进一步完善校长负责制，理顺党政关系，充分发挥校行政的管理功能。其次，按照社会化的要求改革后勤服务。"[②]

第八，对党委领导下的校长负责制的研究。《中国高等教育》杂志从 2003 第 18 期开辟"笔谈党委领导下的校长负责制"专栏，至 2004 年第 24 期结束。编者按指出"国家举办的高等学校实行中国共产党高等学校基层委员会领导下的校长负责制"，这是我国高等学校领导体制经历多次变化和长期探索，至 1998 年被《高等教育法》正式明确下来，具有法律效力和地位的科学结论。这一中国特色的高等学校领导体制经过多年的实践，已取得良好的成效"。[③] 李卫红认为，"新中国成立以来，我国高等学校领导体制经历多次变化……《中华人民共和国高等教育法》以法律的形式把党委领导下的校长负责制作为高等学校的领导体制确定下来"。[④] 顾海良认为，"国家举办的高等学校实行党委领导下的校长负责制，是新中国成立以来我国高等学校管理体制长期探索和发展的历史选择，是中国特色社会主义教育制度的重要特点之一"。[⑤] 雷达、彪晓红认为，"党委领导下的校长负责制是中国特色高等学校管理体制的集中体现，也是在高等学校坚持党的民主集中制原则的理

[①] 中国教育与人力资源问题报告课题组：《从人口大国迈向人力资源强国》，高等教育出版社 2003 年版，第 345—356 页。

[②] 靳希斌：《市场经济大潮下的教育改革》，广东教育出版社 1998 年版，第 204—205 页。

[③] 编者按：《笔谈党委领导下的校长负责制》，《中国高等教育》2003 年第 18 期。

[④] 李卫红：《总结经验把握规律指导实践——也谈坚持和完善党委领导下的校长负责制》，《中国高等教育》2004 年第 24 期。

[⑤] 顾海良：《关于加强和改进党委领导下的校长负责制的思考》，《中国高等教育》2003 年第 18 期。

论探索、实践总结和制度创新"。① 姚成荣则论述了"用战略眼光审视高校领导管理体制"。② 管华诗认为,"国家举办的高等学校实行中国共产党高等学校基层委员会领导下的校长负责制。这是用法律的形式把高等学校内部管理体制中这一最基本,也是最重要的领导体制予以确立,具有重要意义"。③ 毕宪顺认为,领导与管理概念不同,领导体制与管理体制也有明显区别。党委领导下的校长负责制是高等学校内部领导体制,不是高等学校内部管理体制。高等学校内部管理体制包含高等学校内部领导体制、高等学校内部行政体制、高等学校内部学术体制。高等学校内部管理体制改革,不是改掉党委领导下的校长负责制,而是在坚持党委领导下的校长负责制的前提下,建立和完善多元化高等学校内部管理体制,以合理配置政治权力与行政权力,建立科学的决策机制和运行机制。校务委员会制、董事会制、教授委员会制是高等学校内部管理体制的三种模式。④

　　以上研究涉及高等学校管理体制的方方面面。就高等学校内部管理体制改革的进程来讲,政府虽然也在推动高等学校管理体制改革,但远不如举办体制改革、管理体制改革成效明显;就高等学校以学术权力为主导而言,很多学者从法理学、政治学、管理学多学科视角研究,看法一致,认为这些是高等学校管理体制改革的核心问题,不触及领导体制与管理体制,不直接指向政治权力、行政权力,学术权力的发挥就是一句空话,大学之大,就在于学术,离开学术,大学就失去了存在的土壤;就建立现代大学制度而言,是市场经济体制发育到一定程度后才引起高教界关注的事情,研究才是近几年的事,只是少数学者涉及此问题;就高等学校管理改革发展的外部条件与内

　　① 雷达、彪晓红:《重要的问题在于贯彻好民主集中制》,《中国高等教育》2004 年第 13、14 期。

　　② 姚成荣:《用战略眼光审视高校领导管理体制》,《中国高等教育》2004 年第 15、16 期。

　　③ 管华诗:《高水平特色大学建设的重要保证——党委领导下的校长负责制的认识与实践》,《中国高等教育》2004 年第 1 期。

　　④ 毕宪顺:《权力整合与体制重建——社会变革中的高等学校内部管理体制改革》,劳凯声:《中国教育法制评论》(第 3 辑),教育科学出版社 2004 年版,第 252—265 页。

部动力而言，实质是内部体制改革如何遵循高等教育外部关系规律和内部关系规律，强调学术自由与提升学术权力在高校的地位是一致的，但改革必须注重寻求动力源，并注意创造适宜改革的外部条件，与政治、经济、社会各方面的改革相适应；就人事与分配制度改革而言，是学者和实际工作者探讨比较多的问题，但学者研究得少，联系实际不够，实际工作者研究得多，但缺乏深度，而且此项改革受社会改革影响较大，很难有较大突破；就贯彻落实《高等教育法》而言，研究文章不少，也有一定深度，这是治根治本的重要方面，高等学校管理规范化、法制化，既是管理体制改革的目标，又是管理体制改革的强力推进器，这一问题与高等学校权力配置是高等学校内部管理体制改革中最重要、最艰巨的理论和实践问题；就高校后勤社会化改革而言，大部分都是在分析改革现状、总结改革经验、概括改革成就的基础上，讨论改革难点、分析比较各种改革模式，系统地探讨如何深化高校后勤社会化改革的研究成果仍然很少；党委领导下的校长负责制是一个理论问题，更是一个实践问题；是一个教育体制改革问题，也是一个政治体制改革问题。党领导体制改革，通过改革加强党的领导，提高党的执政能力。高等学校管理体制改革，只有在党的坚强领导下才能获得成功。另外，这些研究尚存在一定的欠缺，因而难以适应我国高校管理体制改革新形势的要求。概括而言，第一，就事论事的多，系统的理论研究少；第二，经验性总结多，前瞻性研究少；第三，原则性研究多，结构性研究少，关于教学科学体制创新研究的更少；第四，单学科研究多，综合性研究少。

第四节　高校管理体制改革的研究思路和方法

高校管理体制是一个系统工程，高校内部是由政治组织、行政组织和学术组织等多种力量交织在一起的复杂的组织，同时，高校管理体制也是一个不断运动、不断变化的有机系统。"现代管理不再是过去的小生产管理，每个管理法则都不可能是独立的，因此，未达到最佳管理，必须进行充分的系统分析，这就是管理的系统原理。"①研究高校管理体制改革必须要克服个别、片面、静止的弊端，从整体、全面、发展的角度综合运用多种研究方法来进行。

一、研究的主要方法

科学研究是一个认识过程，更是一种有意识、有目的、有计划、系统地采用更严密的方法去认识客观世界、探索客观真理的活动。现代科学的发展呈现出一个相互融合、相互渗透、相互影响的趋势，其中一个突出的表现就是研究方法的相互借鉴。各种不同的方法既有其优点，也有它的不足之处，只有使用多种研究方法，才能从多个角度来对问题进行全面的研究，才能得到科学的结论。本书在理论层次上的研究方法主要采用哲学思辨法和逻辑归纳法。在具体的方法层次上，采用文献研究法、实证研究法、比较分析法和跨学科研究法进行研究。

文献综合法是本书研究所用的基本方法。我国高校管理体制改革是在我国经济体制改革的背景下进行的，因此，以邓小平理论和"三个代表"重要思想为指导，按照科学发展观的要求，用改革的理论指导高校管理体制改革显得尤为重要。研究高校管理体制改革也必须运用中央的一些文献和关于高等教育的重要决策，教育部门的决定及指导性意见等。同时，国内外对高校管理体制改革的研究也对本书的研究提供了重要的借鉴。本研究充分利用图书馆、档案馆、网络数据库，广泛收集国内外有关高校管理体制改革在政治学、经济学、社会学、行政学、公共管理学、高等教育管理等方面的文献，并进行整理、分析，这些文献不仅有利于掌握本研究所需要的有关材料和已有的研究成果，更重要的是为本研究提供了整体思路和分析视角。

实证调研法是本书研究所用的特有方法。本书主要运用调查、检索、统

---

① 杨善林：《企业管理学》，高等教育出版社 2004 年版，第 22 页。

计分析等实证研究方法，综合运用经济学、管理学、教育学等学科的理论，以河南农业大学的各项管理体制改革为例进行实证分析，归纳现象，抽象真理，对高校管理体制改革进行系统的研究。笔者运用各种统计分析方法，对发放的《高校管理体制改革调查问卷》进行了统计分析，对学校各项管理体制改革的基本情况和满意度有了一个全面、客观的了解。

比较分析方法是本书研究所用的重要方法。在本书的研究中，笔者从历史学的角度综合分析概括了 30 多年我国高等学校管理体制改革的经验和教训，用比较法分析国外高等学校内部管理体制改革的成功经验，并对其进行系统归纳整理，总结出带有普遍性的规律和经验。本书之所以采用比较分析法，在于现代高等教育起源于西方，现代大学的一切研究都必然以西方现代大学的起源为起点，而"比较的方法乃是人类思维本身的一项特征，是人类认识和了解世界的基本手段。由于人类面临着许多基本的和共同的问题，在不同时期和不同地方，人们理解这些问题的立场，对待这些问题的态度和解决这些问题的方式并不相同，就会产生不同的意义世界。"[1] 比较研究我国历史上的高校管理体制改革和国外高校管理体制，目的是为了探讨适应时代需要具有中国特色的高校管理体制。

跨学科研究法是本书研究所用的常用方法。高等学校管理体制改革是教育管理体制改革重要内容，从一定意义上讲也是一个政治体制改革问题，还需要在政治体制改革的大背景下讨论问题。因此，研究高校管理体制改革需要运用政治学的方法从政治学视角去把握高等教育与政治的关系，教育体制改革与政治体制改革的关系。同时，高等学校管理体制改革又是高等教育体制改革的一个方面，必须在社会改革的大环境中展开，还需借助社会学的方法，采用问卷调查等方法，获取第一手资料，从中寻求经验和规律。作者对高校学术人员参与高校管理与决策的状况进行了调查与分析，还走访了高校管理体制改革试点学校，为研究打下了很好的基础。

---

[1]　梁治平:《法律的文化解释》，三联书店 1998 年版，第 37 页。

二、研究的基本思路

高校管理体制改革是当前我国高等教育改革的热点之一，近些年来，已有不少学者对此进行了深入的研究，其中不乏富于价值的成果，但把理论分析与实践考证结合起来，运用多学科理论进行系统分析的，却并不多见。正确认识高校管理体制改革的意义，以理论指导高校管理体制改革的实践，以实践丰富高校管理体制改革的理论是当前推进高校管理体制改革中急需解决的问题，这也是本书的选题意义所在。笔者综合运用经济学、管理学和教育学等学科研究的新成果，系统地分析高校管理体制改革存在的问题，并提出了改革的建议，既具有较强的系统性，又具有较强的前瞻性，而且比较贴近我国高校的实际，具有较强的实践性和可操作性。本书以高校管理体制改革为主线，在综合分析了高校管理体制改革的背景、轨迹的基础上，以河南农业大学高校管理体制改革为例，进行实证分析，提出了完善高校管理体制改革的策略。

本书的基本结构框架安排如下：绪论部分主要介绍了研究的背景、研究的目的意义、研究的方法、研究的技术路线、思路框架和创新之处等；第一章主要对高校管理体制改革的时代背景进行分析；第二、三章主要是对国内外高校管理体制改革进行梳理总结；第四章对有关高校管理体制改革的基本理论阐述；第五、六章是以河南农业大学等高校为例，通过实证分析对高校管理体制改革进行总结、概括；第七章是对高校管理体制改革策略的探索和分析，后记部分是对全书的概括。本书与已有的同类研究相比，创新之处主要体现在：一是研究方法的独特性。关于高校管理体制改革问题的研究并不是一个崭新的研究课题，从国内外已有的研究成果看，多是从宏观上对高校管理体制改革问题进行分析和研究。本书选取河南农业大学——这个始终走在河南省高校管理体制改革前列的学校进行综合性实证研究分析，把理论分析与实践考证结合起来，把调查研究与文献检索结合起来，具有一定的针对性、典型性、代表性和独特性，不仅对高等学校本身的改革具有一定的参考价值，而且对教育主管部门的政策指导也具有一定的借鉴意义。二是研究视角的前瞻性。论文在借鉴以往学者研究的基础上，系统地引入了委托代理理论、科层制管理理论、绩效管理理论、人力资源理论和服务型组织理论，突破了经验总结式的空泛讨论，采用了多学科综合研究的范式，大量运用经济学、管理学和教育学等学科研究的新成果，从而有效避免了单学科研究的弊端。本书通过构建理论基础进行深入研究和推理，系统地分析高校管理体制改革存在的问题，并提出了改革的建议，既具有较强的系统性，又具有较强的前瞻性，而且比较贴近我国高校的实际，具有较强的实践性和可操作性。三是研究内容的系统性。本书虽然是以河南农业大学为实证进行研究，但并非"就事论事"式的讨论，而是在对高校管理体制改革的背景、历史、理论、实践、成绩、问题作全面考察的基础上，系统地研究和分析各方面的辩证关系和逻辑结构，从而为进一步研究高校管理体制改革奠定了逻辑起点。既有系统性的理论研究，又有历史性的回顾和经验性的总结；既有对现状的综合性分析，又有前瞻性的战略研究；从而为进一步深化高校管理体制提供了较为坚实的理论基础和实践经验。

第一章 变革时代的高等教育

　　现代意义的高等教育如果从意大利的波隆尼亚大学创立算起，至今已有900 多年的历史了。我国现代高等教育是以 1895 年北洋学堂（即今天津大学）的创办为肇始，时至今日也已有一百多年的历史了。几百年来高等教育的职能、结构、内容发生了许多变化，每次变化都与社会的政治、经济、文化变化密切相关。处在当今变革时代的大背景下，高等教育从来没有像今天这样受到诸多方面的挑战，在全球化浪潮的冲击下，知识经济的兴起、市场经济的建立、新公共管理运动的实践都使得高等教育正在向更密切的外部联系和更复杂的内部结构的方向演变。高等教育的本质、内容、形式、理念等也在发生着深刻的变化。

第一节 全球化对高等教育的影响

　　全球化作为一个新的现象，是 20 世纪末期以来整个世界范围内正在发生的一个巨大变化，它对人类社会的许多方面产生了深远的影响，受到了全世界的普遍关注。全球化最初以世界经济一体化为外在表现和终极目标，随着全球化潮流的推进，它逐步波及到思想文化、价值观念、意识形态乃至人的发展等人类社会生活的各个领域，进而对高等教育产生十分深远的影响，衍生出高等教育全球化的话题。

一、全球化的内涵

全球化（globalization）一词，是一种概念，也是一种人类社会发展的现象过程。对于什么是全球化，迄今并没有统一的定义，一般认为，全球化是指超越民族国家界限、在全球范围内发生的相互融合的现象，包含经济、政治、社会、文化等多方面内容。不同领域的人对全球化有各不相同的理解，甚至存在着明显的分歧和争议。从目前国内外理论界关于全球化的概念看，我们可以了解到政治、经济、文化、技术、信息、历史、地理、文明等方面的众多见解，可以说，每一种见解都揭示了全球化的某种质的规定性，但每一种见解又不足以概括全球化的总貌。因为，全球化是一种十分复杂的现象，它既是一种状态，更是一个过程；它既突出地表现在经济、政治领域，也反映在文明、文化领域；它既是物质层次的，也是精神层次的；它既是人类社会系统中各单元要素的同构，也是同构中各单元要素质的确证。因此，我们对全球化只能以描述的方式加以表述，将之看做是全球范围内各地域、各民族、各国家之间联系的日益紧密和相互作用的日益加强，从而影响和改变着人类运动方式，特别是生活方式和思维方式。

全球化现象最早始于 20 世纪 40 年代末的经济领域，由于经济全球化最为明显，因此全球化有时常常是指经济全球化。经济全球化首先是以部分国家将部分经济权力为了共同利益而让渡给经济一体化组织，根据共同利益，按照一定的规划来行使权力的经济一体化。最典型的经济一体化例子是欧盟。1951 年，法国、德国、意大利、荷兰、比利时、卢森堡六国政府在巴黎签订了为期 50 年的《欧洲煤钢共同体条约》，建立了煤钢联营，1957 年《罗马条约》签字，1958 年欧洲共同市场诞生，此后欧洲在经济一体化的道路上努力前进，经济实力与美国相当。20 世纪 90 年代，欧洲形成统一大市场，1999 年欧洲货币交付使用，欧盟在经济一体化的道路更上一层。与此同时，北美的美国、加拿大、墨西哥组成的北美自由贸易区，南美洲秘鲁、智利等五国组成的拉美经济共同体，东南亚多国组成的"东盟"都是经济一体化的代表。而国际和地区经济组织也日益发挥着越来越重要的作用，1946年建立的国际货币基金组织，正日益成为金融领域的超国界领导。1948年成立的关税与贸易总协定（GATT）和1995年1月1日取而代之的国际贸易组织（WTO）通过制定与落实国际贸易规则，而发挥着越来越广泛的作用，其涉及的领域遍及与贸易相关的一切领域。此外，亚太经合组织等地区性组织也发挥着越来越重要的作用。

20世纪80年代以来，由于科学技术的突飞猛进，特别是现代通信及信息网络、大规模现代化运输工具的发展，跨国公司的生产和投资活动拓展到全球。跨国公司是经济全球化的主体，其生产和投资活动的全球化，带动了资金、技术、信息、人力资源等生产要素在全球范围的流动和服务向全球的扩展，促进了资源在全球范围的有效配置，最终导致了全球一体化市场的形成。因此，国际货币基金组织将全球化概括为：通过贸易、资金流动、技术创新、信息网络和文化交流，使各国经济在世界范围高度融合，各国经济通过不断增长的各类商品和劳务的广泛输送，通过国际资金的流动，通过技术更快更广泛的传播，形成相互依赖关系。

当然，经济全球化过程自然不是全球化的全部，由于经济过程离不开与之相适应的制度、文化和权力结构及其演变，因而全球政治、社会、文化等也出现相应的变化。与经济一体化进程相伴随着的是政治一体化的进程。从第二次世界大战之后的两大合约组织：北大西洋公约组织和华沙条约组织到华约解体之后的欧盟、东盟、拉盟、非盟等集经济一体化组织与政治一体化组织一身的地区性政治组织在国际政治事务中作用日益明显。而战后成立的联合国及其所属安理会、经社理事会等在国际政治经济事务中的地位也日益显得重要。从国家关系的角度说，全球化是对传统民族国家的挑战，表现为国家界限的突破，国家和其他政治力量的整合和重组，部分国家权力的丧失。一些超越国家的政治经济组织，如欧盟、七国集团、经合组织、亚太经合组织等，在协调国家利益方面，发挥着日益重要的作用。

20 世纪末开始的以互联网为代表的信息技术使各国政府、各国人民之间的联系日趋密切。以跨国公司为推动力的经济全球化，以金融创新为主体的金融技术因素所导致的金融全球化和以信息技术推动的信息全球化，最终推动经济全球化和政治全球化。随着人类的互动程度越来越高，联系越来越密切，全球化成为不可逆转的一种趋势，是世界历史的进程。

二、全球化对高等教育的影响

全球化对高等教育及文化等领域的交流与发展也产生了深刻影响。各国通过教育的国际交流、教学和科研合作、跨国办学、扩大留学生规模等手段，提高本国高等教育在国际范围内的竞争力，争夺全球范围内的人力资源。20 世纪末 21 世纪初世界各国纷纷调整本国的高等教育发展战略，力争在全球的教育市场中发挥重要作用。

潘懋元先生在论及教育的外部规律时认为，教育一定要适应社会的发展。"适应"有两层意思：一是制约，二是服务。[①]制约因素主要体现在政治、经济和文化三方面，因此我们可以从这三个层面了解全球化对高等教育的影响。在政治层面，全球化对政治的影响明显地体现在政治权力的扩散、联合和多层管理等新型国际关系中。第二次世界大战后，在环境保护、经济增长和维护和平等很多方面的问题都超出了任何单个国家力所能及的范围，因而许多国际的和超国家的组织，如联合国、欧盟、绿色环境保护组织、经协组织等相继建立，并对国家内部的传统政治组织构成了挑战，使得政治舞台的构架超越了民族国家。在此背景下，国家的角色和作用正在发生变化，即从游戏的操作者转变为监护者。国家直接介入市场和社会的模式逐渐由向社会和经济发展提供制度保证和宏观调控的新机制所取代，这种角色变化也体现在高等教育中。

从历史上看，国家的一个重要作用是为高等教育制定规范，而相关政策

---

①　潘懋元、肖海涛、殷小平：《潘懋元教育口述史》，北京师范大学出版社 2007 年版。

则直接体现了高等教育在国家发展中的优先地位。从 20 世纪 50 年代末到 70 年代初，国家在保持高等教育与社会发展的一致性方面担负着主要责任。可是到了 70 年代之后，除了国家的愿望外，社会需求也对高等教育寄予更多期望。在此背景下，高等教育不得不充分考虑到不同社会群体的利益，因此，高等教育政策方面也体现出了权力、利益和联盟的变化。有时政策直接来自政治考虑，有时反映社会的现实需要，多数情况则是两者的结合。在全球化的影响下，高等教育将更多地受到外部社会的影响，这些来自外部的力量要求中央政府减少对高等教育的直接控制，但由于高等教育对国家发展的大局举足轻重，因此国家仍希望控制高等教育。面对两种影响，无论是国家还是高等教育部门都需要改变传统的管理和运行模式，引入市场机制，构建新的国家、社会和高等教育间的关系。其中，社会以市场为媒体与高等教育实现互动，其作用更是日益重要。为此，国家在完善市场，特别是跨国市场管理规则的同时，也必须制定高等教育和社会互动的适当政策，提供适宜的制度环境。在全球化的背景下，国家对高等教育的领导主要应是宏观调控、政策引导。

在经济层面，全球化促进了时间和空间的压缩，进而促进了商品、资本、劳动力、服务和信息的国际化流动并导致了新的劳动力划分、国家与市场之间的权力变化、跨国界的生产系统和激烈的国际竞争。在这种新的经济模式下，经济的网络化、全球化和知识化强烈冲击并更新了传统的产业结构，导致劳动力结构的重新划分和对劳动者技能的新要求。所有这些，都从社会需求的角度迫使高等教育进行根本的改革。对国家来说，国际经济竞争不能永远依赖廉价劳动力和低成本的制造业，必须同时发展知识含量高、产品附加值高的制造业和服务业。为此，各国在制定政策时都把提高其人力资源的质量摆在重要位置，以期在全球经济竞争中赢得最大利益，因而高等教育已经成为国家经济发展的关键所在。

在新的高知识含量和高附加值生产系统和提高生产力、竞争力渐成主题的经济形势下，劳动者依照其接受教育的多少和质量高低，分为可自我设计的（高技能的）劳动者和普通的（低技能的）劳动者。"尽管低技能的劳动力用非常低的费用就可以雇佣到，但商品的生产以及经济活动的决策越来越多地需要高素质、可自我设计的人员。"很明显，经济活动中这两类劳动力之间的比例成为决定国家和企业国际竞争力的一个主要因素。为此，一个紧迫的需求就是增加接受高等教育的人数。当然，要提高劳动者的素质，塑造出可自我设计的劳动者，更重要的是学校教育要满足社会对劳动者技能不断提高的要求，包括那些能使年轻人适应不断变更的工作环境的能力、社会交往能力、处理信息能力、团队工作能力以及运用所掌握的知识和信息在不同环境中解决新问题的技能。因此，传统的高等教育和大学学习方式正面临着严峻挑战。大学仍然是教学和学习之地，但是学习本身的概念发生了变化。"学习已不仅仅是获得定义、事实等现成的知识，更主要的是创造知识的过程"。鉴于知识正在成指数增长，大学能给予学生最好的教育就是让他们学会学习，包括不断重新定义工作中所需新技能的能力，以及为掌握这些技能寻找和学习相关知识的能力。正如专家们在 1999 年工商和高等教育大会上建议的：大学课程的核心将是学习灵活的和跨门类的技能，同时要把注重学生个性特点的发展融入课程的设计中；要培养学生在社会生活中获得知识的能力；大学要成为给准备变更职业的劳动者提供教育和服务的机构。

经济全球化的另外一个结果是制造业从业人数的减少，与信息相关的经理，专业人士和技术人员等从业人员和"白领"阶层的增加，服务业逐渐成为经济结构中的重要组成部分。除了数量增长外，服务业的内容也在趋向以客户需要为中心，服务业的工作机构要依照工作任务、客户类型和项目对工作人员进行管理。为此，工作人员必须根据不断变化的工作需求，及时学习新的知识和技术。服务业结构的这种变化将会结束"固定工作"或"长期工作"的观念，因为人们不仅要经常更换工作岗位和工作任务，甚至很可能更换他们的职业。在这样的形势下，就业能力就不仅是找到一份工作的能力，更重要的是维持这份工作并因需要而随时更换工作的能力，因而终身学习已成为社会的紧迫需要。高等教育不仅要为不同的职业筛选和培养人才，更要为人们今后不断变动的工作或职业打好基础和提供服务。

全球经济竞争从一定程度上制约了国家共用经费支出，为了满足日益膨胀的高等教育系统的需要，国家试图去寻找其他的经费来源，而不是一味地增加教育公用经费。相当多的政府在高等教育中引进了市场机制并鼓励私立教育发展。另外，政府也尝试用扩大招生和调整院校结构等办法来提高教育资源的使用效率和效益。当然，国家在把更多权力赋予高等院校的同时，也会要求高等院校承担起更多的责任，包括分担教育经费上的负担。

在文化层面，崭新的电子通讯系统营造出全球范围内的虚拟社区，在此基础上，不同社会群体的兴趣、政府的政策、商业的运营策略等能更为便捷地传播，由此导致世界文化的广泛交流和融合。一方面，由于国际间的共同利益和人类文化的交融性，世界文化正在趋同，例如，麦当劳文化已经被世界多数国家的民众所接受。另一方面，通过全球性和本土文化间的相互影响和渗透，一种或显或隐的新的杂交文化正在形成。在此过程中，民族国家常常被夹在文化全球化和保持自身文化本色的对抗中。一些地方民族主义的复苏更是使得这种对抗张力不断升级。近年来，由于不同国家和地区间的文化差异以及相互不理解导致的冲突和矛盾的例子屡见不鲜。为了保障全球经济的正常发展，一个和平的政治环境是不可或缺的重要前提，为此，一个国家在保持自身文化本色的同时，理解他国文化和尊重和平就显得尤其重要。高等教育的文化功能之一，就是帮助人们认识不同民族文化的特性和人类文化的共性。全球化在文化领域对高等教育的影响远比其在政治和经济领域的影响复杂，因为世界文化的多样性大大超过了政治和经济模式的纷繁多样。虽然与政治、经济相比，文化并没有在高等教育发展中起支配性作用，但是它渗透到了高等教育的方方面面，并且以潜移默化的形式，影响到人们的价值观和意识形态。有学者称，文化传统或促进或阻碍高等教育的发展，取决于高等教育的需求是否与文化传统一致。例如，中国传统文化与高等教育需求有一致的方面，也有不和谐的地方。诸如"有教无类"的教育观，知行统一的教学观以及其他人本思想与高等教育的需求是一致的，而传统文化中的专制主义和"三纲六纪"以及"天不变、道亦不变"等保守思想则与高等教育的需求是相悖的。这些因子不可避免地导致了中西文化的碰撞。这种交锋利大于弊。真理是在不同思想交锋中确立和发展的，因此，在高等教育中采取思想自由、兼容并包、百家争鸣、百花齐放的态度，是回应全球化挑战的必然选择。

全球化是全方位的历史性变革，在政治方面的影响引发了国家、社会和高等教育关系的重新定位，在经济方面的影响进一步表明了市场在高等教育中的价值，在文化方面的影响唤起了公民的自由意识和反思意识，有助于兼容并包的高等教育环境的形成。与此同时，我们也应认识到虽然多数国家都受到全球化观念的影响，但是由于每个国家的政治体制、经济结构以及文化传统各不相同，因此，回应全球化趋势的方式也各有特色，目前还没有任何一种模式的高等教育改革可以完美地应用在两个以上的不同国家，这也是高等教育研究人员必须认识到的。

三、全球化对我国高等教育的冲击

与世界高等教育的发展相比，我国高等教育起步较晚，但是发展迅猛，具有鲜明的中国特色。全球化对我国高等教育的冲击可以从经济全球化、政治全球化、文化全球化和科技全球化四个方面概括。

第一，经济全球化对我国高等教育的影响。经济全球化使人才市场趋向国际化，一个世界性的人才流动市场正在形成。由于经济周期的作用，未来我国大学生就业市场会随全球经济周期的波动而波动；另外，发达国家或跨国公司为了吸引发展中国家的优秀人才尤其是高校的人才，将会制定优惠措施。这对目前缺乏市场化运作经验和人才的我国来讲，不啻是一大挑战。一方面，经济全球化对我国高等学校人才培养目标提出了更高的要求，我国高校的人才培养目标亟待调整。为适应全球经济一体化，大学生必须懂得国际上有关的经济规则，具备相应的经验和能力，才能在就业市场上取得成功。过去，我们高校的人才培养缺乏全球化的眼光，我们的毕业生缺乏走向世界的素质和才能，这对加入 WTO 后并不断融入全球经济一体化的中国来讲，是非常不利的。另一方面，经济全球化对我国高校的教学内容和方法必然产生影响。由于目前全球化中通行的游戏规则大都是由曾经主导、现在依然控制着全球化进程的西方国家所制定的，这些规则、制度、惯例、标准等不仅苛刻而且不为我国所熟悉。我国高校有必要也应该及时改革教学内容和方法，让我们的学生了解这些规则、程序和技术标准，以适应我国参与全球化的需要。同时，经济全球化将使我国高等教育投入的渠道多样化，科研经费来源国际化。跨国公司为了追求利润最大化，扩大影响，会直接要求在我国投资办学或合作办学，开设研究所。另外，许多发达国家的非义务教育早已通过市场化（来运作，他们适应市场的能力远远超过我们。这一方面将促进我国一些高校加快与国际接轨，但也对我国政府提出了一个如何从宏观上促进高等教育发展的新课题。

　　第二，政治全球化对我国高等教育的影响。政治全球化是指政治在全球各国和地区的互动、交流、渗透的过程。今天的世界，无论哪里发生了政治事件，都会对全球政治活动产生影响，它将在发展中形成某些为大多数主权国家所承认、维护的共同政治标准，如民主、平等、人权等。政治全球化进程不是资本主义政治全球化，而是多种政治观相互交流、渗透和交锋的过程。一方面，政治全球化的发展将有助于培养我国高校大学生适应现代政治的思维方式，其互动也将对我国大学生民主理念的培养产生积极的影响。但是我们也应清醒地看到，现代民主制度的建立和民主观念的形成，都不是历史发展链条的断裂而是继续，现代民主化道路完全是社会内部各相关因素发育成熟的结果，它与其民族性格相契合，有深厚的历史根基。邓小平同志曾指出："民主化和现代化一样，也要一步一步地前进。"长期的封建人治和专制的消极影响使我们的大学生对现代民主政治缺乏正确了解。为了建设社会主义市场经济下的中国政治文化，我国高校的政治思想教育应进行创新，以培养现代民主意识。高校的管理也将进一步趋向民主，如何以人为本、以学生为本，发挥教师和学生广泛参与学校管理、决策监督，都是我们今后需要解决的。另一方面，政治全球化也特有助于我国大学生国际政治意识的培养，使他们具备活跃在国际舞台上的能力，如双赢、妥协等政治谈判策略及政治沟通传播等技巧；同时也应教育我们的大学生，让他们看到民主是随着时代而发展的，没有一成不变的僵死的民主模式。西方的民主并不能解决资本主义内在的矛盾，社会主义所倡导的平等和民主等价值理念仍将是 21 世纪人类追求的目标。在政治全球化的进程中，我们也应清醒地看到，西方国家善于运用多种手段对高校师生灌输他们的政治观，如通过各种基金会、互联网等方式，其中某些负面宣传会使一些大学生的思想偏离我国社会主导政治文化的要求，这是要时刻加以注意的。

　　第三，文化全球化对我国高等教育的影响。当代多向的、多层次的文化互动冲击着各个国家、地区和个人。1998 年，美国的文化产业仅电影、电视、录像带和音乐出版的总收入就达 600 亿美元，第一次超过农业和飞机制造业，成为美国出口的第一行业。文化全球化进程不都是对等的，其中也有许多不平等的互动，但其趋同性和多样性、世界性文化和民族性文化并存的规律依然在发挥着作用。高等学校是人类文化的传承地，文化全球化将使高校成为世界各国文化交流的中心，如翻译介绍外国文化，开设外国文化课程，互派留学生，建立各种文化宣传网站等措施，将促进我国社会主义文化的发展和创新，增加我国大学生对不同文化的理解和适应。但是良莠不齐的文化信息将使大学生的价值选择和判断的难度增大。文化全球化意味着不同地区、国家和社会制度的文化、思想、观点、信息将在我国高校迅速传播；外籍教员、外国留学生人数将迅速增加，我国大学生与外国的交流将大量增加，大学生的视野将更加开阔，这对缺乏成熟价值观的大学生来讲，是一个难以驾驭的问题。因此，过去我国高校那种单一的集中的教育模式在多元文化环境里受到了挑战，如何创建和运用开放有序的校园文化环境来潜移默化地感染学生、教化学生，是值得我们教育工作者深思并需解决的问题。

　　在全球各国和地区联系日益紧密的过程中，有的经济学学者指出：全球化有可能巩固发达国家与发展中国家的中心——边缘地位，发展中国家对发达国家的经济依赖往往导致了文化上的依赖。殖民地文化的威胁已成为全球化过程中挥之不去的阴影。无论是华纳兄弟公司、索尼公司还是默克多的新闻集团，他们都不是单纯为文化交流而来的。我国高等教育作为文化发展的先导和民族文化的捍卫者，在文化的发展中负有极其重要的责任。在全球化的背景下，仅仅停留在对充斥各地的西方文化进行批判或对多元文化的赞美是不够的，对于我们而言，一是要将文化全球化和本土化更加有机地结合在一起，这是我国高等教育进行文化创新的一个重要课题。我国是一个历史悠久的文化大国，我国高校在全球化的机遇下，更应积极地向全世界介绍我国优秀的民族文化。二是在我国确立社会主义市场经济体制的过程中，在全球化大潮的冲击下，我们应在社会主义精神文明原则的指导下，重塑现代中国文化，把优秀的西方文化和中国文化对接起来，形成"开放的民族的科学的大众的"现代化的中华文化。只有这样"和而不同"，我们才能消除文化全球化过程中的负面影响。

第四，科技全球化对我国高等教育的影响。随着我国不断融入全球化的大潮之中，作为世界大家庭中的一员，我们有必要从多角度运用多种理论和方法，认识和解决全球性的环境、社会、经济和政治等问题，从而有利于我们在国际舞台上的竞争与合作。这便要求我国高校设立跨学科的新专业，培养各类人才。同时，我们还要关注和研究这些高新科技会对整个世界的社会结构、道德伦理、政治关系、法律体系、生活方式和人们的心理带来什么样的冲击和变革，我们应采取什么样的对策（如基因复制等问题）来维护我国的科技安全。信息技术的迅猛发展一方面使高等学校的教育与管理方式发生深刻变革，同时使虚拟大学（远程教育）的出现成为可能，远程教育将大大加快我国的高等教育大众化和终身化，改变传统的高等教育模式，其意义非同一般；全球互联网也使全人类的优秀文化、科技资源真正成为共享，给我国不同地域（甚至偏僻农村）更多需要教育和培训的人提供了前所未有的机会。如何根据现代信息技术的发展来整合教育资源，实现我国高等教育的大众化，如何处理现代信息技术背景下的师生关系，如何改革教学模式等，都有待我们解决。

高等教育的发展不仅意味着数量的增加、质量与效益的提高，更意味着适应性的提高。面对全球化，我国高等教育应着眼于国际市场的供需状况，处理好全球化与本土化的关系，处理好保护、引进与输出的关系，合理地配置教育资源，调整专业设置、培养目标与课程体系，建立与国际接轨的高等教育质量认证制度、建立和完善我国高等教育市场体制，提高我国教育服务的竞争力。为此，我们需要建立一批高水平的高等学校，更需要建立促进高等学校主动适应社会发展的体制与机制，培养有中国特色的高素质人才。

第二节　知识经济与高等教育革新

知识经济的悄然兴起，既是一场巨大的经济转型，更是一场深刻的社会变革，必然对整个人类的价值观念、思维方式、生产方式和生活方式产生重大影响，也必然对高等教育产生全方位的冲击。知识作为高等教育的逻辑起点是联系高等教育与知识经济的纽带。从教育的外部关系规律来看，知识经济引导和推动高等教育的改革与发展，高等教育的改革与发展又促进知识经济的发展，两者存在互动性；从教育的内部关系规律来看，高等教育的育人活动需要知识经济的物质保障，知识经济实现可持续发展需要高等教育育人活动的精神保证，两者存在互补性。

一、知识经济的由来与本质

知识经济这一概念的由来，最早可追溯到 20 世纪 70 年代，当时的美国未来学家阿尔文·托夫勒，曾经在他所著的《第三次浪潮》中提出："农业社会、工业社会至 20 世纪末以后将是后工业经济的社会，即信息社会。"1982 年，奈斯比特在《大趋势》一书中，也提到了"信息经济"这一命题。1990 年联合国经贸组织进一步提出了"知识经济"的说法。1996 年，世界经合组织（OECD）在其发表的《以知识为基础的经济》的年度报告中做了明确的界定："知识经济是建立在知识和信息的生产、分配和消费之上的经济。"至此，"知识经济"一词才被广泛应用并成为全球的焦点话题。归纳起来，"知识经济"有这么几层含义：第一，知识经济是以现代科学技术为核心的，建立在知识和信息的生产、存储、扩散和应用之上的经济；第二，知识经济是以知识作为生产力发展的最主要因素的经济；第三，知识经济是以高技术产业为支柱，以智力资源为依托的，兼顾长远利益的可持续发展的经济。这几层含义虽然阐述的角度不同，但它们的本质特征却是一致的，即都指建立在对智力资源（人才和知识）及其无形资产（信息、技术、发明和创造等）的占有和配置，以及对知识产品的生产、分配和消费基础之上的经济。

首先，知识经济对智力资源及其无形资产的占有和配置，实际上是指对各类人才、知识以及各种信息、技术、发明和创造的拥有和配置，它不同于传统农业和工业经济对稀缺自然资源（土地、石油等）的占有和配置。人才可以通过交换和流动而被任何企业和单位所拥有；知识和无形资产则可通过制成软件、产权转让或复制而被全世界的人同时享用；智力资源以及无形资产的配置，虽仍以市场配置为主体、以市场调控为机制，但它是借助计算机网络和有关媒体来完成的，因此，其配置方式表现出更快捷、更有序和更合理的特点。

其次，知识经济对知识产品的生产，既包括对理论类和经验类知识产品的生产，也包括对技术类知识产品的生产。理论类和经验类知识产品，是指能给高科技产业带来经济效益的各种思想、观点、信息、原理、发明和创造等，这些"无形产品"是在高校和科研院所中，通过对各种理论类知识和经验类知识的创新、总结、综合、筛选和加工后最终"生产"出来的，它们虽不以实物形式而存在，但却凝聚了各种活劳动和物化劳动在其中，因此具有特殊的价值和使用价值，此类产品可以不断地再生产和复制；技术类知识产品，主要是指像克隆技术产品、太阳能技术产品、受控热核聚变能技术产品和数码科技等"实物产品"。这些产品是在高科技产业中生产的，是通过把科学知识（或把理论和经验类知识产品）转化为技术和现实生产力并融入实物产品中而得到的，此类产品更为轻型、附加价值更大、生产成本更低。

最后，知识经济对知识产品的消费（使用），实际上就是指对以上各类知识产品的消费或使用。关于理论类和经验类知识产品，具有可重复、可复制和可传播的特点，因此对此类产品的使用，在一定时期内会随使用次数的增加而增值，可以不断的再生产和不断的增值，但随着知识老化和更新周期的缩短，对这类知识产品的使用也是有时限的；而对科技知识产品的使用，较之对传统商品的使用更为质优、耐磨、清洁和方便，它在较长的使用期内，不会因使用次数的增加而消失、转化和折旧。

从以上对知识经济的本质特征的分析来看，它是作为一种崭新的经济形态而呈现在世人面前的，因此其产生、发展和繁荣，终将离不开对知识本身的创新和有效信息的积累与利用，而知识创新又必须以高等教育的发展为依托，两者互相促进，共同发展。

二、知识经济与高等教育的相关性

知识经济是以知识为战略主体的经济，是以信息化、网络化为发展基础的经济，是以创新为内在动力的经济，是以人才为关键要素的经济，是以高科技产业为支柱产业的经济，是以科技园区为新的社会构成要素的经济。这些特征决定了它与教育，尤其是高等教育之间必须具有极为密切的相互信赖、相互促进的关系。高等教育不仅孕育了知识经济，而且成功地推动了知识经济的发展。与此同时，知识经济的发展也进一步推动着高等教育的革新与发展。时代的发展需要创新，知识经济在创新中不断对高等教育提出新要求；高等教育在不断地改革与创新中适应和促进知识经济的发展，两者正是在这种相互依存、相互促进的过程中形成一种良性互动关系，共同推动人类社会的进步与经济的繁荣。

1. 知识经济与高等教育的关联性

从高等教育的逻辑起点分析，知识经济与高等教育具有紧密的关联性。首先，知识是高等教育的逻辑起点，这是高等教育与知识经济联系的可能性。任何一门学科都有一个相对独立的逻辑起点，该门学科的内在规律都围绕该逻辑起点运行，诚如经济学以商品为逻辑起点，生物学以细胞为逻辑起点，教育学是以知识为逻辑起点，高等教育学作为高等教育科学的理论形态，同样也有一个逻辑起点，这个逻辑起点不是其他，也还是知识，只是这种知识相对于普通教育的基础性知识来说具有专业性，也就是说，这种知识没有本质上的变化，只有程度上的变化，而且，这种程度只是相对的、历史的，不是绝对的、永恒的。例如，原始社会人们的某些言传身教所表达的或许就是高深知识，在物质文明和精神文明高度发达的未来社会，目前的高深学问在那时或许算不上高深知识。

知识是高等教育的逻辑起点，可以从两个方面来说明。一方面，从高等学校的教学过程来看，教学过程既是一个认识过程，也是提高受教育者各方面素质的过程。前者表现为教师通过一定的教学手段将加工整理的教学内容传授给受教育者，这实质上是知识的整理和传播过程；后者表现为受教育者在教师的指导下将一定的教育内容转化为自身内在素质的过程，这实质上是知识的内化过程。在这两个子过程中，虽然会出现多项任务和多种矛盾，诸如掌握"双基"、发展智力、培养道德品质、增强社会实践能力等多方面的任务及其相互关系，但其中心问题仍然是知识的选择与传承、知识的领会与掌握。由此可见，教学过程实质上也是知识的整理、传播和内化的过程。如果说以上从高等学校的教学过程来分析，是从纵截面考察高等教育的逻辑起点，那么从高等学校的社会职能来分析，则是从横断面来考察高等教育的逻辑起点。从高等学校的社会职能来看，高等学校的社会职能主要有三：培养人才、发展科学和直接为社会服务。从培养人才来看，受教育者在受教育前后个体素质有所差别，这种素质的差别正是知识内化的结果。一个人在受教育前，是一个劳动者；受教育后，也是一个劳动者，但两者却有质的不同，前者可能是一个简单劳动者，后者却能成为一个复杂劳动者，实现简单劳动者向复杂劳动者转化的根本原因是受教育者接受了一定的科学文化知识并将其内化为自身相对稳定的个体素质。所以，知识是实现人力向人才转变的根源和内在逻辑。发展科学在高校主要体现为科研活动，这本身就是知识的生产活动。从直接为社会服务来看，这种服务不同于其他社会机构提供的简单劳动力或一般的加工制造品的服务，而主要是利用高校的人才优势、智力优势、科研优势为社会直接提供的教学与科研服务，这实质上是知识的传播与应用活动。由此可见，高等学校的社会职能在本质上表现为知识的生产、传播和应用过程，表现为知识的选择、传承和内化过程。

知识经济是针对农业经济和工业经济提出来的，其划分标准是依据该种经济形态赖以存在和发展的基本资源与生产要素的结构及其特点。例如，农业经济对土地、劳动力依赖最大，对知识和资本依赖较小；工业经济对土地、劳动力依赖较大，对资本和知识依赖更大；而知识经济对土地和劳动力依赖最小，对资本尤其是知识的依赖更大。从前面的分析可以得知，高等教育活动实质上是一项知识的传播与内化活动，是一项知识的生产、物化与应用活动，知识是高等教育的逻辑起点。因此，高等教育与知识经济能够通过知识达成联姻，知识成为两者联系的纽带。

高等教育的逻辑起点是知识，但不是一般的知识，而是高深知识，其中包括高新科技知识，这是高等教育与知识经济联姻的必然性。高等教育是建立在普通教育基础之上的专业教育，它所传播的知识是在普通教育传播知识的基础上的再选择、再深入，它所生产的知识是促进现代生产发展的高新技术知识和反映当代学术热点的高深理论知识，它所物化的知识是造就高精尖专门人才的知识和创造面向现代化的科研成果的知识。一句话，高等教育的逻辑起点是知识，但不是一般的知识，而是高深的知识，其中最具有时代精神和现实价值的知识是高新科技知识。

知识经济中的"知识"在经济学界虽然没有统一明确的界定，但普遍都默认为高新科技知识，许多关于知识经济的界定都提出了知识经济是一种以高科技为基础、以创新为灵魂的经济。而在教育学界，知识经济中"知识"的含义变得泛化和混沌，往往还成为争论的焦点和研究的重点。确定知识经济中的"知识"到底所指什么知识，可以从两个方面来分析。首先，从知识经济提出的历史背景来看，知识经济的提出是在信息技术和高新科技的快速发展对社会产生了重要影响的情况下提出来的。许多人把比尔·盖茨的成功看做知识经济出现的标志，因而它强调的不是知识的经济行为，而是知识的经济作用，即不是从把知识作为商品的角度而提出，而是从知识在生产力发展和经济发展中的作用和地位的角度而提出。其次，从知识经济的对立面或对应方来看，它是针对农业经济和工业经济提出来的。三种经济形态划分的标准是各生产要素和基本资源在经济发展中的构成和作用，知识经济是以知识为最基本的资源和最核心的生产要素的经济，知识成为推动和牵引经济发展的先导力量和决定性因素，也就是说，这种知识不是一般知识，而是能够纳入生产函数，并且作为第一生产函数的知识，也可以说是推动生产力发展的最具决定性和关键性作用的知识，因而，它同样是强调知识在促进生产力进步和经济发展中的作用和地位。"科学技术是第一生产力"，从这个意义上说，知识经济指向的知识是高新科技知识。可见，知识只是实现高等教育与知识经济联姻的可能性，只有高新科技知识，当然也包括现代管理科学知识，才能实现两者内在的、固有的和必然的联系。

在知识经济时代，知识经济和高等教育中的高新科技知识既有共同之处，又有不同之处，但两者是统一的。知识经济中的高新科技知识不是一般的科技知识，而是对现代化大生产起决定性和革命性作用的应用性科技知识。高等教育中的高新科技知识不仅包括对现代生产起决定性和革命性作用的应用性科技知识，而且也包括不能直接纳入生产函数的基础性高深科技知识。从某种意义上讲，基础性理论与应用性、技术性理论是源与流的关系，高新科技知识的不同理论形态，都属于科技知识的范畴，因此，在知识经济时代，知识经济与高等教育的高新科技知识是统一的。

农业经济时代，大学游离于经济社会之外；工业经济时代，大学处于经济社会的边缘；只有到了知识经济时代，大学才被推向经济社会的中心。知识经济是特定历史时期的一种经济形态，高等教育却在三种不同的经济形态中存在，而且在每一种经济形态社会，尤其是工业经济与知识经济社会中，高等教育提供的科技知识在当时历史条件下都可谓高新科技知识，但是，为何只有在知识经济社会条件下高等教育才成为经济社会的中心呢？这是因为不同的经济形态中高等教育提供的高新科技知识对生产力发展和经济进步的作用和地位不一样。高等学校能否和是否提供一定的高新科技知识，既取决于社会发展的需要，又取决于高等教育的价值取向，但归根结底取决于社会生产力的发展水平。因此，高等教育步入社会的中心不仅需要一定的历史条件，同时也是历史发展使然。在农业经济时代，由于生产力水平低下，人们认识世界和改造世界的能力不高，因而不能超越历史的限制而形成反映客观物质世界的科技思想和成果，即科技知识，高等学校也难以从社会吸纳这些知识，转而成为"专注于探究治世之法和天理人伦之道的'象牙塔'"。由于社会与高校之间几乎没有科技知识的交流活动，高校也就无法向社会贡献科技成果和科技人才，那时社会的科技创新几乎大都产生于各种物质生产部门，如作坊、厂矿等。工业经济时代，生产力有了较大发展，人们认识世界和改造世界的能力有了较大提高，形成了许多反映客观物质世界的科技思想和成果，高等学校吸纳这些科技知识转变为教学内容，并内化为学生的个体素质。高校在从社会吸纳一定数量科技知识的基础上，又通过高校和学生的继承和创新，最后以科技知识增量的形式回馈社会，随后又进入下一轮循环。但是，那时科技知识还没有成为推动生产力发展的决定因素，生产力的提高和经济的发展很大程度上还依赖于资本和劳动力，高等学校中各种以知识形态、物化形态或个体素质形态存在的科技知识也就不能成为工业经济发展的核心要素。只有到了知识经济时代，生产力获得了空前提高，人们认识世界和改造世界的能力有了空前提高，形成了许多能够决定生产力提高和经济社会发展的科技知识，这些科技知识所蕴藏的生产单位和生产因子是传统生产资料和生产要素的上亿倍、亿万倍，因而成为生产力提高和社会经济发展最重要的资源和最核心的生产要素。高等学校通过吸纳这些高新科技知识，转化为教学内容，内化为学生的个体素质，或者在继承的基础上进行创新，形成物化形态的科技成果进入社会。不难看出，生产力不是单向地支配高等教育，即高等学校不是单向地从社会吸纳科技知识。高等学校是"思想库"、"人才库"，它能在吸纳和反映的基础上创造新知识，继而转化为生产力，推动社会发展，这些继承的知识和创造的知识达到一定程度，就会由量变引起质变，从而进一步推动社会的发展。高等学校作为高新科技知识的传播基地、生产基地和孵化基地，成为高新科技知识的"摇篮"，成为知识经济社会的"发动机"，成为知识经济社会的轴心。

2. 知识经济与高等教育的互动性

从教育的外部关系规律分析，知识经济与高等教育具有良好的互动性。

其一，知识经济引导和推动高等教育的改革与发展。知识经济必然要求确立新的教育观，诸如新的教育哲学观、教育功能观、教育本质观、教育产业观、教育发展观等。但是，观念的转变，是建立在人们认识到知识经济对高等教育改革与发展的冲击与促动的基础上。从整体来看，这种冲击和促动主要体现在三个方面。

高等教育外部关系规律显示，高等教育自身的发展需要适应社会，为社会进步和经济发展服务。知识经济本质上要求经济知识化，且指向高新科技知识，这就要求高校必须为经济发展和社会进步提供高新科技知识，要求高校调整教育理念，确立新的教育价值观，培养掌握现代高精尖科学技术的专门人才以及创造一流的科研成果。新的教育理念和教育价值观要求高校在教育目的、培养目标、课程目标、教学内容、教学方法以及社会服务等方面进行改革，以迎接知识经济的挑战，适应知识经济的发展。

知识经济不仅要求经济的知识化，而且也要求知识的经济化，这既是知识经济的内在要求，也是知识经济发展的客观需要。知识经济时代，教育产品的商品性凸显，高等教育的产业化运作，促使高等学校进行管理体制改革与创新，使高校成为讲究成本效益、责权利明晰的知识商品生产部门和法人实体。这就要求人们转变思想观念，明确知识的经济价值和商品特性，明确高校的法人地位和产业属性。

如果说农业经济是手工化时代，工业经济是机械化时代，那么知识经济则是信息化时代。信息化不仅影响教育价值的转变，影响教育管理体制的改革，还会导致教育教学形式的变革。知识经济将大大推动和促进远程教育、网络教育以及多媒体教学的发展，全面改变传统的教师与学生面对面的教学形式和以书本介质为知识载体的传播途径，促进教育技术的革命，推进教育终身化和教育国际化，赋予高等教育理论与实践新的内涵和外延。

其二，高等教育的改革与发展拉动和促进知识经济的发展。高等教育不仅要适应知识经济的发展，还要在适应的基础上拉动和促进知识经济的发展。高等学校促进知识经济的发展，是以促进高等教育与知识经济两者联系的纽带——高新科技知识在质和量两个方面的增长来实现的。量的增长主要表现为通过培养科技人才来传播高新科技知识，因为掌握一定科技知识专门人才的数量越多，以生产力形态存在的科技知识在社会上的数量就越多，这种人才主要是职业型、应用型及技术型人才；质的增长则不仅表现在培养更多富有创新精神和创新能力的高精尖科技专门人才，还表现在创造更多一流的科研成果，这些人才和成果所具备的科技知识都高于社会现有的科技水平，是促进生产力发展最重要的潜在因素，是推动知识经济发展最活跃的因素。当然，这种质的增长实际上也是量的增长，但前者量的增长主要是从知识广度的增长来说，而这里质的增长则是从知识深度的增长来说。简单地说，高等学校在一定教育理念和教育价值观的指导下，通过改革和调整，培养大批高素质专门人才和创造高水平的科研成果，从高等教育与知识经济的联系来看，也就是创造了更多更好的高新科技知识，进而推动了以高新科技知识为最革命生产要素的知识经济的发展。

高等教育促进知识经济的发展，不仅是通过高等学校的育人职能和科研职能间接实现，而且高等教育活动本身也成为一种经济活动，高等学校也成为一种经济部门，它能够直接实现经济价值，直接促进知识经济发展。高等教育的逻辑起点——知识，本身就成为一种商品。高等教育领域同样存在知识商品的生产、流通、交换和消费四个环节，其中商品生产表现为科学研究或教师的备课，商品消费表现为科研成果的应用与知识内化为学生的素质。由于高新科技知识成为知识经济最重要的资源和生产要素，生产高新科技知识的高等学校也就成为知识经济时代最重要的资源和生产要素的生产部门。由此可见，知识经济时代，高等教育不仅是一种教育活动，也是一种直接的经济行为，而且成为知识经济发展重要的组成部分。

3. 知识经济与高等教育互补性

从教育的内部关系规律分析，知识经济与高等教育具有高度互补性。一方面，高等教育的育人活动对知识经济的物质依赖性。培养人才活动是教育者将一定的知识传授给受教育者的过程，这一过程包括知识的生产、整理、传播及内化等环节，但每个环节都不直接创造物质财富，形成的科技知识也只是以知识或者个体素质等形态存在，它的外显活动表现为消费活动，而不直接表现为经济价值取向的生产活动；而且，这种消费活动对教育者和受教育者双方来说，周期长，智力和体力投入大，是一种成本代价较高的消费活动。所以，这种育人活动必须建立在一定的物质基础上，没有经济保障，这种消费就不能实现，育人活动就无法进行。

知识经济对高等学校培育人才这种高消费活动的经济保障和物质补给，主要从两个方面来实现：一是高校内部的经济收入。高等学校的产品之一——高新科技知识是高利润商品，因而高等学校能够通过出售科技知识来获取利润，这表现为收取学费、转让科研成果以及创建校办企业等；二是高校外部的经济投入。高等学校作为"社会中心"，高等教育的战略地位以及培育人才的高消费活动，必然引起政府及社会各界对高等教育的高度重视，从而促使政府及社会各界对高等教育加大经济投入力度，这表现为政府拨款、企业资助、社会及个人捐资和投资、银行贷款等。

另一方面，知识经济的可持续发展对高等教育育人活动的精神依赖性。有一种观点认为，知识经济强调的是普遍提高人的全部精神能力，使理性精神能力与非理性精神能力得以和谐发展。笔者认为，这种观点主观地扩大了知识经济的内涵，把这个从经济学领域引用过来的概念泛化了。从前面的分析可以得知，知识经济的提出是强调知识对生产力和经济发展的作用和贡献，突出高新科技知识的中心地位和经济价值，知识经济实质上是高新科技知识经济。也有人提出，追求经济利益是知识经济的本性。从人类社会发展史来看，由于我们以前过分强调科技的作用和物质的价值，导致了许多严重的社会问题，诸如生态环境恶化、伦理道德败坏、主体精神颓废等。人既是知识经济社会活动的主体，又是教育的对象；高新科技知识既是知识经济社会的决定性生产要素，又是高等教育的逻辑起点，因而，减少高新科技知识对知识经济的负效应，扩大其正效应，实现知识经济的可持续发展，就成为高等教育承担的重要历史使命。

高等教育之所以能减少高新科技知识对知识经济的负面效应，主要在于高等教育的育人功能。虽然高新科技知识本身就包含了一种科学精神，一种追求真理和注重事实的精神品质，一种实现经济社会公平和公正的精神支柱，但高新科技知识如果以物化形态存在，它作为一个非生命体就会失去这种精神，成为任人摆布的工具和手段。因而，人的问题就成为能否实现知识经济可持续发展的根本和关键。高等学校作为人才培养的基地，作为知识的渊薮、科学的殿堂、人才的摇篮和精神的家园，能够实现人在智力因素与非智力因素、科学精神与人文精神、个人信念与社会关怀等方面的和谐统一。它所培养的人才在认识、评价、生产或应用高新科技知识和成果时，能够形成正确的价值判断，综合考虑近期利益与长远利益、局部利益与整体利益、个人利益与社会利益等方面的关系，作出符合人类社会发展的理性选择，实现知识经济的可持续发展。

三、知识经济对我国高等教育的影响

知识经济对我国高等教育的影响与冲击是全方位的，既带来了发展的机遇，也提出了严峻的挑战。知识经济给我国高等教育发展带来的机遇主要表

现在五个方面。

第一，知识的经济化与经济的知识化趋势使高等教育的地位提升。在知识经济中，知识的拥有同社会经济发展及个人财富与地位升迁紧密相关，国力竞争与个人竞争在很大程度上变成知识创新和信息运用的竞争。1998年，江泽民同志在会见"两院"院士时讲道："推进未来发展动力的要素既不是资本和土地，也不是劳动力，而是知识，是人的素质，这些因素将会创造经济奇迹。"教育，尤其是高等教育已被国家纳入优先发展的战略与现代化建设的整体布局之中。知识因素对国民个人发展的影响日趋明显，有调查显示：知识水平较高的人拥有更多流向职业声望较高的科研、金融与计算机服务等行业的机会；在单位中拥有更多的职务升迁机会。文化程度的差异对收入差距的影响正呈扩大趋势。

第二，大众化与国际化趋势使高等教育的市场拓展。知识经济激发了社会对知识与人才的需求，加快了高等教育大众化的进程。我国政府原定于2010年高等教育毛入学率达到15%，亦即"大众化"的目标，1999年中共中央国务院作出了扩大招生规模的决策，当年全国普通高校共招收本科生159万人，比1998年的108万人增长了47.4%，毛入学率达到11%，2000年招生达204万人，比上年又增长了28%，2005年招生达546万人，是2000年的两倍多，2010年招生达657万人，是2000年的三倍多。国家原定目标已经提前实现。随着对外开放与国际交流的进一步扩大，国外生源市场也不断拓展。据不完全统计，截至2008年就有来自169个国家和地区的106000余名学生到我国高校学习。在我国2010年颁布的《国家中长期教育改革和发展规划纲要（2010—2020年）》中，我国政府又针对高等教育的发展提出，"到2020年，基本实现教育现代化，基本形成学习型社会，进入人力资源强国行列……高等教育大众化水平进一步提高，毛入学率达到40%"。

第三，高教、科技、经济一体化与学习终身化趋势使高等教育的功能扩张。这种功能扩张，首先反映在高等教育原有三大功能的扩张：一是时间上的扩展。为适应个体学习终身化的要求，高等教育正在从阶段性教学转向终身性教学，各种类型的成人高校、老年大学蓬勃发展，2008 年成人高等教育在校生达 548.29 万人；二是空间上的扩大。为了满足日益增长的高等教育需求，高校正在从封闭走向开放，各种形式的校外教学、网络教学、合作办学应运而生；三是内容上的扩充，教学的功能已不仅仅是知识的储存与传递，而是集创造、加工、处理、传播与应用为一体。科研也不仅仅注重基础研究，开发研究与应用研究越来越占有更多的比重，不少高校结合科研兴办科技企业，到 1999 年年底全国已达 2137 家，并以平均高于 15% 的增长速度向前发展，2000 年销售经营收入总额已达 368 亿元。高校社会服务的面越来越宽，包括企业培育服务、科技攻关服务与参与政府咨询决策服务等。不少高校与企业联合建立了一大批技术开发中心、生产力促进中心、产学研合作示范中心，1998 年高校从各种渠道获得的科技经费达 80.1 亿元。“九五”期间，高校参与国家科技攻关项目共取得科技成果 3050 多项，获得国拨经费 9 亿多元；1992—1998 年间，全国共鉴定成果近 6 万项，签订技术转让合同 3 万余项，成交金额 28.35 亿元。这些成果转化为现实生产力并已产生出巨大的社会经济效应。其次，反映在新功能的产生。高校凭借人才资源与科研优势，广泛参与社会经济活动，在多方面都发挥着刺激经济增长、引导文化变迁、扩大国际交往、提升人类文明等功能。

第四，综合化与信息化趋势推动高等教育的改革深化。知识经济是一个高度综合的时代，它表现在知识的形成与发展、信息的加工与传播、新产品的设计与制作、商品的生产与流通等各个方面。这种综合化的特征也反映在对人才的要求和高等教育培养目标的确立上，进而影响到学科结构的调整、专业与课程的设置，以及教学方法、考试方法等各个方面的改革。从对我国当前高等教育改革的影响看，必须确立综合化教育思想已渐成共识；“厚基础、宽口径、强技能、善创新”的高素质的复合型人才的培养目标已被广泛接受；按综合化的思想合并学校、调整专业、重组学科、优化培养模式等方面的改革已取得相当的成就。以电脑化、网络化、数字化为主要内容的“信息化"趋势对我国现行的高等教育的影响不仅是教育技术与教育手段的变革，还是从教育观念、教育体制、教育模式到教育管理的全方位的改革。伴随着教育信息化的进程，传统的"传道、授业、解惑"的教育观、"博闻强记"的学习观正发生改变；注重正规的一次性的学校教育制度和强调整体的同步的班级授课模式也将逐步瓦解，取而代之的将是以适应信息化要求的弹性化教育制度与个性化的学习模式。

第五，产业化与社会化趋势使高等教育发展的环境不断优化。在"知识经济初见端倪"的历史条件下，江泽民同志指出教育是先导性、全局性、基础性产业，高等教育的产业化趋势日趋明显。这种趋势首先反映在高等教育的发展中引入了市场机制。为满足强劲的社会需求，近年来，我国迅速调整了高等教育的布局结构、专业结构，扩大了招生规模，提高了办学效益。有资料显示，城乡居民储蓄已达 6 万亿元，而绝大多数人储蓄的第一目的就是为"将来子女的教育"做准备。其次，反映在高等教育发展中遵循了"谁受益、谁投资"的等价交换原则。2000 年，我国有本科与高职在校生共 900多万，按每生每年花费 1 万元计算，就是 900 多亿元。这 900 多亿元的注入，不仅有利于突破制约我国高教发展的投资"瓶颈"，有利于改善办学条件，有利于稳定教师队伍和提高办学质量，而且对于搞活整个中国市场也具有重要意义。反过来，知识经济的高增值性所积累的巨大财富又可以为高等教育的进一步发展提供坚实的经费保障。再次，反映在高等教育的发展将获得日益广泛的社会支持。随着产业化带来的开放、竞争、质量与效益等观念的增强，以及人们对高等教育社会经济功能认识的深化，人们越来越关注高等教育，尊重知识、尊重人才、支持高等教育的社会氛围将进一步形成。这一切都可以为高等教育发展创造良好的物质环境与精神环境。

与此同时，知识经济也对我国高等教育发展提出了一系列挑战，这主要也表现为五个方面：一是国际竞争加剧对高等教育培养目标的挑战。知识经济与高新技术的发展对人才素质的要求越来越高，高素质的人才已成为新的国际竞争的关键因素。这就对传统的高等教育培养目标及培养方式提出了严峻的挑战。根据武汉大学最近就大学生的教育质量问题在全国范围进行的一次抽样调查的结果看，我国高等教育在培养目标及培养方式上存在着下列"六重六轻"：重成才教育、轻做人教育；重专业教育、轻基础教育；重书本教育、轻实践教育；重科技教育，轻人文教育；重共性教育，轻个性教育；重继承教育，轻创新教育。社会对毕业生的评价是创新能力不强；敬业精神、合作精神不足；身体素质、心理素质相对较差。一份对北京23所大学6000名学生的调查结果也显示：随着年级的上升，大学生的创造力反而呈下降趋势。另据瑞士洛桑国际管理开发研究院发表的2000年度《国际竞争力报告》显示，我国国际竞争力总体水平排名比前一年度有所下降，其原因为创新能力不足。这种状况警示我们：必须对高等教育的培养目标进行认真反思。

二是知识高度综合对高等教育人才培养模式的挑战。高度综合的知识经济社会最需要的是具有广博知识和综合能力的通才。国外的研究发现：有成就的科学家多是靠博才取胜；当今诺贝尔奖的获得者中，有不少既是某门学科的"专才"，又是善于进行综合性研究的"通才"，这对我国长期以来注重专才培养的教育模式提出了挑战。人才培养模式由培养目标、专业设置、教育方式、学习方式与评价方式等要素构成。我国传统的人才培养模式的特点可概括为五个字：一是"专"，即强调按统一的计划与要求培养人才，培养目标过专；二是"窄"，即专业划分过细，专业口径过窄；三是"灌"，即教学重灌输，轻启发；四是"死"，重记忆，轻思考，学习方式过死；五是"偏"，即评价指标片面，评价方法单一，评价结果偏颇。这种模式培养出来的学生在计划经济体制下容易对口安排，但综合素质较差，适应面较窄，创新能力较低。在知识经济时代，这种人显然是不能适应的。

三是功能迅速扩张对高等教育体制的挑战。知识经济条件下的高等教育承担着时代赋予的多种社会功能，高等教育能否实现这些功能，关键在从事高等教育活动的主体——人的积极性、主动性与创造性的发挥，而人的主体性的调动又取决于制度和体制。近年来，我国在高等教育体制方面的改革已取得重大进展，但面对知识经济的挑战，仍然存在着许多不相适应和阻滞功能实现的缺陷。仅就校内管理体制而言：从人事制度看，仍带有一定的"管、卡、压"特征，例如，在管理上是重管"人"、轻管"事"，在职称评定上是重指标、轻条件，在职务聘任上是重任命、轻竞争，在人才流动上是重安排、轻自愿，忽略了人的主体性；从分配制度看，在很多方面仍反映出重身份、重资历的色彩，离知识、技术、管理等生产要素和按贡献进行分配的要求还有较大距离，影响人的积极性；从教学科研的评价制度看，既缺乏分类型、分层次、合理的评价指标体系，也缺乏科学的评价方法，更缺乏健全的评价组织，不能激励教师积极开展教学与科研，压抑了人的创造性。

四是网络自由传输对高校德育的挑战。教育是培养人的活动。高校德育既是高等教育的重要组成部分，也是培养有理想、有道德、有文化、有纪律的一代新人的重要手段。知识经济时代，网络传输的自由度大大加强，这一方面有利于信息资源共享，有利于加速国际合作与交流的进程；另一方面也对高校德育提出了挑战。随着网络的发展，各种思想文化的交融、碰撞将愈来愈激烈，西方的文化，包括影视、音响、书刊等将大量进入我国高校，各种意识形态和生活方式必将对大学生的价值观念、思维方式产生极大影响，有可能造成观念的冲突与思想的腐蚀。知识经济条件下高校德育工作将愈来愈重要，也将愈来愈复杂。

五是教育资源共享对高等教育市场的挑战。这种"共享"既有利于我们引入优质的教育资源，以提高教学质量，也有利于拓宽生源市场，以提高办学效益。但"共享"带来的挑战也是严峻的。首先是高校人才资源的争夺已成为不争的事实。一位西方学者曾直言不讳地讲："欧美要保持科技竞争实力，非常需要中国的人才。"许多发达国家通过制定一系列优惠政策来争夺全世界的尖子人才，而中国被他们视为抢挖人才的宝库。高校教师资源是人才争夺的重要内容。报载，近日已有一批中国知名学者同英国高校签订了年薪30万人民币的工作合同，即将赴英国任教。其次是学生资源的争夺。当今，欧美许多国家的高校自然科学专业的本土招生出现迅速下滑趋势，研究生生源更是严重短缺，这些国家正把生源市场的目标转向中国。近年来，我国生源流失已相当严重，而且正在出现由研究生层次向本科生层次、由高龄向低龄、由小批量向大批量发展的趋势，可以预料，21世纪的高校生源争夺将会更加激烈。

第三节　新公共管理运动对高校管理体制改革的冲击

始于20世纪70年代的新公共管理运动为各种社会管理提供了新的范例、观念和思维模式，提供了观察、理解和处理特定问题的新框架。同样，高校管理作为公共管理领域的组成部分，也必然受到新公共管理运动的冲击。这主要表现在提倡高校管理权力的多中心，强调分权与授权、引入竞争机制、关注质量效益、面向社会办学等方面。

一、新公共管理运动的兴起

20世纪70年代开始，西方各国的公共管理遭遇了前所未有的困境。凯恩斯主义不再成为政府管理的杀手锏，反而给社会生活各方面带来了一系列的负担。高失业、高通胀、低增长的"滞胀"现象出现；政府扩张、机构臃肿、效益低下、政策失效，乃至政府失灵，公众对政府逐渐丧失信心。传统的公共行政模式在理论和实践的质疑声中陷入了"四面楚歌"的境地。越来越多的人认识到，传统的行政模式已无法反映出现代公共服务所需承担的广泛的、管理的以及政策制定的角色，它更多地体现为一种消极的控制形式，不是致力于为提高效率提供有效的激励，而是着力于怎样避免犯错误。正是在这样的理论和现实背景下，20世纪70年代末80年代初，为迎接全球化、信息化和知识经济时代的来临以及摆脱赤字财政困境，提高国家的国际竞争力和政府的运作效率，一场以追求"三E"（Economy EffiCiency and Effectiveness，即经济、效率和效益）为目标的行政改革运动，在英国、美国、澳大利亚和新西兰等国开始兴起，并逐步扩展到其他西方国家乃至全世界。在西方，这场行政改革运动被看做"重塑政府"、"再造公共部门"的新公共管理（New Public Management）运动。

　　新公共管理运动是以 1979 年撒切尔夫人的上台为标志的，在整个 80 年代英国采取一系列措施来反对浪费和低效率。他们将私营部门的管理经验和管理技术引入公共管理中，在公共管理中引入竞争机制和以顾客为导向，以提高政府管理的效率。继英国之后，在澳大利亚和新西兰，随着两国工党分别于 1983 年和 1984 年上台执政，也开始了大刀阔斧的公共行政改革。其中，新西兰的改革因其力度大、富于系统性而受到举世瞩目，并被学术界称为"新西兰模式"。与英国相比，美国的"新公共管理"更带有管理主义或"新泰勒主义"倾向，从 1978 年卡特政府的"文官制度改革法案"的实施，到里根政府时期的削减政府机构、收缩公共服务范围，再到 1993 年克林顿上台后，开始了大规模的"重塑政府运动"，所有这些改革基本内容都是将私营部门的管理方法引入公共部门，以提高行政效率，精简机构、裁减人员，引入竞争机制以推行绩效管理。目标便是建立一个少花钱多办事的政府，提高政府部门工作效率。与此同时，加拿大、荷兰、法国、德国、瑞典等经合组织的其他成员国也都采取了类似的改革措施。进入 90 年代之后，一些新兴的工业化国家和发展中国家，如韩国、菲律宾等国也开始加入这一全球性的公共行政改革的大潮。

　　30 多年来，新公共管理运动像一股旋风，从现代政治理论的发源地英国，渐渐刮遍了大半个地球，成为西方公共行政领域的时代潮流，对公共管理的理论和实践，都产生了重大影响。从理论上讲，新公共管理运动打破了传统公共行政理论的政治、行政二分法模式，引进公共选择理论和新制度主义等方法，为世界上许多国家提供了当代公共部门管理的新模式，为人们带来了崭新的理念和创新的实践，它把新制度主义经济学、公共选择理论，乃至管理科学和政策研究，还有社会学、政治学等学科的一些重要概念、理论、原理和技术、方法等引入公共管理中，为人类管理文明的历史涂了一笔重彩。从政府公共管理实践成效显著看，新公共管理运动不同程度解决了发达国家面临的财政危机和信任危机，提升了政府运作能力，回应了在全球化中保持国际竞争力的内在要求。同时，新公共管理运动在政府部门内部的管理体制的改革上，也做了积极有效的探索。比如，它克服了原官僚体制下对公共物品的垄断或管制供给的做法，而是采取分权和权力下放，实行组织机构变革和人事制度改革，改善了公共管理机构的形象以及对人员的管理等。

新公共管理运动兴起至今，尽管各国在改革的发展阶段和具体措施上尚存在着一些差异，但他们在改革的价值取向上却都不同程度地体现出对传统公共行政模式的质疑和对市场力量的信奉：如减少政府职能，尽可能将现有的公共服务和公共部门"私有化"，改由市场指导的私营机构提供；将原来由政府监管的一些公用事业"非管制化"，开放市场；对于那些迫不得已仍需政府提供有服务和货品的，也通过"准市场机制"，如"使用者付费"等原则，来调整供求关系，达到对资源的有效配置。公共管理领域这一全新价值取向的确立表明："新公共管理运动"的兴起绝不仅仅是一种政府管理形式上的变革或管理风格上的细微变化，而是在政府的社会角色及政府与公民关系方面所进行的一场全面而深刻的变革。传统的公共行政模式已经从理论和实践上受到了全面挑战，新公共管理理论在实践中的应用，标志着公共管理领域中已经出现了一种全新的典范。"新公共管理运动"及其引发的公共管理模式的变革已经成为一股不可逆转的时代潮流。

二、新公共管理运动的主要思想

不同国家、学者对新公共管理有不同的称谓，如"管理主义"、"以市场为基础的公共行政"、"后官僚主义范式"、"新公共管理"或者"企业家政府"等，但在本质上是相同或相似的，都主张引入市场竞争机制，采用私人部门管理理论、方法及技术，以市场或顾客为导向，重新调整国家、社会、市场三者的关系，提高公共管理水平及公共服务质量。其思想要点，可归纳如下。

第一，以市场为取向，重塑政府与公众的关系。这是新公共管理理论最重要的核心理念。市场遵循价值规律。以市场看待政府运作，则公众如顾客，政府为厂商。政府行政，应奉行顾客至上准则。政府不再是发号施令的权威官僚机构，而是以人为本的服务提供者，政府公共行政不再是"管治行政"而是"服务行政"。作为"企业家"的政府并非以赢利为目的，而是把经济资源从生产效率较低的地方转移到效率较高的地方。公民是享受公共服务的"顾客"，可以"用脚投票"自由选择服务机构。这样，新公共管理就建立了以"顾客"的满意度为中心内容的绩效考核机制，成为一种目标导向。定期广泛征求公民意见，评价公共服务。在评价时，注重换位思考，以顾客参与为主体，通过顾客介入，保证公共服务的提供机制符合顾客的偏好，以此产出高效的公共服务。

第二，确立政府有限责任，由"划桨"转为"掌舵"。新公共管理认为，在传统公共行政模式中，政府职能有不断扩张的冲动，直接导致了职能膨胀、机构扩大直至臃肿。因此，政府首先应该解决自身职责定位问题，即该管什么不该管什么，分清管理和具体操作。政府在公共行政中，只是制定政策而不是执行政策。著名学者戴维·奥斯本等将此概括为，政府的角色应是"掌舵"而不是"划桨"，传统政府低效的一个重要原因就是忙于"划桨"而忘了"掌舵"，做了许多做不了、做不好、舍本求末的事情。彼得·德鲁克强调："任何想要把治理和实干大规模地联系在一起的做法只会严重削弱决策的能力。任何想要决策机构去亲自实干的做法也意味着干蠢事。""掌舵"后，"划桨"的任务应交给私人部门和非营利组织、社区组织、公民自治组织等第三部门。政府通过重新塑造市场，在政策和资金方面，施加各种可行和有利的影响。这样，政府就成为多元管理主体的组织者、协调者，是多元管理主体的核心。

第三，全面引入竞争机制，切实提高工作效率。新公共管理主张在政府管理中广泛引入市场竞争机制，让更多的私营部门、非营利组织参与提供公共服务，以节约成本，提高服务供给的质量和效率。巴扎雷说，摒弃官僚制的时代已经到来，公共管理由重视"效率"转而重视服务质量和顾客满意度，由自上而下的控制转向争取成员的认同和争取对组织使命和工作绩效的认同。政府的公共服务，可采用合同外包的办法，通过市场检验，判断出新政策的合意性。竞争的目的是追求效率，这是公共行政的出发点和落脚点。为此，新公共管理提出三种方法：一是实施绩效目标控制。强调实行严明的绩效目标控制，以取代严格的行政规制，即确定组织、个人的具体目标，并根据绩效目标对完成情况进行测量和评估。二是更加重视结果。与传统的行政管理只注重投入，不重视结果不同，新公共管理根据交易成本理论，重视管理活动的产出和结果，关注公共部门直接提供服务的效率和质量，主张对外界情况的变化以及不同的利益需求作出主动、灵活、低成本、富有成效的反应。三是引入私营部门成功的管理经验。如人力资源管理、强调成本—效率分析、全面质量管理、强调降低成本，提高效率等，这些都是企业管理中行之有效的手段，公共管理必须引入。新公共管理特别指出，政府人员与市场中的理性经济人一样，具有自我利益最大化、逃避责任、机会主义、自我服务、欺诈及导致道德风险的内在倾向。其与私营管理人员在管理绩效上的优劣之别，原因不在于自利的人性，而在于管理环境的不同。繁冗的程序规则恶化管理环境，压抑管理者情绪，导致低劣的绩效。因此，管理需要"自由化"，做到"让管理者来管理"。

第四，改造公务员制度，创建新型政府。新公共管理运动主张改造公务员制度，强调破除文官法中"常任文官无大错不得辞退免职"的规定，建立临时雇佣制、合同用人制等；正视行政所具有的浓厚的政治色彩，废弃公务员价值中立原则，主张对部分高级公务员应实行政治任命，让他们参与政策的制定过程，并承担相应的责任；正视行政机构和公务员政治功能是有益的，不仅能使公务员尽职尽责地执行政策，还能使他们以主动的精神设计公共政策，发挥政策的社会功能。这与传统公共行政理论主张政治与行政相分离，将政治从管理事务中剥离出去完全不同。在新公共管理者看来，政治因素具有不可剥离的特征，公共管理者总是在特定的政治环境中从事管理活动。要在此基础上，创建有责任心的新型政府。要转变政府的价值观，使政府从公共管理者转变为企业家，尽可能学会通过花钱来省钱、为获得回报而投资。新公共管理认为，传统公共行政只注重提供服务而不注重预防，当问题变成危机时，再花大量的金钱、精力去进行治疗。这是不妥的。有预见的政府会在根本上下工夫：一是使用少量钱预防而不是花大量钱治疗；二是作出重要决定时，尽一切可能考虑到未来。

三、新公共管理思想在高校管理体制改革的表现

新公共管理思想为各种社会管理提供了新的范例、观念和思维模式，提供了观察、理解和处理特定问题的新框架。同样，高校管理作为公共管理领域，其改革也必然受到新公共管理运动的冲击。在新公共管理运动的冲击下，高等教育领域，也被纳入了改革的视野。新公共管理运动的思想也逐渐渗透到高等教育的改革中，"新公共管理"模式开始向高等教育领域挺进[1]。新管理主义思潮逐渐从行政管理领域扩展到包括高校在内的其他管理领域，并日益占据中心地位，大学管理受到新公共管理的深刻影响这已经是不争的事实。"在过去的 20 年里，英国乃至全世界的高等教育都发生了引人注目的迅猛变化。这些变化的环境与新的挑战，已经将聚光灯投射在高等教育管理方面……对几乎各地的高等教育机构来说，这种环境业已意味着激烈的竞争、资源的匮乏、角色的变迁和新的关系，以及同样不可预知的入学人数和经费收入的涨落。"[2]高等教育的这种变迁可归纳为：高等教育日益全球化、高等教育制度的准市场特性不断发展、世界性的高等教育大众化潮流、高等教育经费增长赶不上学生人数的增加、国家对高等教育质量的关注、高校课

---

[1] 许杰：《论"新公共管理"对我国大学组织权力运行模式的影响》，《高教探索》2007年第 2 期。

[2] 许杰：《论"新公共管理"对我国大学组织权力运行模式的影响》，《高教探索》2007年第 2 期。

程日渐呈现职业导向、"国家——高校——企业"之间关系发生改变。

　　概括起来，新公共管理思想在国内外高校管理体制改革中的主要表现有如下几种。

　　其一，提倡高校管理权力的多中心，强调分权与授权。新公共管理将分权式管理取代了高度集中的传统层级组织结构，通过分权和授权来减少层级，从而对外界变化能迅速作出反应而有效地解决问题。这种分权与授权，其实是公共教育权力在政府、市场、社会、学校之间的权力配置，实现了权力在不同主体之间的转移，形成了权力的多中心化。特别是将权力特许给社会，更多地依赖民间机构和公民个人来对教育的各方面参与，加强不同地区、社区和地方、学校以及家长、学生之间的联系，建立起各个部门之间的伙伴关系。教育民营化充分反映出政府教育观念的转变，即注重"民间"力量在教育中的作用，并加强与他们的合作互动。新公共管理倡导教育权力的多中心，具体到一所学校来说，学校领导在分权与授权必须做到适度，在动态中求得两者的平衡。①集权与分权相互补充，灵活运用。学校领导在决策指挥上应采用集权形式，才能保证学校在信息交换的快速环境下使各项工作正常运行。而在执行阶段可以适当分权，使下级管理人员有职有责有权。②强调适度授权，但学校领导者必须分清哪些权力可以下授，哪些权力应该保留。如果把应保留的权力也统统下放，那就是过度授权，等于放弃职守，使管理失控，将会给学校造成损失。适度控制是授权的原则之一。授权以后，学校对下属的工作要进行合理、适度的监督，要防止两类偏向：一类是把授权变成了放任自流；另一类是对授权不放心，因而不断地检查工作，处处插手，使下属缩手缩脚，不得不完全按照领导意思办事。③授权不授责，但同时要权责明确。学校领导者把权力授给下属后，下属如果在工作中出了问题，下属要负责，但同时，领导者也要负领导责任。其次要权责确定，授权之前，目标和责任范围必须有详细交代——不仅是如何履行责任，更重要的是达到预期的结果和目标。否则，被授权者将无所适从，搞不好还会争功诿过，而领导者也没有考核的客观依据。这样，就造成组织管理的混乱，授权的效果也会适得其反。

其二，在教育领域引入市场机制。作为对传统官僚体制的革新，新公共管理将市场机制引入教育领域，以市场模式取代传统的官僚体制。使官僚制组织已不再是政府提供教育产品或服务的唯一方式，政府通过补贴、管制和合同形式进行间接运作，而不是直接提供者。一言以蔽之，市场机制在教育领域的引入是以官僚体制的失效作为前提的，依靠市场提供服务是人们所寻求的替代官僚制的主要手段。如自 20 世纪 90 年代以来，美国教育改革的目的是提高中小学教育质量，主要措施是将市场的自由竞争机制引入到中小学教育体制，在很大程度上放宽对教育的统一管理和控制。通过教育分权、择校运动和公立学校私营化等方式来推行"教育的市场化重建"，即把财政、人员调配和政策制定等权力下放到各个地方教育机构，强调提供者和消费者在教育领域中双方的义务和责任。尤其是教育消费者的选择，让个人的选择在教育市场中具有更大机会，同时把公立教育机构转变为自主管理的中小型企业化运作的教育实体，参与市场竞争，促进教育资源配置最优化，促进学校教育为消费者提供最好服务。现在，人们日渐使用"准市场"来概括发生在教育和福利部门中的市场机制引入和决策的非官方化等的教育分权。"准市场"是政府控制与市场运作间的"中间道路"。所谓"准市场"，乃是非完全市场，其中包括有政府调控的成分。因此，政府控制和市场机制并非一定是零和博弈的关系，即一方受益另一方受损。公共事业准市场改革的显著特色在于，需求方和供给方的分离以及需求方可以在不同供给方之间作出选择。缺乏传统的现金交易关系和加强政府干预是准市场与理想的"自由"市场的主要区别。准市场的引入通常需要学校自主与家长择校的结合，以及相当程度的绩效责任和政府调控。

其三，高度关注教育的质量、效益和效率。作为对传统官僚制只重过程而不管结果的特点，新公共管理以精简、重建和不断改进为手段，以实现"3E"（经济、效率、效能）为目标。在以分权为主线对公共教育体制进行重构的过程中，政府通过放松中央控制机构的管制而开始对学校组织进行授权；通过下放决策和解决问题等权力而对教师进行授权；通过将学校控制权交给以社区为基础的管理机构，而对社区成员和社区组织进行授权，进而把控制公立学校的形式从复杂的规章制度和等级命令转换成共同的使命和承担绩效责任的制度。"成功的分权和对多余层级的废除能够把与组织目标相关的责任和达成目标的手段区别开来，手段和目标的明晰对于分权理念是最基本的，通过'合同'来区分手段和结果，而明确双方各自的权利与责任。"合同制是学校摆脱政府控制的一种比较好的方式和手段，因而被看做是"为公立学校提供了一种全新的治理模式"。如美国的特许学校、契约学校和公立学校的私营管理；英国的教育行动区与直接拨款的公立学校；俄罗斯的非国立学校；加拿大的特许学校；新加坡的自主学校以及我国的转制学校，等等，都是通过签订相关的绩效合同，以明确规定学校的目标、预期结果和绩效结果，同时给予其资源的管理控制权。通过为学校组织进行流程再造和为绩效设定结果，可以实现对学校的全面质量管理以提高学校组织的效益和效率。

其四，重视社会和家长对教育的需求，面向社会办学。新公共管理倡导政府在决策时要倾听群众的声音，广开言路，并在适当情形下，进一步下放权力和资源。使传统的官僚垄断政府变为"社区拥有的政府"和"顾客驱使的政府"，政府应对社区和顾客负责。在市场经济条件下，消费者就是顾客，顾客就是上帝，以"顾客导向"理念的市场必须按照顾客的需要来进行经营。具体说来，"顾客导向"是指学校依存于其顾客（学生、家长、政府和社会），学校管理应以这些顾客的需求为关注焦点，致力于满足他们的需求，并努力超越他们的期望。顾客的要求是各种各样的，有的是明确的，有的则是隐含的。明确要求是指在标准、规范以及其他文件中已经作出规定的要求，比如国家规定的教学目的、教学内容、教学标准和教学大纲等。隐含的需要包括顾客的期望或不言而喻的需要，如家长希望学校、教师公正地对待自己的子女；社会希望学校能够管好学生，减轻社会负担；学生希望自己能够通过规定的考试，升入高一级学校等。必须注意到，满足顾客要求只是学校管理的一个基本要求，只有达到甚至超过顾客的期望，给顾客一种意外的惊喜，才能使顾客满意。具体说来，主要体现在如下三方面：第一，为顾客提供充分、优质、公平的教育机会，满足顾客不同的教育需求。如对于学生而言，顾客导向理念在于管理者应以学生为主体，学校的任何行政事务都应以提升学生素质以及满足其生活上的最大需要为目标，管理上应人性化，尊重学生的个性和尊严，在教学上以学生能接受的方式，教给他们需要的内容。第二，建设服务型学校。要把家长、学生、教师等当做学校的顾客，保障他们对学校行为的知情权和监督权，保障他们的民主参与教育决策。构建可接近性和灵活性的反应系统，及时提供各种信息，回应各种需求，提供便捷的人性化服务。第三，尊重家长和学生的教育权力，赋予家长一定的教育选择权，促使学校对受教育者的需求作出积极回应，真正将"以人为本"的理念贯彻到学校改革中去。如在美国，拓展父母的选择权，日益被视为撬动教育体制改革的杠杆。以提高家长自主选择权为特征的教育凭证制度重新引起人们关注，一些州开始尝试推行教育券政策。通过教育券，家长被赋予一定教育选择权，能自由选择最能满足他们需求的学校。学校被迫对市场及受教育者的需求作出快速反应，在教育券的流动中实现学校的优胜劣汰，充分体现了"消费者主权"，从而提高了学生家长的满意度。

第四节　市场经济对高等教育管理体制的挑战

党的十四大确定的要建立社会主义市场经济体制使我国各项事业开始了一场深刻的变革，为我国教育事业的改革与发展指明了方向和目标，也对高等教育管理体制提出了新的挑战。市场经济与高等教育之间是相互渗透、相互作用的，市场经济制约着高等教育，高等教育服务于市场经济，二者表现为相互供需的关系。高等教育的发展规律必须适应市场经济的客观规律，高等教育的体制改革也必须应对市场经济体制的挑战。

一、市场经济对高等教育的影响

经济基础决定上层建筑，高等教育作为上层建筑的重要组成部分，受一定社会的经济、政治、文化所制约，并为一定社会的经济、政治、文化服务。因此，市场经济对高等教育的影响具有客观的必然性，在我国社会主义经济由计划经济体制转向市场经济体制之后，高等教育要想独立于市场经济之外是不可能的，必然受到某些冲击与影响。

一方面，市场经济的大潮冲破高等教育原有的运行机制，给高等教育带来有力的动力机制，驱动高等教育加快改革步伐。这是市场经济给高等教育带来长期效应的集中表现，也是市场经济对高等教育影响的本质所在。

市场经济对高等教育的积极影响主要表现为：第一，市场经济的健康发展为高等教育的良好发展创造良好的社会环境。市场经济的健康发展，社会生产力的提高，综合国立的提升、人民生活水平的提高，为高等教育的发展提供良好的外部环境。同时，市场经济中多种所有制形式的存在，将进一步促进形成多种形式发展高等教育的新局面，适应人们接受高等教育的需要，形成国家办高等教育与社会、个人办高等教育并举的格局。第二，市场经济的发展为高等教育改革注入新的活力。随着市场经济的发展，我国经济建设的速度和社会各项事业的发展速度加快了，社会各方面对高层次专门人才的需求急速增加。而且，随着人们生活水平的提高，对接受高等教育的需求也相应提高，这为高等教育的改革与发展注入新的活力。第三，市场经济的发展促进高等教育观念的不断变化，引起了高等教育领域内部的深刻变革。市场体制要求的开放意识、创新意识、竞争意识、信息观念、时间观念、效益观念等必然会渗透到高等教育的思想观念之中。高校管理体制到办学体制，从招生到就业制度，从教育结构到教学内容，从投资结构到自主办学以及教育的其他方面，都发生了新的变化。第四，市场经济的发展将为高等教育提供广阔的社会实践领域。市场经济体制有利于高校教育根据市场需求确立人才培养目标，调整专业设置、改革教学方法；有利于在高等学校内部建立起提倡竞争、讲究效率的机制，调动起广大教师的积极性，促使教师主动地探索新的教学过程；有利于高等院校面向社会，缩短知识转化为生产力的周期，促进科研成果的转化。

从长远看，市场经济为高等教育的改革和发展带来活力。但另一方面，市场经济的天然性的弊端——本位性、盲目性、自发性，也对高等教育不可避免产生一定负面的影响。市场经济的自发性容易导致教育目的的模糊，其多变性容易导致教育规律难以遵循，其开放性使得师资队伍不稳定，其本位性容易导致教育价值取向的偏颇，其功利性致使教育主体行为扭曲，其短期性使得教育功能萎缩等。当前高等教育中出现的重科研，轻教学；重应用开发研究，轻基础理论研究；重有偿服务，轻无偿服务；教师重第二职业，轻本职工作；学生重外语和计算机，轻系统知识的学习等都折射出了这种影响。

目前，我国正处于市场经济的不断完善阶段，其中不完善的成分必然反映到受制约的高等教育身上，尤其是在社会转型时期，高等教育不可避免地要受到某种侵蚀。同时，高等教育自身体系的不完善又为这种消极影响提供了土壤。我国原有的高等教育模式是建立在计划经济体制下的。面对经济体制的转轨形势，高等教育在失去固有依托的条件下，既很难维持原有的运行机制，又很难建立起新的运行机制。在这种情况下，高等教育往往就会随波逐流，市场经济的某些弊端就会乘虚而入，高等教育自身也不可能超越经济规律的制约而寻求自己的"避风港"。再加上文化传统包括积习已久的思维方式，面对市场经济的冲击，要想作出新的选择是一个痛苦的过程。由此就有可能产生极为相反的两种倾向：一种是维护传统的教育模式，另一种是对新观念尚未完全理解和消化之前的全盘接收，而这两种倾向在一定时期以一种"畸形"的结合方式贯穿在高等教育的改革过程之中。

市场经济已成为我国经济发展的主旋律，高等教育作为社会的一个有机体不可能摆脱或躲避市场经济的冲击，市场经济对高等教育的影响是一种客观存在，其中既有积极的正面影响，也有消极的负面影响。高等教育要积极主动地适应市场经济，借助建立市场经济体制产生的推动力，抓住机遇，促进高等教育的改革和发展，积极应对市场经济对高等教育的挑战。

二、市场经济对高等教育的调节

在市场经济条件下，大学身不由己地卷入了市场，不可避免地要受到市场的调节和支配。市场对高等教育的调节有许多优点：

首先，通过发挥市场的调节作用，高校对外界社会的需求反应和适应变得更加敏感、快捷，有利于高校自主招生和合理设置专业。威廉斯评论道："市场模式的主要优点是它可以不断地刺激学院和大学，使其适应不断变化的经济和社会状况。"①高等教育的市场调节主要是通过高校对消费者需求变化、劳动力市场需求变化和社会对知识产品的需求状况的反应表现出来。当市场上某一专业的人才需求发生变化时，高校和消费者便会根据这种供求变化信号，按照自身的经济利益，及时调节自身活动，以在市场竞争中求得生存和发展。就消费者而言，他选择进入什么学校、选学什么专业，一方面反映了目前和未来劳动力市场对某一方面人才供求状况；另一方面也反映了目前高校市场的价格（收费水平）、竞争（入学选择）。就高校而言，它对市场的反应，主要通过消费者需求变化、劳动力市场变化来实现。消费者市场供不应求时，高校便以各种方式争夺生源；劳动力市场某些专业人才供过于求、某些专业人才则供不应求时，高校便立即调整专业和教学方式，增设培养社会紧需人才的专业，缩减或取消个别专业培养计划，以适应市场的变化。

其次，市场的积极调节作用有利于高校合理定位，办出特色，办出水平。格拉夫在谈论美国高等教育时认为："在美国这种系统中，消费者的需求起着重要作用。消费者掌握着平衡杠杆，而计划者却没有：消费者不仅可以选择进入哪所院校，而且可以随意退出，从一所院校转入另一所院校。由于存在着如此广泛的入学选择权和以后的退学权、转学权，因此各学院和大

---

　　①　伯顿·克拉克著，郑继伟等译：《高等教育新论——多学科的研究》，浙江教育出版社1988年版，第101页。

学的生存或者依赖于满足用户的需要，或者依赖于以自己大学的优秀质量来吸引用户。只有形成自己学校的特色才能吸引用户，雷同则不能。既然如此，许多院校都努力建立自己的特色，而不是被动地接受统一的模式。"①在强大的市场作用面前，高等学校不得不力图办出自己的特色，力争做到"人无我有、人有我优"，以与众不同的服务内容和方式，确保自身在市场竞争中立于不败之地。

最后，市场的调节作用有利于高校建立市场主体意识，发挥自身的主观能动性。在市场经济条件下，任何一个经营主体都面临着赢利、亏损、破产的可能性，都必须承担相应的利益风险。风险机制以利益的动力和破产的压力作用于商品经营单位，使得每个经营者时时刻刻关心生产经营情况，从而督促和鞭策他们奋发努力，变革更新，不断进取。高校虽然不同于企业具有经营性，但同样受市场竞争机制的影响。因循守旧、故步自封、一成不变，会导致其在激烈的竞争中被淘汰，只有改革创新、因时思变，才能取胜于市场。

由此可见，市场对高等教育的教育观念、办学体制、管理方式、教学方式、招生与就业制度以及人才培养模式等各方面产生了重要影响，给高等教育的改革和发展带来生机与活力，促使高等教育必须改革体制，调整结构，提高质量和效益，并且从社会和经济发展的需要着眼，从实际出发，着力办出高校自己的特色。因此，高等学校要遵循市场经济规律，引进市场机制，面对市场自我调节，以适应市场经济对高等教育提出的新要求。

三、市场经济对高等教育管理体制改革的要求

社会主义市场经济的完善和发展，对高校管理体制的改革提出了新的要求。一是高等教育要面向市场需求培养人才。市场经济的发展需要对人才素质的要求更加全面，既需要有文化、懂技术、业务熟练的劳动者，也需要具

---

① 陈列：《市场经济与高等教育——一个世界性的课题》，人民教育出版社 1998 年版，第 75 页。

有现代科学技术和经营管理知识的管理人员；既需要能够适应现代科学文化发展和新技术革命要求的高级专业技术人员，也需要品德好，能力强、业务精的综合性人才。教育管理体制改革就是要从体制上促使人们转变教育观念，树立正确的人才观和教育观，适应市场经济对人才的要求，培养满足市场需求的人才。这就要求高等教育体制改革要与经济体制相适应，树立教育为经济建设服务的观念，克服狭隘的为教育而教育的旧观念，同时还要树立大教育观念，即树立全时空的教育观。在空间上，放眼未来，要把学校教育与家庭教育、社会教育结合为一体，打破封闭式的围墙里的教育，把教育和社会联系起来，放眼社会，放眼世界。在时间上，要把就业前教育和就业后教育结合起来，把学校教育纳入到终身教育体系中去考虑。学校的就业前教育不仅要考虑学生将来从事什么职业，而且要使他们具有终身学习的能力，以便能够根据科技发展、生产变革以及市场的变化随时参加学习。

　　二是高等教育要调整培养目标，改革教育内容和方法。市场经济的主要特点是开放性、竞争性、创新性、法治性。为适应这些特点，就要求教育培养的人才具有宽广的知识视野，善于捕捉信息；有果断的决策能力，敢想敢干，勇于创新；有经济头脑，注重经济效益，讲究工作效率；有较强的法治观念，善于处理人际关系等等。为此，在培养目标上要克服单纯追求应试升学的观念，注重学生基本素质的提高。在市场经济的条件下，仍然要坚持社会主义教育方针，培养学生在德智体诸方面都得到发展。特别要加强思想道德教育，提倡敬业精神。要教育学生坚持真理和正义，反对虚伪和邪恶。在教育内容上要改革，要加强科技教育，增加发展社会主义市场经济所需要的内容。特别是高等学校和职业技术学校要根据市场经济发展的需要，根据当地的条件调整专业设置、课程内容。在教育方法上要改变那种只是为了应付升学考试的呆板死记的做法，注意减轻学生的课业负担，使学生生动活泼主动地发展。

　　三是建立适应社会主义市场经济的教育体制。我国现行的教育体制高度集中，高度统一，包得很多。这种体制使办学缺乏生机和活力，难以办出特色。在这方面，高等教育的问题最为突出，表现在教育投入和发展与经济投入和发展不适应，专业设置和教育质量与市场经济不适应，招生、分配制度与社会需求不适应。根本的问题是教育体制与社会主义市场经济体制不相适应，因此必须加以改革。教育体制改革的目标是加强院系的决策权和办学的自主权，使院系和一线工作的教师能够参与决策，根据市场的需求调整教育结构，调整专业设置、课程计划和培养方式；能够根据自己的条件和院系的优势办出自己的特色；能够参与科技市场竞争，把院系的教学与科研、生产联系起来，利用学校科技优势，创造新的科研成果，并迅速转化为现实生产力，从而促进社会主义经济的发展。

四是面向市场经济，建立有中国特色的现代大学制度。随着经济体制改革的深入，传统的大学制度愈来愈不适应经济体制改革的要求，建立与社会主义市场经济制相适应的具有中国特色现代大学制度，成为我国高等学校管理体制改革的目标。现代大学制度应与社会主义市场经济体制相适应，符合高等教育的规律，管理体制与运行机制相统一。现代大学制度的本质是面向社会，自主办学，民主管理；基本特征是学术自治、政校分开、权责分明、管理科学。建立现代大学制度的核心，就是为了有效地配置教育教学资源。实现这一目的最有效的方式，就是在现代大学制度的建设中，引进市场体制和运行机制，增强大学制度对市场的适应能力。

市场经济已成为我国经济发展的主旋律，高等教育作为社会的一个有机体不可能摆脱或躲避市场经济的冲击。建立与社会主义市场经济体制相适应的高等教育管理体制是市场经济发展对高等教育的必然要求。

第五节　高等教育发展的新趋势

随着经济全球化和知识经济的发展，世界高等教育正在发生着深刻的变化。这主要表现在规模速度、结构形式、资金筹措、绩效责任和对经济发展贡献等方面。世界高等教育发展的基本趋势是：办学体制多元化，社会功能日益突出，高等教育终身化以及与企业界密切合作。在此背景下，我国高等教育也发生了翻天覆地的变化，面对新的形势，我国高等教育要不断提高高等教育质量、提高人才培养质量、提升科学研究水平、增强社会服务能力，优化结构办出特色，以适应我国经济社会发展的需要。

一、世界高等教育发展的现状

随着经济全球化和知识经济的发展，世界高等教育正在发生着深刻的变化。这主要表现在规模速度、结构形式、资金筹措、绩效责任和对经济发展贡献五个方面。

一是高等教育规模速度的持续增长。据联合国教科文组织的统计，近40年来，全球高等教育发展迅速。1960年高等教育机构在校大学生人数为1300万人，1970年增至2800万人；1980年达到4600万人，比1970年增加了64%；1990年为6500万人，是1980年的1.41倍；2000年猛增到7900万人，是1990年的1.22倍。预计到2015年将达到9700万人，2025年达到1亿人。其中，东亚和太平洋地区增长最快，年平均增长率为8.1%，其次是非洲撒哈拉沙漠以南地区，为7.2%，南亚和西亚地区为6.8%，拉丁美洲和加勒比地区为5.1%，中欧和东欧地区为5.0%，北美和西欧地区低于1.9%。高校学生数占"适龄人口"的比例，北美和西欧地区从1991年的52%上升到2004年的70%，同期，中欧和东欧从33%上升到54%，拉丁美洲从17%上升到28%，东亚和太平洋地区从7%上升到23%。1995—2004年，OECD国家中波兰、匈牙利、捷克和希腊的高校学生数增长了一倍多，智利、斯洛伐克、墨西哥和韩国增长了50%—100%，仅有西班牙的高等教育绝对学生数是负增长。

另据联合国教科文组织最新统计资料，把高等教育机构在校生超过百万人的国家称为"超大型体系"。虽然2002—2003年度全世界高等教育巨型国家仅比1995年增加了两个，但是中国大陆、印度、印度尼西亚、伊朗、巴西、墨西哥、阿根廷、波兰、乌克兰等发展中国家的高等教育规模却有了突飞猛进的增长，其中波兰 2001—2002 年度比 1995 年增长了 1.5 倍，中国大陆、巴西和印度增长了 0.8 倍，墨西哥和伊朗增长了 0.5 倍。在 2002—2003 年度被列入统计的 207 个国家或地区中，已有 95 个国家或地区的高等教育毛入学率达到或超过 15%。

世界银行的专家分析认为，促使高等教育发展的原因包括：第二次世界大战后政治和社会的民主化；公立高等教育部门的发展；白领阶层持续增长的需求；新兴工业经济的发展对高技能和受过高等教育劳动者的需求；受过高等教育的人对经济发展的重要性被广泛接受以及"构成新型福利国家、可持续发展和法制化民主社会重要因素之一的教育自身的吸引力"等。

二是高等教育结构与形式的多样化。近 10 余年来，世界高等教育出现了多样化的变化趋势，高等教育的多样化已成为世界许多国家的共同选择。综合大学或国立大学的作用日渐突出，私立大学或民办大学已成为高等教育发展不可忽视的力量，网络大学作为一支快速发展的新生力量日益显示出勃勃生机。许多国家和高等院校本身都已经或者正在对高等院校的结构、形式，以及教学、培训和学习方法进行深刻的改革：其一，非传统大学的发展和教育课程的多样化。如许多国家建立了新型的传统大学的替代性机构，促进了非传统大学的发展。其二，私立教育机构的发展。由于高等教育需求的快速增长而公共资源有限，使得私立高等教育在许多国家蓬勃发展。其三，新型的学习和传授方式更加多元化。远程教育、网上学习等更加灵活的学习方式的发展，促进了更大范围的学生入学，也满足了日益增长的多样化的学习需求。这样做的直接结果之一是几乎世界各地区的高等教育都趋向多样化。虽然有些学校，尤其是珍视悠久传统的大学对这一变革有一定程度的抵触，但从总体上说，世界高等教育已在较短时期内发生了意义深远的改革，实现了一定程度的结构与形式的多样化。

此外，大多数国家学生群体的社会经济背景、种族和前期教育的构成发生了变化。当前，高等教育机构吸纳了大量非传统的学生，"这些不是直接从中学毕业的学生，其性别、社会经济状况和种族背景可能既非来自主流社会群体，也可能不在全日制、以课堂为基础的模式中学习"。这种多样化反映了对高等教育日益增长及随之而来的大发展的社会需求。

导致高等教育这一变革的原因既有内部的，也有外部的，以下诸因素在促进高等教育多样化方面起了特别重要的作用。首先，社会对高等教育的需求大大增加，因而高等教育必须满足越来越多样化的对象的需要，特别是满足全民终身教育的需要。其次，劳务市场的需求在不断变化，这就要求高等教育机构根据经济全球化和地区化的趋势，在新的专业技术与管理领域和新的环境中提供培训。再次，新的信息与传播技术迅速发展，及其在高等教育各种职能与需要中的应用得到不断提高。最后，由于公共高等教育经费锐减，从而迫使高等院校设计效益更高的各种不同的课程与教学手段。

三是高等教育资金筹措方式的多元化。在传统观念中，高等教育是一种"公益事业"，政府应承担其费用。但随着世界高等教育规模迅速扩展，高等教育资金短缺是近年来各国高等教育普遍面对的问题。无论在发达国家，还是在发展中国家，高等教育的学生人数迅猛增加，高等教育的费用变得越来越昂贵，而国家的实际财政拨款却无法以相应的幅度增加，从而导致全球性高等教育经费相对短缺和高等教育公共开支的明显倒退。为应对与高等教育大众化相伴而生的高等教育财政危机，许多国家纷纷采取加大政府投入、吸纳社会资金、推行教育成本分担等举措来为高等教育的发展提供资金保障。

一方面，加大政府投入。从 20 世纪 80 年代至今，世界范围内的政府公共教育经费增加了近一倍，发达国家和一些新兴工业化国家的教育投入已占国民生产总值的 5% 以上。据联合国教科文组织的统计数字，到 2006 年美国的教育经费大约是 2.5 万亿美元，居世界第一。以拉美和加勒比地区为例，在截至 2002—2003 年度的 5 年中，无论是教育公共经常开支占政府总开支的百分比，还是高等教育公共经常开支占教育公共经常总开支的百分比，巴西、秘鲁、巴拿马、玻利维亚、巴巴多斯、乌拉圭等国高等教育公共经常开支占教育公共经常总开支的百分比一直保持 20% 以上。

另一方面，广泛吸纳社会资金。在一些国家，高等院校通过针对一定的政策目标组织实施项目，如引入创新课程、改进管理实践、增强与周边社区的合作得到相当数量的公共资金。以项目为基础的定向拨款往往通过竞争或对项目书个别评估的方式进行；分配给高等院校的重大资金项目更体现出以产出效果为导向。在许多国家，给高等学校公共资金的拨款方案与学生毕业率相联系；科研基金也往往更多地通过竞争程序而不是一揽子的定向拨款给某个具体项目。

同时，采取收取学费。近年来，不少国家通过收费和增加学费以增加学校的财政来源，还有的通过科研商业化和机构设施与人员使用的商业化，进一步调动起私人资源。1995—2004 年，经济合作与发展组织（Organisation for Economic Co-operation and Development）有 16 个国家（除了捷克、爱尔兰、日本和西班牙之外）的家庭和个人用于高等教育支出的比例有所增加。其中增长幅度较大的国家分别是：澳大利亚（从 35% 上升到 53%）、意大利（从 17% 上升到 31%）、墨西哥（从 23% 上升到 31%）、葡萄牙（从 4% 上升到 14%）、斯洛伐克（从 5% 上升到 19%）、英国（从 20% 上升到 30%）和智利（从 75% 上升到 85%）。这在一定程度上反映出学生及其家庭在为高等教育支付更多的费用。据有关资料，美国高校采取多元化的经费投资体制，一般从以下途径获得直接或间接的办学经费：免税政策、联邦政府拨款、州政府拨款、地方政府拨款、捐款、学费收入、大学基金收益、各类基金会资助、吸收留学生或海外办学、提供社会服务和产学结合、校内附属事业等。

四是高等教育绩效责任日益被重视。从 20 世纪 80 年代初开始，质量保证成为高等教育的一个重要议题。为解决高等教育大众化带来的数量与质量之间的矛盾，美国制定了明确的高校分类标准；英国还成立了"质量保证署"，通过加强评估与监督，全面提高课程设置及其内容的学术标准来提高高等教育的质量与效率。而韩国通过兴办实验大学，推行"中期淘汰"、"毕业定额制"，对教学管理进行改革，从而提高教学质量。有证据表明，高等教育质量保障并不仅仅限于精英主义的教育质量加上严格的程序管理规章，高等教育的扩张还引出了高等教育公共支出的数额和方向问题。高等教育的社会利益使成本增长合法化，也相应地基本保障了高等教育的质量。由于公共资金有限性加大了政府的压力，而削减预算和紧缩管理也必然会影响高等教育的质量和产品。此外，日益增长的市场压力也更加要求加强高等教育的绩效责任，例如在美国，家长和学生抵制大幅度提高学费，要求高等教育机构进一步加强质量绩效责任和成本核算，高等教育日益受消费者驱动。

五是高等教育对经济发展的贡献增大。高等教育的持续快速发展，为各国经济发展作出了巨大贡献。美国在 1929—1969 年的 40 年间，同期国民生产总值增长了 10 倍；1906—1952 年通过人力资本获得的利润增长了 17.5 倍，进而确立了经济规模第一的地位。韩国从 1963—1992 年，年均经济增长率达到 8% 以上，成为世界上经济增长最快的国家之一，到 1995 年人均 GDP 突破了 1 万美元大关。日本现代化比英国晚 200 年，比美国晚 100 年，但经过 100 年的努力，成为世界公认的第二经济大国，1990 年，人均 GDP 超过美国。巴西高等教育的大众化为拉动经济发展起到了很大的推动作用。1980—2000 年，巴西 GDP 从 2350 亿美元增长到 5955 亿美元，增长 1.5 倍，已列入中上收入国家。印度高等教育快速发展，向中东石油国家输出了 100 万名工程师、教师和医生，并有数万人受聘于联合国组织和世界银行，每年获取上百亿美元的高级劳务外汇收入，还争取到大量国际组织的援款，促进了印度经济发展。印度经济近 10 年保持 6.5% 的平均增长率，信息技术产业的产值平均每 18 个月翻一番，软件出口额仅次于美国。另据 2006 年 5 月 11 日英国 BBC 广播公司报道：英国高等教育的价值在四年之内增加了 100 亿英镑并且每年为英国经济贡献 450 亿英镑，比飞机制造业和制药业还要多。

二、世界高等教育的发展趋势

近年来世界高等教育在各方面都有重要发展，虽然各地区及各国的情况有所不同，但仍然出现了全球范围内高等教育所共有的变化。世界高等教育发展的基本趋势是：办学体制多元化，社会功能日益突出，高等教育终身化以及与企业界密切合作。

其一，高等教育办学体制由单一向多元转变。教育和人才已经成为当代世界经济增长的决定性因素，以往那种靠政府为主出资办教育，或者由全日制正规学校独揽教育职能的格局，已无法满足社会经济发展对教育和人才的需要。各国高等教育大众化的发展过程，都有一个共同的特点，那就是鼓励多种形式办学，发展新的办学形式，如开放大学、广播电视大学、成人继续教育学院，以及跨国界联合办学等。可以预见，无论在发达国家，还是在发展中国家，都将或早或晚地出现普及高等教育的发展态势。中等教育的普及、社会的普遍公正，以及全民终身教育的客观要求，是推动高等教育这一趋势的重要因素。此外，开放式学习方法，以及信息和传播新技术等均为扩大高等教育的机会，尤其为一些新的社会群体接受高等教育提供了更多的可能性。这种普及意味着将有更多的人接受某些形式的高等教育或中学后教育，意味着扩大每个公民获得高级培训、技能和知识的机会；其普及方式往往很新颖，而且会日益多样化。

其二，高等教育社会化功能愈加突出。随着高等教育从社会的边缘走向社会的中心，其在不同领域发挥社会服务功能，包括决策咨询的智囊作用、经济和社会发展的技术服务和智力支持作用，乃至直接为社区建设和不同人群提供各种服务，使高等教育在推动社会全面进步的进程中，不断实现自身的变革和创新，更新和完善教育形态，从而在更高层次上树立社会发展的使命感和责任感，增强全面服务社会、引领社会的自觉性和前瞻能力。

其三，高等教育将成为终身教育的一个组成部分。随着科学和经济的飞速发展，科学和知识也在快速增长。据国际权威机构的调查，当今世界科学门类已多达两千多种，人类科学知识每3—5年增加一倍，人类知识更新的速度也在空前加快。这意味着大学生在读期间学到的知识在毕业时就必然产生老化、过时的问题。因此，大学毕业不再是个人受教育的终结，而只是另一种学习的开始，接受不同形式的高等教育将贯穿以后的生涯。目前，在欧美和亚洲一些国家和地区，终身学习体系已经发展到相当普遍，颇见成效的水平，其中日本在举国上下提倡终身学习和体制建设方面，更是走在世界前沿。因此，对高等教育来说，这一深刻的变革意味着高等教育必须变得更加多样化和更具灵活性，以此来适应社会的需求和愿望的变化。多样化和灵活性也意味着学校将具有下述能力：迅速满足甚至预测新需求的能力，使结构灵活多变的能力，改变录取标准以考虑职业生活经验的能力。而开放式学习方法、远距离教学，以及信息和传播技术等，均大大增加了高等教育实践终身教育的可能性。

其四，高等教育将进一步国际化。高等教育日益国际化首先是教学与科研全球性的一种反映。由于知识具有普遍性，因而知识的深化、发展和传播使学术生活和学校、科学协会及学生组织具有了国际特征。高等教育进一步国际化体现在课程内容世界化、交换办学经验、交换情报资料、参与世界学术活动和合作研究与开发项目、交换学者和互派留学生、国际互联网（Internet）的建立等方面。高等教育进一步国际化将有助于缩小国家之间、地区之间在科技方面的差距，有助于增进人与人之间和民族与民族之间的了解。

其五，高等学校与企业界密切合作。传统大学虽然经过几百年的发展，具备了教学、科研和服务三大职能，但是长期以来它们总是坚守自己的学术堡垒，与企业界少有联系。可是到了20世纪七八十年代，这种情况有了很大的改变。其主要原因是：一方面科学技术的快速发展把高等学校推到新的科技革命的前沿，承担国家科技创新体系的主力军的任务；另一方面国家支撑的教育经费却在不断地减少。因此从1981年开始，英国的大学率先扔掉"反商业"的观点，积极与企业界联系。如成立于20世纪60年代的英国沃里克大学，先后建立了沃里克制造业集团、工商管理硕士和行政官员训练课程、会议中心、沃里克科学园区等单位，创收大量资金，同时学科得到很大发展，成为"英国最受人欢迎的大学之一"。法国、美国等国的大学也在20世纪七八十年代加强了与企业界的联系。法国1989年的《高等教育法》强调大学要重视把科研转变为生产力，政府鼓励大学面向社会，通过提供科技服务满足工业界的需要。美国白宫科学委员会在 1986 年提出了《重建伙伴关系》的报告，指出美国要重建大学与工业相互关系；在这个思想推动下，国家基金会在大学建立了一批工程研究中心（ERC）。正是由于大学积极与企业联系，出现了教育机构（尤其是科技人才密集的名牌大学）对产业活动的主动介入、校办科技型企业的兴起、对学校品牌和收益的主动追求、教育界"产业意识"的觉醒和"企业家精神"的增强。这不仅开拓了高等教育的财源，同时拓展大学的教学和研究领域，促进了大学的发展。

三、我国高等教育的发展任务

2010 年 7 月，我国颁布实施的《国家中长期教育改革和发展规划纲要（2010—2020 年）》，对新形势下我国高等教育的发展提出了明确的目标和要求。纲要指出："当今世界正处在大发展大变革大调整时期。世界多极化、经济全球化深入发展，科技进步日新月异，人才竞争日趋激烈。我国正处在改革发展的关键阶段，经济建设、政治建设、文化建设、社会建设以及生态文明建设全面推进，工业化、信息化、城镇化、市场化、国际化深入发展，人口、资源、环境压力日益加大，经济发展方式加快转变，都凸显了提高国民素质、培养创新人才的重要性和紧迫性。中国未来发展、中华民族伟大复兴，关键靠人才，基础在教育。

面对前所未有的机遇和挑战，必须清醒认识到，我国教育还不完全适应国家经济社会发展和人民群众接受良好教育的要求。教育观念相对落后，内容方法比较陈旧，中小学生课业负担过重，素质教育推进困难；学生适应社会和就业创业能力不强，创新型、实用型、复合型人才紧缺；教育体制机制不完善，学校办学活力不足；教育结构和布局不尽合理，城乡、区域教育发展不平衡，贫困地区、民族地区教育发展滞后；教育投入不足，教育优先发展的战略地位尚未得到完全落实。接受良好教育成为人民群众强烈期盼，深化教育改革成为全社会共同心声。"

对我国高等教育的发展，纲要提出，"到2020年，基本实现教育现代化，基本形成学习型社会，进入人力资源强国行列。实现更高水平的普及教育。基本普及学前教育；巩固提高九年义务教育水平；普及高中阶段教育，毛入学率达到90%；高等教育大众化水平进一步提高，毛入学率达到40%；扫除青壮年文盲。新增劳动力平均受教育年限从12.4年提高到13.5年；主要劳动年龄人口平均受教育年限从9.5年提高到11.2年，其中受过高等教育的比例达到20%，具有高等教育文化程度的人数比2009年翻一番。"

在纲要的总体战略部分，对我国高等教育的发展明确提出了五个方面的发展任务。

一是全面提高高等教育质量。纲要指出，高等教育承担着培养高级专门人才、发展科学技术文化、促进社会主义现代化建设的重大任务。提高质量是高等教育发展的核心任务，是建设高等教育强国的基本要求。到2020年，高等教育结构更加合理，特色更加鲜明，人才培养、科学研究和社会服务整体水平全面提升，建成一批国际知名、有特色、高水平的高等学校，若干所大学达到或接近世界一流大学水平，高等教育国际竞争力显著增强。

二是提高人才培养质量。牢固确立人才培养在高校工作中的中心地位，着力培养信念执著、品德优良、知识丰富、本领过硬的高素质专门人才和拔尖创新人才。加大教学投入。把教学作为教师考核的首要内容，把教授为低年级学生授课作为重要制度。加强实验室、校内外实习基地、课程教材等基本建设。深化教学改革。推进和完善学分制，实行弹性学制，促进文理交融。支持学生参与科学研究，强化实践教学环节。加强就业创业教育和就业指导服务。创立高校与科研院所、行业、企业联合培养人才的新机制。全面实施"高等学校本科教学质量与教学改革工程"。严格教学管理。健全教学质量保障体系，改进高校教学评估。充分调动学生学习积极性和主动性，激励学生刻苦学习，增强诚信意识，养成良好学风。大力推进研究生培养机制改革。建立以科学与工程技术研究为主导的导师责任制和导师项目资助制，推行产学研联合培养研究生的"双导师制"。实施"研究生教育创新计划"。加强管理，不断提高研究生特别是博士生培养质量。

三是提升科学研究水平。充分发挥高校在国家创新体系中的重要作用，鼓励高校在知识创新、技术创新、国防科技创新和区域创新中作出贡献。大力开展自然科学、技术科学、哲学社会科学研究。坚持服务国家目标与鼓励自由探索相结合，加强基础研究；以重大现实问题为主攻方向，加强应用研究。促进高校、科研院所、企业科技教育资源共享，推动高校创新组织模式，培育跨学科、跨领域的科研与教学相结合的团队。促进科研与教学互动、与创新人才培养相结合。充分发挥研究生在科学研究中的作用。加强高校重点科研创新基地与科技创新平台建设。完善以创新和质量为导向的科研评价机制。积极参与马克思主义理论研究和建设工程。深入实施"高等学校哲学社会科学繁荣计划"。

四是增强社会服务能力。高校要牢固树立主动为社会服务的意识，全方位开展服务。推进产学研用结合，加快科技成果转化，规范校办产业发展。为社会成员提供继续教育服务。开展科学普及工作，提高公众科学素质和人文素质。积极推进文化传播，弘扬优秀传统文化，发展先进文化。积极参与决策咨询，主动开展前瞻性、对策性研究，充分发挥智囊团、思想库作用。鼓励师生开展志愿服务。

五是优化结构办出特色。适应国家和区域经济社会发展需要，建立动态调整机制，不断优化高等教育结构。优化学科专业、类型、层次结构，促进多学科交叉和融合。重点扩大应用型、复合型、技能型人才培养规模。加快发展专业学位研究生教育。优化区域布局结构。设立支持地方高等教育专项资金，实施中西部高等教育振兴计划。新增招生计划向中西部高等教育资源短缺地区倾斜，扩大东部高校在中西部地区招生规模，加大东部高校对西部高校对口支援力度。鼓励东部地区高等教育率先发展。建立完善军民结合、寓军于民的军队人才培养体系。促进高校办出特色。建立高校分类体系，实行分类管理。发挥政策指导和资源配置的作用，引导高校合理定位，克服同质化倾向，形成各自的办学理念和风格，在不同层次、不同领域办出特色，争创一流。加快建设一流大学和一流学科。以重点学科建设为基础，继续实施"985 工程"和优势学科创新平台建设，继续实施"211 工程"和启动特色重点学科项目。改进管理模式，引入竞争机制，实行绩效评估，进行动态管理。鼓励学校优势学科面向世界，支持参与和设立国际学术合作组织、国际科学计划，支持与境外高水平教育、科研机构建立联合研发基地。加快创建世界一流大学和高水平大学的步伐，培养一批拔尖创新人才，形成一批世界一流学科，产生一批国际领先的原创性成果，为提升我国综合国力贡献力量。

同时，纲要还针对完善中国特色现代大学制度提出了明确的要求。要完善治理结构。公办高等学校要坚持和完善党委领导下的校长负责制。健全议事规则与决策程序，依法落实党委、校长职权。完善大学校长选拔任用办法。充分发挥学术委员会在学科建设、学术评价、学术发展中的重要作用。探索教授治学的有效途径，充分发挥教授在教学、学术研究和学校管理中的作用。加强教职工代表大会、学生代表大会建设，发挥群众团体的作用。加强章程建设。各类高校应依法制定章程，依照章程规定管理学校。尊重学术自由，营造宽松的学术环境。全面实行聘任制度和岗位管理制度。确立科学的考核评价和激励机制。扩大社会合作。探索建立高等学校理事会或董事会，健全社会支持和监督学校发展的长效机制。探索高等学校与行业、企业密切合作共建的模式，推进高等学校与科研院所、社会团体的资源共享，形成协调合作的有效机制，提高服务经济建设和社会发展的能力。推进高校后勤社会化改革。推进专业评价。鼓励专门机构和社会中介机构对高等学校学科、专业、课程等水平和质量进行评估。建立科学、规范的评估制度。探索与国际高水平教育评价机构合作，形成中国特色学校评价模式。建立高等学校质量年度报告发布制度。

四、我国高等教育的发展趋势

面对 21 世纪新的形势和任务，我国高等教育的改革也面临新的任务。在发展方向上，未来我国的高等教育要以提高质量为导向。提高教学质量是各级各类学校办学的永恒主题。教育部从 2003 年开始实施了"高等学校教学质量与教学改革工程",此后每年都把提高教学质量作为工作重点,之后又启动规模更大的"教学质量工程"。《国家中长期教育改革和发展规划纲要(2010—2020 年)》提出"高等教育承担着培养高级专门人才、发展科学技术文化、促进现代化建设的重大任务。提高质量是高等教育发展的核心任务,是建设高等教育强国的基本要求。到 2020 年,高等教育结构更加合理,特色更加鲜明,人才培养、科学研究和社会服务整体水平全面提升,建成一批国际知名、有特色高水平高等学校,若干所大学达到或接近世界一流大学水平,高等教育国际竞争力显著增强。"在发展路径上,要以加强世界一流大学和高水平大学建设为重点。我国要实现长时期持续健康发展. 增强自主创新能力,建设创新型国家和人力资源强国,必须以更加广阔的视野、更加开放的姿态、更加执著的努力,加快推进建设世界一流大学和高水平大学的步伐。要采取强有力的措施,集中国家力量,加大投入,促进我国世界一流大学和高水平大学建设的新的发展。在发展机制上,要注重自我约束、自我发展,构建高等学校可持续发展良性机制。目前一些高校仍注重在数量上发展,注重规格升级,注重更改校名。这一方面反映了我国高等学校仍然在不断的发展、改革、调整和转型之中;另一方面也说明高等学校内部尚未完全建立良性的、以质量提高为主的机制。为了防止和限制过度的外延式发展,不仅需要必要的管理和限制,更需要通过制度建设,促使高等学校产生自我约束和自我发展的机制,推进高等学校的健康发展。在人才培养上要牢固确立人才培养在高校工作中的中心地位,着力培养信念执著、品德优良、知识丰富、本领过硬的高素质专门人才和拔尖创新人才。加大教学投入。教师要把教学作为首要任务,不断提高教育教学水平;加强实验室、校内外实习基地、课程教材等教学基本建设。深化教学改革。推进和完善学分制,实行弹性学制,促进文理交融;支持学生参与科学研究,强化实践教学环节;推进创业教育。创立高校与科研院所、行业企业联合培养人才的新机制。全面实施高校本科教学质量与教学改革工程。严格教学管理。健全教学质量保障体系，充分调动学生学习积极性和主动性，激励学生刻苦学习，奋发有为，增强诚信意识。改进高校教学评估。加强对学生的就业指导服务。在改革内容上，着重处理好政府依法管理与学校依法自主办学的关系。深化高等教育体制改革，明确中央政府和地方政府在高等学校的管理和投入上的职责权限；改进高校自主权和政府行政权之间的关系，规范政府及其职能部门、高等学校主管部门与高等学校的管理职责权限，落实高等学校办学自主权；深化高等学校内部体制改革，加大推进依法治校的力度，进一步推动高等学校制度建设，促进高等学校形成法律治理结构；坚持和完善党委领导下的校长负责制。健全学校的领导管理体制，健全高等学校的决策、议事、监督机制，发挥教授在治学中的主导作用，保障教职员工和学生参与学校民主管理的权利。同时加强对于高等学校的法律监督。在组织功能上，明确赋予高等学校繁荣社会主义先进文化的重要任务。高举中国特色社会主义理论伟大旗帜，强化高等学校的综合研究力量和哲学社会科学研究力量，对于世界形势发展、国际政治经济文化教育现象阐述自己的观点，对于当代中国社会主义的重要问题进行深入的研究，形成中国特色的社会理论体系和文化解释体系，努力掌握当代文化发展和意识形态的话语权。同时，促进大学文化发展，倡导大学精神确立，形成高等学校良好的思想政治和文化建设氛围，为推动社会主义文化繁荣和创新作出自己的贡献。

在新的历史条件下，我国高等学校也发生了新的变化。第一，高校功能发生了巨大的变化。探讨高校管理体制变革，最基本的前提就是要准确把握高校新的功能定位。不了解高效的功能，就无法思考高校管理体制改革的必要性，更无法创新高校发展模式。现在普遍认同大学具有三大功能，这就是人才培养、科学研究和社会服务。但大学从其诞生以来，聚集大量科技、文化精英，通过知识传播、知识创造，以及与社会的互动而对社会文化有着巨大的影响。也就是说大学具有与生俱来的、更为独有的、影响更为深远的引领文化的社会功能。高校不仅具有传统的传播学术思想和知识体系的学术功能，维护和宣传意识形态的政治功能，提升公民整体素质的社会功能，同时，在市场经济体制下，高校还具有以人力资源培育为主导目标的经济功能。高校管理体制改革的目标之一，就是要建立调动教师教书育人积极性和学生学习积极性的良好运行机制，达到提高教师，培养学生的最终目的，进而实现大学的四大功能。

第二，高校管理权力主体发生了重大变化。计划经济体制下，政府对包括高校在内的教育事业长期实行集权式管理。随着经济体制改革向纵深发展，各类市场主体逐渐介入一直相对保守的教育领域，政府的教育垄断地位受到动摇。高校管理权力主体的变化，使社会可利用的教育资源迅速增多，传统的精英教育向大众教育回归，作为公共服务形式的高等教育也从纯公共产品向准公共产品回归，提供高等教育服务产品的生产和供给途径，不仅有政府的公共途径，而且有非政府的市场途径。"政府的公共教育权力受到市场机制的牵制和制约"，"市场的介入正促成一种新的教育资源分配方式和人才培养模式的产生，教育政策创新需求也随之而生"。

第三，作为服务产品的高校教育效用发生了根本性改变。通俗地说，作为服务产品的高校教育效用即指大学生的求学目标，但用教育经济学的话语体系来讲，它包含了更广泛的含义。计划经济体制时期人们上大学毕业后即成为国家干部，接受的高校教育是"公共产品"，大学生当然地得为"公家"工作一辈子，即使转换工作单位，也不是"跳槽"而是"调动"。大学生在高校学到的知识，不是个人的"智力财产"，而是没有知识产权的非营利品。那个时期接受高校教育的个体，并不考虑自己一生中教育的投入产出效益。但今天的大学生，他们求学的目标具有多元性，高校教育不再只是"公共产品"。今天大学生接受教育服务的"效用"，除具有一般的提升为社会服务的公民素质之外，更重要的在于职业技能的需要、创业能力的培养，并把其为个人自我价值实现的某种手段。高校教育作为一种"准公共产品"，与传统的"公共教育"相比，不仅在效用形式上由单一化向多元化转变，而且在实现效用的方式上也由长期性向非长期性转变，个人教育投入产出还受到边际报酬递减或递增规律的制约。

第四，高校教育形式发生了新的变化。除传统的校园式高校教育之外，诸如成人教育、远程教育、网络教育等新的教育形式不断创生。高校教育形式的变化，还突出地表现为改革传统的教学形式的要求越来越紧迫。传统的"满堂灌"教学，注重知识本位培养的"逻辑推理式"教学，偏好于"通用"教材的"本本主义"教学，强调教师中心地位的考试制度等，在高校扩招速度加快、教育资源十分紧缺的客观条件下已不适应。自由式的课堂讨论、案例教学、多样化的课程体系和教材体系、开放式的考试制度等，给高校教学形式改革带来了新气象。这些新的教育形式变革及在探索过程中引发的争鸣，也为进一步推动高校教育形式变革提出了更高的要求。

总之，当今高校管理体制改革是立足于高校管理实践的基础之上，其目的在于，在高等教育理念革新的指引下，努力推动高校管理体制实现"三个转变"。即在高等教育理念上，把高等教育当成人们的公共服务需求，而不只是政府单一管制下的社会管理工具；在高等教育的社会功能作用上，把高等教育当成社会公共事业，而不只是政府的行政职能；在高校的社会地位定位上，把高校看做一个拥有充分自主权的组织，而不再只是政府的一个部门或附属机构。高等学校的这些变化，对高等学校管理体制改革提出了新要求。

第二章　世界高校管理体制改革概述

　　高等教育在社会变革的大背景下发生了翻天覆地的变化，正朝着民主化、大众化、信息化、终身化和国际化方向发展。作为高等教育的施教系统，高校在社会变化发展所带来的多样而复杂的要求下，正在力图通过改革来适应外部的要求和谋求自身的发展。这种改革既是高等教育发展自身的需要，也是变革时代对高校管理提出的必然要求。高校管理体制的创新已经成为一所高校自主创新能力的重要体现，是一所学校核心竞争力的重要组成部分，与人才培养、科学研究、社会服务等创新能力一起，构成了衡量现代大学创新能力的重要方面。20 世纪中期以来，世界各国为适应经济社会发展的需要，开始着手对本国高校管理体制进行改革，经过半个多世纪的发展，高校管理体制改革取得了丰硕的成果，积累了广泛的经验，这为我国高校管理体制改革提供了积极的借鉴意义和重要的参考价值。

第一节　国外高校管理体制改革的实践

　　高等院校办学目标、办学思路的实现，办学效益、办学能力的提高，在相当大的程度上依赖于高校管理水平的提高；而高校管理水平的提高又依赖于高校管理体制的不断创新。可以说，高等院校管理体制的重要性已经在世界范围内的高等教育界达成共识，世界各国都高度重视高校管理体制的创新和完善，不断探索和相互借鉴成功的管理经验。高等院校在教学、科研和人才培养等方面展开竞争的同时，也纷纷在管理体制的改革和创新方面加大了投入，展开了竞争。自 20 世纪 80 年代以来，世界各国纷纷开始高等教育改革，到 90 年代改革方兴未艾，据联合国教科文组织的统计，1993 年全世界就有 98 个国家进行了或正在进行着高等教育改革。

一、日本的高校管理体制改革

20 世纪 90 年代以来，在全球化、日本经济发展迟缓、学龄人口减少等诸多因素推动下，日本政府在继承以前高等教育政策的基础上，在高等教育体制的许多方面进行了深入、全面的改革。这一改革肇始于 70 年代开始的第三次教育改革，是对第三次教育改革期间，尤其是 80 年代日本临时教育审议会四次报告中阐述的改革理念的具体贯彻和超越。1996 年 11 月，第二次出任日本首相的桥本龙太郎提出了实施行政改革、经济结构改革、金融体制改革、社会保障结构改革、财政结构改革的政府工作任务。其中行政改革的主要内容是精简政府机构，削减政府工作人员，而让一部分隶属于政府的机构成为独立行政法人是削减政府工作人员的主要途径之一。作为日本高校管理体制改革的核心，日本的国立大学法人化正是这一改革的产物，目的首先在于使大学明确经营责任，以更具灵活性和战略性。

日本国立大学法人化的问题，早在 1971 年中央教育审议会的报告中就已提出来，并在 1987 年 4 月临时教育审议会的报告中被再次强调，但直到 1997 年日本开始实施国家行政改革，它才被政府作为亟须解决的政策课题正式提出来。1999 年 7 月日本国会通过《独立行政法人通则法》，2000 年 5 月文部省提出"根据特例法实施法人化"，并于 7 月成立了由现任国公私立大学校长、财界和大众媒体有关人士共 53 人参加的"关于国立大学等的独立行政法人化调查讨论会议"。该"会议"经过 1 年 8 个月的努力，于 2002 年 3 月 26 日发表了《关于新"国立大学法人"形象》的最终报告。这一报告指出，按现行法律，目前的国立大学作为国家行政组织的一部分，在预算、组织、人事等方面都受到各种各样的限制，教育研究活动自由灵活开展也受到一定限制。因此，国立大学法人化，并不仅仅是从行政改革的角度提出来的，并不仅仅是为了提高管理效率，而且也是为了推动大学改革，要求大学加强自律性，重视创造性，提高教育研究水平，成为富有个性、活力和国际竞争力的大学。报告对国立大学法人的组织、人事、目标与评价、财务会计等制度进行了详尽的研究，提出了相关配套的政策。文部科学省表示，将按照这一报告的精神，抓紧制定《国立大学法人法》法案，预定在2003年3月内阁会议上获得通过，并提交2003年度的国会例会审议、通过，然后制定相关的各种法令法规，指名任命各国立大学法人首任校长，从2004年4月开始全面实施国立大学法人化。

日本的国立大学法人制度具有如下一些特点：一是确保国立大学自律性运营。各大学要制订中期目标和计划，报文部科学大臣认可，作为法令公布。一般来说，文部科学大臣会尊重各大学有关目标和计划的原案。国立大学法人运营的必要经费，由各校自己收取的学费等收入和国家下拨的运营费交付金等组成。政府下拨的经费包括标准运营费交付金和特定运营费交付金，都可由大学自主决定如何使用。校内机构原则上也由各校自行决定设废。校长以下的学校各级负责人（包括大学事务局长）将由校长任命。产学官合作等各种事业，由大学自行判断并灵活地开展。二是引进民间的经营方式。国立大学将引进"董事会"制度，建立和完善最高决策机构。国立大学校长为国立大学法人的首长，另设副校长、监事等若干。校内分别成立主要负责审议经营事务的"运营协议会"和主要负责审议教学事务的"评议会"。最大限度地利用全校资源进行战略性经营。对于各校的"创收"努力实行激励政策，制定类似于企业会计准则的"国立大学法人会计准则"，从法律上放宽对于来自地方自治体捐赠等的限制，并将对各大学法人的专利问题等作出法律规定，还可从附属学校和商学院等开始试行独立核算制。关于学费，国家将指定一定的范围，各大学可在此范围内确定具体金额。三是在大学管理层引进校外专业人才。将从法律上规定各大学的董事会、运营协议会及"校长选考委员会"等的构成中必须有校外人士。四是教职员的身份向非公务员型过渡。教师的聘用将采用公开招聘制和任期制，并放宽对教师兼职、兼业的限制。各大学还可自行制定基于能力和业绩的工资体系，并可聘用外国人担任校长。五是采用第三者评价①。有关各大学教育和研究方面的评价，将请"大学评价和学位授予机构"来做，对于其评价结果最后由文部科学省设立的由第三者有识之士组成的"国立大学评价委员会"进行认可并综合。这种评价结果将和政府拨款直接挂钩。

总之，源于法人化改革的日本国立大学管理体制改革，在整体上遵循《国立大学法人法》的相关规定，接受文部科学省的指导，开展责任管理体制，明确管理以校长为中心。但在具体操作上，各国立大学有着较多的自主性，在整体依照法律的前提下，细节上各国立大学可以采取不同的措施。

二、俄罗斯的高校管理体制改革

与西方其他国家相比，俄罗斯的高校管理体制改革有其自身的背景和特点。俄罗斯"突变性的"的社会转型模式使其高等教育处于一种动态的改革发展中，其高校管理体制随着社会的转型先后经历了不同时期的改革和调整。1991年年底，苏联的解体与俄罗斯联邦的形成，给动乱时期的高等教育带来了新的时代特征，俄罗斯与时俱进地改革高校管理体制，使得高校的发展适应了社会的变迁。目前，俄罗斯高校管理体制因高校性质不同而异，国立和地方高校实行校、系、教研室三级管理。现行的《俄罗斯联邦高等和大学后职业教育法》规定，俄罗斯高等学校的管理实行一长制与集体领导相结合的原则。具体的管理机构包括：其一，校务委员会，也称全体会议。它在学校的人事、教学、社会服务、文化交流和科学活动等方面享有最高发言权，是高校的最高权力机构。其二，学术委员会。学术委员会的组成包括校

---

① 喜多村和之：《大学能够脱胎换骨吗？》，中央公论新社（日本）2002年版。

长、副校长，其他委员由高等学校的全体员工大会以无记名投票方式选举产生。其三，校长。改革以前俄罗斯的高校校长是由中央政府任命，教职工属于国家工作人员，高校自己无权决定是否使用教职工，改革后的高校获得了更大的人事权。大学校长采取民主选举的方式产生，高校由校务委员会实行总的领导，由校长实行直接管理，以此对高校的管理进行战略和策略上的划分。校长作为学校的首长，具有法人代表的性质，负责组织学校的教学活动以及对外交流。作为校务委员会的主席，他有权任命学院或系的领导人。俄罗斯各高校的管理机构设置大同小异，基本由校级领导、行政管理和后勤服务三部分组成。①

俄罗斯多元化的高校管理体制是俄罗斯独立以来提倡办学模式多元化的结果。但无论学校性质如何，其内部管理体制都体现出"国家—社会—校长—教师—学生"相结合的民主化原则。因此，其管理体制改革也具有鲜明的民主化特点。

其一是倡导教授治校。俄罗斯大学的系是行政组织，系主任通过无记名投票选举产生，任期四年，系主任同时还兼任系学术委员会主席。教研室是学术组织，既承担着教学任务又承担着学科建设任务。教研室主任是选举产生的，一般为学科带头人。教研室主任要参加系学术委员会，并与教研室副主任一起负责教学计划的具体落实和实施，定期组织召开教学和科研讨论会，负责研究生和本科毕业生的毕业专业课考试等。学术委员会委员参与学校重大战略的分析研究与决策，使学校的学科建设能真正落到实处。② 各级学术委员会在学校教学、科研、人事等工作中起着重要的作用。高等学校提倡教师教学、科研、管理兼顾，重视教师在学术治校中的地位和作用，因此，普遍实行教授治校制度。

其二是高校自主权继续扩大。苏联解体后，俄罗斯高校内部管理体制同

---

① 程恩庆、张全芬、金纪玲：《俄罗斯高等教育的现状及改革动向》，《河北大学学报》（哲学社会科学版）2003 年第 2 期。

② 栾景河：《俄罗斯高校管理体制情况简介》，《罗斯研究》1999 年第 2 期。

俄罗斯社会一样经历了剧烈的改革，扩大高校自主权就是改革的主要趋势之一。概括起来，俄罗斯扩大高校自主权主要以下几个方面的原因。一是改变高教经费单纯依靠中央政府拨款的办法，努力促使经费来源多样化，给予高校在筹集经费方面必要的权力。二是改变中央政府的高教主管部门对高校课程和教学实行严格控制的做法，以鼓励高校的教学革新。三是废止高校招生由中央规划的做法，扩大高校和用人单位在招生中的权力。四是改革以前人为地把高校与科学院、工业研究中心分开的做法，让高校与科学院、工业研究中心平等竞争经费，增强高校的科研能力。[①] 在某种程度上，与其说联邦政府推动了改革的进程，不如说是高校在寻求生存的过程中自己扩大了权力，这意味着它们将继续在摸索中前进，也表明扩大高校自主权的改革要走的路还很长。扩大高校自主权使得高校内部管理体制也要进行相应的变革，可是俄罗斯高校并没有真正建立起权力配置平衡且合理的内部管理体制，这必将影响改革的成效。

其三是非意识形态化。《俄联邦教育法》明确规定："在国立和地方教育机构及教育管理机关中不得建立政党、社会政治运动和团体及宗教运动和团体的组织机构，不允许它们在上述机构中进行活动。"[②]因此，俄罗斯国立和地方大学中没有任何政治组织、宗教团体的代表参与管理。非国立大学则另当别论。这与原苏联大学内部管理体制有根本区别，原苏联大学校务委员会和学术委员会成员中共产党员和共青团员的代表是必不可少的。

三、法国的高校管理体制改革

法国的高等教育历史悠久，其发端应以 12 世纪巴黎大学的建立为标志。巴黎大学自诞生以来，不断寻求自由，实现自治。第二次世界大战以后，法国高校管理体制改革大致经历了三个阶段。

---

① 赵蒙成：《扩大高校自主权：俄罗斯高等教育管理体制改革述评》，《机械工业高教研究》2001 年第 4 期。

② 胡国铭：《大学校长与大学发展研究》，华中科技大学出版社 2004 年版，第 204 页。

1. 第二次世界大战后法国大学内部管理体制的改革

1968 年 11 月，法国颁布了《高校教育方向指导法》，提出了大学新的办学原则，特别是在大学自治方面。法律明确提出了高等教育要贯彻"自治、参与和多科性"三原则，即"法国大学由教学与研究单位组成，在行政、财政、教学方面享有自主权，大学可在设有多种学科的前提下有自己的主攻方面，校内外各类人员民主参与大学的管理"。所谓"自治"，就是在遵守国家法律的前提下，高校在内部管理、教学和科研组织、人事安排、经费分配等方面享有广泛的自治权；所谓"参与"，是指学生、教职员工及社会有关人士均有权以一定的方式参与对高校的管理；所谓"多科性"，是指每所学校在继续保持自己专业特长的同时，努力向多学科，各专业的综合方面发展。这次改革法国大学的面目一新，尤其是在大学内部管理方面，充分显示了大学自治的愿望，下放了国家的部分管理权力。

2. 民主化背景下的大学内部管理体制改革

法国政府于 1984 年提出新的《高等教育法》并由议会通过。这次改革的重点是改变集权管理，加强地方分权；改变大学教育过于理论的倾向，加强高等教育职业化，走与企业联合的办学道路。《高等教育法》通过后，法国政府又发布了许多文件，加强了学校的议事和决策系统，在机构设置上，除了原有的学校理事会（现称行政委员会）外，增设了科学委员会和大学的生活委员会；同时，该法强调了大学在财务方面的自主权，使高等教育的自主化进一步加强。与 1968 年的大学内部管理体制改革相比，这一阶段的改革除了重申"自治、参与和多学科"三原则之外，更强化了"民主化"，这次改革也有两个显著的特点：一是学校的决策机构设置专门化，二是在保证民主的基础上强调了教授的作用。

3. 国际化背景下的大学内部管理体制改革

1998 年在参加索邦大学 800 年庆典时，英国、德国、意大利和法国教育部长签订一份《欧洲高等教育体系和谐建构联合宣言》，又称《索邦宣言》。在《索邦宣言》的号召下，1999 年 6 月，29 个欧洲国家的教育部长，包括 15 个欧盟成员国和 14 个非欧盟成员国的教育部长们集聚在波伦尼亚，共同商讨高等教育合作发展问题，并在会后发表了著名的《波伦尼亚宣言》，明确提出了到 2010 年建立"欧洲高等教育区"这一目标，欧洲高等教育改革的波伦尼亚进程从此开始。欧洲各国的教育部长们并在随后的 2001 年布拉格会议和 2003 年的柏林会议上针对欧洲高等教育的发展趋势不断对波伦尼亚进程的目标进行修改，并最终确定了波伦尼亚进程的十项行动主线，根据波伦尼亚进程所决定的框架，21 世纪的法国政府对本国的高等教育进行了新的改革，这一改革主要集中在三个方面。一是推动学生流动。2002 年，法国的高等教育开始实行一种新的学制。2002 年 4 月份法国教育部发布的第 482 号法令指出，法国新的高等教育结构是建立在 4 级学位之上的，分别是"中学会考证书"（相当于我国高中毕业证）、"学士学位"、"硕士学位"和"博士学位"，即"LMD 学制"。"LMD 学制"是指从中学会考通过后开始算起，学士 3 年、硕士学位 5 年和博士学位 8 年的体制。"LMD 学制"简化了学科之间的分类，打破了原有学科之间的制度界限，增强了不同专业之间学生的可比性，同时，新的学制与旧的学制相比，与其他国家的高等教育学制的可比性增强，消除了法国学生到其他欧洲国家学习以及其他欧洲国家的学生到法国学习在选择学习层次方面的障碍。为促进学生流动，法国政府所采取的另一项措施就是在高等教育领域内全面实施由波伦尼亚进程所确定的欧洲学分转换系统。这一系统提高了欧洲各国的高等教育机构内部和相互之间的可进入性和灵活性。为促进吸引外国学生，法国外交部与其他国家外交部进行合作，开展高等教育的联合培养工作，吸引国外优秀学生到法国进行短期高等教育培训。二是对高等教育的监督和管理。法国政府在 2006 年 11 月发布第 1334 号法令建立高等教育质量评估机构，这一机构主要负责对研究和高等教育机构、这些机构研究单位的活动、高等教育资格和项目以及对研究机构成员进行评估的程序进行评估。随着高等教育质量评估机构在 2007 年开始正式运行，其他的一些相关机构如"国家研究评估委员会"和"科学、技术和教育任务小组"被相继取消。三是密切高等教育与经济部门的联系。为了加强高等教育机构与经济部门的联系，提高高等教育机构毕业生的就业率，在波伦尼亚进程的框架下，法国设立国家职业资格登记处，为高等教育毕业生就业后的职业变化提供便利，增强个人资格的可辨认性。与之相适应的是，随着改革进程的不断深入以及各项改革政策的实施，为了满足知识经济发展的需要并提高社会就业水平，法国高等教育的改革加强了高等教育的职业性发展倾向。从 1999 年开始，为了增强本科生的就业率并与劳动力市场培训相适应，法国专门设立了职业性的学士学位。到 2005 年学年底，法国共设立 1438 个职业教育学士学位，共有 40000 名学生。而到 2006 年新学年开始，又设立了 25 个新的职业教育学士学位，这将高等教育与工作，大学与劳动力市场联系了起来。为了进一步促进毕业生对劳动力市场的参与，法国政府在 2005—2006 年间制定了四项规定：通过发展 "2+1" 的课程促进高等教育的劳动力市场导向，增加企业的培训计划，加强与经济部门的合作；增强对高等教育与职业关系的评估；提高学生对于职业指导的信息和学习；在全法国境内均衡发展劳动力市场导向的项目。法国教育部和高等教育机构不断发展整体的高等教育水平，促进市场的就业率，努力发展与具体职业前景相关联的专业，并根据学生的中学会考成绩和在校表现对学生的专业选择提供建议。这种职业性和技术性倾向的高等教育改革对社会就业率的提高产生了积极的影响。

在 21 世纪开始的法国的高等教育改革，在各个方面对法国的高等教育发展产生了深远影响，提高了法国高等教育的质量，促进了高等学校与相关机构的合作，逐渐弱化了高等教育机构与中央政府之间的联系。虽然现在法国高等教育机构的自治仅仅迈出了第一步，面对法国高度中央集权的政治体制的传统，高等教育机构自治的未来发展仍存在一定的不确定性，但是现在法国高等教育机构所取得的自治权利已经是一个历史性的突破。

四、德国的高校管理体制改革

19 世纪初，洪堡等人在进行大学改革时提出了一套独特的大学管理理念，该理念的核心在于：高校由国家举办，国家为高校的生存和发展提供必要的财政支持与制度保障，高校接受国家（主要是邦或州政府）的管理；高校作为社会团体享有学术自治权，学术事务由高校自行处理（主要是由教授处理）。在这一理念的指导下，德国高等教育管理形成了"国家官僚—教授"模式。正是得益于这种制度，德国大学一扫昔日阴霾，雄踞世界高等教育顶峰达一百多年。到20世纪后半叶，这种管理体制开始无法适应新的时代要求。国际竞争的日趋激烈，高等教育在提升国家竞争力中的作用也越来越显著，但德国高等教育的表现却令人相当失望。在种种批评声中，高等教育管理体制及背后的管理思想被看做是高等教育各种弊端的主要根源。20世纪90年代以来，为适应国际发展和国内外预期的需要，德国政府对高等教育管理体制进行了一系列的改革，试图通过政府放权、扩大高校自治和引入市场元素等措施，建立充满竞争、富有效率、具有质量意识和责任意识的高校。

始于20世纪90年代的德国高校管理体制改革内容包括以下几个方面。

1. 强化校一级的管理权力

德国在扩大高校自主权，增强高校自我管理、促进高等学校管理专业化方面作出了许多努力，概括为两点：第一，强化校长的领导角色。首先，根据《高等教育总纲法》相关规定，校长的任期由过去的两年变为四至八年。其次，实行职业化的校长制。这意味着大学早期魅力型与学院型的大学领导模式已被一种既注重科层管理技巧又注重企业管理技巧的大学领导模式所取代，校长不再由教授垄断，他可以是校外人员。再次，扩大校长的权力范围。校长现在不仅是学术和非学术辅助人员的顶头上司，而且也是教授工作上的顶头上司；另外，原先督察校内财务的副校长，从国家派驻高校的代表变为高校的成员，不再直接向政府负责，转而向校长负责。第二，在各副校长分工负责的前提下，实现不同部门，如科研、教学、国际交流等的合作式大学管理，即成立校长委员会，并不断强化这种管理。将大学评议会的作用限定在原则性问题的范围之内，将决策权从评议会移转到校长委员会，这种做法有利于将教授手中的权力上移，增强高校的管理能力。

2.改革组织结构，强化系的职责

德国高校在组织结构改革的一个突出特色是仿照英美模式建立了大学—学部（学院）—学系结构。其学术组织的重心放在学系一级，学部一级采用学院模式，但只是具有某些行政权力，一般不参与学术权力的划分。20世纪90年代后，为了加强和扩张高教机构协调教学和研究问题的能力，学术组织结构又发生了新的变化，即将原来的学部按学科发展和需要划分为规模较小的学系，同时将原先隶属于学部的研究所独立出来，取得与学系同样的地位，形成了"大学—学系／研究所"的两级结构。学系成为大学的基本单位，研究所则由原来是一名教授主持的格局改为多名教授主持。这种扁平化结构模式有利于交叉学科和边缘学科的发展，也有利于进行跨学科的研究和学习。更为重要的是通过延长系主任任期，强化他们的职责，弱化院级机构，加强了系的管理功能。这一举措被视为加强高校管理的最重要环节，因为系承接学校与教授，这一部分管理的加强有助于高校成为一个具有独立决策能力和自我调节能力的独立实体。

3.引入高校董事会

在德国高校管理体制改革中对于引入董事会还是颇有争议的。反对者将它看做是高校组织中的怪物，谴责他们缺乏合法性和高校的内在联系性。他们还担心董事会会篡夺传统行政机构的权力，如评议会。支持者们则认为通过校外代表的参与和明确责任有利于高校向社会开放。倡导者们相信他们能减少行政官僚的影响，使高校领导者更独立，提升他们的规划和决策权，在高校和州教育部之间搭建桥梁。然而，这种新董事会并不像它们在美国那样有影响力，它的影响远不及支持者所宣称的那样。

4.改革资金分配方式

当政府在改革财政制度，建立以绩效为导向的拨款制度的时候，高校也开始探索在内部建立新的经费分配方式，这种方式同样是以绩效为导向。以海德堡大学为例。海德堡大学是德国高校经费筹措和管理改革实施比较早的一所大学，它的改革在德国很有特色。与 30 年前相比，海德堡大学学生数增加了 3 倍，总数超过 3 万人，但州的财政拨款却没有相应增加，经费严重短缺。在这样的背景下，1995 年大学开始尝试实行新的"分散式资金分配制度"。这种经费分配方式在海德堡大学的实践主要表现在四个方面：第一，减少资金分配的中间环节，将经费的申请和使用权下放到系一级，在大学内部形成资源市场，鼓励学系以商业方式盘活资源；第二，简化预算收支项目；第三，改变经费结构，加强部门间竞争；第四，实行灵活教职员工编制，允许系根据需要灵活确定编制。

5. 人事工资制度改革

德国高校人事工资制度改革的特点主要体现于德国联邦教育和科学部任命的一个 18 人的专家委员会于 2000 年 4 月提交的《高等学校公职法改革报告》和该部于 2000 年 9 月提出的《面向 21 世纪的高校公职法改革方案》两个文件之中。首先，此次高校改革旨在改革学术选拔制度，缩短获取学术性职业资格的时间，即改善确定学术资格的程序，缩短由学术预备阶段到初次任职的时间，使学术后备人才尽早地在教学和研究方面自立，提高德国高校在国内外就业的吸引力。主要措施是取消传统教授备选资格阶段和考试，设立助理教授职位，将教授职位申请人是否具备担任终身教授资格的决定权赋予用人单位，并使其承担相应的责任或后果。通过此项措施，教授初次任职时间最早可以提前到 33 岁，基本上与国际上同步。其次，是引入具有竞争性和业绩导向的工资制度，包括建立以竞争原则为基础的灵活的工资结构，在确保工资存量的前提下，加大工资的变量部分，并以业绩为导向，努力改善教授待遇，消除大学和高等专科学校教授在职位和工资制度上的差别，统一工资级别，公平竞争，加大业绩弹性收入，提高教授个人实际收入，激发学术人员的积极性。再次，是增强高等学校、校外研究机构和企业间的职业流动性，使教授在这三者之间能自由流动。主要措施是对于流动的教授保留其国家公务员的身份和相应的社会福利待遇，无论从事何种职业，工资中业绩含量大幅提高。

五、英国的高校管理体制改革

英国高等教育的主体——大学，自中世纪牛津大学和剑桥大学成立以来，始终是非官方的，在长期的发展过程中形成了一套自治的传统，政府的态度一向是"不希望使自己陷入到宪法规定由大学自己负责的事物中去，但也不会把由政府本身来承担更为合适的任务强加给学校"①但从20世纪80年代以来，英国高等教育与其他发达国家相比，发展较为缓慢，已难于适应时代的要求。这固然有多种原因，但也暴露出英国大学内部存在一些严重问题，导致高等学校缺乏活力与应变能力。为了使英国高等教育摆脱困境，改革高等教育存在的弊端。英国相继出台了几十种有关高等教育的专题报告和政府文件来推进高校管理体制改革，其中比较重要的有：《雷弗休姆报告》（1981—1983年，由11份独立的报告组成），《英国高等教育的需求（1984—2000年）》（1984年），《90年代英国高等教育的发展》（1985年），《高等教育：应付新的挑战》（1987年），《结构的变化和全国高等教育规划》（1987年），《克罗哈姆报告》（1987年）以及重要的《1988年教育改革法》。

英国20世纪80年代的高校管理体制改革主要表现在四个方面：一是通过改革高等教育管理体制，加强中央政府的统一领导；二是通过改革投资体制，引进市场竞争机制，从而增强高校的活力与应变能力；三是通过立法形式，提升高等教育质量；四是通过改革办学模式，促进高校与社会的联系。

《1988年教育改革法》对英国的高等教育管理提出了若干改革措施，包括将部分原属地方管辖的多科技术学院和规模较大的独立学院脱离地方教育当局的管辖，取得与大学同等的独立法人的地位。地方教育当局今后将主要负责本地区的继续教育以及部分非学位和部分时间制的高等教育。这样一来，地方教育当局的权限就被大大削弱了。脱离地方教育当局管理后的这部分院校今后将通过新成立的"多科技术学院和学院基金委员会"与中央政府

---

① 杨汉清、韩骅:《比较高等教育概论》，人民教育出版社1997年版，第271页。

发生关系，这种关系使得中央政府掌握了对这部分学院的间接的管理权。至于大学部分，存在了 70 年之久的"大学拨款委员会"于 1989 年由新成立的"大学基金委员会"所取代，英国政府通过这两大措施加强了中央政府对整个高等教育的管理。可以说，《1988 年教育改革法》的颁布是英国教育管理体制发展的转折点，它改变了教育制度的基本权力结构，明确的肯定了教育国务大臣的领导作用。1992 年颁布的《继续和高等教育法》规定，将"多科技术学院和学院基金委员会"于"大学基金委员会"合并为高等教育基金委员会，并采取了新的拨款机制，由此进一步加强了中央政府的教育领导权限。

与此同时，英国政府通过改革高等教育投资体制，减少政府教育预算，迫使高等院校转向市场。1989 年英国成立了大学基金委员会取代了先前的拨款委员会，政府通过高等教育基金委员会进行有条件的拨款，以此来达到对整个高等教育的宏观控制。在经费的分配方法上，采用以学生所需教育费用的价格为标准进行拨款。大学基金委员会给出 22 类学科每一全日制学生所需教学费用的最高价格，作为各大学报价的指导价格，各大学可以根据经济性原则报出保证教学质量的最低价，以展开互相竞争。在报价时，要提供对评价、保持和提供学术标准的具体安排，以及详细的预算安排和管理战略。据此，大学基金委员会决定对大学的拨款，并规定拨款中教学和科研所占比例。这实际上是取消了对高等院校的一揽子经费包干的办法，代之以具体的协商与订立合同。政府把自己看做是投资者，通过中间人——基金委员会，与被投资者——高等院校就经费的数量、用途、效果等方面进行讨价还价，各个院校取得投资数量的多少，取决于他们效率的高低、质量的优劣。由此，把市场竞争机制引入了高等教育，从而增强了高校的活力与应变能力。

英国的教育质量在世界上都是名列前茅的，人们怀疑其学术水平和教育质量。并且，按照英国的传统，大学是自治的，不受任何外界实力的管理，质量控制是大学自身的事情，政府不加以干预。但 20 世纪 80 年代末，英国政府还是对大学的教育质量关注起来。1987 年 4 月英国政府发布《高等教育——应付新的挑战》白皮书，此文件指出，政府和高校都有保证高教质量的责任，并从课程、教学和科研方面提出了管理的措施，还提出了质量管理的几个指标。1991 年发布的《高等教育的新框架》白皮书第五章专门论述了《保证教学质量》问题，还提出了质量控制、质量审计、课程批准和检定、质量评估等保证质量的措施。1992 年颁布的《继续与高等教育法案》确定了在高等教育基金委员会下设质量评估委员会对大学进行质量评估。同年，几家民间学术组织联合成立了"高等教育质量委员会"，下设三个部门：质量审计组织、质量提高组织、学分与入学管理组织。这两个组织于 1997 年合并，组成了英国新的高等教育质量保证机构，直接接受大学校长委员会的指导，作为高等教育基金委员会的代理人，具体实施高等教育质量的评估工作。1997 年 7 月 23 日发表的题为《学习社会中的高等教育》的咨询报告（又称迪尔英报告），有 6 项专门强调高等教育质量管理问题，以期在高等教育规模扩大的同时确保教育质量，可以说，从 80 年代末至今，英国无论是政府还是社会都对大学的教育质量越来越关注。

英国政府为了使大学更好地服务于经济技术的发展，自 20 世纪 80 年代以来，发表了多篇报告，引导高等教育转换其办学模式，加强与社会的联系。1983 年，一个由英国政府组织的专题调查小组发表了一篇题为《增进高等教育与工业之间科研的联系》的报告；1986 年，英国成立工业和高等教育委员会，其目的是："鼓励工业与高校合作，并向政府提供合作的共同意见。"该委员会于 1987 年发表了《走向合作：高等教育—政府—工业》的报告书。1986 年的《苏格兰高等教育改革的建议》规定："一切高等教育机关均采取同产业界、商业界协作的措施。"在 1987 年《高等教育——应付新的挑战》白皮书中指出："在帮助国家迎合本世纪最后 10 年和下个世纪的经济和社会挑战方面，高等教育具有至关重要的作用"，高等教育应该做到"与工商界建立更加密切的联系，促进企业的发展"。另外，"政府及其中央拨款机构将竭尽全力，对高等教育提高与工商界联系的各种做法予以赞助和奖赏。"由此，逐步建立起以大学为中心的教学、科研、生产联合体的新的办学模式。近年来，英国大学与工业结合的趋势发展迅速，剑桥、伯明翰、爱丁堡等地一些大学周围形成了"科学公园"，成为迎接新技术革命挑战的"神圣大同盟"。

英国的高等教育管理改革取得了明显的成效，改革前，英国大学享有很大的自治权，政府虽提供经费，却无权干涉具有根深蒂固传统的大学自治。改革后，大学的自治力量削弱，政府与市场的力量得到了加强。教育资源配置的多元化，一方面使高校主动与社会建立起联系，这样，英国的高等教育逐步走出"象牙塔"；另一方面，高校通过与工商业的联系与合作，签订科研、教学和服务方面的合同和协议，开拓了资金来源渠道，从而减轻了高等教育对公共资金的过度依赖。根据经济合作与发展组织 1990 年的统计，英国大学在获取工商企业的资金方面做得很出色。英国大学从工商界取得的资金占全部大学资金来源的 13.2%，而德国和法国高校只分别占 6.5% 和 5.2%，美国和日本的公立院校分别占 11.4% 和 3.4%。在对公共资金的依赖程度方面，英国大学则最低，仅为 55.0%。[①] 此外，在提高效率的观念指导下，英国的高等教育达到了以较少的花费进行更多的教育的目的。据统计，1996年高等教育生均费用比 20 世纪 80 年代初降低了 40% 左右。[②] 更重要的是，竞争机制的引入给整个英国高等教育系统带来了生机和活力。

第二节　世界高校管理体制改革的趋势

从世界范围看，高等教育改革和发展呈现以下一些趋势：高等教育的地

① 王桂：《当代外国教育——教育改革的浪潮与趋势》，人民教育出版社 1995 年版，第56 页。

② 詹鑫：《八九十年代英国高等教育的市场化与大众化改革》，《外国教育研究》2000 年第 4 期。

位与作用呈现出由经济、社会边缘到经济、社会中心发展的趋势；高等教育规模上呈现出从大众化向普及化方向发展的趋势；高等教育质量更加重视人的全面发展，培养学生的创新能力；高等教育形态上呈现多样化的趋势；高等教育管理上呈现注重民主和科学的趋势；高等教育教学上，表现出教学内容的综合化、教学手段的现代化、教学方式的个性化等特点；高等教育的时间上和空间上不断发展，强调学习的终身化、社会化和国际化。① 与国际高等教育改革和发展趋势相适应，高校管理体制改革也发生着深刻的变革并呈现出新的趋势。2002 年 7 月，在北京举办的中外大学校长论坛上，美国纽约州立大学总校前校长布鲁斯·约翰斯通发表了《全球大学的变革方向》的演讲，他认为，"大学变革是一个全球性的话题，也是一种不可避免的趋势。它是复杂的，不仅需要大学校长、教师、学生以及高等教育研究者的持续关注，也需要教育管理部门负责人和有远见的政治家的关注，因为由高校、校长和教师组成的一方同由学生、家长、企业和社会组成的另一方之间的利益，最终靠这些变革来平衡。""大学作为一个组织，可以发展、合并、增设新的专业，但这些都不是真正的变革，只有当教师采用了新的教学方法，学生的研究和创造性活动发生了改变，或者大学管理者按一套新规则运作这些现象出现，即组成大学的人的行为发生了变化，才是真正意义上的大学变革。"他归纳了全球的大学在变革中表现出来的 12 个共同特点和趋势，概括而言就是高校管理体制改革正朝着民主化、科学化、均权化、专业化和综合化的方向不断发展。

一、战略化：高校管理体制改革的时代特征

进入 21 世纪，经济全球化加速推进，国际竞争日趋激烈。面对知识经济的革命性变革，世界各国纷纷把目光聚焦到人才、科技和教育的竞争上，

---

① 《21 世纪的中国高等教育》研究课题组：《21 世纪的中国高等教育》，高等教育出版社 2001 年版，第 28—31 页。

制定了一系列推进科技教育创新的重大政策措施，努力巩固和扩大已有的优势地位，以期在未来的国际竞争中赢得更大的战略主动。各国政府都无一例外地把发展高等教育作为实现国家战略目标的重要基础，把人力资源开发确立为国家发展的核心战略，制定了一系列促进高等教育发展的中长期战略规划和人才竞争规划。

在美国，这种战略安排被作为推行其独霸全球战略的重要举措。美国联邦政府逐渐改变原先不直接干预各州教育的分权状态，不断通过颁布国家级战略文本引导高等教育的发展。近年来，先后颁布了《美国 2000 年教育目标法》、1998—2002 年战略规划、2001—2005 年战略规划、2002—2007 年战略规划。2006 年 2 月，美国国家科学院、国家工程院等机构发表了联合报告《迎接风暴：振兴美国经济，创造就业机会，建设美好未来》，该报告强调要直面竞争危机、瞄准中国等国、反思教育问题，提出美国政府应当在基础教育、科学研究、高等教育和经济政策方面采取相应措施，增强美国的竞争力（高书国，2007）。2006 年 11 月，美国未来创新委员会发表了《对现状的估计：创新、国家安全与经济竞争力》报告。这份报告列举美国创新优势受到削弱、值得引起警觉的一系列主要指标，高度重视近年来中国在知识创新、研究发展和人才培养方面的巨大变化。可见美国具有强烈的危机感，力图以危机凝聚共识，加强联邦政府控制力度，形成实施国家战略管理的强大合力。英国政府的高等教育发展战略则更为具体，政府介入高等教育的力量愈加强大，已成为左右高等教育发展的主导者。2001 年 6 月，新组阁的工党政府将"教育与就业部"更名为"教育与技能部"，并将"创造机会，挖掘潜能，达成优异"确定为基本工作目标。2002 年，又发布了《传递结果：到 2006 年的战略》，全面勾画 2002—2006 年的英国国家教育战略框架。作为进一步改革的标志，2003 年 1 月，教育与技能部发布了《高等教育白皮书——高等教育的未来》，作为英国政府面向知识经济和全球化国家发展战略的重要组成部分，对高等教育指导思想、课程体系以及教育教学等方面进行了整体规划①。澳大利亚政府越来越重视高等教育发展对国家经济的巨大促进作用，认为高等教育发展必须以促进国家发展和进步为前提，一个具有自信、强大和高质量的高等教育体系是澳大利亚的经济、文化和社会发展的重要动力。2001年，联邦政府宣布了一个重大的创新行动计划——支撑澳大利亚的能力，计划在5年时间里增加29亿澳元的常规资助，其中近一半用于资助高等教育。2003年，联邦政府发表了《我们的大学支撑澳大利亚的未来》一文，把高等教育作为一项国家优先发展战略，指出了澳大利亚高等教育发展的未来方向，提出了改革高等教育的方案以及可持续性、质量、公平和多样化等四项支撑改革的重要原则。日本政府提出了"增强国际竞争力"的经济振兴战略，希望利用日本的技术优势，通过生产力的提高和创新能力的增强，不断推出具有国际竞争力的商品和服务。为了实现这一目标，2006年3月，日本政府正式公布了"人财立国"的新国策。据日本经济产业大臣二阶俊博的解释："人是国家的财宝，将人才视为'人财'，让每个人通过各种有价值的创造性工作，实现自我价值，以此实现'人财立国'。"日本政府希望高等教育能顺应经济社会发展的要求，在人力资源开发上发挥核心作用，并在教育和科研上瞄准世界最高水平，为提升日本的国际竞争力作贡献②。2007年，日本文部科学省设立约50亿美元专项经费，用于鼓励和促进大学改革与创新。

在把高等教育的发展作为国家发展战略的同时，许多国家也通过实施以政府资金推动为主的一流大学计划等具体措施来助推高校的大发展。德国实施的是"卓越大学计划"。2005年6月，德国正式通过了"联邦与各州促进德国高校科学与研究的卓越计划"。联邦与各州将在5年内对入选"卓越计划"的研究生院、研究项目及大学给予19亿欧元的资助。"卓越计划"第一轮资助18个研究生院、17个卓越集群以及慕尼黑大学等3所大学。第二

①　卢晓中：《现代高等教育发展论纲》，广东教育出版社2005年版。
②　杨颉：《"人财立国"：日本高等教育新动向》，《上海教育》2007年第4期。

轮又有 6 所大学入选"卓越大学"计划①。日本实施的是"21 世纪卓越中心计划"。2001 年是日本的"教育新生元年"，日本文部科学省提出了"21 世纪教育新生计划"。同年日本出台了《振兴日本经济、改革大学结构计划》，副标题是"大学改革拯救日本"，核心是在竞争的环境下，重点投资建设 30 所世界高水平大学。该计划于 2002 年正式实施。截至 2006 年，日本政府共为该项目投入约 15 亿美元，支持了 93 所大学的 274 个学科点。2007 年，日本政府希望通过收缩规模、增加投入，进一步突出资助的重点，提高重点资助的效果，将资助的学科点削减为 150 个左右，投入约 3.15 亿美元，对每个学科点年资助额的下限上调至约 41.7 万美元②。韩国实施的是"21 世纪智慧韩国工程"。旨在进一步改革和完善高等教育体制，充分发挥高等教育的优势，通过政府与社会在人力、财力和物力等方面的投入，有重点地把一部分高校建设成为具有一流水平的研究生院和地方优秀大学，培养出 21 世纪知识经济与信息化时代所需要的新型高级人才。在 1999—2005 年第一轮计划实施期间共投入 1.2 亿美元。2006—2012 年实施第二轮计划，进一步支持研究型大学，帮助大学成为世界级的研究机构，满足社会对高层次人才的需求。

二、民主化：高校管理体制改革的现实选择

随着社会的不断进步和文明程度的不断提高，世界各国在高等教育管理活动中日益注重民主参与和民主管理，并通过推进教育管理体制法治化和建立健全审议制度，促进教育决策和教育立法的民主化，加快推进教育管理体制的民主化进程。实行民主化管理已经成为高校管理体制改革的发展一种趋势，这主要表现在两个方面。

一方面是通过法治化推进高校管理的民主化。世界各国高校管理的主要

---

① 张帆：《卓越计划：世界一流大学建设的德国模式》，《大学·研究与评价》2008 年第 2 期。

② 杨颉：《"人财立国"：日本高等教育新动向》，《上海教育》2007 年第 4 期。

依据包括宪法、法律和命令。近年来，各国高校管理体制改革的重点就是通过教育立法来构建法治途径，强调高校管理的法制化，把国家的教育方针和政策以法律的形式确定下来，以保证教育行政管理的各项措施具有稳定性、连续性、权威性，从而保证和促进教育事业的改革和发展。目前，除英国无成文宪法外，其他国家均颁有宪法，对高校管理制度做了原则性规定，确立了各国高校管理的基本结构。美国宪法中虽无教育方面的具体条文，但依据宪法第十条修正案规定，教育管理权为各州的保留权，而联邦政府则没有教育管理权。各国在宪法的基础上，还制定了一系列的法律，对有关教育管理方面的问题作出了具体规定。如日本的《教育基本法》、法国的《高等教育指导法》、英国的《巴特勒教育法》、美国的《国防教育法》等，都是各国高校管理的重要依据，也是对高校管理产生重大影响的重要法律。通过法治途径理清政府与学校职责、促进高校的自主发展是近年来多数高校管理体制改革的基本途径。这场改革所强调的是国家公立教育体系的管理需要纳入法治轨道而非单纯的行政命令。因此，各国普遍以法律方式明确公立高校并非政府的附庸机构，而是提供教育服务、具有独立法人地位的自主办学实体。如日本的国立大学多年来一直是政府机构的组成部分，国立大学由文部省领导，文部省拥有学校审批、人事任免和设施配备等方面的权力，要求各地方教育行政部门、利益集团和大学必须执行，存在着政府对大学的管理包揽过多以及大学缺乏自主权、人浮于事、效率低下等问题。在新自由主义和新公共管理理论的主导下，2003 年，日本国会审议通过了《国立大学法人法》等法案，提出所有国立大学自 2004 年 4 月起实行"独立行政法人化"，文部省对大学只能进行原则指导，各大学依据《学校教育法》和《大学设置基准》等法规自行管理。这场改革主要表现在构建大学自主运营机制、建立民间化和专业化的市场运营机制、强化"校外人员参与"和"第三方"评价体系、建立弹性人事体制等方面。目前，日本国立大学法人化改革虽然遇到很多阻力，但仍在继续进行并已取得了一定成绩。其他国家的高等教育管理改革也基本如此。

　　另外是通过建立健全审议制度推进高校管理的民主化。为提高高校的教学效率、保证教育目标的实现，当前各国的审议制度越来越完善，教育行政机关普遍设有种类繁多的审议咨询机构，这些机构虽然并不都是政府行政机构，却发挥着行政体系之外的重要要补充作用。美国在联邦设有政府间关系教育顾问委员会、联邦职业教育审议会、联邦成人教育审议会等十多个审议机构，各州教育行政机关也设有州职业教育审议会等。英国教育和科学部设有中央教育审议会、师资供应教育审议会、研究委员会审议会、全国地方高等教育审议会等，地方教育行政机关也设有区域性教育审议会等。法国除中央设有国民教育最高审议会外，还设有全国高等教育及研究审议会、全国学校配置委员会以及各类职业教育审议会等十多个审议机构，大学区教育行政机关也设有地域高等教育及研究审议会、大学区学校配置审议会、区域青年审议会等数个审议机构，地方各省的教育行政机关也设有省初等教育审议会、辅导审议会等。日本文部省设有中央教育审议会、教育课程审议会、教育职员养成审议会、产业教育审议会和学术审议会等，各都道府和市町村教育行政机关也设置社会教育审议会、地方产业教育审议会和体育活动振兴审议会等。

　　为充分听取各方面的意见，进行民主决策，各国的审议机构组成人员，除了行政官员和专家学者外，也包括教职员和社会各界人士、专业团体代表等。如美国联邦教育部设置的政府间关系教育顾问委员会的成员包括民众代表、民选地方官员代表、公私立中小学代表、公私立大专院校代表和教育部官员代表，英国的中央审议会的成员包括中小学、教师协会、企业界、科学界和宗教界的代表，法国的国家教育最高审议会的成员包括公立学校教师代表、私立学校教师代表、教育行政代表、其他各阶层代表（政府各部、家长联合会、雇主联合会、雇员联台会），日本的中央教育审议会的成员包括大学教育人员、中小学教育人员、新闻界和企业界的代表。设置审议会的目的就在于集中集体智慧，扩大信息源，防止教育决策的重大失误，监督和纠正教育行政机构的偏差。

三、科学化：高校管理体制改革的价值追求

随着科学技术的迅速发展，社会的文明不断进步，科学化已成为各行各业的一个显著特征和发展趋势。高校作为实施高等教育的社会组织，是汇集人才、知识、信息的多层次、多序列的复杂组织系统，承担着培养人才、科学研究和社会服务等社会职能，在国家政治、经济和社会生活中发挥着重要作用。高校日益扩大的办学规模以及社会职能和组织结构的复杂化促使科学化成为高校管理体制改革的价值追求。高校管理科学化不仅指在高校管理中运用现代科学技术手段，而且更主要的是讲求规划、研究发展及客观正确。

国外发达国家的高校管理体制都十分重视规划及研究发展。就教育规划的制定而言，多数国家在其教育行政机关设有专门研究或制定教育规划部门，如美国联邦教育部设有教育计划和预算司，英国教育和科学部设有师资、计划、国际关系及统计司，法国国民教育部设有计划委员会，德国教育部设有教育计划司，日本文部省的大臣官房和大学局都设有计划课。就世界各国正在实施的教育计划而言，教育计划的范围和种类也在日益扩大。有的国家单独制订国家的教育计划，有的国家把教育计划作为国家综合计划中的一部分，也有的国家将教育计划纳入国家的经济计划。教育计划有全国性的，也有地方性的。有长期计划，也有短期计划。进入 20 世纪 90 年代后，高等院校规划有了新的内涵，即战略规划要以过程为导向，包括提倡共同参与规划高等院校的基本任务、长远目标和短期目标，并建立一套检验是否达到目标的方法；与高等院校有利害关系的各方都介入学校内部和外部的评估过程；要求各系制定自己的战略规划，在此基础上，最终构成高等学校的整体规划。英国高等教育基金会（HEFCE）在 1993 年发布文件，要求高等院校向基金会提交其战略规划。其主要部分是学校的学术目的和目标、人员战略、物质资源战略、财政战略、质量。要求战略规划与学校"使命的陈述"具有一致性。1993 年颁布了"建立资产战略指南"，要求学校把积极主动的资产管理战略放在优先地位。荷兰在高等教育政策和规划法律发布后，要求

每个大学提交一个计划文件给教育部讨论。其中包括一个为期三年的教育政策、预算和评估报告，报告能引起政策改革，而政策和评估能改变预算。其主要内容是：全体教员根据他们在教学和科研目标上的长短分析，拟订一个战略计划：起草一个全国所有大学的下一个四年计划。进入 21 世纪后，各国都在制定国家战略、积极谋划新世纪的教育发展：如美国在 2001 年颁布了《2002—2007 年战略规划》，2001 年制定了《不让一个儿童落伍法》；2004 年英国财政部、教育技能部和贸工部联合发布了《英国 10 年科技与创新投资框架》，并制定了《2004—2014 英国科学与创新投资 10 年框架综述》，对英国科学与创新的未来进行规划；俄罗斯在 2001 年制定了《2010 年前俄罗斯教育现代化构想》；韩国 2002 年颁布了《人力资源开发基本法》这些规划都力图通过加快教育发展，培养高质量人才，抢占制高点。

　　高校管理体制改革科学化的另一的突出表现是重视教育科学研究。由于现代教育越来越社会化，许多教育问题也日益复杂化，单凭教育行政人员的经验和主观判断，往往不能解决复杂的教育问题。这就需要有专门性的教育科研机构从事各级各类教育的客观研究，以解决教育事业发展中遇到的各种问题。为此，许多国家从中央到地方，在教育的机构中设置了教育科学研究机构，大力从事教育的基础研究和实证研究，以科学的理论指导高校管理工作。在中央一级，法国设有国立教育研究所，主要研究课程、教学方法、师资培养等问题。日本设有国立教育研究所，主要研究领域为教育史、教育思潮、教育计划、教育行政、普通教育、比较教育等。英国设有英格兰和威尔士全国教育研究基金会，研究范围涉及整个学校教育的内容、方法与考试。美国原先设有国立教育研究所，在联邦教育部成立后，并入该部的教育研究和发展司。这些研究机构除从事教育研究以外，还负有开展教育咨询的重要任务，为教育决策提供各种指导性建议和方案，从而使教育的政策、规划、标准等，都能建立在科学与合理的基础之上。与此同时，国外都有一支高水平的高校管理研究学术队伍支撑，并取得了丰硕的研究成果。如《大学的功用》、《高等教育系统》、《高等教育哲学》这些著名的研究成果对世界各国的高校管理工作都产生了很大影响，为提高高校管理的专业化水平起到了指导作用。

四、均权化：高校管理体制改革的和谐理念

为了加强政府对国家教育事业的统一领导和管理，同时又充分发挥和调动高校的积极性和主动性，在现代社会，实行中央集权制教育行政管理的国家正在采取措施，加强地方的管理权和学校的自主权，还给地方和高校以更多的权限，而实行地方分权制教育行政管理的国家也在采取措施，将涉及全国利益的教育事业归由中央统一管理，逐步加强中央的权限。也就是说，实行教育行政管理中央集权制和地方分权制的国家正在相互靠拢，相互协调，逐渐趋于均权化，这一调整的核心是平衡中央政府、地方政府、高等学校之间的职责、权力与利益关系。在均权制度下，政府负责制定教育方针和政策、各级教育制度、全国教育规划等，高校则遵照既定的全国目标和标准，根据自身的需要，拟订具体计划并付诸实施。

从政府层面分析，世界各国都高度重视发挥国家对教育行政管理的主导作用。由于各个国家在经济、科技、社会等方面的竞争日趋激烈，各国为增强竞争力，都把教育作为竞争的根本手段，十分重视教育的改革与发展，尤其重视发挥国家对于教育行政的主导作用。美国前任总统克林顿曾表示，为了使美国在 21 世纪能继续走在世界前列，要把发展教育作为任期内的首要任务，并呼吁必须建立世界一流的教育制度和培养世界一流的学生，增加联邦教育拨款，资助一系列全国范围的计划；德国总统赫尔佑克强调，教育是德国在 21 世纪知识社会中的立足之本，并提出了教育改革六项主张；加拿大前任总理克雷蒂安在任时明确指出，要确保加拿大在新的全球经济中获胜，就必须加大投资，帮助大学加快现代化步伐并提高其科研能力；法国前任总理若斯潘在任时也认为，重新将教育置于优先地位是国家的义务。学校不仅要完成教育使命，还应当对公民进行道德教育，使每个人自童年起就不断保持共和国价值高于一切的深刻感情；日本前任首相桥本龙太郎将教育改

革与行政、财政、社会保障、经济和金融的改革并举，强调人才是日本的唯一资源，教育改革是国家政治的最重要课题之一；埃及总统穆巴拉克明确提出，教育是涉及国家安全的重要事业；意大利政府将教育改革列为1998年优先解决的三件大事之一，目的是提高受教育者实际能力，提高21世纪意大利的国民素质。这些动向预示着国际教育竞争日趋激烈，未来社会的教育将发生深刻的变革。在这种情况下，世界各国相继制定面向新世纪的国家发展战略，争先抢占在国际竞争中科技、产业和经济的制高点。由此不难看出，国家政府强化高等教育事务的趋势将会日益加强，并将通过制定国家教育发展战略规划、调控全国教育发展的方向和规模、实现国家教育目标、提高教育质量、从全局上合理分配有限的教育资源、消除地区间的教育差异、实现教育机会均等、提高教育行政管理效率、协调教育与社会的关系等途径和措施，加强国家对教育事务的干预程度。

另外，各国在强化国家层面宏观调控高等教育的同时，也不断加强高校的管理权限。在现代社会，越来越多的国家逐渐认识到，要发展教育事业，仅靠中央的积极性是远远不够的，在加强国家宏观调控的同时，还必须采取有效措施，扩大高校办学自主权，充分发挥高校的办学积极性和创造性。许多国家在强化中央政府宏观指导的基础上不断加强高校的管理权限，使管理体制从纵向垂直向横向扁平模式转变。这实质是对教育决策权的重新分配，将政府职能从指挥转为支持、协调和评价。政府从对高校实行全过程、全方位控制改为通过立法、拨款、政策引导、督导和信息服务等手段来进行宏观调控，用指导、建议取代了命令。它强调的是教育管理的"权力下放"、"授权"和"分权"，将高校管理权从上级教育行政管理部门下放到学校。高校则由原来的执行机构变成了决策机构，享有更多的权力和责任。在办学体制方面，越来越多的国家认识到，要彻底改变高校缺乏活力、效率低下的弊端仅靠中央政府是不够的，还应使学校获得更大的自主决策的空间。在调整教育管理体制过程中，多数国家的做法是将许多原属于教育行政部门的权力直接下放到高校，以扩大高校的办学自主权。法国早在1968年颁布的《高等教育基本法》中就明确强调了大学的自治性和独立性，大学在行政、财政、教学方面享有自治权。进入"萨科齐时代"之后，法国采取的第一个法律行动是推进高等教育改革，新法律名为《综合大学自由与责任法》，核心是赋予综合大学最大的自主权，"在大学与政府间建立一种契约关系，代替之前的监护关系、行政关系，以契约的形式强制大学承担政府期望大学承担的责任"。德国高等教育管理体制改革随着联邦制改革的推进也出现了新的发展动向。2007 年 6 月，联邦议院和联邦参议院分别通过了酝酿已久的联邦制改革法案，进一步明确了联邦和州各自对教育的管辖权和财政分担办法，各州的教育自主权进一步扩大，联邦只在大学科研经费支持和促进公平的入学机会等方面承担有限责任。为了继续推动高等教育的改革与发展，联邦和各州密切合作，共同制定了《2020 年高校公约》，按照"自主负责、提高效率"的原则，赋予高校更多的自主权。日本于 2004 年 4 月正式实施《国立大学法人法》，标志着一场自上而下的国立大学法人化改革正式启动。法人化把以前从属于政府官僚体系的国立大学，转变为相对独立的民事主体，从根本上改变了日本国立大学的性质，并把一些有利于提高办学效益的市场机制引入到大学的管理中。法人化之后，日本政府对大学的管理从较微观的模式走向宏观管理，通过中期目标、中期计划以及引入第三方评价等手段，在宏观管理中体现政府的意志。新加坡政府于 2005 年 5 月发布了《大学自主：迈向卓越巅峰》的改革报告书。改革的目标是，让新加坡国立大学、南洋理工大学拥有充分的办学自主权，拥有自己的组织纲要和章程，以非牟利、有限公司的形式注册。两所大学自主后带来的改变包括重组大学理事会，自行分配使用经费，自订学费标准和招生条件，自行调度各院系招生人数，全权处理人事的征聘、升迁和薪金分配等内容。为了确保大学自主后能善用公款、办学目标适应国家需要，政府还确立了新的"大学问责制"框架。强调传统中央教育集权的英国也意识到学校自主权的重要性，先后颁布《教育改革法》等法律来促进高校管理模式的改革、减少对高校的直接干预。美国教育改革起步较早，早在 20 世纪末，美国高质量教育委员会就发表了名为

《国家处于危险之中：教育改革势在必行》报告，掀起了重建教育结构运动，成立了地方学校理事会，实施了以学校为基点的管理即校本管理并强调发挥学校基层管理人员和教师的积极性。目前，全美已有数十个州的数千个学区在实验某种形式的校本管理。俄罗斯和日本等国也一直尝试采取各种方式将高度集中的教育管理权利与义务委托给地方或民间负责。目前，俄罗斯国家教育部的作用和权力主要是制定全国的教育政策、决定教育预算、审查高等教育机关的设置、规定全国共同必修的教育课程标准等，各地方共和国及直辖市教育部则分别实施联邦政府制定的教育政策与决定、执行地方教育的预算、负责直接管理的各级各类学校的具体管理、实施教师的培养培训等，其教育权力体系呈现出分级管理的均权化趋势。

五、综合化：高校管理体制改革的必然要求

现代高等学校是一个复杂的组织，其管理体制改革的成败既依赖于外部环境的优化，又决定于自身治理的完善，改革的内容既涉及教育教学的本身，也涉及社会职能的实现，改革的途径既包括政府宏观指导，也包括社会的参与，因此，随着高校管理体制改革的逐步深入，综合化已经成为这一改革的必然要求。

在人才培养的改革上，为提升未来人才的竞争力，各国纷纷推出新的人才培养计划，强调学校不仅是学生学习的地方，更是学生成长、生活的地方，注重对大学生自在、自为意识和创新能力的培养，注重集合学校的所有资源为学生的成长提供优质、高效服务。这一趋势体现在高校管理体制改革中有三个方面。一是重视大学本科教育。美国、英国、日本等一些发达国家的高水平大学，对人才培养的重视开始向本科阶段延伸。美国卡耐基教育促进基金会关于《重建本科生教育——美国研究型大学发展蓝图》的报告，提出了改革本科教育的十条途径，揭示了新世纪美国大学本科生教育的新趋势。2002年美国大学协会公布了《更大的期望：高等教育普及化时期学习新愿景》的研究报告，强调应构建"以学习为中心"的新一代大学。日本大学

审议会发表了《21世纪的大学与今后的改革策略——竞争环境中富有个性的大学》，提出要正确处理本科教育与高中阶段教育的关系，重视教养教育，确保教养教育与专业教育的有机联系，改革专业教育。日本国立大学普遍实施了本科教育改革，取消将本科教育课程分为一般教育课程与专业教育课程和实行两段教学的做法，代之以教养科目、全校共同教育科目和综合基础教育科目。二是重视课程的基础性与综合化。美国大学重视开展通识教育，要求本科生在校期间掌握较全面的知识。2002年，美国联邦教育部颁布了新的高等院校学科专业目录，对部分传统专业进行整合，对生物、医学、农学等学科群进行综合，进一步拓展专业涵盖面；交叉专业和学科群内互相交叉专业大量增长；通信、生命、计算机等领域的新兴专业发展迅猛；国际化相关专业发展迅速。英国高校纷纷将课程进行有效整合，设立新的学科群科目，发展学生综合处理事务及综合各学科知识进行分析的能力。日本高等教育实施课程改革的显著特点是重视课程的个性化。日本认为，教育课程的个性化，是日本各大学办学精神、教育理念、培养目标的具体体现和魅力所在，是大学求生存、谋发展的需要。三是重视学生的研究性学习。进入21世纪，各国日益重视创新教育。一度盛行于英国大学的传统的导师制，已开始在欧美等国流行，各大学积极为本科生开设大量研讨式课程。美国的耶鲁、MIT、加州大学等都建立了教师指导小组，随时对本科生的学习、生活等予以指导。哈佛大学百余位教师主持了90多个研讨班，新生可按照自己的兴趣，选择想要参加的研讨班，以获得与不同学术领域的教师密切接触和工作的机会。斯坦福大学为低年级学生提供了220个初级研讨班，每年约有2000名学生参加。四是重视开展校际合作。为应对日趋激烈的国际竞争，提高法国高等教育的声望，法国的大学和大学校开始相互接近，彼此联盟，携手合作。如巴黎二大、三大、六大、九大和巴黎高师、巴黎社会科学高等学校组成了巴黎大学联盟；巴黎一大、五大、七大组成了巴黎中心大学联盟①。为实

---

① 安延：《法国大学与大学校出现合作趋势》，《世界教育信息》2006年第12期。

现教育资源共享，提高教育人才培养效益，加拿大各地高校纷纷采取了一些横向联合和内部挖潜的措施。安大略省有 17 所大学和社区学院开展合作办学。有的在同一学科上联合办学，共同授予学位；有的相互承认学分，大学接受社区学院毕业生到校攻读学位；有的在其他大学的校园内设立分院，实行资源共享、学分互认、学生专升本直通车。有的大学与学院合作建立新的办学机构，或多所大学共同组建新的合作项目。

在质量保障与问责机制上，发达国家和地区纷纷制定了以质量为核心的教育发展战略和规划，高等教育质量保障运动在世界范围内广泛兴起。一是尝试建立新的质量标准。为解决高等教育大众化带来的数量与质量之间的矛盾，美国制定了明确的高校分类标准，对不同类型、不同层次的院校提出了不同的标准要求，促进不同层次高校参照标准明确自身的功能定位，提高办学质量。英国建立了新的国家教学专业标准，并设立新的国家组织——教学质量学会，以促进教学水平的提高。英国政府提出，和优秀的科研一样，良好的教学能力将得到政府的认可和奖励，最好的教学实践将通过优质教学中心获得额外的资金。通过重点资助高水平研究型大学和院系，发展一流的研究和教学，在全国建立了 70 个优质教学推广中心。澳大利亚联邦政府和州政府达成新的高等教育质量保证框架，一致同意建立一个独立的澳大利亚大学质量署，对院校进行质量审计，公布了《国家高等教育审批过程议定书》，以此确保澳大利亚质量保证标准的一致性。二是加强高校的质量评估与问责机制。质量与绩效评估是对高校实行问责的重要前提，在扩大高校办学自主权的同时，各国加强对高校质量与绩效的评估也是一个共同趋势。德国、法国等国家强调，凡有决策权和决策义务的机构，均要对其后果负责。实行大学自主负责，不是简单地下放责任，而是使责任更明确，并且要求责任人承担有关的后果。三是发挥社会力量在高等教育质量保证中的重要作用。国际高等教育发展的实践表明，社会力量的广泛参与，不仅能及时将社会对人才培养的要求、毕业生的就业状况及其他有关信息直接反馈给学校，使学校及时了解、关心社会经济部门和社会发展对人才培养的要求，保证高等教育沿着社会需要的方向发展，而且能够通过有效的沟通，赢得社会的信任，获得社会的支持与合作。因此，世界各国都十分重视吸收各种专业组织、社会团体、行业协会等社会力量参与高等教育事业。在英国有 240 个左右的专业团体，主要关注本行业的特定学科或专业的教学和学术水平，通过鉴定、审批课程、建立会员制度等方式，维持本行业认可的基本标准。此外，《泰晤士报》从民间的立场出发，组织有关专家对高等学校进行评估，每年一度公布英国大学排行榜。

在发展高校与行业企业及社会各界的合作伙伴关系上，在政府的大力支持下，世界各国高校与研究机构及企业开始了更密切的合作，社会参与发展高等教育的形式更加多样。一是社会参与办学日益制度化。美国、英国、加拿大、澳大利亚和日本等国十分重视建立社会参与监督管理学校的机制，广泛汇集各种政治力量和社会力量，除了政府和立法机构外，地方社区、企业行业和各种社会团体都不同程度地参与其中，并通过组建董事会等方式建立深层次的合作伙伴关系。地方高校特别注重与当地企业和其他社区资源密切合作，建立各种以企业界人士和本行业专家为主体的咨询委员会或专业指导委员会，促进职业教育与就业工作的紧密结合[①]。例如，日本《国立大学法人法》明确规定，大学要聘请校外有识之士和专家担任董事，参与学校的管理；强化产学研相结合，加快大学研究成果进入社会。二是大学与产业界的联系日益密切化。知识经济要求缩短基础理论转化为现实生产力的时间，日本高等教育在强调产生新知识的同时，更注重形成开发利用的新思路，要求大学对应社会需求，从实践的角度寻找发现知识的动力，从而更好地发挥大学的作用。企业不仅可以把研究项目委托给高校，也可以与大学联合开展研究，来自企业和大学的研究人员以平等的身份共同开展研究，乃至大学和企业共同成立附属研究机构，共同管理与开展研究。研究费用由企业负担。英

---

① 国家教育发展研究中心：《美国和加拿大高中阶段和社区学院职业教育考察报告》，《2007 年中国教育绿皮书》，教育科学出版社 2007 年版。

国认为"高等教育与产业界之间的知识和技能的转换将在英国区域经济发展中发挥极为重要的作用"，不仅强调发展两者之间的"伙伴"关系，而且要求高校组建培育新公司与现有公司一起在区域经济中发挥领导作用。英国政府鼓励大学与产业之间的体制化联系，积极构建多种组织机构和合作制度。在政府的大力推动下，英国等西方国家大学与工业之间的关系已发展到了一个全新的阶段，形成了"产业牵头、政府主持、大学提供服务的产—官—学合作关系"，这种新型互动关系被西方学者称为"三重螺旋"。

综上所述，当代世界各国对高校管理体制所实施的改革和探索，基本上是沿着"战略指导—崇尚民主—追求科学—合理分权—趋于综合"的轨迹和方向进行的，目的在于寻求适合本国国情和需要的高校管理体制，以推动本国教育事业的改革和发展。在新的世纪，各国高校管理体制的改革和发展将会在原有的基础上向纵深层次继续进行，并不断取得新的进展和突破。

第三节　世界高校管理体制改革的启示

管理是协调和革新生产关系、推动并解放生产力的重要手段。高校作为知识创造与人才培养的重要基地，应适应时代与社会变化的新要求积极进行管理体制改革，从而激发教育领域的先进生产力，为建设创新型国家作出更大贡献。目前，我国正处在改革发展的关键阶段，经济建设、政治建设、文化建设、社会建设以及生态文明建设全面推进，工业化、信息化、城镇化、市场化、国际化深入发展，人口、资源、环境压力日益加大，经济发展方式加快转变，都凸显了提高国民素质、培养创新人才的重要性和紧迫性。中国未来发展、中华民族伟大复兴，关键靠人才，基础在教育。教育要发展，根本靠改革。纵观两百多年西方大学发展的历史进程，可以发现，改革是贯穿其始终的一条主线。正是通过一次次改革，大学才得以从社会的边缘走向社会的中心，实现了历史性的转变。而历次改革所形成的基本经验，是值得所有致力于高等教育改革与发展的国家认真借鉴与思考的宝贵财富。在 20 世纪特别是第二次世界大战以来，针对不同类型教育体制在教育管理和教育事业中暴露出来的问题和缺陷，世界各国都进行了积极的改革和探索，呈现出战略化、民主化、均权化、科学化、综合化等特点，这些改革和探索取得了积极的成效，推动了教育事业的发展，对我国高校管理体制改革有着很大的启示。

一、改革是立足于本国现实需求和吸收外来经验的渐进过程

西方近代大学改革始于德国的柏林大学，而柏林大学的创办即是适应国家与社会发展需求的产物。柏林大学是一所创设于国家危难之际、志于救亡图存的大学，希冀"以脑力来补偿国家在物质方面所遭受的损失"[1]，通过实施不同于传统大学的新式教育，造就具有科学思维能力、身心和谐发展的新人，使大学成为学术的中心、"科学研究的苗圃"，让教学、科研真正服务于国家和社会的长远利益。在筹建柏林大学的过程中，洪堡廓清了关于大学与国家、社会需要之间关系的认识误区，明确指出："国家决不应指望大学同政府的眼前利益直接地联系起来却应相信大学若能完成它们的真正使命，则不仅能为政府眼前的任务服务而已，还会使大学在学术上不断地提高，从而不断地开创更广阔的视野基地，并且使人力物力得以发挥更大的功用，其成效是远非政府的近前布置所能意料的。"[2] 这种观点在 19 世纪初期深刻影响到德国大学的改革进程与改革成效。就大学的社会意义而言，在当时的历史条件下，大学不可能延续那种脱离国家与社会需求的"象牙塔"性质，而必须从关注国家利益与社会发展需要的角度出发，通过采取契合大学内在规律的改革措施，推动大学自身的教学、科研活动沿着正确的道路前进，从而

---

[1]　Daniel Fallon, The German University, Boulder, Colorado: Colorado Associated University Press , 1980. 9.

[2]　弗·鲍尔生:《德国教育史》，人民教育出版社 1986 年版，第 126 页。

彰显大学存在的价值，推动国家与社会的进步。德国大学的模式深深地影响了整个 19 世纪乃至 20 世纪初的西方大学改革。

20 世纪以来，特别是第二次世界大战结束后，美国在西方世界中的领军地位得到进一步巩固，经济发展持续繁荣，社会对高等教育的需求日趋多样化，要求大学改革的呼声此起彼伏。在这种背景下，美国大学先后开展了一系列改革活动。其一，是在制度上对大学进行结构性调整，主要举措是大力发展社区学院。1947 年美国《总统高等教育委员会的报告》出台，建议将"初级学院"更名为"社区学院"，以更好地体现这种机构源自社区、面向社区、服务社区的基本特征。此后，社区学院在美国各地得到广泛发展。社区学院的普及，又在很大程度上改变了美国大学的基本结构，使美国大学的层次性、系统性更加明显，从而可以有效地满足社会各界对大学的多元化需求。其二，是积极推进研究型大学的改革与发展。研究型大学是美国大学为世界高等教育所做的最重要贡献之一。第二次世界大战后，美国社会对研究型大学提出了新的要求，期望研究型大学能培养更多的、具备综合素质的高层次人才，能够有效提高美国各领域的基础研究和技术研发水平，为社会提供多样化的服务。为此，联邦政府制定了积极的科研政策，鼓励研究型大学进一步提高科研水平。在政府和社会各界的支持下，研究型大学对其科研工作进行了改革，一方面积极发挥大学在基础研究领域中的优势，另一方面，还进一步加强了与社会、特别是工业企业的联系，通过与企业的合作，拓展科研活动的深度和广度，使大学的基础研究优势能够有效地转化为应用成果，促进科学技术水平的提高，为美国的经济建设服务。在积极推动科学研究职能的同时，研究型大学也注意到其在人才培养方面所肩负的使命，尤其是在本科教育方面对美国其他类型大学起到了示范作用。20 世纪 70 年代以来，研究型大学掀起了一场全面的本科教育改革，改革涉及本科教育的方方面面，取得了明显的成效。

从西方主要国家大学改革的历史来看，任何一个国家大学的改革都不同程度地借鉴了别国大学改革的经验，而大学之间这种双向甚至多向的文化交流，又进一步推动了世界范围内各国大学水平的共同提高。就美国而言，19世纪以来，美国大学经历了州立大学的兴起、赠地学院的创立、研究型大学的形成、初级学院的普及等诸多变革，而在这些变革的背后，往往可以发现其他国家影响的因素。第二次世界大战后，德国、日本两国的大学均经历了对原有大学进行改造，建设新的大学制度的改革过程。在这一过程中，日本对美国大学制度的学习与借鉴值得注意，尽管这种学习是被动的，但最终结果却在很大程度上促进了日本大学的改革与发展。1946年的《美国教育使节团报告书》所体现的民主精神影响到战后日本的《教育基本法》、《学校教育法》等有关教育法令，通过这些法令，民主特征在日本大学中日益明显，为此后日本大学教育规模的扩张、大学类型的多样化、大学管理的法制化与民主化等奠定了基石。20世纪60年代，英国掀起了一场全面的高等教育改革，改革的标志是《罗宾斯报告》。这份报告成为此次英国大学改革的政策基础，报告在很大程度上改变了英国大学的结构、职能以及大学与社会的关系。报告中关于各类大学的系统化发展，关于高等教育向大众型的转变等内容，在很大程度上受到了其他国家特别是美国大学的影响。

20世纪六七十年代以来，随着西方各国大学制度的日益完善，在改革中整体性学习、借鉴别国经验的现象已不多见，但这并不意味着各国大学在发展过程中缺乏相互间的沟通与交流；相反，随着经济社会全球化和一体化趋势的加强，各国大学之间的交流更加频繁，而这种持续的人员往来和学术交流对各国大学的自发性改革又产生了潜移默化的影响。

二、实现政府干预与大学自治的平衡是决定改革成败的关键因素

政府与大学的关系历来是各国大学发展过程中不可回避但又难以处理的问题之一。在近代以来的西方大学史上，控制与反控制、干预与自治之争贯穿于始终，也是促成各国大学改革的动因之一，而对这一问题的处理，在很大程度上将影响到大学发展的历史轨迹。从历史上看，就大学改革而言，政府应该坚持"有所为，有所不为"的方针，在充分尊重大学自身发展规律的

基础上，采取有效措施积极引导、鼓励和支持大学的发展。

第一，尊重大学的自治权利和自主地位，是大学改革成功的前提。19世纪初，拿破仑的改革确立了法国中央集权的政体，在教育上也形成了高度集权的管理体制，从而打破了自中世纪以来法国大学的自治传统。这种剥夺大学自治权的改革措施彻底打破了政府与大学之间的权力平衡，使大学团体缺乏自主权，从而丧失了活力。而各学校均只对政府负责的格局也使大学团体之间的学术交流活动几乎停滞，相互隔绝，缺乏有效的交流与合作加之政局的混乱，在19世纪的大部分时间内，法国的大学机构都一直处于徘徊甚至停顿的状态。这些因素都直接导致了大学团体学术水平和教育质量的下滑，造成法国原有的大学国际声誉日渐降低。直到19世纪后期，在德国柏林大学的启发下，法国大学的发展才出现转机，经过一系列改革，法国大多数大学重新获得合法地位，同时也在一定程度上恢复了大学的自主权。经过19世纪末的改革，法国大学出现了一些积极变化，大学不再是培养高级专门职业人才的机构，而在努力成为"强有力的科学研究中心"，教师的学术自由有所扩展，大学甚至一度出现了令人振奋的"复兴"景象。日本大学的法人化改革也突出了厘清政府与大学职责，促进大学的自主自律的特点。多年来，日本的国立大学一直是政府机构的组成部分，政府对大学的管理包揽过多，大学缺乏自主权，人浮于事，办事效率低下。在新自由主义和新公共管理理论的主导下，2003年1月，日本国会审议通过了《国立大学法人法》等法案，自2004年4月起，日本所有国立大学"独立行政法人化"。由此引起的管理改革主要表现在：构建大学自主运营机制；建立民间化、专业化的市场运营机制；强化"校外人员参与"和"第三方"评价体系；建立弹性人事体制；等等。日本国立大学法人化改革虽然遇到很多阻力，目前仍在继续，但无论其结果如何，改革在厘清政府和学校职责、加强大学自主自律上的努力，符合世界高等教育管理改革的趋势，值得我们特别关注。

近年来，我国的高校管理体制改革已经取得重大突破，高校获得了更多的办学自主权。但是政府管得过死、过细的问题仍没有真正解决。核心问题是政府与学校的职能及相互关系在法律规定上并不清楚，导致高校总在呼吁政府放权，政府则又困惑，究竟该放什么权。在刚刚出台的《国家中长期教育改革和发展规划纲要（2010—2020年）》中就进一步明确提出："落实和扩大学校办学自主权。政府及其部门要树立服务意识，改进管理方式，完善管理制度，减少和规范对学校的行政审批事项，依法保障学校充分行使办学自主权。高等学校按照国家法律法规和宏观政策，自主开展教学活动、科学研究、技术开发和社会服务，自主制定学校规划并组织实施，自主设置教学、科研、行政管理机构，自主确定内部收入分配，自主管理和使用人才，自主管理和使用学校财产和经费。"这为进一步厘清政府与学校的职能，确定各自的权利与义务，使政府专司"掌舵"，高校努力"划桨"，真正实现高校的自主办学、自我约束，建立起符合中国国情、高效率的现代大学治理模式指明了方向。大学的改革必须在保持大学自治与政府干预之间平衡的基础上进行，政府对大学自治权的剥夺，表面上使大学能够更加服从和贯彻政府的改革意志，然而却违背了大学自身的发展规律，失去自主权的大学也就丧失了大学的灵魂与本质，从而导致改革既不能满足政府和社会的利益需求，也不能使大学获得真正的发展。

第二，政府的政策引导和立法支持，是大学改革成功的保证。尊重大学的自治地位并非是要政府完全放弃对大学的合理干预；相反，政府采取积极和正确的干预举措，引导和支持大学改革，也是保证大学改革取得成功的必要条件之一。尤其是第二次世界大战之后，在大学与社会联系日趋密切的时代背景下，大学通过自下而上的方式进行的自发性改革已经无法适应社会发展之需，政府的支持与引导已经成为影响大学改革的决定性因素，政府通过制定导向性政策、颁布相关法令等方式为大学改革的顺利开展提供了有力保障。一方面，政府通过制定科学合理的高等教育政策，积极发挥对大学改革的引导性作用。第二次世界大战之后，美国社会各界对大学，特别是研究型大学科研工作的重大作用有了更深一步的认识。1945年《科学：无止境的疆界》报告呼吁，联邦政府应高度重视大学的科研职能，建议政府采取措施鼓励大学开展科学研究工作。政府期待大学能够在各学科基础与应用研究方面取得更大的进展，为美国的国家利益服务。但这势必涉及大学发展中的关键问题：政府意志与大学学术自由的关系。在这一问题上，美国联邦政府采取了灵活的措施，制定了合理的科技政策，从而既实现了鼓励大学开展科学研究的现实目的，也最大限度地保证了大学的学术自由传统。第二次世界大战后美国联邦政府的科技政策，显示出政府与大学之间相互依存的关系，政府对大学采取的导向性资助政策，既促进了科研活动的繁荣，提高了美国的科技水平，同时也为大学的发展提供了强大的资金支持。这种"宏观引导、微观放开"的资助政策对第二次世界大战后美国大学的发展产生了重要的影响，其精髓一直延续到今天。另一方面，借助立法来支持、鼓励和规范大学的改革，是现代社会政府对大学改革进行合理干预的重要途径。在西方社会民主化、法制化建设日臻完善的背景下，法律手段在大学改革中的应用更加广泛，其作用也更加明显。可以说第二次世界大战以来西方各国开展的几乎所有大规模改革的背后，都有相应的立法活动作为支撑。法律、法规已经成为对现代大学改革具有决定性影响的引导力、推动力和规范力，也是当代政府与大学改革关系的基本特征和发展趋势之一。

作为比较落后的发展中国家，我国要缩短与发达国家的差距，就要大胆通过体制和制度创新，集中力量办大事。肇始于20世纪90年代的"211工程"和"985工程"，都是典型的目标导向性决策，是我国在高等教育资源比较紧缺的情况下实现赶超战略、创建世界一流大学的英明之举。但高水平研究型大学建设是个长期、持续过程，国家必须有稳定持久的政策目标和努力。在现阶段，我们要以"211工程"、"985工程"为手段，继续推进已经开始的重点大学建设工程。改进管理模式，引入竞争机制，实行绩效评估，进行动态管理。鼓励学校优势学科面向世界，支持参与和设立国际学术合作组织、国际科学计划，支持与海内外高水平教育、科研机构建立联合研发基地。加快创建世界一流大学和高水平大学的步伐，培养一批拔尖创新人才，形成一批世界一流学科，产生一批国际领先的原创性成果，为提升我国综合国力贡献力量。

从近代以来西方大学改革的历史来看，政府在对待大学改革的问题上，一方面，要维护大学的自治权利与自主地位，在尊重大学自身发展规律的基础上进行积极的改革；另一方面，也要从社会和大学现实需求的角度出发，运用政府的公权力合理引导、鼓励和支持大学的改革，制定科学的高等教育政策和法规，保证大学的持续、健康发展。

三、正视借鉴与创新、传统与变革的关系是改革面对的现实选择

高校管理体制改革是创新精神的具体体现。高校管理体制改革需要在积极吸收、借鉴别国大学发展经验的基础上，结合本国现实需求，创造性地开展改革，如果仅是简单地生搬硬套别国的改革经验与改革措施，而缺乏立足于现实的创新，大学改革同样无法取得良好的效果。

19世纪以来，美国大学在改革进程中所体现出的创新精神令人瞩目，州立大学、赠地学院、研究型大学等大学类型都是美国在吸收别国经验基础上的创举，也都具体体现了美国大学改革的创新精神。以研究型大学和研究生教育的开展为例，美国真正意义上的研究生教育开端于约翰·霍普金斯大学，在其影响下，研究型大学作为一个群体开始出现并逐渐成为美国高等教育的代表，而研究生教育也发达起来，并至少在研究型大学中成为学校发展的重点。研究生院是美国在学习德国研究生教育过程中的重大创新。它源于德国，又不同于德国，按照霍普金斯大学第一任校长吉尔曼的观点，大学应该对人类文明发挥重要的作用，这种作用不仅包括理论创新，也包括将理论成果应用于社会实践。霍普金斯大学从一开始就不是与社会现实脱离的纯粹的研究机构，而是服务于美国社会基本需要的新型大学。它比德国大学更好地实现了教学与科研的统一，使研究生教育摆脱狭小的实验室和个人研究的局限，消除了学徒制的残余和纯理论研究的片面性，更好地服务于社会经济发展的需要。在某种意义上，以研究生院为代表的研究生教育模式是美国大学为世界高等教育发展所做的重要贡献之一。西方其他国家大学改革的历程

同样体现出创新的重要作用。如果说缺乏对外来经验的学习有可能使大学的改革失去方向而多走弯路，那么，缺乏对外来经验的扬弃与创新，则会使大学成为简单的复制品，缺乏应有的本国或民族特色，最终也将导致大学改革失败。其次，现代大学在发展过程中，也必须以科学的态度处理传统与变革的关系，在改革进程中秉持和弘扬大学的传统内核，这是永葆大学生命与活力的精神源泉。

现代大学已成为社会进步的核心动力，知识的保存、传播、创新，文明的传承和进步，人才的发掘与培育，科学的发展与技术的更新，文化的国际交流与沟通，无不依赖大学作为基础。随着时代的发展，大学的功能也在不断扩展和变化，但大学绝不能因此而成为社会现实需求的简单回应，它在长期的历史发展过程中所形成的开启智慧、追求真理、传播知识、弘扬文化的重要使命应该得到永久性的坚守，并在变革中进一步巩固和充实。洪堡为柏林大学确立的教学与科研相统一的原则，不仅在当时使柏林大学迅速成长为世界一流的高等学府，而且直到今天也依旧是指导大学科学发展的理论精髓。

纵览 19 世纪以来西方大学发展的历史，可以发现，以科学的精神和正确的态度对待借鉴与创新、传统与变革的辩证关系，是西方大学改革取得成功的基本经验，同时也是值得其他致力于高等教育改革与发展的国家认真学习的精神财富。

四、完善高校育人、科研与服务职能是体现改革价值的有效途径

人才培养是大学的生命。19 世纪以来，在西方大学的改革中，人才培养的改革是一个永恒的主题。就教学方法而言，德国大学中习明纳和研究所的普及改变了大学传统的授业方式，培养了大批具有科学精神与研究能力的专家学者。而美国大学特别是研究型大学在推广研究性学习方面所做的努力，大大改善了 20 世纪后期研究型大学的本科教学水平。就教学内容而言，课程体系的调整贯穿于各国大学发展的始终，如伦敦大学在创办之初，

从社会政治、经济等方面发展需要出发，对英国大学的传统课程进行了大幅度调整，将神学排除在课程之外，转而重视现代学术和自然科学，开设了大量实用课程，教学上采用英语而非拉丁语授课。伦敦大学的教学新风带动了英国其他大学的教学改革，甚至波及牛津大学和剑桥大学两校。19世纪后期，牛津大学和剑桥大学均加强了自然科学的教学与研究工作，从而推动了英国大学的整体进步。从课程学习模式来看，20世纪70年代，哈佛大学率先开展了"核心课程"改革，改革所体现的教学理念以及改革所产生的良好效果和广泛影响，也都反映出教学、课程等方面的改革在大学发展中的重要作用。

科学研究是大学的灵魂。19世纪初，柏林大学在洪堡的影响下确立了"教、学与科研相统一"的原则，将科研正式纳入大学的必需范畴，使从事科学研究成为教授的当然职责。在柏林大学的创办者看来，科研方面卓有成就的优秀学者，也总是最好和最有能力的教师。对科学研究的倡导成为柏林大学成功的主因之一，而柏林大学所产生的影响也主要体现在对科研工作的推崇方面。美国从19世纪后期开始建成的"研究型大学"，也因其倡导科学研究、实施教学与研究并举、大力发展研究生教育、重视基础研究而迅速成长为美国高等教育的旗舰。20世纪以来，美国的科技水平之所以在全球范围内处于领先地位，与其研究型大学高水平的科学研究是密不可分的。

社会服务是大学不可推卸的责任。19世纪以来，西方大学的改革史，就是大学通过对管理体制、组织结构、课程设置、科学研究等方面的改革，不断满足社会生产、生活的各方面需求，使大学通过向社会提供更多、更广、更好的服务，由社会边缘走向社会中心的渐进式过程。这一过程的出发点和落脚点均归于大学的社会服务职能方面。从1862年《莫雷尔法案》颁布开始，美国大学率先开展了服务社会的改革尝试，此后，康奈尔大学和威斯康星大学的改革又进一步明确了大学的社会服务职能。这一系列改革在美国乃至世界大学史上都具有重大的理论意义与实践价值，使大学彻底摆脱了"象牙塔"的束缚，得以直面社会生活。社会服务职能的确立，也标志着高等教育史上一个新时代的开始。

20世纪以来，特别是第二次世界大战之后，西方各国大学普遍面临的问题之一就是，如何实现大学基本职能的平衡与整合。围绕这一问题，西方大学展开了更为深入和系统的改革。20世纪70年代后，美国研究型大学在本科教育改革过程中，对教学与科研的关系问题进行了深入思考，并进行了一系列改革实践，改革的中心议题是发挥研究型大学的科研优势，积极促进教学与科研的结合，从而为社会培养出大量具有科学意识、科学精神和科学能力的高层次人才。改革的核心在于实现教学与科研的有机结合，以科研促教学，通过教学培养科研后备人才，体现教学的价值。从结果来看，研究型大学的本科教育改革已经取得初步的成效，大学中原有的轻视教学、轻视本科教育的格局有了明显改观。

19世纪以来，特别是20世纪，西方大学的改革丰富了大学的内涵，在明确大学的人才培养、科学研究与社会服务基本职能的基础上，对三者之间的关系进行了深入探讨，并采取相应的改革措施，将这三方面职能进行了有机整合，从而保证大学效益的最大化与最优化，这也是两百年以来西方大学改革的基本经验。我国新近出台的《国家中长期教育改革和发展规划纲要（2010—2020年）》对于高等教育的发展任务也明确提出了提高人才培养质量、提升科学研究水平、增强社会服务能力的三大任务。指出，要牢固确立人才培养在高校工作中的中心地位，着力培养信念执著、品德优良、知识丰富、本领过硬的高素质专门人才和拔尖创新人才；要充分发挥高校在国家创新体系中的重要作用，鼓励高校在知识创新、技术创新、国防科技创新和区域创新中作出贡献；高校要牢固树立主动为社会服务的意识，全方位开展服务等。

五、注重规模扩张与质量提升的和谐发展是改革追求的永恒主题

高等教育的发展受经济、社会、文化、政治、科技等发展的影响与制约，在高等教育的发展中，量的增长与质的提高是一对永恒的矛盾，往往在同一时期很难兼顾。从高等教育自身发展的规律来看，质与量交替成为矛盾的主要方向，在高等教育数量大发展时期，由于师资准备的不足，生源质量的较大差别，对学生不同要求的迁就，以及校舍和设备的不足等，高等教育的发展必然会受到相当大的影响。因此，在数量大发展以后，就需要有一段调整和整顿时期，也就是注重质量的时期，质量的提高又为数量的进一步增长打下了牢固的基础。总之，高等教育是在质与量的永恒矛盾运动中不断发展和提高的。

第二次世界大战后，世界各国都处于经济恢复与发展的时期，因此需要大量的专门人才，再加上人民争取平等权利运动的高涨和大学学龄人口的增加，世界高等教育发展的重点在量的增长。20 世纪 80 年代以后，世界发生了巨大的变化，经济进入了不稳定增长的时期，大学毕业生在劳动力市场相对饱和，大学学龄青年人数下降，新的科技革命对高级人才有了更新更高的要求，这一切使得高等教育的质量矛盾突出起来，世界高等教育在经过近 30 年的发展后进入了以提高质量为中心目标的时代。因此，各国的高校管理体制改革无一例外地围绕提升教育质量这一方向进行了积极的探索和尝试。法国在 1984 年通过的《高等教育法》中强调，"法国政府认为，高等教育现代化的核心是提高教育质量。"同年"美国高质量高等教育研究小组"指出，美国高等教育的根本问题是教育质量问题，"倘若美国高等教育沉湎于不求进取的状态，倘若它允许追求高校文凭而不求学习，那么各级教育都会深受其害。"因此，"高等学校要全力以赴地提高教育质量。"1986 年日本"临教审"的报告指出，纵观日本大学第二次世界大战后 40 年的历史，"总的来说，大学不仅比较封闭，机能僵化，而且由于任意增加大学的数量，在教育和研究的内容和质量上也存在着令人忧虑的倾向。"德国 1998 年修改后的《高等教育总法》明确提出"为保证高等教育质量引进有学生参与的科研教学评估体系"；英国 1987 年发表的高等教育白皮书《高等教育——应付新的挑战》提出："高等教育的质量主要靠高等院校在维护和提高标准上所作的贡献。外界既不能直接提高质量，也不能强使高等院校提高质量。但代表公众的政府能够也必然会设法建立适当的体制，以促使高校负起提高教育标准的责任，并对其进行监督。"1996 年我国提出了高等学校要全面适应计划经济向社会主义市场经济转轨对人才提出的要求，同时还要全面提高高等学校的质量效益。无疑，哪个国家能够较早较自觉地意识到国际高等教育这种转变趋势，较快地实现这种转变，就能够在高等教育财政危机的时代，较好地适应国家发展对于新型人才的需求。

世界高等教育改革重视教育质量的另一个显著表现就是不断提升人才培养的综合素质。在近代大学刚刚兴起的时候，由于生产力的局限和科学技术的不发达，大学培养的是所谓熟知"七艺"的通才。随着生产力的发展，封建社会的解体，以及伴随着科学技术的发展而产生的学科分化和社会劳动分工的越来越细，大学培养的人才越来越专门化。从这个意义上说，大学从培养通才过渡到培养专才是一场革命，是适应了从农业社会向工业社会的过渡。然而，今天的世界已发生了天翻地覆的变化，有着鲜明的特色：分工的专业化与专业的交叉综合并存；社会劳动分工日新月异，出现了工人"全面流动"的状况；人类所面对的许多重大课题，诸如人口问题、环境问题和能源问题等都需要运用自然科学和社会科学加以综合解决；劳动性质和内容发生了转变，生产劳动增加了创造性成分，逐步变为科学性劳动；重大的科学发现和新的产品不仅影响着人们的生活方式，还改变着人们的思维方法和价值观；人们的价值取向和信仰异彩纷呈。在变化了的世界中，传统的狭隘专业教育所培养的人缺乏适应能力、创造能力和综合分析能力，培养出的人文社会科学家缺少基本的科学知识，不了解科学家思考问题和解决问题的方法；培养出的科学家不具备社会洞察力，不了解自己学科领域发展的社会意义。因此高等教育必须实现从狭隘的专业教育向综合素质教育的转变，正如美国高质量高等教育研究小组在其题为《主动学习发挥美国高等教育的潜力》的报告所指出的，"谁也不能确切知道，新技术将会怎样影响我们未来的劳动力所要求的技能和知识。因此我们的结论是：为未来所做的最好准备不是为某一具体职业而进行的狭窄的训练，而是使学生能够适应变化的世界的一种教育。"总之，各国高等学校在实现这种转变时，正努力做到，在教育指导思想上把人文精神与科学精神结合起来，在课程安排上把普通教育与专业教育结合起来，在对学生的指导上把关心学生的个性发展和培养学生的社会责任心结合起来。

我国的高等教育承担着培养高级专门人才、发展科学技术文化、促进社会主义现代化建设的重大任务。提高质量是高等教育发展的核心任务，是建设高等教育强国的基本要求。《国家中长期教育改革和发展规划纲要（2010—2020年）》明确提出："到2020年，高等教育结构更加合理，特色更加鲜明，人才培养、科学研究和社会服务整体水平全面提升，建成一批国际知名、有特色、高水平的高等学校，若干所大学达到或接近世界一流大学水平，高等教育国际竞争力显著增强。"这是我国在战略高度上对提高高等教育人才培养质量的部署，因此，高校管理体制改革要牢牢把握这一战略主题，更新人才培养观念，创新人才培养模式，提升高等教育质量。

六、发挥战略规划与具体管理相结合的优势是改革的内在需求

传统的高校管理是目标管理，侧重于功能管理，强调管理的内容及具体的目标，强调内部管理，偏重于内部各单位的整合，而不是站在环境变迁的角度，强调使组织如何抓住外部机会，寻求发展空间。而战略管理则强调外部管理，强调长期、具体目标的实现，即脱离自我中心，从他人或外在环境的观点来看组织问题，而非从自己组织内部去解释外在问题。美国教育管理学家乔治·克尔在《高等教育管理革命》一书中指出："近20年来，美国最有成效的两所大学是斯坦福大学和卡内基—梅隆大学。"这两所大学之所以能从数量众多的美国高校中脱颖而出，后来居上，关键就是把战略规划与管理运用到学校的发展中。

斯坦福大学在20世纪上半期，还不是一所富有盛誉的学术机构，但到20世纪60年代，它已出现在美国的"十佳"大学名单中，目前已成为世界顶尖的研究型大学之一。导致斯坦福大学成功的原因很多，成功实施战略管

理对其崛起发挥了至关重要的作用。1944 年，斯坦福大学制定"未来 20 年发展规划"明确提出，把斯坦福大学从一所地区性大学变成全国著名的研究学府。为此，学校全面实施"学术顶尖"战略，引进优秀人才，把有条件的系科办成学术顶尖；建设"斯坦福工业园区"，推进大学将前沿科技成果直接转化为生产力；集中财力、物力、人力资源，组建前沿性研究所、实验室，培育"引导世界"的人才。1959 年，斯坦福大学提出，既要扩大收入，又要将研究项目整合到学校的体系之内。在这一过程中，斯坦福大学始终与社会，特别是工业界保持密切联系，及时调整各系所的研发方向和学校整体发展策略，为研究型大学走出"象牙塔"，建设"创业型大学"提供了新模式。

卡内基—梅隆大学（CMU）建于 1900 年，从 20 世纪 60 年代开始，学校通过实施战略规划，审时度势，锐意进取，使 CMU 从一个地区性大学跻身于美国一流大学的行列。战略管理大师萨特曾任 CMU 校长，他有一句名言："战略规划的目的就是要使学校处于一个与众不同的位置。"他在任职期间通过战略规划明确比较优势，抓住计算机科学与技术发展的重大历史机遇，确定那些本校有可能占据领先优势的学科领域，在计算机、机器人、软件工程、管理信息技术等领域取得了空前进展，并且以优势学科为基础进行学科交叉、渗透。由于 CMU 的资源有限，所以其战略规划总是在不断探寻新的战略机遇，在其确定优先发展的领域中集中资源，在较短时间内确定并巩固自己的领先地位。除了一些基本的院系外，CMU 的各种院系研究机构的设立优先考虑的就是能否在这个领域中成为一流并保持一流。所以，CMU 的院系设置并不全面，如没有法学院、医学院，但其目前存在的各个院系都在各自领域中保持了领先地位。在战略规划过程中，卡内基—梅隆大学成立了学校的战略规划委员会，同时要求学校的每个机构都对自己所承担的任务负责，进行规划，而且要求每个教师都参与规划。从斯坦福大学和卡内基—梅隆大学的案例中我们可以看到，有效的战略管理可以明晰学校的发展方向和目标，可以更有效地分配和使用资源，可以在系统、超前思考的基础上，发展学校的比较优势与特色。但发展规划不等于战略管理，如果规划不能动员全校的积极性和资源、不能获得有效的实施和评估、不能及时根据环境调整策略，再好的规划也难以发挥作用，因此，必须把规划提高到战略管理的高度。目前我国几乎所有的大学都在编制自己的发展规划，斯坦福大学的战略管理案例对我国大学的发展具有现实意义。

在强调高校战略规划的同时，国外高等学校经过长期的改革与实践，不断探索与时代相适应的高校办学模式，逐步形成了适应自身发展和社会需求的高校管理体制。近年来，国外高校管理体制的改革更加注重内部管理效率的提高。一是更加注重制度化管理。国外大学的教学管理十分规范化，具有健全的教学规章制度，美国大学的《教学一览》、《教师手册》、《学生手册》等文件，对教师在教育工作中的职责与义务、对学生在学习等各方面的纪律与要求以及对学校有关教学教育方面的政策与管理细则都做了十分明确的规定和说明，同时也对学校管理机构和教学资源的有关情况以及学校所开设的本科生课程、研究生课程进行了简明的介绍。在每一个环节上都有章可循，且操作性强。十分注重完善教学过程的指导性文件以规划教学工作。二是注重目标管理。国外大学的教学管理侧重目标管理。在教师教学效果评价方面，主要采取目标管理进行教学质量监控。每个学期由系主任、资深教授和学生对任课教师进行教学效果评价，但主要以学生评教的方法为主。评价方式上是让学生在每门课程的最后一堂课之前填写"教学效果评价表"，任课教师在批改完试卷并公布考试成绩后，才能调阅评价表。评价内容一般分为两大部分，第一部分是对任课教师教学活动中各个环节的评价，设定若干个评价项目，每个项目分为各个不同的评价等级供学生选择；第二部分是让学生就所列出的一些方面的问题对教师的教学进行评论。学生的评价是教师教学效果的定论鉴定和教师考核和晋升的重要依据。因此，教师对学生的评价非常重视，学生的许多意见和建议能够促进教师教学方法的不断改进。三是重视过程管理。国外高校在教学管理中，十分重视管理和教学的过程管理，建立了完善的教学质量监控体系，使教学管理功能得以深化并服务于教学质量的全面提高。质量监控体系包括监控组织体系、监控制度体系、监控评价体系、监控反馈和整改体系等一套完整的运作机制，将定性标准和定量标准科学地结合起来，确保教学效果的最优化。教学质量监控体系的核心是全程性教学质量管理的过程监控，即根据目标进行检查，对教学全过程进行监测，建立教学评估制度，并通过反馈信息及时纠错、修正，以保证教学质量的稳定与提高。国外高校大多建立了包括课堂教学质量评估体系、学生学习质量评估办法、考试质量分析评估办法等整个教学全过程的教学质量评估监控的制度体系，促进教学质量的全面提高。

过去十余年来，牛津这所古老大学的发展速度很快，但也遇到许多问题和挑战。进入 21 世纪，牛津这所古老大学也擎起改革大旗，自 2002 年起先后公布《牛津教学战略》、《牛津学术战略（绿皮书）》、《牛津管理结构（绿皮书）》、《牛津大学管理（白皮书）》等重要改革文件。牛津大学本次管理改革的基本思路是加大校董会在大学管理中的作用，分离大学的行政和学术管理，提高大学的行政管理效率，保障学术活动在大学的首要地位。其管理改革的理念可以用三个核心词来概括：治理（governance）、问责（accountability）和透明（transparency）。"治理"是指大学内部的决策过程，通过广泛参与形成大学发展目标及实施目标和政策的运作机制；"问责"是实施治理的原则，包括民主问责、财务问责、内部及外部问责等；"透明"是保障问责制实施的条件，不仅指大学决策过程要透明，也要求大学具有尽可能高的机构公开性。

牛津大学的案例使我们充分意识到大学管理改革的复杂性与艰巨性。大学作为知识密集型组织有其特殊的结构特征，大学管理必须在遵循管理普遍规律的同时，体现不同于其他社会组织管理的特殊规律。目前，中国的大学正处在转型与发展的关键时期，这要求我们的大学管理改革在学习借鉴国外大学和其他领域先进管理经验的同时，积极探索和发现符合中国国情、体现时代要求的大学管理新路径。通过不断创新，走出一条有中国特色的大学管理现代化之路。

第三章　我国高校管理体制改革的现状

改革开放 30 年多来，我国高校管理体制改革大体经历了酝酿与尝试阶段、启动和全面探索阶段、逐步深化阶段和全面推进并取得突破性进展阶段。30 多年来高校管理体制改革取得了重大成就，积累了宝贵而丰富的经验，但也存在一些亟须在发展中解决的问题。今后，我国的高校管理体制改革要按照《国家中长期教育改革和发展规划纲要（2010—2020 年）》的要求，适应全面建设小康社会、建设创新型国家的需要，以改革创新为动力，以促进公平为重点，以提高质量为核心，提高人才培养质量，提升科学研究水平，增强社会服务能力，优化结构办出特色，逐步建立现代大学制度，推动高等教育事业在新的历史起点上科学发展。

第一节　我国高校管理体制改革的回顾

我国高校管理体制改革作为高等教育管理体制改革的重要组成部分，始于 20 世纪 70 年代后期，先后经历了酝酿与尝试阶段、启动和全面探索阶段、逐步深化阶段和全面推进并取得突破性进展阶段四个阶段。改革的内容始终围绕高校自主权下放、现代大学制度建设、人事分配制度完善、后勤社会化改革和党委领导下校长负责制的健全等。改革的目的就是要使高等学校内部管理体制更好地适应高等学校使命和任务的变化，适应社会主义市场经济体制逐步建立对高等学校管理体制的要求，更好地实现高等教育的社会职能。梳理这一改革过程，对今后我国高校管理体制改革具有重要的指导和借鉴意义。

一、我国高校管理体制改革历程

伴随着我国高等教育管理体制的改革与发展，高校管理体制改革，也走过了从艰难探索到不断成熟、成就辉煌的 30 多年。纵观 30 多年来我国高校管理体制改革的发展，大致可分成以下各有区别又紧密联系的四个阶段。

1. 酝酿与尝试阶段（1978—1985 年）

这一阶段从 1978 年实施的《全国重点高等学校暂行工作条例（试行草案）》（简称《条例》）开始，各高校在拨乱反正中逐步开始恢复和理顺了内部管理体制。由于《条例》是在 1961 年颁发试行的《教育部直属高等学校暂行工作条例》（即《高校六十条》）的基础上修改而成的，实施中表现出新的不适应，各高校酝酿并尝试新的改革。这时期，学校管理体制改革主要集中在以下三个方面：调整高等学校领导班子；恢复和改进教师职称评审制度，建立高等学校教师考核、培训制度和机关干部岗位责任制；恢复和改进校内分配制度、后勤管理制度。总体来看，这阶段在学校管理体制方面主要还是恢复和重建，改革主要是小范围试点以及单项改革。这一阶段的改革成果最终反映在 1985 年颁布的《中共中央关于教育体制改革的决定》中。

2. 启动和全面探索阶段（1985—1993 年）

1985 年 5 月 27 日颁布的《中共中央关于教育体制改革的决定》（以下简称《决定》）对我国教育体制改革进行了系统设计，《决定》对高校管理问题做了如下分析："一、在教育事业管理权限的划分上，政府有关部门对学校主要是对高等学校管得过死，使学校缺乏应有的活力；而政府应该加以管理的事情，又没有很好地管起来。二、高等教育内部的科系、层次比例失调"。"中央认为，要从根本上改变这种状况，必须从教育体制入手，有系统地进行改革，改革管理体制，在加强宏观管理的同时，坚决实行简政放权，扩大学校的办学自主权；调整教育结构，相应地改革劳动人事制度……"① 由此，在教育体制改革大背景下，高等学校管理体制改革也进入启动和全面探索阶段。改革首先在南京大学、东南大学进行试点，初见成效后，1991 年年底又新增 5 所试点高校，1992 年试点推广至国家教委下属的 36 所高校。②1992 年下半年，在对改革经验进行总结与回馈的基础上，于 8、11 月相继形成了《关于国家教委直属高校内部管理体制改革的若干意见》和《关于普通高校内部管理体制改革的意见》。这一时期主要进行了以下探索：进行校长负责制的试点；实行教师职务聘任制度；建立以岗位责任制为中心的管理制度，试行浮动岗位津贴制；以高校后勤服务社会化为改革总目标，推行高校后勤经济承包责任制；进行高校综合改革和内部管理体制改革试点。这一阶段的改革的特点是稳步推进，虽然 1985 年颁布的《中共中央关于教育体制改革的决定》大力支持教育体制改革，但为了防止"左"倾，又于 1986 年 3 月、1987 年 3 月、1987 年 5 月相继颁布《高等教育管理职责暂行规定》、《关于高等学校各级领导干部任免的实施办法》、《关于扩大普通高等学校录取新生工作权限的规定及其细则》③，目的是为了加强国家对高校内部管理的宏观调控。这一阶段试点探索的成果集中体现在 1993 年发布的《中国教育改革发展纲要》。该纲要发布之后我国高等学管理体制改革进入新的发展阶段。

3. 逐步深化阶段（1993—1999 年）

1993 年 2 月 8 日原国家教委发出了《关于普通高等学校内部管理体制改革的意见》，时隔不久，党中央、国务院在 1993 年 2 月 13 日正式颁布了《中国教育改革和发展纲要》，提出要"积极推进以人事制度与分配制度

---

① 《中国教育年鉴（1985—1986）》，湖南教育出版社 1988 年版，第 1003、1031 页。

② 毕宪顺：《高等学校内部管理体制改革研究综述》，《中国特色社会主义研究》2005 年第 2 期。

③ 《中国教育年鉴（1985—1986）》，湖南教育出版社 1988 年版，第 1034 页。

为重点的改革",至此,高校管理体制改革方以此为突破口进入逐步深化阶段。仅 1993 年这一年,国务院、国家教委就颁布了有关高等教育改革与发展的文件 19 个,其中有 7 个是直接指导高校内部管理体制改革的。[①] 这一年也成为改革开放 30 多年来颁布有关高校的文件最多的一年,是名副其实的"高校改革年"。根据《中国教育改革和发展纲要》及各项改革文件的要求,全国普通高校的改革开始以人事制度与分配制度改革为重点逐步推进,改革内容还涉及"学校面向社会自主办学的体制"、"学校的后勤工作"、"学校的招生和毕业生就业制度"、"学校科研和科技开发体制(含科技产业)"、"学校董事会制、基金制及对学生采取收费后的奖贷学金制"等。[②]"90 年代高校内部体制与机制的改革进展,除了与社会经济体制变革密切相关,同时又受高教宏观改革进程的直接影响。"[③] 此阶段的改革还承担着转变高校管理者思想观念的重任,有着十分重要的承上启下功能。从总体上看,在这一阶段,高校管理体制改革步伐明显加快,改革内容不断深化,并且,逐步由单项改革向综合配套改革发展,要求相互配合、整体协调进行。高校部管理体制改革也开始涉及教学改革领域,特别是涉及加强跨世纪的高校领导班子、教学科研带头人队伍、学校党政管理干部队伍的建设等方面。这一阶段以 1998 年《中华人民共和国高等教育法》颁布和 1999 年《中共中央国务院关于深化教育改革全面推进素质教育的决定》颁布为阶段结束的标志。

4. 全面推进并取得突破性进展阶段(1999 年至今)

新一轮改革伴随着十五大提出的要求进入深化阶段。报告提出,应该"优化教育结构,加快高等教育体制改革步伐,合理配置教育资源,提高教学质量和办学效益"。这意味着改革将向纵深发展。继 1998 年 8 月 29 日《中

---

① 《中国教育年鉴(1994)》,人民教育出版社 1995 年版,第 20 页。

② 《中国高等教育》评论员:《贯彻〈决定〉实施〈纲要〉》,《中国高等教育》1994 年第 1 期。

③ 叶澜:《深化中国高等学校内部管理体制与运行机制改革的研究报告》,《教育发展研究》2000 年第 5 期。

华人民共和国高等教育法》颁布，党中央、国务院 1999 年 6 月召开的改革开放以来第三次全国教育工作会议和《中共中央国务院关于深化教育改革全面推进素质教育的决定》颁布之后，我国高等教育出现了深化改革、加快发展的趋势，为建立与社会主义市场经济体制相适应的高等教育体制，高等教育体制改革的整体步伐大大加快，高校内部管理体制改革也进入全面推进阶段，并取得整体突破性进展。1999 年 5 月，"教育部邀请 31 个省（自治区、直辖市）教委负责同志和 51 所重点高校负责同志一起分析研究我国高等教育当前面临的形势、任务、机遇和挑战，共商高校改革大计，推动全国高校新一轮内部管理体制改革。"[1] 而且，这一阶段的外部环境有力推动了高校管理体制改革：国有企业大力推行现代企业制度，实施减员增效，用工制度发生了根本性变化；政府机关正在实行机构精简，职能转变，力度之大，前所未有；许多科研单位科研人员已经实行全员聘任，待遇与岗位和绩效直接挂钩；全国高校新一轮的社会保障体系也逐步建立，医疗保险制度、失业保险制度和住房制度改革已开始实施，等等。正是高校管理体制改革的深化为高等教育大众化、高校合并重组、"211 工程"、"985 工程"等高等教育领域的重大变革打下了基础。在这一时期，中央和高校的改革热情很高，地方党委和政府及其教育行政部门也积极行动，他们对高校内部管理体制改革给予高度重视和切实推动。这个时期的改革主要集中在：精简高校内设机构和管理人员，开始建立教育职员制度；调整或重组教学组织，理顺校院系关系；普遍推行岗位津贴制度；高校后勤社会化改革取得突破性进展。2000 年 6 月，中组部、人事部、教育部印发了《关于深化高等学校人事制度改革的实施意见》，提出要建立起适应社会主义市场经济体制和符合高等教育发展规律的高等学校人事管理制度，体现了高等学校人事和分配制度的改革仍是目前一段时期内高等学校内部管理改革的重点。2007 年，教育部印发《教育部直属高校司关于认真做好高校管理工作的通知》，提出建设"高等学校

---

[1]　姚发明：《全国高校内部管理体制改革座谈会综述》，《中国高等教育》1999 年第 13 期。

管理年"，指出新时期新阶段高等学校应着重抓好的三件大事之一就是"学校内部管理"，要求高等学校在管理活动中要积极探索管理工作的规律和特点，及时总结，并把成熟的管理经验上升到制度层面，在制度建设方面不断创新，通过制度建设推动学校管理的全面提升。2010 年我国颁布的《国家中长期教育改革和发展规划纲要（2010—2020 年）》站在时代发展的战略高度，对我国未来高校管理体制改革又进行全面谋划，并从人才培养体制改革、考试招生制度改革、建设现代学校制度、办学体制改革、管理体制改革和扩大教育开放等方面提出了改革的任务和改革的途径，为我国未来高校管理体制改革提供了宏伟的蓝图。2010 年 12 月，国务院办公厅印发的《关于开展国家教育体制改革试点的通知》从专项改革、重点领域综合改革和省级政府教育统筹综合改革三个层面，确定了改革试点的十大任务，其中涉及高等教育的有改革人才培养模式、改革高等学校办学模式和建设现代大学制度三项任务。

二、我国高校内部管理体制改革的内容变迁

30 多年来，我国高校管理体制改革主要是围绕高校后勤社会化改革、人事与分配制度改革、高校自主权下放、现代大学制度建设和党委领导下的校长负责制的健全与完善五个方面的内容进行的。

1. 高校后勤社会化改革

高校后勤社会化改革是起步较早、最有成效的内部体制改革。"伴随着我国计划经济向市场经济改革的过渡，高校后勤改革是高校内部管理体制改革中起步较早，也较活跃的部分"[1]。20 世纪 80 年代初期，高校食堂就开始实行单项定额承包，逐渐转到 90 年代的综合承包方式，通过转机制、改体制、引进企业管理模式，发展到小机关、大实体、大服务，直至 21 世纪初各高校组建后勤集团。改革的方向是社会化或准社会化，突破"单位福利

---

[1]　金城：《高校后勤改革的一点思考》，《杭州应用工程技术学院学报》2001 年第 3 期。

制"的观念，在后勤与行政管理逐步"剥离"和企业化过程中实现资产增值。到 2000 年左右，这些目标已基本实现，尤其是在建造学生公寓方面，以一年超过以往十年的速度取得突破性进展。2002 年年初，教育部部长陈至立在第三次全国高校后勤社会化改革工作会议上赞扬学生公寓的建设与改造是"一个了不起的成就"，必将改变"6—8 名甚至更多的学生同住一间宿舍的现象"。后勤社会化改革的成功主要体现在三大方面：第一，以学生公寓与食堂为重点的改革取得重大成效，为将近连续 10 年的高校扩招作出了巨大贡献，而且在服务质量上提高很快；第二，企业投入改革的积极性越来越高，许多企业进驻高校，校企联合建立后勤集团公司；第三，社会各界一致认为高校后勤社会化改革是一场成功的改革，许多学者越来越投入这一领域的理论研究。促使这项改革成功的关键原因在于政府各职能部门的高效合作，国家计委、财政部、建设部、人民银行、税务总局与教育部一道就后勤社会化改革的管理体制、资产制度、用工制度、经营机制及各种社会资本投入参与的方法与程度等共同磋商，联手投入，收效很大。任何改革都要付出一定的代价，"迄今，应该说，全国高校后勤社会化改革付出的代价是小的"。高校后勤社会化改革当前面临的问题也不少，其中最大的，也是迄今没有得到彻底解决的问题，就是学校与后勤集团之间管理与被管理关系从一开始就处在边界模糊不清的状态，造成二者产权关系不明、利益主体不分、后勤集团所获自主权与经营权不充分、行政管理与业务管理相混淆、学校内部市场的非公平竞争对学校后勤的赢利造成威胁等体制上的不畅。

2. 人事与分配制度改革

在我国高校管理体制改革中，涉及面最广、社会关注度最高是人事与分配制度改革。2000 年 6 月，中组部、人事部、教育部三部联合印发《关于深化高等学校人事制度改革的实施意见》的通知；2001 年 9 月，文件正式下发到各高校实施。人事与分配制度改革之所以被称之为涉及面最广的改革，是因为其关涉高校大部分机构、编制的重设，从教学、科研到校办产业、后勤服务，不仅全部人员均须按规定对各级各类岗位进行公开应聘，而且其工资都将在"重实绩、重贡献，向高层次人才和重点岗位倾斜"的激励机制下发生变化。这一系列举措直接关系到高校系统内每个人的直接利益。因此，在《实施意见》中，主管部门非常细致地整理出 7 大方面、24 个实施要点，其中关于教师聘任制度 7 条、以工资为重点的分配制度 4 条。这些文件在 2003 年也直接催生了一北一南、最有代表性的"北大方案"和"中山大学人事制度改革"，引起了社会的高度关注。从 2000—2008 年，包括《光明日报》、《人民日报》在内的各大重要报纸共刊发与高校人事制度改革相关的议题 2538 条，仅 2003 年就有 30 多家重要报纸把目光齐刷刷地盯住了国内各大高校的人事与分配制度的改革动向。作为整个高校内部管理体制改革的"突破口"，人事与分配制度改革试图从传统的人才管理转换到人力资源开发，打破计划体制下人才流动的壁垒，由人才的激发带动高等教育的激发。但就目前的改革局面来看，离这一目标的实现尚远。一些改得比较彻底的方案遇到的阻力非常大，就算是北大这样思想相对比较开明的高校，其方案也是几易其稿，校方最后的意见是"渐进式的改革更容易取得成功，不能奢望通过一次改革就解决高教人事体制中的所有问题。"[①]这一大胆尝试的最终转型，意味着在社会重大转型期与之相匹配的人事与分配制度改革方式只可能是过渡性质的渐进式、中和式。即使是各项改革"和风细雨"地渐进推行，也屡屡面临来自理论领域的反思与质疑，如人事与分配制度改革提出的理论前提是"效率优先、兼顾公平"，但随着经济社会和文化发展，这一原则就受到了"公平优先、兼顾效率"的"和谐"思想的挑战。

3. 高校自主权下放

高校自主权下放是我国高校管理体制改革中呼吁最强烈、进展最慢的内部体制改革。1979 年 12 月 6 日，《人民日报》发表了复旦大学校长苏步青、同济大学校长李国豪、上海师范大学校长刘佛年、上海交通大学党委书记邓旭初等呼吁"给高等学校一点自主权"的文章，由此成为高校呼吁

---

① 博雅：《北大激进变革》，华夏出版社 2003 年版。

自主权的开始。"高校自主权建构经历了高校呼吁、国家政策认可、国家法律确定等几个阶段","但即便是法律明确规定的自主权,其作用的发挥也不尽人意"①。在改革开放的 30 多年里,高校一直就办学自主权、管理自主权、财产自主权等方面呼吁主管部门放权,而政府在绝大多数政策文件中也多次谈到"要进一步扩大高校自主权",但除了高校内部的部分人事权显得有些松动外,其他权力尤其是招生权下放得速度非常慢。直到 2006 年,才有了一次以"直通复旦"为标志的办学自主权突破。但就是这样一次难得的地域性试点也遭致各方质疑。《中国青年报》和新浪网对 1913 人进行调查,有 38.9% 的人认为很难做到真正的公平;有 28.5% 的人认为不应该只面向上海考生;有 24.8% 的人认为教育体制改革不彻底,只在某一环节上的新尝试是无效的;仅有 5.4% 的人认为"直通复旦"是真正意义上的高校自主招生。从理论上来讲,高校自主权就是高校的,政府应该是"归还"而非"下放",退一步讲,就算是下放,呼吁这么多年了,也早该下放了。因为社会才是高校培养产品的最终去处,高校应该依循社会的标准调整重心;两者之间的互动尽可以在政府的监督调整下执行,当两者标准之间出现脱节时,政府出面干预就可以更好地履行作为权力部门的职能。但迄今,高校自主权仍牢牢掌握在政府手上。分析表明,政府一直不归还高校自主权更有可能的原因是长期以来形成的集权式管理传统以及政府全能的管理观念,同时也可能是由于不断困扰着高校的"诚信"危机以及高校自我约束机制的不完善。虽然苏步青校长当年就委婉地表达"应该相信校长能管好大学",但政府仅凭对校长的"相信"与否来判断给不给自主权显然有些冒险。权利本来应该与义务构成矛盾统一的一对直接关系,但社会"诚信"环境尚未形成,所以履行"义务"的力量还根本无法与执行"权利"的力量相抗衡,而同时作为义务的补充力量——监督机制也不完善,高校自身也没有建立起办学的自我约束机制。这就使得在办学自主权的下放抑或回归上,政府管理部门总是心存疑虑,担

①　蒋后强:《高等学校自主权及其限度》,《高等教育研究》2006 年第 2 期。

心"一放就乱"的局面反复出现，认为在高校与社会之间，只有由政府转达来自社会的需求并分配资源才是最保险的。所以，核心问题在于政府能否率先摆脱自己对权力的片面依赖，从高校与社会之间的关系中撤离出来，进而转变对高校的管理职能和管理方式，真正把高校建设成为面向社会依法自主办学的法人实体。在权力的转移过程中，政府应主动进行改革，进行权力让渡，这才是当前真正解决高校办学自主权的核心所在。与此同时，政府要引导高校主动独立承担办学责任，面向社会办学，面向市场办学、建立办学的市场约束机制，用市场竞争和市场约束来引导和约束所获得的办学自主权。

4. 建立现代大学制度

建立现代大学制度是我国高校管理体制改革中讨论最热烈的内部体制改革。1998 年 5 月，江泽民在纪念北京大学建校 100 周年讲话中提出了"创建世界一流大学"的目标，这一目标的提出引发了一个热烈的新议题——现代大学制度建设。教育部副部长袁贵仁教授认为："建立现代大学制度，是新时期高等教育改革的方向，发展的必然要求。"随后的 2000 年海峡两岸面向 21 世纪科技教育创新研讨会、2004—2006 年高等教育国际论坛、2005 年中国教育经济学年会都把现代大学制度作为一个重要议题进行研究讨论，尤其是在 2005 年"一流大学建设系列研讨会"上，9 所著名大学的校长们一致认为：创建世界一流大学要建立现代大学制度。现代大学制度包括两个基本层面：一是国家层面的关于大学的制度安排，涉及大学与政府的关系、大学与社会的关系、大学与大学的关系等方面；二是大学自身层面的内部制度设计，主要表现为大学的内部治理结构。实质上是要解决两个基本问题：如何促进大学的社会化，形成大学与社会的有效互动机制；如何解决好大学自身发展逻辑与服务社会的目的冲突问题。西方发达国家基本上都建立了与自身文化和国情相适应的现代大学制度。而我国的大学制度还存在着高校主体性地位缺失、高校自我行为目标缺失、高校间公平竞争机制缺失、高等教育系统开放性机制缺失、学术权力与行政权力平衡机制缺失等问题。教育部部长周济在 2006 年中外大学校长论坛上提出了现代大学制度的基本特征：重视大学自我发展与自我约束机制的有机统一，强调大学办学自主与社会职责的相辅相成，追求大学学术权力和行政权力的平衡和谐，鼓励大学人才培养和科学研究的密切结合。这些制度特征具有比较普遍的意义，是今天思考中国现代大学制度所必须加以充分重视的。我们认为，我国现代大学制度建设需要解决大学的定性与定位这一基本问题，即在坚持"把高等学校建设成为面向社会依法自主办学的法人实体"这一基本思想之下，明确大学的相对独立性，建立大学的相对独立机制，把大学定位于社会的公共领域，作为社会的学术组织来建设。从而来调整大学与政府、大学与社会的关系，实现从控制到自主的转变，解决大学对行政权力的制度性依赖，落实大学办学自主权，形成大学的自我责任意识，建立大学的自我约束机制。有学者还提出了我国现代大学制度建设的基本框架：分离三种权力，政府宏观管理，社会广泛参与，市场适度调节，高校自主办学，民主管理学校。毋庸讳言，关于现代大学制度目前只是停留在学者的研究层面，还没有形成明确的政策文本来推进现代大学制度建设。这是因为现代大学制度是一个关涉高等教育全局及根本的问题，要在实践上予以推进难度很大。同时，理论研究和比较研究也还存在一些盲点，特别是在引进西方先进国家经验的同时，如何结合中国国情和高等教育实际，通过制度创新来建设现代大学制度，还有诸多重大问题需要加以研究。

5. 党委领导下的校长负责制的健全与完善

党委领导下的校长负责制的健全与完善是高校内部管理体制改革中操作分歧最大的内部领导体制改革。1950 年以来，我国高校的领导体制至少经历了四个阶段的变迁："校长负责制"时期（1950—1956 年）；"党委领导下的校务委员会负责制"时期（1958—1977 年）；新的校长负责制的探索时期（1978—1988 年）；党委领导下的校长负责制时期（1989 年以来）。对于党委领导下的校长负责制的科学性，学者郑和平通过在"党和国家领导体制内进行横向比较"，认为高校系统在"总揽全局、协调各方模式""党委领导、首长负责模式""党组领导、依法行政模式""政治核心、保证监督模式"中选择第二种即党委领导下的校长负责制"本身是科学的"。武汉大学党委书记顾海良认为，"高等学校实行党委领导下的校长负责制，是新中国成立以来我国高校管理体制长期探索和发展的历史选择"。南开大学原校长侯自新以自身的校长生活实践，得出"党委领导下的校长负责制通过14年的运行，证明它对高等学校的稳定和发展是有效的"结论。这就是说，对于党委领导下的校长负责制这样一种制度，在高校理论界已经获得不少认可，但这并不代表这项制度的推行很顺畅。事实上，党政领导关系处理不当的情况时有发生，的确给学校发展造成了相当多的困扰。关于党委与书记、党委与校长、书记与校长之间的关系，以及"党委领导"与"校长负责"之间的关系，可以说，这的确是中国大学所面临的一个完全的"中国特色"问题。

三、我国高校管理体制改革的特点与经验

我国高校管理体制的改革具有鲜明的中国特色，这种建立在社会变革大背景下的教育管理体制改革在30多年的实践过程中积淀了自身的特色和经验，概括起来包括以下几个方面。

第一，高校管理体制改革是改革开放事业的重要组成部分。高校管理体制改革作为我过社会全面改革开放的重要组成部分，其主要动力来自社会改革的推动和高校自身发展的需要，因此改革的特征、进程、重点与社会改革基本保持了同步。作为改革开放前奏的"解放思想"，高校发挥了重要作用。改革的启动是从建立责任制、下放权力开始的，围绕下放权力自主办学、引入竞争强化责任、利用市场适应需求、优化体制科学组织等关键方面，循序渐进地不断地推动改革的深化。从总体看，30多年高校管理体制改革的每一个阶段关注的主要问题都能看到当时社会改革热点的影子，而且通常是"滞后"社会改革一段时间，因此，认识和总结30多年高校管理体制改革，必须放到中国社会全面改革开放的大环境中，充分注意到"自上而下"和"由外及里"这样的特征。在未来比较长的一段时间里，这样的特点还将继续。因此，高校管理体制改革应当结合社会改革进行，充分考虑改革的社会

环境条件和基础，背离了社会大环境、滞后或者过度超前的改革是难以取得成功的，这应当是 30 多年高校管理体制改革的一条重要经验。

第二，经济社会发展是改革的主要推动力量。我国高校 30 多年管理体制改革的推动力量可以概括为以下三种：一是经济体制和社会运行机制的改革要求高等学校建立新的运行机制；二是外部对高等教育运行效率的巨大压力要求高校优化自身组织结构模式；三是高校自身发展的内在力量要求改变原来由外部安排的高校管理制度。改革开放 30 多年，我国从完全的计划经济逐步过渡到社会主义市场经济体制，高校管理体制改革从下放权力、减少审批，到经费包干、自筹经费办学，政府要求高等学校更多地承担自身发展的责任，要更多地独立获得办学资源并减少对政府的依赖，希望高等学校在推动社会经济发展中从市场获得自身发展所需要的部分资源，要"面向经济建设主战场"。这样的变化推动了高校从人事分配制度到组织结构模式，从教学科研业务到后勤体系的全面调整和改革。社会改革的"样板"对高校管理体制改革也起到重要的示范和引领作用。这应当是我国高校管理体制改革的重要特征之一。

第三，循序渐进，试点推广，总结经验，不断完善。与我国 30 多年改革开放取得成功一样，我国高校管理体制改革选择了注重成效、循序渐进、试点总结后前进、发现问题及时纠正调整的稳妥的改革策略。几乎每一个比较重大的改革问题都是从实践中提出来的，都是在总结个别高校实践尝试的基础上设计并组织试点，试点取得成功后再不断推开，发现问题及时调整和纠正。这样的策略保持了高等学校管理体制改革的稳定推进，极大推动了我国高等教育的发展，改革、发展、稳定得到了有机的统一和平衡。这样的策略也是我国高校未来改革应当遵循的原则。

第四，结合国情，尊重地方，调动高校积极性。我国高校 30 多年的管理体制改革始终是我国自己主导的，虽然受到外部影响、不断吸收借鉴国际高等教育发展的经验，但总体上是"以我为主"的，始终把适合国情作为改革的重要指导思想和行动原则。纵观 30 多年高校内部推进的改革，始终立足国情、立足现状，在改革的总体方向上，重视调动地方支持高校内部管理体制改革的积极性，重视调动高校自身推动内部管理体制改革的积极性，尊重地方和高等学校结合自己的具体情况选择和调整具体的改革策略和时间进度。应当说 30 多年高校管理体制改革，尊重地方和高等学校，注重调动地方政府和高校积极性，促使他们结合实际情况推动改革，这是我们 30 年实践中形成的重要经验，应当为后来的改革所吸收借鉴。

第五，"自下而上"与"自上而下"的有机结合。我国高校 30 多年来的管理体制改革总体上是一个自上而下的推动过程，上级（主要是国家教育行政部门）在改革中发挥主导作用，许多改革是通过行政命令实现的，"统一要求、自上而下、行政推动"是其鲜明的特征。但中国高校管理体制的"自上而下"中的"上"，其决策又主要来自基层的实践经验，个别地区、个别高校管理体制的实践经验和做法被总结、提炼和完善，成为推进全面改革的原则和依据。总体上看这是一个"从群众中来到群众中去"的过程，基本避免了盲目改革和"瞎指挥"的情况，这是改革成功的重要经验。30 多年高校管理体制改革的实践证明，教育行政部门的强力推动是高校管理体制改革推进的重要保证，但这样的推进应当坚持尊重学校的现状，决策应当更多地来自于一线学校改革的经验和创造，要特别注意总结群众和一线单位创造的各种经验，充分尊重他们的智慧，只有坚持"自上而下"与"自下而上"的结合，才能保证高校管理体制的顺利发展。

第六，"由外及里"与"由里及外"的充分配合。我国高校 30 多年管理体制改革首先是外部社会环境推动，波澜壮阔的改革开放是高等教育改革的主要推动力量，全社会的转型与变革推动了高等教育为适应外部运行环境而进行内部的全面改革，这样的改革被落实到高等学校的管理体制改革中。显然这样的改革在最初具有一定的被动适应特性，但随着高校管理体制改革的持续推进，其成功做法又推动了整个高等教育体系的深入全面改革，进而影响到整个教育系统和全社会的改革开放。内外结合的改革形成了改革的持续动力，也在改革成功中发挥了重要作用。

　　第七，在发展中解决存在问题，在解决问题中推动发展。我国高校管理体制一直在试图解决影响高校发展的问题，但实践反复证明，任何改革都不可能解决全部问题，改革总是在解决问题中不断推进。高等学校管理体系是一个庞大的系统，涉及方方面面的利益、传统和价值观念。改革要满足所有方面的需要几乎是不可能的，只能在不断改革中协调并平衡各方面的关系和利益，通过改革解决发展中出现的问题，才是唯一的出路。这也是我国高校管理体制30年的成功经验之一。

　　第八，始终注意处理好改革、发展与稳定的关系。社会转型中高校管理体制面临的困难与问题比较多，推进改革的进程与节奏就显得特别重要。我国高校管理体制30多年的成功经验是始终注意处理好改革、发展与稳定的关系。30多年的实践证明，改革是推动我国高校快速健康发展的重要基础，不改革就无法适应社会的发展，但任何改革的目的都是发展，不能为改革而改革。改革中出现的问题如果处理不好很可能会危及发展，进而葬送整个改革；只有及时调整改革节奏，解决这样的问题才能够将改革持续推进下去。衡量改革成效的主要依据之一就是高等学校的发展，但所有的改革与发展都必须以稳定为条件，这方面高校的经验教训尤其值得总结，如果影响了稳定，改革与发展的成果就可能付诸东流。今后一段时期里我国高校管理体制必将继续推进，这样的改革必须紧紧围绕推动高等学校的发展，必须注意维护高等学校的稳定和社会的稳定，这是我国高校管理体制在实践中总结的经验和教训。

　　回顾我国高校管理体制改革的实践历程，我们可以发现：参与改革的高校基本上是以国家相关文件为根据，在改革的指导思想、内容及实施的方法与途径方面大同小异。从改革的指导思想看，虽然各高校有所不同，但把形成新机制、优化队伍、改善待遇、提高效益作为指导思想是共同的；从改革的内容看，都是选择以人事制度和分配制度为切入点进行改革；从改革的实施途径与方法看，都采用传统方法，即广泛宣传动员、学习讨论、酝酿和制订改革方案，先行试点到全面实施及总结，对方案进行再调整，并不断完善等；从改革成效看，通过改革高校领导体制得到健全和完善，高校自我发展、调控、约束的运行机制初步形成，一些重要意识得到加强，学校队伍建设得到初步优化和加强，教职工积极性提高，初步打破了分配制度中的大锅饭及平均主义。

第二节　我国高校管理体制改革的非预期效应

改革开放以来，国内不少高校在管理体制改革方面进行了许多理论研讨和实践探索，并取得一些阶段性的成果，对于高校各项事业的发展起到了很大的推动作用。但是，由于我国高校长期受计划经济管理模式的影响，内部行政管理的观念、方法、体系依然比较传统和陈旧，同社会主义市场经济体制的要求相比，同高等教育大众化的发展要求相比，还存在一些问题和矛盾，这些问题和矛盾集中体现在五个方面。

一、高校自主权受制于政府行政

从新公共管理理论出发，高校作为非政府组织的公共机构，在向社会提供公共产品的同时，也承担了一定的管理职能，成为独立的办学主体，而政府作为高校管理的核心主体，其主要任务在于进行宏观管理和为高校的发展提供服务，包括制定教育标准、规范教育活动行为等。早在 1979 年 12 月 6 日，《人民日报》就发表了复旦大学校长苏步青、同济大学校长李国豪、上海师范大学校长刘佛年、上海交通大学党委书记邓旭初等呼吁"给高等学校一点自主权"的文章，由此成为高校呼吁自主权的开始。"高校自主权建构经历了高校呼吁、国家政策认可、国家法律确定等几个阶段。但即便是法律明确规定的自主权，其作用的发挥也不尽人意"。① 在改革开放的 30 年里，

① 蒋后强：《高等学校自主权及其限度》，《高等教育研究》2006 年第 2 期。

高校一直就办学自主权、管理自主权、财产自主权等方面呼吁主管部门放权，而政府在绝大多数政策文件中也多次谈到"要进一步扩大高校自主权"，但除了高校内部的部分人事权显得有些松动外，其他权力下放的速度却是非常缓慢。

1. 政府行政集权模式制约高校自主权的下放

我国传统的高校管理体制属于典型的中央集权制，中央拥有对高等教育管理和决策的最大权力，国家高等教育管理的职能机构和地方政府对所辖高等学校实施分级管理。实质上这种管理模式从本质上还是没有摆脱计划体制下的行政集权模式，只是换了一个主管部门，学校的"附属性"、"依赖性"仍然没有改变。从高校自主权的性质和产生过程来看，高校的自主权不是一项民事权利，而是政府下放给学校独立形式的行政权，与此同时，法律亦明确规定，高校自主权的行使，在依法受到保障不被侵犯的同时，还要"依法接受监督"。高校作为政府行政系统的对应延伸机构，政府既是高校的所有者，又是高校的举办者和管理者，政府对学校集产权、办学权、管理权于一体，这就形成了政府对高校管得过多、过细、过死，高校管理基本上是上令下行的行政指挥，政府职能部门对高校的科层化和集权化管理并没有得到根本改变。政府对高校招生专业调整、机构设置、干部任免、经费使用、职称评定、工资分配等方面基本上仍是按照计划经济管理的模式进行管理。使高校对政府过分依赖，形成"等、靠、要"的思想意识，对社会需求、市场变化反应迟钝，高等教育管理活动从上至下都不同程度出现了管理方式越位，政策法规缺位，制度执行错位的问题，使得高校缺乏自主权，成为各级政府的附属物。正如一位研究者所云："大学管理制度变革总是在政府的直接导演下进行，政府变成大学管理制度的'制造者'，大学制度的变革往往也是通过中央和地方政府教育主管部门下达文件来逐级推动。"①

---

① 施晓光:《我国大学内部管理制度之检讨与改造》,《沈阳师范大学学报》(社会科学版) 2004 年第 1 期。

2.政府与高校之间的关系抑制了高校自主权的运用

现代社会的机构、组织被分为三个主要类别：政府是第一部门，企业是第二部门，政府和企业之外的众多机构是所谓的"第三部门"。这三类机构由于组织的目标、任务不同，实行完全不同的管理。政府部门是通过强烈的行政控制进行管理的，以效率为目标；企业是赢利部门，以市场为基本导向，以利润为最大追求。大学是典型的"第三部门"，其基本特点是公益性、非营利、自我管理，这种特点决定了它与政府之间关系的特殊性。但在我国，目前大学仍然具有"第一部门"的性质。虽然是公益性、非营利组织，但却由政府控制和管理，与真正意义上的第三部门的大学是有区别的。因此，理顺政府与高校关系，转变政府职能，扩大高校办学自主权，不只意味着权力或利益的再分配，其根本目的在于寻求建立一种主动适应经济社会发展以及符合高等教育自身发展规律的有效机制。我国的高等教育总是走不出"一统就死、一放就乱"的怪圈，就是没有很好理顺政府与学校之间的关系。政府与高校之间政事不分、产权与利益不清、职责与义务不明，这样常常出现"一统就死、一放就乱"的弊端。尽管这种关系目前已经有了较大的改善，但仍然没有从根本上理顺，仍然成为目前高校改革与发展的"瓶颈"。其中最关键的问题是：政府应该怎样依法进行宏观管理与学校怎样依法自主办学的关系。① 从政府部门和高校方面都应该有具体的内容与要求，并通过立法的方式给予明确和规范，逐步建立学校自主办学、政府宏观管理、社会积极参与的体制。

二、高校的统一集权和学院的自主管理的矛盾

社会主义市场经济的建立和完善，要求高等学校建立与之相适应的管理机制，要求高校按市场经济规律进行管理，要求在交换的基础上，根据某种约定，使用与利益挂钩的手段，调控所属院系的行为方向，刺激院系办学过

---

① 刘建国：《创新型人才培养与高等教育改革》，中国文史出版社 2005 年版。

程中的竞争，调动院系等办学主体和办学实体的积极性，提高工作质量和办学效益。实行学院制作为高校管理体制改革和学科建设发展的一种思路，得到政策的认可。20世纪80年代中期，已有一些本科院校尤其是重点院校实行学院制，这对于整合校内教育资源，优化资源配置，促进学科发展起到了极大的推动作用。到了90年代末期，尤其是高校扩招导致学校规模扩大之后，实行学院制成为越来越多的高校深化管理体制改革的实践。目前，多数地方高校通过改革已实行校院两级管理体制改革。随着改革的全面展开以及进程的推进，分配制度、用人制度、领导决策制度、组织机构的调整等各项改革最后必然归结到高校管理权限结构的调整，但学校一级和学院一级应该承担的职能还缺乏科学的划分模式，学校如何与学院分权仍是高校校院两级管理体制改革中广泛存在的一个突出问题。

　　长期以来，高校管理机构政府化倾向比较严重，实行与政府相同或相似的运行机制，由此造成校内机构重叠，非教学人员比例过大，人浮于事，效益低下。20世纪80年代以来，为着眼于改变这种状况，本着"科学、精简、高效、合理"的原则，校内管理机构的改革也在进行。改革虽然取得了一定的成效，但离"精简、高效"的要求还有很大差距。改革中显现的突出问题是，高校的管理机构究竟如何设置？怎样设置才真正科学、合理？这些导引改革的政策性问题仿佛并没有在政策层面上得到很好的解决。高校管理机构的改革一方面受到领导体制改革的影响，另一方面也缺乏良好的政策导引或规约。20世纪90年代高校实行学院制的改革不断推进，越来越多的高校以校—院制替代校—系制，它成为高校行政机构改革的重要特色与趋向。综观推行学院制的行政机构改革，我们在认识到它所具有的积极影响的同时，也能看到这一改革所带来的一些其他的问题。高校推行学院制的改革是一种自主性的改革，其与学校的规模扩展相联系。在全国范围内，有许多名为学院的高等院校也在设置二级学院，于是这些学校实际上成为一种"院—院制"的高校，这在名称上似乎显得重叠。另一方面我国的高等专科院校仍然实行校、系、教研室三级管理体制，本科院校中既有实行校、院、系体制，也有沿袭校、系、教研室三级管理体制，这就造成我国高校管理体制的复杂与混乱。

高等院校行政机构改革应该如何推进？这是需要在政策层面上进行更深入的探讨。一方面，如果管理职权下放的不够，则学院办学的积极性和主动性则会受到影响。学校管理重心不能真正下移，学校的政策制定、学科建设、人才引进、设备购置、财务管理、资产管理、招生就业、人员流动等方面的决策权仍然集中在机关职能部门，管理过度、管理越位的现象就会比较突出，对学院一级的工作包得过多、统得过死，管了很多不该管、管不好、管不了的事，小机关、大服务的格局没有完全形成。而学院一级的办学自主权比较小，普遍存在校"实"院"虚"，使得基层教学科研部门成为学校行政管理体制的一个附属部分，有的学院甚至沦为系，只充当"二传手"，难以放开手脚开展工作，自身的职能未能充分发挥，办学积极性和办学潜能受到比较大的影响。

另一方面，如果管理职权下放得过度，则学校集中精力办大事的能力则必然减弱。一是部分职能全部下放到学院后，学校职能部门的综合协调能力减弱了，如学生处、团委组织全校性、跨院活动因受经费限制相对难度较大；二是校院两级管理体制改革在学校基本建设相对稳定时期会发挥积极作用，但在学校基本建设任务很重，资金需求很大的时候，解决筹资问题就会受到影响；三是如果学校一级宏观调控乏力，实行二级学院的各学院可能成为一个个自我封闭的独立王国，各自为政，在传统的"小而全"、"大而全"管理模式的影响下，过分追求院内自我资源的"小而全"、"大而全"，专业重复设置严重，盲目攀比和竞争，造成科研、教学资源的重复建设、重复设置与无效配置，从而引发新一轮的校内资源重复建设和低水平运转。

三、学术权力和行政权力的失衡

高校是一个稳定的系统，既是一个行政事业单位，又是一个专家、教授荟萃，从事教育、科研的学术团体，具有行政事业管理与学术管理的双重属性，这要求我们在管理上协调好两者的关系。行政权力与学术权力要相互制衡、协调配合。现代大学进入我国比较晚，而且主要是在国家行政权力主导下建立起来的，大学也就被要求更多地服从服务于国家决策，在高校内部学术权力的主导作用没有建立起来。在 30 多年高校管理体制改革发展中，由于各种各样的原因，高校的行政权力始终强于学术权力，学术权力在高校的影响力受到很大制约，难以对行政权力进行有效制衡，这就导致了学术决策中的行政化倾向，学术自主发展的空间不够大，自主探究的气氛不够浓厚。从这个角度出发，我们就不难理解著名的"钱学森之问"了。如果从学术权力与行政权力产生冲突的更深层的原因来分析，则因为学术事务与行政事务都有各自的内在规律和特性，而且两者的规律和特性之间往往差异很大，这就决定了对其行使管理的学术权力与行政权力在性质上必然有很大的不同，两种权力的运行方式也有一些本质的区别。

1. 学术管理和行政管理混淆不清

高等学校的管理既具有学术管理性质，又具有行政管理性质。高校的管理者只有摆正学术管理和行政管理的关系，才能更好地提高管理效益，为高校的生存与发展营造更大的空间。然而，高等学校的管理工作，究竟哪些属于学术管理，哪些属于行政管理，不少人的认识都是模糊不清的。从表面上看，许多高校都设有学术委员会，似乎是与学术紧密相关的管理机构，但这些机构的职能和职责并不明确。在实际工作中，学术性机构和学术性委员会成为行政机构的"附庸"或"幌子"的现象也时有发生。在我国高校中，只有少部分高校的学术委员会有明确的章程，很大部分学术性委员会均无章可循；从活动情况看，大多数委员会都是不定期活动，而且活动中职责不清、随意性较大的现象也比较严重；从各种委员会的构成情况看，虽然委员中具有教授职称的占相当大的比例，但大多数人都是以处长或院长（系主任）身份被学校指定参加的，而无行政职务的教授委员所占的比例则很小，这就使得从事学术管理、行使学术权力的学术性机构从一开始就带上了强烈的行政色彩和明显的"学术机构行政化"倾向。另外，虽然各种学术性委员会的委员们常常都是不同学科的学术带头人，在一定意义上体现了这些委员会的学术色彩，但他们所进行的科研项目审定、教学成果奖评比、科研成果奖评比、学位授予审核、教学计划审定、技术职称评定等工作，实际上是一个由多个不同学科的代表组成的"杂家团"的评议、审核、认定，甚至是平衡外学科学术事务（就非本学科委员而言）的过程。虽然这些委员会的工作内容涉及学术问题，但其组成人员的复杂性决定了他们无法对学校任何一个专门学科实施真正科学、有效的学术管理。

2. 学术管理与行政管理的摆位"本末倒置"

大学许多管理工作具有较强的学术性和专业性。在大学内部，既有学术管理，又有行政管理，这两种管理的位置必须摆正，才能真正地为大学的发展起到有益的推动作用。大学的生命在于学术上的进取，学术发展是大学欣欣向荣的源泉，学术管理应保证学者、教师的学术活动充分有效地发展，以便充分发挥他们的智慧，推陈出新，发展新学科，构成新观念，形成新事物。任何时候，学术管理都应当是学校管理工作的核心，任何时候偏离这个方向，就会导致大学性质模糊，失去大学本来的目的和传统。在实际运行中，权力分配不科学，院系缺乏学术管理自主权，对专业设置、招生计划、教学和科研立项等学术管理缺少决策的权力，也难有参与的机会。系统协调无主次，虽有学术管理机构，但运行机制不健全，让人觉得可有可无。再加上有的委员会缺少工作章程，职责不甚明了，其工作实效也很难体现。教授的意见不太受重视，过于突出行政领导的决策作用，这种主次不分的管理，使占有大多数的没有担任行政职务的教授很难在学校的学术管理中发挥作用。

3. 行政管理权力泛化

我国高校管理体制改革在组织结构方面始终没有根本性的调整，改革只是单位合并，人员减少，而对于权力结构的触动不大。而"决策权的使用可能成为习惯，一旦失去这些权力，主管便可能产生失去了对'自己的组织'的控制的感觉。因此，即使事业不断发展，规模不断扩大，最高主管或最高管理层仍然愿意保留着不应集中的大部分权力。"①而科层制的管理加上这些权力欲望的激化，产生了一系列恶果，表现在：一是机制膨胀，冗员过多。高校行政管理机构过多，容易形成多头领导；人员过多则关系复杂，降低了管理效率，曾有"厅级干部一走廊，处级干部一会堂，科级干部一操场"的戏言，行政人员热衷的不是搞教育管理研究，而是官阶，部门和个人都热衷于升格。二是教育资源的隐性流失。校内行政会议多，文件多，指令多，而真正对教学科研起推动作用的事不多，部门与部门之间各自为政，职责不清，有相互推诿、扯皮的现象，导致了教育资源的浪费。三是民主气氛缺乏，积极性不高。我国高校的权力结构属于行政权力模式，在一定时期，有利于提高管理效率，有利于学校贯彻政府的意志，但其长期的运行，削弱了学术权力的发挥，高校学术人员特别是教授在决策中的权威作用受到忽视；抑制了基层创造性的自我发挥，校长由主管部门委任，其作为法人代表的实质性地位难以确立；高校中的各种利益群体的权力，不能通过合法的途径有效地实施。行政管理权力泛化的最终后果是导致教师无积极性，不能有效地执行教学计划，保证教育目标的实现。同时，也严重制约学术自由、学术民主氛围的营造。四是学术组织行政化。大学里的学术委员会、学位委员会以及教学委员会这一类学术组织应与行政组织脱钩，它们应当由学者、教授组成，且未任行政职务的教授所占比例应高于任行政职务的教授，可是，由于其领导人和成员大多是行政负责人，无行政职务的教授委员所占比例很小，使其从一开始就带有明显的行政化倾向。②

四、高校管理效能不足

我国高校管理体制改革初期就已经意识到，人浮于事、机构臃肿、效率低下是我国高校管理体制的主要弊端之一，造成高校大部分经费用于"人

---

① 周三多等编：《管理学——原理与方法》，复旦大学出版社1999年版。
② 匡尹俊：《高校学术管理和行政管理的关系研究》，中国优秀博硕士学位论文全文数据库（硕士），2004年第4期。

头"，直接影响教学科研条件的改善，解决这些问题也是改革的重要目标。为此，剥离机构、分流人员、责任包干，直到后来的高校合并，其重要的判断都是要努力实现高校规模效益、提高内部运行的效率。这样的改革持续了多年，虽然痛苦、艰难，但成效显著。随着高校扩招，在校生人数成倍增长，高校教职工迅速从"人员过剩"变成"人员不足"，多数高校几乎所有方面的人员都出现"缺编"现象，大量招用新的人员成为高校用人的关键。这样的变化掩盖了高校人员结构存在的深层问题，导致改革无法推向深入，高校用人制度、人员结构、组织结构等方面的深层问题没有得到解决，能够有效提高运行效率的机制并没有完全建立起来，我国高校的管理模式尚处在多变的转型时期，其中的矛盾和问题表现在管理效能上也是复杂而多样的。

首先是公平与效率的矛盾。公平和效率是管理活动中一对固有的矛盾，或者说是一个永恒的命题。随着高校管理体制改革的不断深入，人们对高校管理体制改革中的效率与公平的问题越来越关注。是按照市场经济的规律实行"效率优先，兼顾公平"，还是实行以人为本，和谐发展的"公平优先、兼顾效率"始终是高校管理体制改革中的一个两难选择。高校管理体制改革是人们依据高等教育目的和发展规律，有意识地调节高等教育系统内外各种关系和资源，以便达到既定的高等教育系统的目的的过程，其核心的问题是解决高校管理"效率低下"这一难题，达到"出效益，出效率，出人才"的根本目的。高校管理体制改革是在经济效率主义激励与指导下掀开改革序幕的，并且从改革目的、内容、方式到原则，都渗透着效率思想及由此生发的"效能崇拜"。客观地说，这一变革的特征是符合历史与现实的"自然法则"的，因而效率问题作为高校管理体制改革的出发点或逻辑起点，也是符合高等教育发展的内在逻辑，无可厚非。但另一方面，"效率优先，兼顾公平"将"效率"置于高等教育发展的首位目标而将"公平"纳入次要的"兼顾"的范围，事实上将教育效率当成了教育发展的全部目标，忽视了高等教育全面发展的重要性，它把"效率"几乎等同了全面发展的代名词，忽略了作为全社会代表者——国家政府对于维护高等教育公平应尽的责任。这种主张不利于政府对政策性、制度性教育不公平问题的纠正，并容易成为政府忽视教育公平价值、片面追求高等教育的理论依据，既不利于教育不公平状况的改善，又延缓了合理、健全的教育政策的制定。这种天然的矛盾导致了在具体的操作中很容易产生"顾此而失彼"，决策者的选择往往是公平优先、兼顾效率或效率优先、兼顾公平。例如，高校在政策制定和资金倾斜上是优先发展重点学院，加快学院学术水平的发展，还是把有限的教育资源平均分配给各个学院，或者着重投入到薄弱学院，缩小学校间的差距。即在资源有限的条件下，公平与效率的矛盾是现实存在的。

　　其次是制度管理和人本管理的矛盾。高校管理体制改革是一项系统工程，需要建立一整套科学的管理制度与之相应，也需要有完善的、科学的制度制定规范以及制度执行、监督规范，只有这样才能确保管理制度的效力，而制度的终极目标是实现人的全面协调发展，因此制度管理和人本管理是和谐共生的统一体。目前我国高校的管理体制并没有达到这种理想的状态，存在诸多的矛盾。就制度建设本身而言，主要存在两个方面的问题：一是制度体系不完备。制度建设重责任轻权利，重认识轻措施，重约束轻处罚，重制定轻执行，不少高校的内部规章制度缺乏相应的法律依据，随意性强，影响规章制度的整体效率和生命力，影响相关规章制度的连续性、稳定性、配套性。二是制度执行不坚决，尤其是"单纯重视制度的制定、满足于制度的制定，却轻视甚至忽视制度的执行"的错误认识和行为，在当前高校中是一个较为普遍的现象。这从根本上削弱了既有制度的实际效力，结果使各项制度束之高阁，丧失实际意义。就人本管理而言，许多高校一味通过严格的管理制度来控制师生的行为，不能关注人的潜能的发挥、人的全面发展以及人的多层次需求。由此导致在管理行为上，学校较多地注重任务的完成和教育教学质量的提高，而忽视人的情感需要的满足，教职工的创造性受到严重抑制，因而对学校的发展缺乏责任感和主人翁的意识。就制度管理和人本管理的协调而言，许多高校过分强调技术因素和奖惩措施，以刚性管理为主要手段，缺乏柔性化、人性化的管理。学校管理一方面采取严格的工作程序，以期提高工作效率，实现教育目标；另一方面又想方设法减轻这一管理体制对教职工带来的人性压制，努力提高他们工作的积极性和主动性。当前绝大多数高校在教学评价体制、津贴分配体制等方面只强调静态的职称、职务、行政级别等因素，而没有关注到教职工工作的动态过程，特别是学校工作的复杂性和学术性，以致这些措施没有起到预期的效果。

五、功利化思想对高校的冲击

我国高校管理体制改革是在社会主义市场经济体制下进行的，市场经济的利益原则、竞争机制、等价交换原则极大地推动了高校管理体制改革的进程。但不应讳言的是，市场经济消极方面的因素也直接或间接地影响到高校管理体制改革实施。

贯穿我国高校 30 多年管理体制改革的一条重要主线是建立利益机制，通过利益激励调动积极性、提高运行效率。这样的机制极大地激励了广大教职工的积极性和工作热情，尤其是竞争机制的普遍引入，劳动效率得到迅速提高，高校整体办学能力和水平迅速得到发展和提高。但由此带来的负面影响也是十分明显的，对物质利益的过度追求导致一定程度的拜金主义，利益导向导致各种短期行为，大学精神与社会责任在一部分人那里受到怀疑甚至完全丧失。我国现代高等教育是学习西方发展起来的，大学理想和传统本来在我国并不深厚，而物质利益的冲击、急功近利的短期行为，将高等学校沦为"名利场"，从某种意义上讲高等学校距离大学的本质越来越远。这些功利化的思想腐蚀了大学的灵魂，动摇了对大学核心精神的坚持。

我国高校管理体制改革的另外一个鲜明特征是逐步形成了绩效导向的考核制度，这样的考核制度对于充分调动教职工积极性发挥了十分重要的作用。但大学以高深学问的探究和传播为基础，大学从事的学术活动更多是对未知世界的探索，具有很强的不确定性，这种探索的价值往往不一定能立刻显现出来，其"绩效"不容易体现出来；另一方面，高校学术人员的工作积极性更多来自对学术活动价值认同与兴趣、好奇，单纯的绩效考核能较多地造成工作的压力，却不一定能带来工作的兴趣与动力。高等学校的教学、科研和社会服务都具有绩效难以显现和评价、绩效评价结论的激励作用有限等方面的特点。因此基于绩效的评价和资源配置机制，提高了竞争，也带来了学术活动急功近利等问题，导致高等学校出现学术浮躁，难以取得真正创新性成果等方面的问题。急功近利违背学术发展规律，造成一定程度的学术浮躁。

同时，浮躁、趋利侵蚀着大学的基本精神和社会责任，影响了大学社会作用的发挥。改革开放使我国社会迅速丰富起来，社会经济得到前所未有的大发展，社会财富迅速积累，对科技与人才的渴求转化为对高等教育发展的巨大需求。随着直接参与社会生产和社会生活的程度不断深化，高等学校教职工的收入水平迅速提高、生活得到极大改善，大学教师收入趋向多样化、隐性化，曾经的"清水衙门"出现了众多的利益诱惑，很多教师在参与社会发展中得到较高的收入，这就直接导致部分师生经不住诱惑，难以潜心于枯燥艰涩的研究积累，更热衷于"短平快、市场效益好"的学术活动。时下，剽窃之风日盛，浮躁现象剧增，假冒伪劣突出，学术交易盛行，学术造假纷呈的学术腐败现象正是这一问题的突出表现。

这种功利化思想表现在大学的理念把握和目标定位上就是盲目乐观。目前，我国一些高校热衷于大学排名，甚至把"建设世界一流大学"的口号喊得震天响。众所周知，我国著名的高校和世界一流大学相比，还有相当大的差距。就这样还有一些高校不惜盲目举债扩张扩建，目前，我国有近300所高校校园面积在5000亩以上。这样的盲目扩建，致使许多高校债台高筑，中国社会科学院发布的《2006年：中国社会形势分析与预测》显示，2005年以前，我国公办高校向银行贷款总额达1500亿—2000亿元。诚如全国政协常委、江苏省苏州市副市长朱永新所说"巨额债务已成为制约高校发展的重要因素，个别学校甚至资不抵债，'破产'隐患凸显。这些问题如果没有得到很好的解决，将很有可能给中国的高等教育带来一场深刻的危机。"

功利化思想表现在大学学科建设上就是目标上急于求成，方法上偏重外延拓展，手段上偏重物质投入。表现在高校校园文化建设就是过分注重功利主义的目的，而忽视校园文化建设对于大学生发展成长的主题意义。只注重校园物质文化建设，忽视校园精神文化建设。校园物质文化是校园文化的物质载体，它是整个校园文化的外在标志，其核心内涵是校园文化中的精神文化因素。校园物质文化建设的目的应该是使它成为承担精神文化的载体，建设物质文化不是目的，而是手段。但是，高校校园文化建设的现状却背离了这一宗旨，有的高校甚至把校园文化建设和意义等同于丰富学生的业余生活，一味强调发展娱乐文化，评价校园文化建设的成就时，对单纯的物质文化建设津津乐道。离开了校园精神文化建设，单纯的物质文化建设就失去了文化建设的意义。精神文化建设隐含在物质文化建设中，它是校园文化建设中实质性的根本性的组成部分，它是校园文化存在的价值意义，职能作用的主要组成部分，是校园文化建设的根本目的，忽视精神文化建设，校园文化建设就只能流于形式。

第三节　我国高校管理体制改革的趋势与展望

任何改革都必须在一定的时代背景下进行，符合时代的要求，只有紧扣时代要求，才能推动改革取得实效。未来我国高校管理体制改革的实质是解放大学生产力。面对知识经济和信息社会的挑战以及我国高等教育未来发展的需求，我国大学地位、性质、目标、功能、使命已发生根本性变化，然而目前我国还有众多的高校在诸多方面还不能完全适应这种变化，大学内部"生产关系"严重不适应"生产力"的发展。因此，高校管理体制改革必须以观念转变为先导，确立高校办学自主的独立法人实体，按照教育规律的要求，建立面向社会依法自主办学的体制和运行机制，改革内部"生产关系"不适应"生产力"的发展现状，最终达到解放生产力，全面提高办学质量和办学效益的改革目标。

一、未来我国高校管理体制改革的方向

1. 调整权力结构形式是推进高校管理体制改革的核心

随着校内管理体制改革的全面展开以及改革进程的推进，分配制度、用人制度、领导决策制度、组织机构的调整等各项改革最后必然归结到高校内部权力结构的调整。所谓权力结构即权力在管理的各阶层和高校内部各不同利益群体间的分配，以及它们相互的作用关系。从我国高校纵向权力结构审视，多数学校通过改革已实行校院系三级管理体制，但学校如何与学院分权仍是一个在探讨中的问题。鉴于学校规模不断扩大，而权力又过分集中在上层的现状，我们认为，权力重心必须下移，使院系成为相对独立的办学实体，拥有一定的自主权，以增强基层自主适应能力和自我寻求发展的动力。院系的特色是形成学校整体特色的立足点。今后一段时间内应该把基层学科和课程的调整和设置权、科研项目管理权、教师聘用权、资源分配权、人事权等学术、行政权力下放给院系一级。

从高校内部横向权力结构审视。首先，必须扩大高校学术民主管理的权力，使教师拥有治学权和参与决策的权力是改革的方向。这是高校学术活动的内在逻辑决定的，"个人的或系统的权力基于高等教育系统的底部——学科"。当前我国高校的学术行政管理几乎代替学术民主管理，广大教师置身事外，缺乏对学校目标任务的认同感，降低学校凝聚力和活力，亦即降低了教育生产力。其次，决策权和执行权的适当分离，健全决策系统和执行系统。目前高校各级行政组织管理机构的管理者既是决策者又是执行者，因决策与执行没有适当分离，这样便出现两种现象：一种是教授要参与管理，就非要具体兼任某一行政职务不可。另一种是各校在学院制改革过程中，理论上系作为专事教学科研的组织机构，不承担行政管理事务，而系主任却感到没权，反而不乐意担任这一角色。教师参政应主要体现在参与决策与监督权，而不是要具体担任某一行政职务。今后一个时期，高校必须建立和完善自身的决策机构、咨询审议机构和监督机构，并赋予应有的实在职能，广泛

发挥教师民主参与管理和监督的权利。再次，权力必须适当分散，使权力在更多的不同利益群体间分配。当代世界大学决策机构组成人员普遍出现多元化趋势。我国高校决策机构既没有充分吸收广大教师、教授，也没有吸收校外各界人士，缺乏普遍代表性。我们可以借鉴美国大学的董事会、英国和法国大学的理事会、日本筑波大学的评议会，吸收不同利益群体参与高校决策，体现高校管理民主化的特征。

2. 提高专业化水平是高校管理体制改革的成功标志

现代大学组织的复杂程度、功能扩张、参与社会领域之深入，使得管理大学本身成为一种专门的学问。基于对大学本身管理的规范化、制度化和高效管理的客观要求，推进高校管理的专业化水平与程度便成为迫切的需要。因而应成为新一轮内部管理改革的直接目标。然而遗憾的是当前许多高校内部管理改革恰恰在这点上存在误区：一是认为管理就是服务，既然是服务，则态度为重，对管理者管理水平的要求则在次；二是对学校行政本身的管理缺乏人力资源管理的理念，机构和编制改革片面强调精简，定编缺乏弹性，管理人员的业务进修提高缺乏时间保证和政策支持；三是误把高学历或高职称教师担任行政领导职务当做提高管理的专业化水平。管理的高水平高效率需要管理的专业化作前提保证，当前教育部在若干所部属院校试行的教育职员制度是推进管理专业化的重要举措。就高校本身而言，要推进管理的专业化，首先必须摒弃"管理就是服务"的思想，树立"管理是科学、管理出效益、管理是生产力"的理念。其次，高校组织结构的改革必须遵循学习型组织设计的原则。让管理者和组织成员在受到充满政策支持和鼓励的组织学习氛围中不断获得与岗位相适应的管理专门化知识能力体系的训练。再次，提高管理的专业化和造就专业化的管理队伍，可以采用不同的途径和措施。其中可以借鉴美国重视教育管理专门化人才的培养。例如，美国哥伦比亚大学为在高校教育管理岗位上的在职人员设置了博士课程计划，目前美国各高校负责人中有15%毕业于该校的专事高校教育管理人才培养的师范学院。最后，正确处理高学历与专业化的关系。提高管理者的学历和职称是发展的一种趋势。强调学历不是唯学历主义，而是要求管理者有较高的高等教育管理的专业化水平，即具有与时代发展相适应的高等教育管理综合知识体系、新思维、新方法。教育管理人员的专业化不能混同于某个专业的专家化，不能把优秀的学科专家提拔成蹩脚的管理家。

3. 建立现代大学制度是高校内部管理体制改革的目标

现代大学制度是指与社会主义市场经济体制相适应，符合高等教育规律，政府宏观调控，高等学校依法自主办学，管理体制与运行机制相统一的高等学校管理制度的总称。虽然对现代大学制度的认识仍然有比较大的争议，但建立现代大学制度已经为高等教育界普遍接受。

现代大学制度首先是一种"制度"，是关于政治权力、行政权力、学术权力以及政治利益、行政利益和学术利益的规则体系，它将学校内部不同团体的职、权、利、责做了划分，保障大学在政府宏观调控下的自治，保障大学的学术自由，保障各团体的协调运作和利益共享。现代大学制度的构成要素包括大学理念、管理体制、多元投资、政校分开、依法治校、教育与经济相结合等。现代大学制度的建立，必须以科学的、先进的办学理念和办学思想为指导。首先，必须要与科学发展观相适应。坚持以人为本，强调统筹兼顾，促进教育规模、结构、速度、质量、效益的有机统一；要在高校内部正确处理内涵发展与外延发展的关系、质量与数量的关系，要走内涵与外延相结合的道路，走质量数量兼顾、质量优先的可持续发展道路。其次，要建立现代大学制度，必须更加注重现代大学存在的价值基础，充分传承大学精神和理想，积极承担社会责任，坚持真理、尊重好奇、不断创新，将对理想与价值的坚守与服务国家和民族、推动社会发展、满足学生需要相结合，在知识创新中发挥更大作用。再次，要建立现代大学制度，还需要在思想方法上借鉴企业和其他社会团体的管理经验，建设高校的管理文化。在制度架构上，应以质量为中心，整合高校管理制度；在机构设置方面，应以过程为基础；建设服务型的高校管理机构，最后达到境界的升华，最终建设学习型高校，提高持续改进的能力。

4.适应社会发展需求是高校管理体制改革的要求

一是与建设社会主义市场经济的需要相适应，服务和谐社会建设。我国30多年改革开放的重要目标是建立和完善社会主义市场经济体制，在高校内部管理体制中注重效率，体现"效率优先、兼顾公平"。目前我国改革开放事业已经进入新的发展阶段，完善社会主义市场经济体制、建设和谐社会已经成为社会发展的中心目标，高等教育自身也进入稳定发展阶段，高等教育发展既要注重效率，也要重视社会公平与正义，这应当成为内部管理改革的基本指导思想。当前我国经济进入转型期，自主创新是未来经济发展的主要动力，提高创新能力、培养创新人才是高等教育发展的重点，内部管理体制必须服务于这样的外部要求，服务于从人口大国向人力资源强国的转变，为社会经济发展提供有力支持。二是与高等教育宏观管理体制改革相适应，增强高校适应社会需要的能力。目前，我国高等教育管理体制改革已经基本完成，办学体制改革、管理体制改革、投资体制改革、招生和就业体制改革也进入相对稳定期，高校内部管理体制改革需要加快适应高等教育管理体制的步伐。社会对高等教育的需求已经发生很大变化，从高等教育文凭的极度"稀缺"发展到"相对过剩"，"文凭选择"正在迅速过渡到"能力选择"，高等学校面临培养模式转变的巨大压力。随着社会民主化进程的推进和法律体系的不断完善，对教师的聘用、学生的管理都提出依法科学管理的问题。社会资源配置模式越来越建立在竞争基础上，高校内部管理体制改革的重要目标是提高外部竞争力。高校后勤社会化面临规范管理的压力。所有这些都是未来高校内部管理体制改革必须认真考虑的问题。

二、高校内部管理体制改革的发展趋势

从逻辑上来说，趋势是目的的延伸，目的决定着趋势，趋势的发展往往成为评价目的优劣的最有价值的标准。那么，高校管理体制改革的目的是什么呢？"内部管理体制的改革是高校内部体制改革的支撑，也是平台，其改革目标有两个：一个是按精简效能原则进行的管理组织本体改革；另一个是

以实现主体改革目标为目标，以学术管理为特征的配套改革"。① 这一表述概括了高校内部管理体制改革的三个重要文件——《中共中央关于教育体制改革的决定》、《中国教育改革和发展纲要》和《国家中长期教育改革和发展规划纲要（2010—2020 年）》对高校管理体制改革的要求。由此，我们也可以初步把握未来高等教育内部管理体制改革的走势。

1. 组织结构简约化

通过高校后勤社会化改革的实例可以看出，高校正在竭力摆脱"保姆"形象，卸下身上过重的包袱，全力保障核心机构作用的发挥。今后，除了教学和科研，其他活动基本上都会划归到服务性工作中去，这样一来，庞大的行政队伍将会不断缩编。给实现"简约化"行政组织目标提供雄厚技术支持的是越来越发达的信息化管理，目前各政府部门和高校管理人员的成功精简都少不了信息化管理的功劳。另外，就高校上一级对下一级学术组织的管理来看，基本上实施的是目标管理，目标管理最大的好处就是可以简化许多不必要的中间部门与环节，实现"直通车式"的有效管理。随着教学科研的"矩阵式组织"、因科研项目而聚合，但随着科研项目的完成或研究经费的耗尽，这种组织会自动缩小或解散，形成托夫勒所说的"脉动机构"。"脉动式组织"等具有"扁平化"结构特征的组织越来越多，高校组织结构的"简约"风格将日益明显。

2. 权力结构品状化

高校的权力结构由政治权力、行政权力、学术权力三者组成，改革之前一直都按"官本位"的政治权力标准对这三者进行排序，而这三者的先后顺序又恰恰决定着高校的工作重心。因此，在相当长的一段时间内，原本属于高校核心工作的科研与教学得不到重视，大学的学术实力一度沦为亚洲末流。重振学术，将成为高校唯一的生存之道。从当前学术权力的重归趋势来看，今后的权力结构将呈"品"字状分布，学术权力置于顶端，行政权力与

---

① 李志平：《试析高等学校内部管理体制改革》，《中国高教研究》2000 年第 4 期。

政治权力构成底部支撑。虽然当下的教授委员会、学术委员会、学位与职称评定委员会等学术机构的力量还不够强大，不足以成为三者中的领衔力量，但单就校务委员会、董事会中不断增长的教授席位就已经说明学术权力处于上升态势，相比之下，原来过于强大的政治权力已经越来越超脱，成为高校发展"保驾护航"的重要力量；而在行政权力结构中，人才培养、人力资源配置、学科发展占绝对比重的事实，也彰显了行政权力服务于学术权力的一面。

3. 质量效益复合化

只要是涉及组织改革，都会把目标锁定在"效率"之上，不追求"效率"的组织是不可思议的。比如后勤管理改革追求"服务"的效率，人事与分配制度改革是为了人力资源配置与开发的效率，党委领导下的校长负责制的健全与完善则旨在提高"领导"的效率，等等。但高校与企业、政府的性质不一样，作为社会性的学术组织，"质量"的分量要比"效率"重得多，在许多情况下为了"质量"甚至必须牺牲"效率"，比如高层次人才没有长时间的培养就不行，科研成果更不能光看产出效率，等等。从国外优秀大学的发展历史看，追求"效率"的大学也许算得上是现代大学，追求"质量"的大学则可称之为精英大学，而追求"质量"+"效率"的大学才是具有超越气质的现代精英大学。

4. 体制改革法制化

法制建设一直是我国教育体制改革的"软肋"，更是高校一系列改革中最大的弱项，因为专门为高等教育事业设立的只有一部《高等教育法》，几乎所有高等教育问题都只能依赖这部法律，从中获得支撑。显然，这远远落后于高等教育的发展势头，也预示着高校内部管理体制改革必须是管理"法制化"的过程。"法"乃天下"公器"，既支持改革，也将伴随改革而生生不已、枝繁叶茂。当前，大学与政府、大学与社会、大学与大学以及大学内部管理缺乏规范、"人治"空间远大于"法治"空间。因此，高等教育领域亟盼具有能规范各级职能部门管理的法典出台，这样，呼吁多年的高校自主权才有可能真正回归高校，并在法律框架内实现责权统一。

5. 改革理念治理化

治理虽源于公共管理领域，近年来却一直是各管理学科研究的热点。全球治理委员会给治理下的定义是：各种公共的或私人的机构管理之共同事务的诸多方式的总和。"治理"虽脱胎于"管理"，但其科学性已大大超越了管理，高等教育应将这一优秀的理念充分吸收到改革进程中来。第一，吸收治理从"控制"到"民主商议"的"功能转移"理念，一旦"民主商议"成为最基本的运转模式，高校的前途、命运、风格等重大问题将不再是少数几个"脑袋"研究的问题，而转化为全体成员共同关心、共同思考的公共事务。第二，吸收治理从"单一主管部门"到"多中心"的"主体转移"理念，治理力主"多中心"，非政府组织、个人、社会都有属于自己表达主张的平台，政府则从"管理第一人"转换成"协调第一人"。第三，吸收治理从"垄断"到"合理者拥有"的"权力转移"的理念。管理的权力本质意味着垄断，如此，便形成一个刁诡的逻辑：握权者不管理，管理者不握权。而治理则倾向于把权力转移给某一领域拥有最合理主张的主体，这样，决策才能实现其最大价值。

6. 体制建设完善化

随着高校扩招基本完成并进入质量内涵发展阶段，未来我国高校内部管理体制改革将重点转向机制创新，结合现代大学制度的建设，改善高校内部资源配置机制、优化动力机制、完善监督机制。一是完善高校资源优化配置机制。我国高等学校内部资源严重短缺与资源浪费并存，改善资源配置机制是提高质量和运行效益的关键问题。资源配置机制创新的重点是重新调整有关权力与责任关系，其中发挥学术权力的作用、适当引入市场机制是关键。在高校各类资源配置中，最重要的是人力资源配置、物质资源配置和财力资源配置，另外还包括时间资源和信息资源的配置。人力资源配置体现在人事制度改革，这在今后一段时间里仍将是我国高校内部管理体制改革的重点之一。人力资源配置将与学术人员的自主发展相结合，一方面体现竞争机制；

另一方面要尊重学术人员的自主发展，保护学术自由和学术创新的环境，发挥每一学术人员的积极性与创造性。二是优化竞争激励机制。在高校建立竞争激励机制，关键在于完善考核制度。对教师业绩的考核是一个迫切需要解决但始终没有很好解决的问题，在教学考核中面临质与量的问题，教学的劳动数量比较容易衡量，但教学的质量不仅难以测评，而且受教育观的影响极其难以达成共识。教师科研业绩的考核，争议更大，科研方面的事实、数量比较容易计量，但估算其价值或科研业绩却极其困难。如何设置考核标准才合理，采用什么样的考核方式、手段才能避免考核结果失真，如何避免考核过程主观随意性又适应教师工作难以量化的特点，考核的信息如何反馈利用才能充分发挥激励作用等等都是有待解决的问题。目前越来越多的高校认识到，过度考核和竞争可能导致教师疲于应付各种考核，迎合各类指标，最终失去了对教学和科研的兴趣，丧失了独立思考和创新能力。三是完善高校内部的监督机制。我国高校内部管理体系中缺乏有效的监督机制，因此完善监督机制将是未来高等学校内部管理体制改革的重点与难点之一。最基本的监督与制衡需要建立在学术权力、行政权力、党委权力、学生权力的相互制衡上，需要发挥教授会、教代会、纪检与监察、财务与审计等学术的、群众的、行政的、经济的等多种监督机制的作用。

第四章　我国高校管理体制改革的基本理论

高校是一种知识密集型的社会组织，它以精神产品的生产为己任，以科学主义和人文主义为精神内核，以文化的开拓者和光大者为追求，是社会进步、发展的重要动力。现代和后现代社会中的高校面临的环境更加开放，知识创新的速度更快，遭受社会其他组织的冲击更多，高校组织内部的分工和变化更为繁杂，其管理体制改革涉及的范围更广泛，如何使高校既保持自己独立的人文气质和科学精神，又能使其在管理体制方面得以不断的创新需要一定的理论指导。现代公共管理理论中的委托代理理论、科层管理理论、绩效管理和人力资本理论以及服务型组织理论等已经被广泛应用到社会的各个领域，这些理论从不同的方面也为我国高校管理体制改革提供了必要的理论依据和支撑。

第一节　高校管理体制改革的委托代理理论

委托代理理论是过去 30 多年里契约理论最重要的发展之一，其中心任务是研究在利益相冲突和信息不对称的环境下，委托人如何设计最优契约激励代理人。高等学校属于准公共产品，既有一般意义上委托代理关系所具有的特点，又存在着其他委托代理关系所不具有的特殊属性。高校管理体制改革可借鉴和运用委托代理理论的一般分析方法和一般分析框架，坚持权责利相统一，最大限度地调动代理人的积极性，在发挥其主观能动性的同时，又能保证其行为目标与委托人的要求相一致，从而促进高校管理体制的创新。

一、高校管理体制改革的委托代理理论

委托代理理论从思想渊源上最早可以追溯到亚当·斯密。他在《国富论》一书中认为，股份公司中的经理人员，使用他人而不是自己的财富，不可能期望他们以像私人公司合伙人那样的警觉性去管理企业，因此，在这些企业的经营管理中，或多或少地、疏忽大意和奢侈浪费地行事总是会流行。这实际上已涉及代理问题，揭示出经理人员与投资者之间潜在利益的不一致性。到了 20 世纪初，伴随规模巨大的开放型公司的大量出现，委托代理问题更加突出。美国经济学家伯利和米恩斯（1937）在《现代公司与私有财产》一书中直言，管理者权力的增大有损害资本所有者利益的危险。他们认为，由于发生了所有权与控制权的持续分离，可能会使管理者对公司进行掠夺。为解决这一问题，他们提出了早期的委托代理理论，倡导所有权和经营权分离，企业所有者保留剩余索取权，而将经营权力让渡。20 世纪 60 年代末 70 年代初，一些经济学家在深入研究企业内部信息不对称和激励问题的基础上，进一步研究委托人如何才能有效地控制和监督代理人即经理人员的行为问题，对委托代理理论进行完善和发展。委托代理关系在社会中普遍存在，寻求激励的影响因素，设计最优的激励机制，被越来越广泛地应用于社会生活的方方面面，时至今日，委托代理理论已被广泛应用到社会的各个领域。

委托代理理论作为制度经济学契约理论的主要内容之一，主要研究的委托代理关系是一个或多个行为主体根据一种明示或隐含的契约，指定、雇佣另一些行为主体为其服务，同时授予后者一定的决策权利，并根据后者提供的服务数量和质量对其支付相应的报酬。授权者就是委托人，被授权者就是代理人。委托代理理论从不同于传统微观经济学的角度来分析企业内部、企业之间的委托代理关系，它在解释一些组织现象时，优于一般的微观经济

学。委托代理理论的主要观点认为：委托代理关系是随着生产力大发展和规模化大生产的出现而产生的。其原因：一方面是生产力发展使得分工进一步细化，权利的所有者由于知识、能力和精力的原因不能行使所有的权利了；另一方面专业化分工产生了一大批具有专业知识的代理人，他们有精力、有能力代理行使好被委托的权利。但在委托代理的关系当中，由于委托人与代理人的效用函数不一样，委托人追求的是自己的财富更大，而代理人追求自己的工资津贴收入、奢侈消费和闲暇时间最大化，这必然导致两者的利益冲突。在没有有效的制度安排下代理人的行为很可能最终损害委托人的利益。委托代理理论的中心任务是研究在利益相冲突和信息不对称的环境下，委托人如何设计最优契约激励代理人。

我国高校管理中存在着两组相互联系的委托代理关系。一是上级教育行政部门与高校之间，在高校与上级之间由于信息不对称，高校的利益随着改革的进行产生了独立的利益，高校作为上级的代理人与上级利益不相一致；二是高校内部上级与下级之间存在着委托代理关系，高校是委托人，下级是代理人。具体而言，校长与各部门、各学院管理者之间形成一级委托代理关系，各部门、各学院负责人是代理人、校长是委托人；部门和学院管理者与教职工又形成一级委托代理关系，教职工是代理人，管理者成了委托人。因此，高校内部上下级之间直到最底层的教职工的契约性质的委托代理关系是普遍存在的，每一较高层次的决策者和下一层次的决策者之间的决策权分配关系，都存在委托代理关系，始于校长归于教职工的各级高校内部委托代理关系逐级传递，并最终由教职工的决策决定教育目标的实现。

高校内部的委托代理管理既有普通意义上委托代理关系的属性，也具有自身的特征。一是高校委托代理关系更加复杂，高校的委托代理关系一般而言层次更多，所涉及的利益主体更为多样，而且委托代理关系存在一定程度的较为复杂的行政等级因素；二是高校委托代理关系的契约更为隐性。契约是约束代理人行为实现委托人目标的根本方式，但对于隐性契约而言，监督会更加困难，导致的代理成本可能更高；三是委托人的目标更加多维化，甚至不明确。经济领域的委托人常常以利润最大化作为唯一的目标，而高等教育更多的是把人才质量、科研成就、文化价值、社会效益等作为目标，这种目标的泛化导致了在监督、考核中出现更多的困难。四是高校的绩效指标更加虚化。正是由于隐性契约、委托目标的多维化等特点，导致了高等教育委托代理关系的指标体系非常虚化，指标体系的虚化导致在订立契约、监督、考核以及重新订立契约时都会变得更加艰巨。

二、基于委托代理理论的高校管理体制改革

我国高校管理体制改革的核心在充分给予办学主体自主权的同时对其实施有效的监督和约束，以实现办学效益的最大化。这就需要面临两个方面的矛盾：一是给办学主体充分的主权是必要的，它可以带来效率的提高，但与此同时也可能会带来制约的失控；二是对办学主体进行监督和控制是必要的，但这又可能会使这种监督和控制带有强烈的行政色彩，产生过多的干预，而带来效益的下降。缓解这种矛盾，促使二者形成有机结合和统一，我们可以借鉴运用委托代理理论的一般分析方法和一般分析框架，坚持权责利相统一，最大限度地调动代理人的积极性，在发挥其主观能动性的同时，又能保证其行为目标与委托人的要求相一致，避免和消除代理人利用职权和信息优势牟取私利和侵害相关经济当事人的利益。这体现在高校管理体制改革的多个方面。

第一，报酬激励机制。高校报酬激励机制由固定工资、岗位津贴、奖金等组成。固定工资作为较为稳定可靠的收入，起到了基本保障作用，满足了高校工作人员规避风险的愿望和要求，但固定工资所起的激励作用较弱；奖金有一定的风险，它与代理人的"德、能、勤、绩"相联系，有较强的激励作用，但易导致短期行为；岗位津贴若能配之以合理的考核，则能结合固定工资与奖金的优点。

第二，控制权与声誉激励机制。与委托人拥有剩余索取要相对应，代理人应具有经营控制权，它不仅能给其带来地位等方面的心理满足，而且使其具有在职特权,享受职位消费,给代理人带来正规报酬激励以外的物质利益满足。马斯洛认为,人的需求具有多层次性,通过在激励约束机制中配置相应的声誉或荣誉激励机制,赋予代理人职业生涯中的声誉包括强烈的成就感以及由事业成功所带来的职业声誉、社会荣誉和地位等,使代理人行为符合委托人的目标和要求。

第三,内部监督约束机制。现代公司制企业中的法人治理结构,通常建立由股东大会、董事会、经理人员和监事会构成的权力相互分离和制衡的机制。这种机制体现了所有者及其他利益相关者对高层经理人员的要求,形成了高层经理人员的组织监督约束机制,这种约束既表现为诸如《公司法》之类的法律约束,也表现为公司章程、管理制度等的管理约束。与此相类似,高校管理体制的创新必须逐步建立起较为完备的内部监督约束机制,通过教育立法和建立完善且可行的规章制度管理条例在上级政府与高校之间、高校内部各职能部门之间、各职能部门与教职工之间建立起权力相互分离又相互制衡的监督约束机制。

第四,竞争约束机制。经济学业已证明,规范而又有序的竞争市场有助于增进社会福利,提高效率。要真正解决好高校管理体制中存在的瘤疾,有效的竞争市场的存在不可或缺。为此,要建立起与代理人市场相类似的竞争市场。这种市场应包括内部市场和外部市场两大部分。内部市场即在某一管理单元内部的代理者之间形成相互竞争,通过职务的升降和必要的奖罚使代理者的表现更为出色;外部市场即各管理单元之间代理人之间的相互竞争。显然,通过建立这两大市场,既能在代理人之间形成相互约束和制约,又有助于对代理人的声誉及能力进行准确的评价。

第二节　高校管理体制改革的科层管理理论

科层管理理论是马克斯·韦伯提出的关于权力要依据职能和职位进行分

工和分层，以规则为管理主体的组织体系和管理方式的理论。作为一种管理方式，科层管理理论由于其本身特有的技术性、理性等特点，对于行政管理组织效率的提高具有重要的意义，它为现代社会的组织管理提供了有效的工具。高校作为社会系统中的一个组织，不可避免地受到了这种理论的影响。科层管理理论所倡导的效率原则、分工原则及其制度原则都为高校管理体制改革提供了积极的借鉴价值。

一、高校管理体制改革的科层管理理论

科层制是指一种以分部—分层、集权—统一、指挥—服从等为特征的组织形态，是现代社会实施合法统治的行政组织制度。科层管理理论属于古典组织学派的一个分支，它是由德国社会学家和管理思想家马克斯·韦伯（Max Weber）首先提出的。通过对传统型权威、个人魅力型权威和法理型权威三种权威关系的分析，韦伯认为建立在法理基础上的科层制是最有效的组织模式。① 在《社会经济组织理论》一书中，韦伯从社会学的角度分析了行政组织的性质和职能，并提出了科层管理理论的一些基本观点，主要包括权力分层、职位分工、规章制度的设立和人情关系的淡化等。从科层管理理论的内容，我们可以看出科层制具有明确的专业化分工、严格的权威等级、稳定的规章制度等特征。作为一种行政管理的组织形式，科层制的效率形式让人瞩目。② 正如布劳在 1956 年《现代社会中的科层制》一书中所指出的，科层制尽管具有反功能，但无论在组织的合作还是控制领域，它都有着突出的效率意义。正是由于其突出的效率意义，科层制被从工商界引入到学校管理中，并对此产生了重要的影响。教育管理学家马科斯·阿伯特认为，韦伯的科层理论适用于学校组织。他提出，学校"可以确切地被描述为高度发展的科层组织"。③

---

① 杜拉克：《管理思想全书》，九州出版社 2001 年版。
② 袁琳：《重点学科与文献信息资源建设》，《安庆师范学院学报》2004 年第 3 期。
③ 花长友：《高校内部管理体制创新的理论与模式》，《河海大学学报》2001 年第 11 期。

我国高校的管理属于典型的"科层制管理"模式，具有明显的科层组织的特点，并按科层制的原则运行。第一，高校作为社会系统的一种正式组织，都有明确的发展目标；第二，高校在其业务系统和管理系统中都建立有专业分工的体系，并建立有相应的岗位责任制，以保证组织目标的实现；第三，高校内部都有一套正式和完善的规章制度，包括教学管理制度、人事分配制度、财务管理制度等，以保证高校的运行有章可循；第四，我国高校纵向一般分为校—院—系等若干层次组成的"权力等级体系"；第五，高校对人员的选拔任命有严格的资格限制和考核制度，教职员工按照自己的职务、责任、工作量领取工资。我国高校管理的各要素和组成体现了科层制管理的基本观点，这种体制按照科层制的原则规定了差等性的责任和权限，以建立学校顺利运行所需要的秩序，保障了教育组织的"秩序、理性、可行和稳定"①。

与此同时，高校不仅具有一般社会组织的属性，它还具有另外一些有别于其他社会组织的特征，这决定了高校管理体制中的科层制管理也具有自身的特征和属性。第一，高校是行政权力和学术权力并存的二元化结构，即学术权力作为一种内生力量发挥着支配作用，行政权力则作为一种外在的结构形式维系着高等学校组织的存在和发展，在高校中行政职位不是唯一的权力来源，学术权力也会对决策产生影响，尤其是学术权威的影响力更强，所以高校的科层制管理的权力分层更为复杂。第二，高校基本活动的承担者——教师存在较强的自律要求，排斥外界以各种条条框框所进行的刚性控制，而且其参与民主管理的意识和能力较强，他们崇尚学术自治和学术自由，因此对以强调制度建设、命令服从、层级节制为基础的运作方式的科层制管理要求更具灵活性。第三，高校工作对象和工作方法的特殊性促使高校科层管理制度更具人性化。高校的工作对象是活生生的学生，而且其主要工作方法是通过教师的人格魅力、学术修养等人性化的途径影响学生、教育学生、培养

---

① 黄崴:《教育管理学概念与原理》，广东高等教育出版社 2002 年版。

学生，这一过程不可能是完全理性的、毫无情感的，所以高校科层管理制度更具人性化。

二、基于科层管理理论的高校管理体制改革

高校作为社会系统中的一个正式组织，其管理采用科层制具有天然的合理性，同时，高校管理体制改革的主要任务之一就是要使行政事务从学术、教学中分离出来，这也需要科层管理理论作为理论支撑。

首先，科层理论的效率原则与高校管理体制改革的目标相统一。科层理论认为，学校教育过程具有理性，因此应该以有效的方式来恰当使用高校的人力和物力资源，使有限的教育资源产生最大的效益。[①] 学校实行科层管理，其目的是追求效率和合理化。其中，效率是指学校组织的投入与产出的比率；合理化是指学校组织内一切管理行为均应合乎理性，并为学校教育目标的实现服务。实际上，教育组织效率问题是我国高等教育管理研究所忽视的一个方面。无疑，提高教育行政组织的工作效率、高校行政的工作效率及教师的工作效率，对我国高等教育的发展和提高起着至关重要的作用。

其次，科层理论的分工原则与高校管理体制改革的根本任务相一致。分工是科层管理的一个显著特征。高校管理体制改革的根本任务就是在高校内部建立的层次不同，分工不同的岗位，以构成学校内部严格的层级节制系统，形成以职权、职位作为组织内部的控制与被控制关系的原则，进而取代传统组织中以裙带关系作为控制关系的原则，使得学校管理更具合理性。因此，高校内部在纵向也应分为各个不同管理层次，各有明确合理的职、责、权的分配；横向应分为不同的职能，各专业所组成的学院分管不同的业务。克服管理中的盲目性和随意性，以提高管理的成效，从而提高办学质量和效益。因此，应综合考虑学校的发展规模、学科分布和人文情况，确定具体的

---

① 孙天华：《大学的科层组织特征及效率——对我国公立大学内部治理结构的分析》，《河南社会科学》2004 年第 5 期。

管理模式，形成宏观控制有效、微观协调得力的组织体系。

最后，科层理论重视规章制度的理念与高校管理体制改革的基本思想相协调。强化规章制度管理的作用是科层管理的一个重要特征。科层制组织的构建形成、部门分工、职位设置、成员选拔，一直到组织的运作，每一个成员的权力和责任，都是由法律制度（不光包括成文制度，也包括不成文制度）明确规定的。规章制度的制定使得学校管理更为制度化、秩序化和科学化，它将学校组织内每一职位的业务范围、工作程序、行为标准以及学校系统内各科室的职责、科室与科室之间的关系，以规章制度的形式明确下来，使学校内的各项工作有法可依，有章可循。因此，建立科层制的高校管理组织，有利于排除领导者的个人影响，以完善的制度作为组织运作的最高法则，使学校朝着良性的方向发展。

第三节　高校管理体制改革的绩效管理理论

绩效管理是近些年来西方国家推动政府再造的有效工具之一，旨在提高政府机构的效率和公信力。绩效管理对于组织的发展和成功具有重要意义，对于计划、组织、领导、控制、创新等各种管理职能的实现具有重要的引导和推动作用，对于明确组织目标、营造组织文化、形成组织的核心竞争力、调动员工的工作积极性、激发成员的创造性、发挥组织的团队精神等各个方面都具有引发、引导、刺激、推动和促进作用。随着公共部门改革进程的拓展和深入，绩效管理在高等教育领域得到了普遍的适用。在高校这个特殊组织中引入了绩效管理有利于提高高校的综合管理水平和办学效益，有利于促进管理者与教师的交流沟通。

一、高校管理体制改革的绩效管理理论

所谓绩效管理，是指各级管理者为了达到组织目标对各级部门和员工进

行绩效计划制订、绩效辅导实施、绩效考核评价、绩效反馈面谈、绩效目标提升的持续循环过程，绩效管理的目的是持续提升组织和个人的绩效。绩效管理的思想始于绩效评估。20 世纪中后期，研究者在总结绩效评价不足的基础上，拓展了绩效的内涵，并于 20 世纪 70 年代后期提出了"绩效管理"的概念，80 年代后半期和 90 年代早期，随着人们对人力资源管理理论和实践研究的重视，绩效管理逐步成为一个被广泛认可的人力资源管理过程。

现代绩效管理理论大量引入现代管理理论、系统控制理论的基本思想，认为绩效管理应是一个完整的系统，绩效管理的根本目的是传导、实施组织战略，绩效管理系统应该与组织的战略和目标相联系，包括绩效计划、实施、考核、反馈与沟通、结果应用五个步骤的循环过程。从深层次看，现代绩效管理在促成企业价值创造的同时，又建立了企业价值分配的基础，促成员工绩效和素质的不断提升的同时，促成组织业绩和素质的持续改进，实现了组织和员工的双赢。其内涵反映了现代企业管理实践的需要，为企业管理开辟了新的思维空间和运作平台，它不仅是企业战略执行力的强大引擎，而且也成为提高企业的核心竞争力的中心环节和直接手段。绩效管理方法经历了非制度化到制度化的演变。在制度化绩效管理阶段，又经历了从传统的重点突出评价功能的绩效管理方法，到现代的全面关注整个流程的系统化绩效管理方法的进化，即全面兼顾绩效计划、实施、沟通、评估、结果应用等管理环节，与此同时，绩效管理在理念上经历了从单纯实施激励促进绩效，到强化执行力，再到提高核心竞争力的跃升。但无论何种方法，其核心都是对组织或个人绩效的管理控制，其本质是对绩效信息的获取、分析和应用过程，都是管理控制的一般规律。

绩效管理在企业管理中的成功运用，对提高管理效率的显著作用，使我们在进行高校管理时看到了借鉴的必要。但是，高等学校不同于企业，两者性质不同，管理目的不同，运作方式不同，因此绩效的评价与管理也会不同。高等学校的绩效管理是指通过对发展战略的建立、目标分解、业绩评价，将绩效成绩用于高等学校日常管理活动中，以激励干部教师业绩持续改进并最终实现其发展战略目标的一种管理形式。

一般而言，绩效是指"一个组织的成员完成某项任务，以及完成该项任务的效率与效能"①，是效率和效益的总和。效率指投入、产出之比，一般是对物质成果的量化计算结果。在高校中，效率可以包括教学效率、科研效率、管理效率等。教学效率是指教学投入与教学效果之比，科研效率是指科研投入与科研成果之比，管理效率当然是指在管理方面的投入与管理结果、管理水平之比。效益则包括经济效益和社会效益，是指工作或管理的结果和价值。

按照绩效的分类方式，高等学校的绩效，也分为员工绩效和组织绩效。教职员工是学校各项工作的执行者，员工绩效是指教职员工在某一时期内的工作结果、工作行为和工作态度的总和。各部门的绩效是部门在某一时期内完成的数量、质量、效率及赢利状况等，它是部门内所有教职员工的绩效的总和。整体学校的绩效是所有部门绩效的总和。员工绩效与组织绩效既互相区别又紧密相连。一方面，员工的绩效直接影响着组织的绩效，教职员工的绩效管理是绩效管理的重点和基础；另一方面，组织在其运行过程中，其系统结构以及运行机制的合理与否也会促进或阻碍员工绩效的发挥。换言之。教职员工的工作状态与学校的高效运转是相辅相成的，通过绩效管理可以使二者进入良性互动。

因此，我们可以从三个方面概括高校绩效管理的特征。第一，高校绩效管理是实现目标管理的工具。绩效管理以目标管理为基础，具有明确的目标导向性。高校形成总体的绩效目标后，逐层分解为所有部门、学院和教职员工的绩效目标，由此使部门、学院和教职员工的工作目标同学校的战略目标有机地结合在一起。同时，绩效管理尽量通过数字化的分析。体现管理的效益和效率，避免模糊概念，使管理者能对员工和组织的绩效情况一目了然。第二，高校绩效管理是一个综合体系和一个不断提升的过程。绩效管理是一

---

① 杨剑、白云、郑蓓莉:《目标导向的绩效考评》，中国纺织出版社 2003 年版。

个包括若干个环节的系统。如绩效评价、评价反馈、改进与提高绩效的行动和计划。绩效管理不仅强调绩效的结果，而且注重达成绩效目标的过程，通过控制整个绩效周期中员工的绩效情况达到绩效管理的目的。通过绩效管理，发现员工之间的差距，找出员工工作中存在的问题，从而使员工扬长避短，不断进步。在绩效管理中，存在的问题不会长期滞留，而是能得到及时的解决，也就是说绩效管理强调自身的"预警功能"、"修复功能"、"优化功能"，通过绩效管理，持续改进工作绩效。第三，高等学校绩效管理还特别强调沟通辅导及能力的提高，赋予各级管理者人力资源管理责任，真正体现以人为本的精神。绩效管理促使管理者对员工进行指导、培养和激励。以提高员工的工作能力和专业水平。通过绩效管理，促使各级管理者之间、管理者与员工之间进行沟通，增强学校的凝聚力，树立较强的团队精神。

二、基于绩效管理理论的高校管理体制改革

高校的绩效管理注重教职员工的个人成长，体现了以人为本的精神。绩效管理注重的是学校的整体效率和效益，而这正是实现学校的可持续发展、协调发展的关键所在。一个没有绩效的学校是谈不上可持续发展的，也谈不上协调发展。在高校管理体制改革中，人事制度改革是一个关键的环节，其中也集中体现了绩效管理理论的思想。人事制度的改革的目的是提高学校的整体效率，提高办学的效益，同时要实现教职员工的不断进步和成长。

应用绩效管理理论对高校教师进行绩效管理具有重要的实践意义，这是提高学校的员工绩效和组织绩效的最有效方式，也是确保人事制度改革成功的关键。国内虽然有许多学者对于教师绩效考核理论和方法进行了研究，但在总体上没有形成一套科学的理论体系。高校教师绩效管理是把国家对师资的要求具体化、行为化、指标化，制定成科学的教师绩效评价指标体系，评价者根据指标体系系统地收集资料，对影响教师工作质量和水平的各种有效性行为因素进行价值判断和有效的控制，以达到预期的目标，所以高校教师绩效评价的意义不仅在于明确是非，区分工作的优劣程度，更重要的是分析

问题、找出原因、作出选择，对于教育实践活动予以指导，加以控制和调整，寻找改善教育教学工作行为的途径，推进高校人事制度改革的进程。

在高校对教师实施绩效管理，要兼顾学校发展目标与教师个人发展、长期目标与短期目标、定量考核与定性考核、行为与结果有机统一。一是要明确绩效考核目的，鼓励教师积极参与。高校要逐渐将绩效考核由奖惩性绩效考核转变为发展性绩效考核，明确考核的目的是为了提高每位教师的工作业绩，并将这种理念用通俗的语言传达给教师，使他们能够主动参与考核的过程。同时高校要建立合理的绩效管理的流程，绩效管理是一个通过双向持续的沟通来制定并实现组织目标的过程。因此，绩效管理并非只是人事部门的事情，绩效考核、绩效管理的实施主要由院系，甚至教研室来完成，人事部门主要负责考核的流程及方法程序上的建议指导，教师的积极参与是绩效考核有效执行的重要因素。二是要规范考核过程，明确考核职责。在高校教师绩效管理工作中各类人员的职责主要包括三个方面：教师的岗位职责、管理人员的职责和后勤服务人员的岗位职责。三是要重视反馈沟通，考核结果运用多样化。绩效沟通贯穿于绩效管理全过程。信息的不对称和考核过程的不透明将影响绩效管理的效果，因此必须通过适当的沟通和培训使管理人员和教师真正了解绩效管理的目的和作用，以及与他们自身利益密切相关的意义所在。在双向明确的前提下，坚持全过程的沟通，绩效沟通理论才能在实践领域真正得以实行。绩效考核完成之后，其评估结果和其他管理环节相联系，使绩效考核为人力资源其他各环节提供有力的支持，形成整个系统的良性循环。

第四节　高校管理体制改革的人力资本理论

管理作为人类一种特殊的实践活动起源于人类社会成员劳动的集体性、组织性和社会活动过程中相互协调的必要性，它引导个人的个体活动服从于组织制定的共同目标。显然，组织是管理的载体，管理归根结底是对人的管理，人是管理的主体，也是管理的客体，管理的核心问题是人的管理。管理活动中的最核心内容是如何约束人的行为以及激励人的积极性和创造性，从而为组织创造最大的效益。人力资源管理理论作为在企业管理实践中证明了的人才管理理论，其基本思想对今天的高校管理体制改革同样具有指导意义。

一、高校管理体制改革的人力资本理论

1979年诺贝尔奖获得者西奥多·W.舒尔茨是公认的人力资本理论的构建者。1960年，他在美国经济协会的年会上以会长的身份做了题为《人力资本投资》的演说，阐述了许多无法用传统经济理论解释的经济增长问题，提出人力资本是当今时代促进国民经济增长的主要原因，开辟了关于人类生产能力的崭新思路。他认为，物质资本指物质产品上的资本，包括厂房、机器、设备、原材料、土地、货币和其他有价证券等；而人力资本则是体现在人身上的资本，即对生产者进行教育、职业培训等支出及其在接受教育时的机会成本等的总和，表现为蕴涵于人身上的各种生产知识、劳动与管理技能以及健康素质的存量总和。其后，经过多位西方经济学家的丰富和发展，形成了较为完整的人力资本理论体系。人力资本理论认为：人力资源是一切资源中最主要的资源，在经济增长中，人力资本的作用大于物质资本的作用；人力资本的核心是提高人口质量，教育投资是人力投资的主要部分；教育投资应以市场供求关系为依据，以人力价格的浮动为衡量符号。人力资本理论深刻阐述了人力资源对于经济社会发展的重要性，教育对人力资源发展的关键性，诚如我国古语所云"致天下之治者在人才，成天下之才者在教化"。

随着教育经济学和教育管理学的不断发展，人力资本理论在高等教育管理中也日益显示出其重要作用，从而引起了对高校人力资源管理的思考。高校人力资本泛指高校中从事教学、科研、管理和后勤服务等方面工作的教职工总体所具有的劳动能力的总和。可以将高校人力资本大致划分为三个方

面：管理者人力资本，即指行政管理人员，也叫决策者的人力资本，其中典型代表是校领导的人力资本；直接生产者人力资本，主要包括教师和科研人员，这是学校中存量最大、价值最高的人力资本，如何通过行政部门制定一系列方针、政策、规范、制度和措施，对教师和科研人员进行选拔、调整调配、培训考核、晋升工资等，逐步提高福利待遇和进行奖惩，是高校人力资本管理的重点；间接生产者人力资本，主要是指后勤服务人员和教辅人员，随着高校后勤社会化改革的推进，这部分人力资本的重要性逐渐减弱。高校人力资本的主体作为具有较高文化教育背景和良好素质的群体，除具有一般人力资本的特征外，还另有其特殊性，主要表现在：高校人力资本在质和量两个方面都极为丰富，在日新月异的高科技发展和社会信息化的趋势中，高素质、高水平的教师是办好学校的根本；高校人力资本具有极强的主观能动性，知识分子所追求的高层次精神需求占据重要地位；高校人力资本具有极强的潜在流动性，高校教师在市场经济体制下依靠自身人力资本丰富的储备，具有很大的优势和较强的竞争力；高校人力资本具有个人需求的多样性，主要表现在对个人自由和事业独立等方面的各种追求及对自我价值实现的满足等，因为高校教师的学术劳动力（教学和科研群体）本身具有很强的独立性和自我意识，在时间和意志等方面享有很大程度的自由。

高校人力资本管理是高校管理的一个重要的方面，是指通过制定并实施一定的规则，形成激励与约束机制，促进组织内部人力资本使用效率的最大化，进而实现人力资本与知识和技术创新产品价值最大化目标的活动与过程。在运行中要把握好下列原则：第一，公开竞争原则。在机构和人事制度改革中，教育部提出高校要推行"教师聘任制和全员聘用合同制"，总的原则是按需设岗、公开招聘、平等竞争、择优聘任、严格考核、合约管理，把对职工的身份管理转向岗位管理。这样既可以保障教职工的合法权益，也有利于学校事业的发展，促使高等学校作为一个生产人力资本的"企业"，提高其生产水平和产品质量。第二，自由自主原则。在社会主义市场经济条件下，人事制度改革的最终目标就是要建立人力资本的自由流动机制，而这种自由流动机制必然是建立在人力资本所有者与人力资本需求者之间的平等的法权关系和经济关系之上，逐步强化合约约束机制。由于高校对人力资本需求的质量和层次均高于一般物质资料生产组织对人力资本的需求，所以在获得人力资本时必须与所有者进行自由、平等交易。第三，市场定价原则。在社会主义市场经济体制逐步完善的过程中，人力资本的投资、生产配置和使用也正在实现市场化。高校要想获得更高的固有价值和使用价值的人力资本，必须坚持市场定价原则，向人力资本所有者提供具有市场竞争力的报酬和其他福利待遇。前几年高校大量人力资本流失也与我们违背这一原则有关。第四，激励使用原则。人力资本价值的发挥很大程度上是由自身的潜能决定的，这种潜能的发挥程度与激励有很大的关系。因此，在高校人力资本管理上要适时使用表扬和鼓励，将精神奖励和物质奖励相结合，以精神奖励为主。实事求是地在本校树立各方面的典型人物，作为大家学习的榜样。同时要实行优胜劣汰，改变传统的人力资本管理观念，克服过去那种接收人力资本时先考虑好管不好管，再看有多大本事的错误观念，要不断吸纳和接收有更大使用价值的人力资本，并及时淘汰不称职的人力资本。

根据上述学校人力资本管理原则，合理选用和配置高校人力资本需首先转变观念，按市场经济运行规则运作，才能取得最佳效果。在实际运作中，还需建立有效的质量与效率评价制度和交叉配置制度。同时，由于高校的人力资本的管理工作性质具有高度的复杂性，既难以量化，又难以评定价值，更难以衡量劳动的效率，所以建立有效的质量和效果评价制度是非常必要的，也是高校提高人力资本管理质量的必要条件。

二、基于人力资本理论的高校管理体制改革

人力资本是经济发展的要素，高校作为人力资本的高地，在高等教育日益面向市场经济的条件下，高校管理体制改革中的人事制度改革应在有利于学科和师资队伍建设的前提下，逐步改变原来的纯行政事务型的管理运作形式，创新机制，转换观念，加快实现高校人事管理向人力资源管理的转变。

第一，努力转变人才管理观念。现代人力资源管理的方向是将传统的经验型、行政型管理转变到科学化、标准化、规范化的轨道上来，管理观念要符合现代"以人为本"管理思想的要求。首先确立人在管理中的主导地位，在尊重教职员工自主性、劳动的特殊性的基础上，协调教职员工个人发展目标与学校整体发展的关系，增强教职员工对学校的归属感和为学校服务的责任感。继而围绕调动人的积极性、主动性、创造性去展开管理的一切工作，充分开发人才资源，使高校的各级各类人才适其位、用其能、献其智，最大限度地在办学治校中发挥作用。

第二，建立健全人才竞争激励机制。竞争激励能够激发人的创新创造欲望，激活人才的创新创造潜能；竞争激励可以实现人才的优胜劣汰，保持人才队伍的良性循环。在选拔、使用、实施奖励的过程中，做到公开、公平、公正，建立一套科学、公正的制度化、规范化的测评标准，切实做到人尽其才。要建立一套科学严格的各级各类人员各方面的工作有效的绩效考核，增加透明度并加强反馈。要注重物质激励与精神激励相结合。在两者结合的基础上，把重心转移到以满足较高层次需要，激发人才开拓进取，鼓励人才勇于创新，不断追求开拓创新、实现自我价值。

第三，推行合理的人才流动机制。高校要适应市场经济发展的要求，打破封闭的管理模式，建立以市场为导向的人力资源管理机制，强化人才流动服务职能形成高校内部人力资源市场和外部市场统一的人力资源市场体系。首先，坚持客观、公正、机会均等的原则，使人才得以合理流动，逐步建立人才资源科学配置机制。其次，对待聘、落聘富余人员可通过学校人力资源管理部门与所在地政府人才交流机构形成的网络。在学校之间、地区之间进行流动，也可由所在地政府人事部门所属的人才交流机构实行人事代理，政府人事部门所属的人才交流机构应积极为高校人才的流动提供服务。最后，对后勤服务机构人员，按市场经济运行体制，采取社会化开发策略。

第四，营造良好的工作环境。良好的工作环境不仅包括良好的办公环境，还包括良好的人际关系所创造的工作氛围，后者可能更为重要。管理既具有艺术性又具有科学性的二重性特征，决定了管理技术的二重性，即软管理和硬管理。在软管理和硬管理相结合，软管理占主导地位的情况下，人们会向受鼓励的方向发展，会在自己尊敬和喜欢的人面前表现得更好，会在和谐、高尚的氛围中完善自己。轻松、和谐的工作环境有利于教职员工创造性劳动，有利于创造力和潜力的发挥。在管理过程中，围绕学校的办学目标合理规划，确定整体性人力资源开发战略，尊重人才，尊重知识，营造良好的人才成长环境。要建立合理的人才引进、培养、使用、流动的运行机制，鼓励人才参加竞争，为优秀人才的脱颖而出创造条件。

第五节　高校管理体制改革的服务型组织理论

建设服务型政府，是近年来各级政府实践"三个代表"重要思想，落实科学发展观，构建和谐社会的有益探索和重要实践，是我国行政管理改革的目标选择。服务型政府是指在公民本位、社会本位理念指导下，通过法定程序，按照公民意志组建起来的，以为公民服务为宗旨并承担着服务责任的政府。[1] 是把为公众服务作为政府存在运行和发展的根本宗旨的政府。[2] 高校管理有着类似于政府行政管理的性质，服务型高校管理亦应成为高校管理体制改革的目标选择。

一、高校管理体制改革的服务型组织理论

"服务行政"一词最早见于德国行政法学家厄斯特·福斯多夫发表于1938 年的代表作《当成是服务主体的行政》一书。[3] 在国内，"服务行政"

---

① 胡锦涛：《高举中国特色社会主义伟大旗帜为夺取全面建设小康社会新胜利而奋斗——在中国共产党第十七次代表大会上的报告》，人民出版社 2007 年版。
② 《公民道德建设实施纲要》，《人民日报》2001 年 10 月 25 日。
③ 张书克：《"服务行政"理论批判》，《行政法学研究》2002 年第 2 期。

思想的提出至少可以追溯到 20 世纪 90 年代初。当时，台湾学者陈新民在《公法学札记》一书及其他一些相关文章中对福斯多夫提出的"服务行政"概念进行了介绍与解读。① 大陆的一些学者此时也开始意识到建立服务行政的必要性。陶学荣认为，要不断创新行政体制，增强其适应性，使之适应人民群众、社会组织和企业单位不断增多的对政府行政服务功能的需要。② 崔卓兰也提出要将政府的"管理"和"服务"融为一体，树立"管理即是服务"的思维模式。③ 从此，公共行政将走向服务行政逐步成为学术界的共识，一些学者开始对"服务行政"的内涵与特征进行更深入的探究。沈荣华指出，可以从观念、功能、本质这三维角度来考察服务行政的内涵结构。从观念上讲，服务行政应以社会公众的需求为出发点，确立亲民意识和责任意识；从功能上讲，服务行政就是要转变政府的角色，使政府成为公共服务的供给者，要以出于公心、服从民意、设身处地为人民着想、努力提高服务质量为己任；从本质上讲，服务行政应以人民为主体，使政府充分发挥社会公共事务的服务性功能。④ 张康之教授在《限制政府规模的理念》一书中提出了"服务型政府"的概念，"限制政府规模的问题必须在政府类型的根本变革中才能得到解决，那就是用服务理念取代传统的统治理念和近代以来的管理理念，建立起服务型的政府模式。""服务型的政府也就是为人民服务的政府，用政治学的语言表述是为社会服务，用专业的行政学语言表述就是为公众服务，服务是一种基本理念和价值追求，政府定位于服务者的角色上，把为社会、为公众服务作为政府存在、运行和发展的基本宗旨。"⑤ 刘熙瑞对服务型政府的界定是："服务型政府是在公民本位、社会本位理念指导下，在

---

① 程倩：《"服务行政"：从概念到模式——考察当代中国"服务行政"理论的源头》，《行政学研究》2005 年第 5 期。

② 陶学荣：《建设与市场经济相适应的行政体制的思考》，《南昌大学学报》（社会科学版）1993 年第 3 期。

③ 崔卓兰：《行政法观念更新试论》，《吉林大学社会科学学报》1995 年第 5 期。

④ 沈荣华：《论服务行政的法治架构》，《中国行政管理》2004 年第 1 期。

⑤ 张康之：《限制政府规模的理念》，《行政论坛》2000 年第 4 期。

整个社会民主秩序的框架下，通过法定程序，按照公民意志组建起来的以为公民服务为宗旨并承担服务责任的政府。它把为社会、为公众服务作为政府存在、运行和发展的基本宗旨。"①

　　自20世纪70年代以来。政府行政管理体制改革逐渐成为世界性的热点问题。虽然不同国家在政府改革理念上各有各的侧重点，但提高公众服务质量是各国政府共同追求的改革目标。由管理行政转向服务行政成为21世纪世界各国公共行政改革的重要趋势。在这一趋势的影响下。我国政府也明确提出了构建服务型政府的改革目标。2005年，国务院总理温家宝在第十届全国人大三次会议上所做的政府工作报告中指出，我们应努力建设服务型政府，创新政府管理方式，寓管理于服务之中，更好地为基层、为企业和为社会公众服务，政府的主要职能是经济调节、市场监管、社会管理和公共服务。这是我国国家领导人第一次正式提出服务型政府的概念。2006年3月，我国政府制定的《国民经济和社会发展"十一五"规划纲要》，明确提出，加快建设服务政府、责任政府、法治政府，它标志着服务型政府已经成为中国行政体制改革的目标选择。2007年党的十七大再次提出"加快行政管理体制改革，建设服务型政府"。

　　高校作为社会的重要组成部分，其行政管理模式必将受到社会行政管理体制的影响，在中央明确提出要完善公共服务体系，强化社会管理和公共服务，加快行政管理体制改革，建设服务型政府的观点之后，"服务型高校管理模式"也应运而生。必然要求高校管理体制摒弃原有落后模式，改变传统观念，采用更科学先进的行政管理模式，不断强化服务职能，提高自身服务能力和水平，以"服务"为中心，建立服务型高校行政管理模式，这同时也是我国高校管理体制改革的重要内容之一。服务型高校行政管理模式从管理观念上看，管理者将自身定位在服务者的角色上，普遍树立以人为本的理

---

① 刘熙瑞：《服务型政府：经济全球化背景下中国政府改革的目标选择》，《中国行政管理》2002年第7期。

念，具备较强的服务意识，把为广大师生员工和其他相关利益者服务视为行政机构的基本宗旨；从管理职能上看，为师生员工等相关利益者服务成为行政部门的首要职能，高校行政机构根据相关需求提供全面而周到的服务，并重视提高服务质量；从管理方式上看，高校管理部门改变行政命令式的工作方式，尊重广大师生员工和其他相关利益者，重视其需求和意见，以平等的姿态为相关方面提供服务；从服务对象上看，高校承担着人才培养、科学研究和社会服务三大功能，这也就决定了高校行政部门基本的服务对象是学生、教研人员以及与学校合作的相关社会机构，他们的愿望和需求构成了学校行政管理活动的出发点和归结点。由此，我们认为可以这样定义高校服务型行政管理模式：高校行政部门以师生员工等相关利益者的需求为导向，以提供优质服务为首要职能，通过完善的服务制度和服务体系为师生员工及其他相关利益者提供高质量服务的一种管理模式。

服务型高校行政管理是一种不同于以往行政模式的新型管理模式，这种管理模式具有五个方面的特征：把服务作为核心价值观和行政管理机构的首要职责，把为师生员工和社会服务作为学校管理的出发点和归宿，具有服务性；倡导并实践尊重与平等的伦理观，尊重每个个体，强调人人平等，具有平等性；注重提高相关利益者在学校管理和决策活动中的民主参与程度，让其广泛参与到学校发展与建设中来，具有民主性；建立科学有效的沟通回应机制，学校行政部门与师生员工及社会服务对象之间能够保持畅通无阻的有效沟通与交流，具有回应性；学校行政部门及时向师生员工、家长及其他相关利益者公布相关工作信息，使决策和管理活动更加透明和公正，具有透明性。

二、基于服务型组织理论的高校管理体制改革

新公共管理运动提出的"政府的管理职能应是掌舵而不是划桨"、"政府应广泛采用授权或分权的方式进行管理"的思想，给高校内部行政管理改革提供了一种新的思路。构建服务型行政管理体系是高校管理体制改革的重

要方向，同时也是一项涉及管理理念、体制机制、组织机构等诸多方面的系统工程，它不同于以往行政模式的新型管理模式，这就要求在高校管理体制改革过程中要借助服务型政府理论树立服务观念，完善制度体系、组织体系和保障体系，提高内部行政管理的效率。

第一，树立服务观念。服务型政府的核心理念在于政府要摆正自己的位置，树立为人民服务的思想。在高校管理体制改革中要正确处理好"管理"与"服务"的关系，培育并形成以服务为核心的管理理念。首先，要树立以人为本的理念。坚持"教育以育人为本、以学生为主体，办学以人才为本、以教师为主体"的原则，把师生员工的全面发展作为学校发展的核心目标，尊重和依靠广大师生员工，充分激发和调动师生员工的积极性、主动性和创造性。其次，要强化"管理即是服务"的意识。把服务视为管理的核心要素，把为师生员工和其他相关利益者服务作为学校的首要工作来做，将服务水平作为评价学校管理水平的核心指标。最后，要树立"管理意味着责任"的观念。高校行政部门的首要职能是服务，服务就意味着要对服务对象负责。因此，要大力加强管理者的责任意识，努力构建责任型高校行政管理机构，行政管理人员要主动关注师生员工的利益诉求，对师生员工、家长和其他相关利益者负责。

第二，完善制度体系。推进高校管理体制改革，建立服务型的高校行政管理模式，制度建设是基础。一是要完善科学民主的决策制度。不断完善重大事项集体决策、专家咨询、决策评估等制度，使决策更加科学化、规范化和专业化。涉及学校发展重大问题和师生员工切身利益的决策，应充分听取广大师生干部、家长及其他相关利益者的意见与建议，提高相关利益者的参与度，接受相关人员与组织的监督；建立健全决策后评价、反馈纠偏和问责等制度，及时发现并解决决策中存在的问题，减少决策失误。二是要完善沟通与回应机制。建立和完善学校行政机构与师生员工、家长及相关合作者对话的沟通机制，确保双向沟通的及时性和有效性，使学校行政部门能够准确了解师生、家长等相关利益者的愿望和需求。建立科学有效的回应机制，积极主动地回应相关利益者的诉求，确保其合理需求得到有效满足，其反应的问题得到及时有效的解决。三是要完善服务评价和监督制度。建立科学合理的服务评价制度，对行政部门的服务内容、质量与方式进行有效监督和控制。加强内部监督，健全监督制度，使行政管理工作在有效监督下开展。四是完善校务公开制度。推行阳光行政，努力建设透明式机关。既要公开工作结果，又要公开工作过程。要大力推进校务公开信息化建设，提高校务公开的信度和效度。

第三，健全组织体系。高校服务型管理组织体系有三方面的核心要素：扁平化的学校组织结构、弹性化的学校组织运行机制和专业化的组织成员。构建服务型学校管理模式要求进行组织体系的变革。建立简约化和扁平化的组织结构，形成弹性化的运行机制，同时要加强管理人员队伍的专业化建设。一要建设简约化和扁平式的组织结构。扁平化组织具有管理层次少、管理费用低、信息传递速度快、信息失真率低、管理跨度大等特点。既能提高组织工作效率和应变能力，又能激发和调动广大教职员工的积极性和创造性。应调整组织结构设计方案，改变传统多层级的直线式组织结构，减少过多的中间层机构和中层行政职位，使行政组织实现简约化和扁平化。同时，适当增设综合性服务机构，设计并建立科学合理的横向组织框架。不断完善横向组织机构。二要建立弹性化的运行机制。弹性化的运行机制能够有效提高行政部门的灵活性和应变能力，从而更好地处理突发事件，完成特定的服务目标。为此，可考虑实行弹性化的项目管理机制，即围绕相关工作任务，集合在不同部门、具有不同知识和技能的工作人员。形成目标明确、结构合理、协调一致的专门任务团体或日常工作团队，共同完成相关工作。待任务结束后团体成员各回各处。三要加强管理人员队伍专业化建设。服务型管理强调学校行政部门要向学生提供优质的教育服务，为教师和科研人员提供良好的教学科研服务，并不断推动学校的社会服务工作，这就要求学校管理人员要具备较高的专业素养和专业技能。因此，要大力推进管理人员队伍专业化建设，确保其能够提供专业化、高质量的管理服务。

　　第四，构建保障体系。服务型行政管理体系的建设，要求学校具备良好的保障条件，如充足的办学资金、良好的管理运行条件等。一是完善多元化投融资体系，不断拓宽办学资金来源，大力增加办学资金，为服务型行政管理提供良好的资金基础。二是加强数字化校园建设，充分利用信息技术、网络技术等先进技术手段改善学校管理运行条件，提高服务效率，建立完善网络服务平台，为教学服务。在服务型政府的建设中，政府电子政务系统、行政服务中心成为服务型政府建设的排头兵，对改善政府服务，方便人民群众起到重要作用。高校由于技术、观念的优势，电子服务平台的建设已初具规模，但出发点大多是为了改善管理而非加强服务的，许多平台不能满足学生和教师的要求。三是建设"一站式服务大厅"。为广大师生员工提供便捷、高效的服务。

第五章　高校管理体制改革的实践——以河南农业大学为例

　　河南农业大学的前身是 1912 年成立的河南公立农业专门学校，经过近百年的建设与发展，学校已发展成为以农为特色和优势，理、工、经、管、文、法、医、教等 9 大学科门类协调发展的多科性大学。学校现有 19 个学院和 1 个独立学院；有 1 个一级国家重点学科，2 个二级国家重点学科，15 个省（部）级重点学科；有 18 个国家级、省部级研究中心（基地、重点实验室），1 个省级博物馆，1 个国家级实验示范中心；有 3 个博士后科研流动站、1 个博士学位授权一级学科、19 个博士学位授权二级学科（含自主备案），11 个硕士学位授权一级学科、65 个硕士学位授权二级学科（含自主备案），46 个本科专业。学校现有教职工 1765 人，其中专任教师 1054 人，有双聘院士 8 人、教授 124 人、副教授 303 人；有全日制本科生 15729 人、士生 1267 人、博士生 91 人、留学生 17 人；继续教育学生 4310 人。学校现拥有国家级特色专业 2 个、省级特色（名牌）专业 7 个、国家级精品课程 2 门、省级精品课程 12 门、国家级教学成果 6 项、省级教学成果 49 项、国家级规划教材 97 门。近三年来，学校连续主持承担了"十五"、"十一五"国家科技支撑计划重大项目"粮食丰产科技工程"，主持承担"863"计划项目、国家自然科学基金项目、国家社会科学基金项目等科研项目 890 项，到账科研经费 14050 万元，获省部级以上奖励 200 多项。

　　河南农业大学作为河南唯一一所本科高等农业院校，横跨高等教育和农业，具有很强的行业性和发展的特殊性，始终把致力于服务地方经济和社会发展，特别是服务"三农"、服务现代农业发展作为办学的主要方向，将培养一流的农业高层次人才、创造一流的农业科技成果、提供一流的农业科技服务作为办学的重要职能。经过不懈的努力和不断改革，学校已发展成为河南高级农业人才的培养基地，农业科技创新的依托基地，农业高新技术的孵化基地，农业发展战略的研究基地。面临新形势和新任务，学校进一步明确了把河南农业大学建设成为全国一流农业大学的奋斗目标，学校的各项事业逐步走上了全面协调可持续发展的快车道。在河南省高校中，河南农业大学第一个具有一级国家重点学科，第一个具有一级博士学位授权学科，第一个具有国家级工程技术研究中心，第一个获得全国优秀博士学位论文提名奖，第一个获得国家级本科精品课程，第一个获得教育部本科教学工作水平评估优秀。1998年以来，学校毕业生考取公务员和基层选调生人数均居全省高校首位，最高时占全省录用人数的46.8%，参加国家和地方志愿者服务基层项目（毕业生志愿服务西部、服务我省贫困县、参加"三支一扶"）人数均居全省高校第一。学校还先后获得"全国普通高校科研管理工作先进集体"、"河南省文明单位"、"河南省高等学校先进党委"、"河南省组织工作先进单位"、"河南省为人师表、育人楷模先进单位"、"河南省高校后勤社会化改革先进单位"、"河南省毕业生就业分配先进单位"等多种荣誉称号，连续18年被中宣部、教育部、团中央授予全国大学生社会实践先进单位。

第一节　河南农业大学管理体制改革的概况

随着社会主义市场经济体制的建立和完善，高等教育逐渐步入了飞速发展的"黄金发展期"，高校呈现出规模大、学生多、院系多、学科差异明显等特点。传统办学体制中"高度集中、高度统一"的管理方法，已经难以适应高校的改革和发展，造成了高校内部行政机构臃肿，人浮于事，教学科研人员比例低；经费紧张，人员经费比重大，缺乏财力投入教学科研；思想观念落后，存在着"大锅饭"、"等靠要"等思想，脱离社会和实际，严重影响了学校办学质量的提高和办学实力的增强。

1992年，河南农业大学乘小平同志南方谈话的东风，为使学校步入事业发展的快车道，开展了一系列深化内部管理体制改革的讨论活动，进一步统一了思想、明确了方向，坚定不移地走上"以改革创新求发展"的道路。学校在认真分析经济社会发展背景和高等教育发展趋势的基础上，认为学校内部实行的以职能处室为主体的行政化、集权制管理，学校管理太宽，对学院统得过死。一方面，学校机关各职能处室分别掌管着学校的人、财、物分配权，掌握着一切事务的决定权；院部处于学校各项工作的第一线，作为学校教学科研工作的主体和实体，只有完成学校下达各项任务的责任，缺少履行责任的权力。另一方面，学校内行政机构设置小而全，又缺少宏观调控能力，学院在办学过程中，在完成学校下达的任务过程中，一件事要呈报多个部门，甚至校长出面才能解决，大大影响了学院办学积极性的发挥，阻碍了各级办学效益的提高。因此，改革与创新内部管理体制显得日益迫切。

作为河南省本科院校内部管理体制改革的先行者，河南农业大学既是河南省学分制改革的试点学校，又是人事分配制度和后勤改革的试点单位。1992年，学校以人事制度改革为突破口，开始推进校内管理体制改革，将聘任权下放给学院，全校开始全员聘任。1999年，以财务管理体制改革为核心，探索建立并不断完善以人事、财务为主要标志的校院两级管理体制，实施了"院为主体，权责明晰，一级核算，两级管理"的财务管理体制。之后，学校开始了以校院两级管理体制为主体，全面推进干部聘任、人事分配、教育教学、科研管理、财务管理、校办产业、后勤社会化等校内管理体制改革，加强宏观调控，下移管理中心，实行了两级管理、院为主体的办学管理体制，形成了充满生机和活力的运行机制。

党和国家领导人对学校的改革与发展十分关心和支持，对学校管理体制改革以及由此取得的办学成绩高度评价。中共中央政治局常委、国务院总理温家宝同志曾对学校创造的"企业＋科技＋基地"技术推广模式作出重要批示。中共中央政治局常委李长春同志在豫任职期间多次视察学校，赞扬学校在河南高校中与河南经济建设结合得最为紧密，对河南农村从逃荒要饭到吃大米白面作出了突出贡献。中共中央政治局常委、国务院副总理李克强在河南工作期间，亲临学校视察，高度赞扬学校把科技推广与行政体系结合起来，在实现农业现代化的进程中发挥了重要作用。李岚清在任中共中央政治局常委、国务院副总理期间连续两次视察学校时说，河南农大后勤社会化改革迈出这一步很不容易，取得了很大成绩，今后要继续深化这方面的改革，继续为河南经济的发展作出特殊的贡献。陈至立、陈奎元、李铁映、姜春云、布赫、王文元等党和国家领导人，教育部、农业部、财政部、科技部等部委领导曾先后来学校视察指导工作，社会也给予了学校的广泛认可和高度的评价。对于河南农业大学的发展，省委省政府高度重视，在2008年省委、省政府一号文件中明确提出："支持河南农业大学向全国一流水平迈进。"

在提出改革思想之初，河南农业大学的管理层就根据自身的实际情况制定了完整的改革战略。对改革的成功提供了方向性的指南。改革的总体目标是：到2010年，把学校建设成为以生命科学为基础，以农业科学为核心，学科布局合理的多科性教学研究型大学。学校综合实力保持河南高校前列、全国省属农业院校先进行列，优势和特色学科居全国农业院校先进水平。到2020年，把学校建设成为以生命科学及其相关基础学科为先导，以农业科学为优势，特色明显，多学科协调发展的多科性教学研究型大学，学校综合实力居全国农业院校前列。改革的战略指导思想是：**薪酬激励战略**。在教学科研行政等岗位设置上，实行按需设岗、动态管理；在人事管理制度上，实行合同管理、严格考核；在薪酬体制改革方面，总方针是多劳多得、优劳优酬、兼顾公平；**合理授权战略**。原有的学校管理体制是校长负责制，权力高度集中于校级管理层，造成了管理体制僵化，组织灵活性不够的局面。为了发挥院级的自主性与积极性，河南农业大学决定对院级进行授权，提高院级的管理权，建立统分结合、两级管理、责权明晰的管理体制；**学科增长极战**

略。针对河南农业大学各学科发展不均衡的情况，管理层决定以优势学科带动其他学科，提升学校核心竞争力，总目标是把核心学科做大做强，并带动相关学科发展壮大。学校采取有效措施，实施学科集群建设，发挥核心学科的带动作用，强化相关主干学科和基础学科的支撑作用，实现学科协同发展。促进各类学科方向融合、人员协作、资源共享、机制创新，不断衍生和培育新的学科集群；**干部管理战略**。我校坚持不懈地深化干部管理体制改革，着重加强干部选拔任用机制、竞争激励机制、考核评价机制和监督约束机制建设，努力营造人才辈出的良好环境，推进干部工作的科学化、民主化、制度化。在干部选拔任用机制上，遵循的原则是公开平等、规范有序；在干部竞争激励机制上，遵循的原则是优胜劣汰、能上能下；在干部考核评价机制上，遵循的原则是科学合理、客观公正；在干部监督约束机制上，遵循的原则是监督有力、纪律严明。

第二节　干部管理体制改革

坚持干部管理体制改革，是加强领导班子建设和干部队伍建设的一项治本之策。早在1992年，河南农业大学通过认真学习党的十四大和邓小平同志南方谈话精神，深刻认识到作为一所具有几十年办学历史的高等农业院校，有许多加快发展的基础和优势，但也存在着一些不利的因素，问题的关键在于长期以来形成的干部队伍严重老化，能上不能下，缺乏公平竞争的激励机制等弊端，致使干部队伍缺乏生机和活力，影响了事业的发展。这一根本问题不解决，学校就不可能快速发展，就不会有希望，而要从根本上解决这一问题，唯一的出路就是改革现行干部体制中与学校科学发展不相适应的地方。为此，自1992年以来，学校坚持不懈地深化干部管理体制改革，着重加强干部选拔任用机制、竞争激励机制、考核评价机制和监督约束机制建设，努力营造人才辈出的良好环境，推进干部工作的科学化、民主化、制度化。经过几年来的探索和实践，目前学校基本形成了平等竞争、能上能下、优胜劣汰的干部管理机制，干部队伍充满了生机和活力，为学校近些年全面深化改革、快速发展和政治稳定提供了强有力的组织保障。

一、建立健全公开平等、规范有序的干部选拔任用机制

建立健全干部的选拔任用机制，是高校深化干部管理体制的一项重大改革，也是一项政策性强、涉及面广、难度大的工作。河南农业大学从1992年就开始对行政处级干部实行定期换届聘任制，每届任期三年，到目前为止已经连续五次进行了换届。通过实行行政中层干部聘任制，从制度上打破干部领导职务终身制，改变了一纸任命定终身的做法，使一大批德才兼备的年轻干部脱颖而出，形成了干部职务能上能下，调整交流能进能出的用人机制。

1. 行政处级干部聘任制

实行行政处级干部聘任制，是学校干部选拔任用体制的一项重大改革，也是一项政策性强、涉及面广、难度大的工作。1992年以来，学校为了进一步建立干部的自我约束和激励机制，在实行机构改革和"定编、定岗、定员"的基础上，按照"公开、平等、竞争、择优"的原则，实行了行政处级干部聘任制，实施合同聘约管理，逐步建立和推行以面向社会、公开招聘、平等竞争、择优聘用、合同管理为原则的聘用制度。学校党委专门研究制定了《河南农业大学干部聘任制实施细则》、《河南农业大学行政处级领导班子任期目标考核和换届聘任工作的意见》等一系列文件，明确了干部聘任工作的指导思想、考核内容、考核与聘任的方法步骤、有关政策及组织领导等问题。在行政处级干部的聘任过程中，采取校院两级聘任的办法，即学校聘任学院及职能部门中层干部，学院及职能部门中层干部聘任科级以下干部，聘期一般为三年，专职处级干部在同一职位上连续任职一般不超过两届，专业技术处级干部（"双肩挑"干部）在同一职位上连续任职一般不超过三届。行政处级干部聘任制的实施，解决了干部管理中长期存在的能上不能下、能

进不能出、干好干坏差不多的弊端，创造一个公开、平等、竞争、择优的用人环境，逐步打破干部人事管理中的身份界限，把现行的"身份"管理逐渐过渡到岗位管理，真正调动了干部的积极性和创造性。

为了保证聘任制的顺利实施，学校规定了干部聘任制的工作程序，共分为14个步骤：第一步，个人报名。允许符合任职条件的干部每人选报两个岗位，从而在干部的选配中，既坚持干部标准，又充分考虑到干部个人的意愿，了解每位干部的想法，作为干部配备的参考。第二步，领导班子总结工作，领导成员述职。各学院和机关处（室）的处级领导班子和每个领导成员，根据完成任期目标和自己在任职期间的德、能、勤、绩、廉五个方面的要求，在本单位教职工大会上进行总结和述职。机关处（室）的总结和正职人员的述职，在全校科以上干部会上进行。第三步，民主测评、民主评议和民主推荐。述职后，与会人员填写民主测评表，对述职的干部作出优秀、称职、基本称职、不称职的综合评价，并民主推荐下一届处级干部人选。第四步，公布处级岗位职务和职数。公布全校各单位处级（正、副职）领导岗位职务、职数和公开竞岗的职务、职数。第五步，领导推荐。校级领导推荐分管部门的正处职人选。推荐以书面形式报党委组织部。第六步，提出和确定考察对象。党委在民主测评、民主推荐和公开竞岗的基础上，集体研究确定考察对象，并在考察对象所在单位发布考察预告。第七步，组织考察。按照《党政领导干部选拔任用工作条例》及有关规定，党委组织考察组，采取分层次个别谈话的方式，对现处级领导班子、班子成员及拟提拔对象进行全面考察，重点考察拟提拔对象，并形成考察材料。第八步，酝酿提名。党委主要领导成员根据民主测评、民主评议、民主推荐、公开竞岗和组织考察的情况，征求主管领导意见，并与党委其他成员进行充分酝酿，经书记办公会研究提出各单位行政正职和党群系统调整补充的正处级干部人选。第九步，讨论拟定正处级干部人选。党委根据以上综合情况，讨论研究拟定各单位行政正职和党群系统调整补充的正处级干部人选名单。第十步，任前公示。拟任人选确定后，按有关规定公示拟提拔任用的正处级干部人选，受理群众反映和举报并调查核实。第十一步，决定任用正处级干部人员名单。党委组织部汇报公示结果，公示结果不影响任职的，党委会决定任用，然后按规定程序任命或聘任，并向全校公布。第十二步，提名、拟定副处级干部人选。党委组织部在充分征求受聘的行政正处级干部与同级党组织主要负责人意见的基础上，对照干部选拔任用条件和聘任职位的有关要求，依据民主推荐和组织考察情况提出行政副处级人选，报党委研究拟定。同时，党委组织部与有关领导酝酿提名党群系统调整补充的副处级干部人选，报党委研究拟定。第十三步，任前公示。拟任人选确定后，按有关规定公布拟提拔任用的副处级干部人选，受理群众反映和举报并调查核实。第十四步，决定任用副处级干部人员名单。党委组织部汇报公示结果，公示结果不影响任职的，党委会决定任用，然后按规定程序任命或聘任，并向全校公布。

2. 任期目标责任制

围绕学校的总体目标，实行任期目标责任管理，是转变高校运行管理机制，提高教育质量和管理水平的重要举措。为了进一步深化学校干部干部管理体制改革，加强各级领导班子和干部队伍建设，最大限度地调动各级干部干事创业的积极性、主动性和创造性，学校在实行行政处级干部聘任制的同时，还在干部管理中引入竞争和激励机制，推行目标管理，实施任期目标责任制。

一是制定科学的岗位任期目标。岗位任期目标一般包括各个单位的总体岗位目标和责任到人的个人岗位目标两部分。围绕学校发展战略规划和"十一五规划"的总体任务和目标，结合各单位的实际情况，制定任期内的总体岗位目标和分项岗位目标，并将分项目标进一步分解为各级干部的个人岗位目标，形成完整的目标系统，进而组织协调全校各方面的力量，并以具体目标的达成度来评价所属成员的贡献，以总体目标的实现情况来衡量自己的政绩。在总体岗位目标的设定上，要着重体现学校事业发展的总体要求，体现一个单位年度工作的总体任务；在个人岗位目标的设定上，要突出以人为本，综合考虑干部个人的能力素质，坚持从实际出发，努力做到三个结合：一是先进性与可行性结合；二是整体性及层次性结合；三是定量与定性结合。

二是逐级签订任期目标责任书。在制定科学的岗位任期目标之后，逐级签订任期目标责任书，党委书记代表党委任命党群处级领导班子成员，并与各新任命班子签订任期目标责任书；校长聘任行政处级领导班子成员，并与各新聘任班子签订聘期目标责任书。目标责任书按目标分解情况，明确各部门、各成员应承担的目标责任，以及实施过程中处置问题的权力，解决好权责统一问题，形成一个自上而下，逐级授权，自下而上，逐级负责的管理体系。

三是实行干部任期责任目标与岗位津贴捆绑制度。党委对全校处级干部考察、任免，对上岗资格进行决定和把关，任命后的处级干部全部转化为职员，和教学、科研、实验、工勤等系列人员一同应聘，校长代表学校确认上岗，建立与岗位聘任制度相对应的津贴制度，实行岗位津贴与任期目标挂钩，届中每年按照受聘资格享受岗位津贴，任期届满进行岗位目标考核。未被任命的处级干部，不具备处级干部上岗资格，按照所上岗享有相应的岗位津贴。对照条件，处级干部与其他系列人员一样可低职高聘，也可高职低聘，真正体现干多干少不一样、干好干坏不一样、干与不干不一样。

3. 公开选拔干部制度

公开选拔是对现行干部选拔制度的完善、变革与创新，是适应新形势、新任务需要的一种新型的干部选拔制度。无论是民主评议、民意测验、民主推荐还是公开选拔、竞争上岗、公示制等都无一例外地以"公开"为原则，走群众路线、自觉接受群众监督，打破传统的干部任用形式，实现选拔主体、选拔客体之间的双向选择。① 在第五次换届聘任中，学校专门拿出了生命科学学院院长等 5 个职位，面向海内外的高等院校、科研院所、企事业单位的专业技术人员及留学人员进行了公开选拔，共吸引了来自美国、英国、澳大利亚等海外院校和科研机构及北大等国内高校的 13 名高层次人才前来

---

① 李滨芬：《深化高校干部制度改革　构建科学选人用人机制》，《思想政治教育研究》2005 年第 1 期。

应聘。公开选拔工作采取公开岗位、公开任职条件，民主推荐与自荐相结合，考试与考核相结合的形式，先由组织部公布招聘岗位的性质、职数、职务、享有的权利和义务，以及应聘者应具备的素质和条件等，然后进行资格审查，符合条件者进入笔试、面试及组织考察阶段。公开选拔干部制度的实施，拓宽了选人用人的视野，提高了选人用人的准确性，扩大了民主和群众参与的程度，增强了干部工作的透明度和民主化程度，健全了干部激励和淘汰机制，从机制上保证了公开选拔工作的公正性，防止和克服了选人用人上的不正之风。

4. 干部竞争上岗制度

学校十分重视建立和强化干部的竞争激励机制，不断完善干部的竞争上岗制度，创造公正、公开、公平的竞争环境，提高干部的积极性、主动性和创造性，形成有利于优秀人才脱颖而出的有效机制。2006 年，学校拿出校团委副书记等部分岗位，按照报名、资格审查、面试、组织考察、研究决定、公示、公布结果的程序，面向校内进行竞争上岗。2007 年，学校又对就业指导中心主任兼学生处副处长等 4 个职位实行进行竞争上岗，通过个人报名、资格审查、竞岗演讲、民主测评、组织考察、党委研究及任前公示、任职等程序，对以竞争上岗任职的干部，实行试用制，试用期一年，试用期间享受相应待遇，试用期满后，经考核胜任现职的，正式履行任职手续。通过干部的竞争上岗，一方面，可以妥善解决机构改革中干部分流问题，改善干部队伍结构，打破论资排辈、平衡照顾等陈旧观念，形成优胜劣汰的用人机制和科学的用人导向，从根本上完善和解决了干部能上能下的问题，真正实现"能者上、平者让、庸者下"的用人格局。另一方面，可以激发广大干部居安思危、刻苦学习、奋发向上的进取精神，增强干部励精图治、不进则退的危机意识，努力提高自身素质，激发干部队伍的活力。①

---

① 胡宗英、任再稳：《高校干部管理制度改革的实践探索》，《中国电力教育》2006 年第2 期。

5. 干部轮岗交流制度

干部的轮岗交流有利于优化领导班子结构，增强班子的整体功能，有利于年轻干部多岗锻炼培养，有利于解决长期一岗任职形成的各种矛盾，防止部门权力化、权力利益化现象。[①] 经过多年的改革，学校各级领导干部新老合作与交替任务已基本完成，有计划地把干部交流与干部使用结合起来，使干部定量、有序地在学校部门之间、机关与院系之间、上下级机关之间、党政职务之间进行交流，比以往任何时期都更为重要。2001 年下半年，学校在原有定编定岗、全员聘任、公开选拔、竞争上岗等干部人事制度改革的基础上，又加大了干部轮岗交流的力度，对 52 名处级干部进行了交流，换岗交流干部占这次调整中层干部的 41%，其中从校部机关交流到基层或企业的有 14 人，从基层或企业交流到机关的有 15 人，从党群系统交流到行政系统的 5 人，从行政系统交流到党群系统的 11 人。2004 年年底，学校在第五次换届聘任中，又进一步深化了干部交流工作，对干部轮岗交流又作出了专门的规定，专职处级干部在同一职位上连续任职两届以上的，专业技术处级干部（"双肩挑"干部）在同一职位上连续任职 3 届以上的，原则上都要交流，因工作需要及其他原因需要交流的，也要进行交流。与此同时，学校还积极选派有培养前途的年轻干部到基层一线和重点高校进行挂职锻炼，让他们在新的环境中开阔视野、丰富阅历、增长才干、提高水平，在实践中培养他们的全局意识、大局观念，增强他们在实际工作中的驾驭全局和处理复杂问题的能力。

二、建立健全科学合理、客观公正的干部考核评价机制

建立和完善干部考核评价体系，是正确评价干部、使用干部、调整干部的重要基础，是建立干部岗位淘汰机制的组成部分，也是推动干部能上能下

① 周洁、王秋生、张慧：《高校干部制度改革的探索与实践》，《山东医科大学学报社会科学版》1999 年第 2 期。

的关键环节。① 为了全面、客观、公正、准确地考核处级领导班子和领导干部的政治业务素质和履行岗位职责情况，学校在实行岗位责任制的基础上，研究制定了《河南农业大学处级领导班子和领导干部年度考核办法》，在全面考察德、能、勤、绩、廉的基础上，把定量分析与定性分析很好地结合起来，完善考核标准、考核内容、考核方法和方式，对干部年度、届中、届满进行全面考核，使干部考核评价工作科学化、制度化、规范化。

1. 考核内容

对于处级领导干部的考核，主要是考核领导干部思想政治素质、组织领导能力、工作作风、工作实绩和廉洁自律五个方面，注重考核领导干部个人年度目标完成情况。在思想政治素质方面，主要包括理论素养和思想水平，政治方向和政治立场，群众观点和群众路线，政治品德和道德品质，公道正派和坚持原则等情况；在组织领导能力方面，主要包括运用马克思主义的立场观点方法分析、研究和解决实际问题的能力，科学决策、组织协调的能力，开拓创新、处理复杂问题的能力等情况；在工作作风方面，主要包括执行民主集中制、维护领导班子团结，深入实际、调查研究，求真务实、勤奋敬业，严格管理、敢于负责等情况；在工作实绩方面，主要包括履行岗位职责、完成年度工作目标、创造性开展工作等情况；在廉洁自律方面，主要包括遵守中央和省委关于领导干部廉洁自律的有关规定情况，履行党风廉政建设责任制情况，艰苦奋斗、勤俭节约、以身作则、清正廉洁等情况。对于领导班子的考核，主要是思想政治建设、整体效能、工作作风、工作实绩、党风廉政建设五个方面，注重考核领导班子年度目标完成情况。

2. 考核程序

考核程序主要包括领导班子及其成员述职述廉、民主测评、查阅资料、个别谈话、综合分析并确定考核结果、反馈结果等。述职述廉和民主测评阶段

---

① 岳素兰:《按照"三个代表"要求进一步推进高校干部制度改革》,《学校党建与思想教育》2006 年第 12 期。

分两个层次进行：一是在全校范围内的述职述廉和民主测评。学校采取召开由校领导参加的全校各处级单位主要负责人会议或其他形式，由各处级领导班子主要负责人代表本单位进行述职述廉。之后，由校领导对全校处级领导班子进行民主测评，处级单位相互进行民主测评。二是在本单位的述职述廉和民主测评。机关各部门以党支部为单位在全体教职工会议上进行述职述廉并进行民主测评，其他单位在本单位全体教职工会议上进行述职述廉并进行民主测评。学校考核工作领导小组通过查阅资料、个别谈话等方式，对照考核体系对被考察的单位领导班子进行综合评价，提出初步考核意见，党委根据学校考核工作领导小组的意见，结合平时工作中掌握的处级领导班子情况，确定考核结果并在全校范围内公示，并以适当方式向被考核单位反馈考核意见。

3. 考核等次及评定

处级领导班子考核采用校领导测评、本单位教职工民主测评、处级单位相互测评、学校考核工作领导小组考核四个方面的综合得分评定，分为优秀、良好、一般、差四个等次。处级领导干部的年度考核分为优秀、合格、基本合格、不合格四个等次。在本单位民主测评的基础上由领导班子集体研究，征求联系（或分管）校领导意见后，报学校考核工作领导小组研究审核，其中优秀、不合格等次的需经党委研究确定。处级领导干部的年度考核优秀等次从被确定为优秀和良好等次的处级领导班子中产生，被确定为一般和差等次的处级领导班子中的处级领导干部不得评为优秀等次。处级领导干部优秀等次的比例按学校教职工年度考核的有关规定执行。

4. 考核结果的运用

处级领导班子考核结果分别为优秀等次前三名的，学校给予物质和精神奖励；考核结果为一般或差等次的，由校党委主要领导对领导班子主要负责人进行诫免谈话，必要时通过干部调整优化领导班子结构；领导班子考核结果连续两年为差等次的，免去其主要负责人职务或降职使用。处级领导干部考核结果作为干部奖惩的重要依据，考核结果为优秀的，在干部选拔任用、培养、评先评优中优先考虑；考核结果为基本合格、不合格的，由校党委分管领导对其进行诫勉谈话，限期改进。视具体情况，调整其工作岗位；考核结果连续两年为不合格的，视具体情况作出免去现任领导职务、责令辞去领导职务或降职等处理，同时将考核材料移交党委组织部，由党委组织部将处级领导干部个人考核结果存入本人档案。

与此同时，在具体考核工作中充分发扬民主，坚持走群众路线，完善民主测评和民主评议制度，不断拓宽考核渠道，扩大考核范围，充实考核内容，确保考核评价体系的科学性、准确性和公正性。通过建立科学的考核评价机制，改进干部考察制度和方法，打造了一支政治上靠得住、工作上有本事、作风上过得硬、人民群众信得过的高素质干部队伍，营造出干事创业、激励竞争、充满生机活力的良好氛围，建立起科学规范的干部管理、监督、激励与约束机制，为实现学校又好又快发展提供可靠的组织保证。

三、建立健全监督有力、纪律严明的干部监督约束机制

1. 加强干部监督管理的制度建设

在干部的选拔、任用、培养和管理过程中，学校建立健全一系列干部监督管理的规章制度，特别是制定了干部推荐提名、考察考核、讨论决定等各环节、全过程监督的长效机制。一是实行干部考察预告制。在考察干部前，组织部门向全校发出考察预告，将考察对象、考察内容、考察的方法和步骤、任职条件等向全体教职员工进行公告。同时考察组成员的姓名和有关联系电话等也一并公布，学校教职员工都可以用电话、面谈和书面反映等方式向考察组反映与本次考察工作相关的问题。二是实行党委讨论干部表决制。党委讨论任用干部时，经过充分酝酿，以无记名投票的方式，对拟提拔干部表示同意、不同意或缓议，赞成票超过应到会者的1/2的才能提拔任用。三是实行干部任前公示制。凡提拔任用的干部都必须公示，并对公示的对象、内容、时间、方式、程序、反映问题的处理做了明确的规定，形成了以组织、人事、纪检、监察等机构为主体，各工作机构积极参与、相互配合的工作格局。四是实行离任干部审计制。领导干部即将晋升、调离、退休、辞

退、解聘等，离任前都要对其在任期间的财务、重大决策事项、遵守财经纪律等进行审计，使离任的干部不交马虎账，上任的干部不接糊涂班。

2. 加大民主评议和群众监督力度

学校在干部的监督管理中，以加强民主评议和群众监督为着力点，进一步扩大教工群众的知情权、参与权和监督权，调动教工群众关心、支持、参与干部工作的积极性和主动性。一方面，加大民主评议在干部选拔任用工作中的分量，把多数群众对干部拥护不拥护、满意不满意作为决定干部升降、去留的重要依据，真正体现群众公认的原则。对在民主测评中多数群众不赞成、不拥护的干部，经组织考核确认不称职的干部，对在日常监督中发现有明显问题的干部，坚决从领导岗位上调整下来。另一方面，加大群众公认度，充分发挥教工群众监督的作用，从制度上扩大教工群众的参与权，以利于充分发挥教工群众在干部选拔、任用、管理等环节上的监督作用，防止由少数人或个别人说了算的现象，有效抵制用人上的不正之风，促进领导干部坚持为人民服务的宗旨，防止官僚主义、形式主义和腐败现象的滋生蔓延。①

3. 强化党内监督管理

加强对领导干部特别是对党政一把手执行政治纪律、行使财权和用人权、决策程序、廉洁自律的监督，重要的是要强化党内监督管理，通过建立领导干部任前廉政谈话制度、诫勉谈话制度、民主生活会制度、个人收入申报及重大事项报告制度，经常找干部谈话，了解干部的思想、学习和工作情况。特别是在干部职务发生变动、有犯错误的苗头、在廉政问题上群众有反映时，及时找干部谈话，提醒本人，防患于未然。对有一定问题、又不够纪律处分的干部，在进行批评教育的基础上，提出警告，限期改正错误；问题比较严重或在规定期限内没有改正错误的，及时进行职务调整，形成党内共同监督、紧密联系的多层次、全方位、强有力的监督体系。

---

① 周洁、王秋生、张慧：《高校干部制度改革的探索与实践》，《山东医科大学学报》（社会科学版）1999 年第 2 期。

第三节　人事分配体制改革

高校人事分配制度改革是高校内部管理体制改革的核心，是高校适应经济科技和社会发展，步入自主办学、自我发展的良性运行状态的关键。改革的重点是从传统的对人的单纯管理转到对人才资源的开发上来，即科学地进行人才资源预测与规划、培养与使用、配置与管理。就目前一些高校的实践来看，很多高校都在科学设岗的基础上，将教职工的收入与其工作的效绩挂钩，通过拉大收入差距的方式，打破"大锅饭"、"铁饭碗"，充分地调动起教职工的积极性。人事分配制度改革的不断深化，不仅有利于优化教育资源的配置，而且还收到了良好的人才效应和社会效应，有利于建立一套新型的培养、吸引和使用人才机制，提升学校整体办学水平和办学实力，有助于形成尊重知识、尊重人才、尊重创造的良好风气。[①]

一、河南农业大学人事分配制度改革概况

河南农业大学作为河南省教育厅人事分配制度改革试点单位，1992 年以来，学校进行了"五轮四步"的以全员聘任制为主要内容的人事制度改革，基本实现了由身份管理向岗位管理的转变，初步形成了能上能下、能进能出的用人机制和激励机制，调动了教职工干事创业的积极性，激发了办学活力，增强了办学效益，促进了学校各项事业的发展。1992 年，学校开始进行人事分配制度改革的初步探索，实行了"四定一包"的管理办法，即定机构、定编制、定岗位、定职责和工资总额包干。实施结构工资制，干部聘任制，工人合同制，建立了定量与定性、平时与年终相结合的绩效考核体

---

① 姚继军：《对现阶段高校人事分配制度改革的几点反思》，《黑龙江高教研究》2003 年第 2 期。

系。1995年，学校启动了以"浮动编制，满工作量聘任"为主要内容的改革，教学与科研混编，根据教学工作量的多少核算编制数，以每228个教学工作量核定1个编制，每1.3万—1.5万元标准科研经费折合228个教学工作量，核定1个编制；按照多劳多得的分配原则和国家有关政策，建立校内结构工资制，津贴部分（国家工资中活的部分加上学校补贴）按照人员类别及当年工作量完成情况进行发放，优劳优酬，多劳多得。1998年，学校进一步完善科研工作量计算办法，实行年初预算与年终结算相结合，以当年实际完成数量为准，强化了编制核算上的动态管理，同时也进一步完善了实验等教辅人员的考核办法。2000年，学校本着"精简高效"的原则，进一步调整了学校机关机构，按照职能把业务性质的单位转制剥离，学校党政机关处室由原来的24个精简到17个，在此基础上，根据目标任务设立了123个岗位。2001年，学校再次深化了人事分配制度改革，重点是建立岗位聘任和岗位津贴制度。这次改革先设岗，后定位，特别强化按工作需要科学合理设置岗位。改革中坚持"按需设岗，淡化身份，双向选择；战略定位、目标任务、岗位职责、劳动报酬相对应；存量不动，增量拉开差距，一人一岗，上岗职工收入均有所提高；岗位聘任，合同管理"等原则，努力实现由"身份管理"转向"岗位管理"，建立重实绩、重贡献、向高层次人才和重点岗位倾斜的优劳优酬的激励约束机制。2004年年初学校启动了第四步改革，在认真总结经验的基础上，出台了新的岗位聘任及分配制度改革，改革方案于2004年4月经教职工代表大会的审议通过，正式开始实施。2005年年初，又对聘用合同进一步修订完善，进行了全员聘用合同制与岗位管理有机结合的新尝试。学校人事分配制度改革受到省政府的表扬，在全省会议上进行了经验介绍，河南省人事厅《河南人事信息》（2002年第46期）对此进行了专题报道，认为"是事业单位用人制度改革的正确方向"。

二、实行"按需设岗、以岗定位"的岗位聘任制

岗位聘用制是解决高校人员国家所有制和终身制的主要途径，推行岗位

聘用制是高校用人制度的根本转变，主要体现在：管理方式上，实现了由固定用人制度向合同用人制度转变，由身份管理向岗位管理转变，由单位行政管理向法制管理转变；人事关系上，实现了由行政依附关系向平等人事主体转变，由国家用人向单位用人转变，由单位人向社会人转变。毫无疑问，推行聘用制有利于建立能上能下、能进能出的用人制度，促进优秀人才脱颖而出；有利于实现双向选择，充分发挥市场机制在配置人力资源中的作用；有利于调动人才的积极性，提高高校的整体管理水平。①

1. 坚持"分类管理"的人员管理模式

学校充分吸收了前几轮改革中"分类管理"的成功经验，将全校人员分为教学科研人员、管理人员（即职员）、其他专业技术人员（非教学科研类）、工勤人员四大类进行管理。教师和科研人员是根据学科建设和教学、科研工作需要设置岗位，分为教学为主型、教学科研型、科研为主型三大类，分别设置一至八档岗位，各档都有严格的岗位申报上岗条件和被聘后聘期岗位任务。对从事党群、行政管理工作人员岗位设置，按照"精兵简政"、"加压驱动"、"提高效率"的原则，参照教育部关于《高等学校职员制度暂行规定》，结合学校管理人员的现行职级和管理工作需要，设置高、中、初三个职等和一至十个职级设置岗位。其他专职科研人员、实验技术人员、图书资料管理人员等岗位，学校也制定了相应的岗位申报条件及聘期岗位任务，由各单位根据工作需要和自己的实际情况，将学校制定的条件作为参考，可制定符合自己的岗位设置细则，并报学校审定。

2. 坚持"按需设岗，竞争上岗，动态管理"的岗位管理模式

学科建设是学校各项工作的龙头，各类人员的岗位管理必须紧紧围绕"学科建设"，把握"教学、科研"两个基本点。因此，在设置教学科研岗位时，实行"学科、教学、科研"三条主线，另外考虑到与上轮改革的衔接，设岗时又兼顾了近三年的业绩，从这四个方面综合考虑分别设置了不同

---

① 张顺能：《高校人事制度改革的基本思路》，《中国成人教育》2004 年第 3 期。

层次与级别的岗位；上岗时，也按照"教学、学科、科研、业绩"四条线，制定出不同层次的上岗条件，综合考虑学术地位与近期业绩，实行综合评价上岗，择优进行聘用。岗位采用"动态管理"，每年根据具体情况和需要进行调整。其他人员的岗位设置，也围绕为"教学、科研"服务，设置了不同的岗位。始终坚持"重点岗位、重点加强、重点投入"的思想。

3. 坚持"以人为本"的岗位聘任理念

学校贯彻了"以人为本"理念，鼓励个性化发展。一是教学科研岗位按照学科、教学、科研三条主线设置，同时分设教学为主、教学科研、科研为主三种类型，每一类型的岗位任务指标各有所侧重，每位教学科研人员可以根据自身实际，从中选择适合自己的岗位。二是每一类型岗位相应的科研任务可选择余地大，或论文或项目或成果，完成其一即可；虽然实行一年一考核，但三年聘期内完成总任务仍然可以享受全额津贴。受聘教学科研岗位的人员，聘期内可以根据自己的实际情况自由选择完成任务的种类和时间。三是采取"基本岗位加业绩"的模式，制定基本的岗位任务，以保证学校的正常运转，超出岗位任务的部分发给业绩奖励，以推动学校发展。在这种新体制下，教师可以充分发挥个人特长，从而避免了"拿一双鞋子去套大家的脚"，搞不切实际的"一刀切"。

4. 进行"以学科建设为龙头，科学设岗、择优聘用"的新尝试

学校贯彻了"学科、教学、科研"三条主线，按照学科层次、精品课程建设、教学名师及科研上的机构层次、项目级别等主要因素，进行了初步设岗的探索，同时为了做好与上轮改革的衔接，兼顾上一聘期教学科研业绩突出者，另外增设了业绩岗。设岗相对更为科学，更符合学校实际发展的需要。实行"择优聘用"，这里的"优"不仅仅体现在单纯的业绩方面，而是综合考虑学术水平、学术历史积淀等量化与非量化因素。同时，此次严把"进口"关的设计思路，改变了以往"宽进严出"的做法。上岗一方面看业绩，另外也要看学术地位，进行全面综合评价，使操作相对更为简单易行。

5. 进行聘用合同管理与岗位管理相结合的探讨

一方面，根据国务院办公厅转发人事部《关于在事业单位试行人员聘用制度意见的通知》(国办发〔2002〕35 号)、省政府办公厅《关于认真贯彻国办发〔2002〕35 号文件做好在事业单位试行人员聘用制度工作的通知》(豫政办〔2002〕82 号)等文件规定，对学校原岗位聘任合同进行了修订和完善，制定了《河南农业大学聘用合同》，把全员聘用与岗位管理有机结合起来，进一步明确了学校与职工双方的权利与义务。另一方面，各类人员上岗后，个人要与所在单位签订合同（委托合同），明晰权责及聘期内任务，同时院、处等单位也要与学校签订整体任务合同。通过合同管理，不仅保证了教学科研任务，而且通过与学科带头人、精品课程负责人等签订协议，促使其积极履行合同，推动学科发展与精品课程建设。

三、实行"基本岗位加业绩"的津贴分配模式

构建新的分配制度是深化人事制度改革的支撑点，分配制度的改革是用人制度改革的物质基础：在国家投入有限、地方拨款又受到经济发展制约的情况下，作为高校把有限的财力用到刀刃上，有所侧重，以吸引优秀拔尖人才，稳定教师队伍这是关系到用人制度改革是否成功的支撑点。[①] 分配制度改革的关键在于打破在新形势下的"大锅饭"，建立重实绩、重贡献，向高层次人才和重点岗位、优秀人才和关键岗位倾斜的分配激励机制，建立与岗位职责、工作业绩和贡献大小相适应的以岗位工资和岗位津贴为主要内容的分配制度，打破身份界限，加大向教学科研一线尤其是学术带头人、骨干教师以及为学校发展作出突出贡献人员倾斜的力度，充分调动各方面的积极性和创造性，形成有效的内部分配的激励机制。

为了推动学校各项改革的顺利发展，进一步调动广大教职工的积极性和

———————

① 吴务南、朱俊兰、莫筱梅：《深化高校人事制度改革的思考》，《教育与职业》2004 年第 27 期。

创造性，学校决定加大校内分配的力度，实行校内岗位津贴制度。学校每年从创收中拿出几百万元用于校内岗位津贴发放。岗位津贴首先是强调岗位，没岗位没有津贴；其次是强调了岗位津贴的分配原则，即充分体现效益优先，兼顾公平，分类管理，统筹考虑的原则，坚持校内岗位津贴分配与岗位、任务、业绩、贡献紧密结合，拉开档次，并向高层次人才和重点岗位倾斜。通过实行校内岗位津贴，建立有效的激励机制，推动学校教学、科研和各项工作的发展，并使广大教职工在付出劳动的同时得到应有的报酬，不同程度地提高收入水平。

学校按各类人员不同任务、不同职责设置不同类型的津贴项目和标准，基本岗位津贴主要体现上岗人员素质、能力、学术水平、学术历史积淀等量化与非量化的因素，是量化与非量化因素的有机结合，反映了岗位职责的重要程度及特点；业绩奖励津贴按量化确定，体现完成任务的数量和质量。各类人员上岗后都有相应的基本岗位任务，完成这个任务可以享受相应的基本岗位津贴，教师和科研人员的校内津贴由岗位津贴、超工作量津贴、科研津贴三部分组成，分八个档次岗位级别；管理人员只有职员岗位津贴一种，分九个档次岗位级别；教辅人员、工勤人员将参照教师和管理职员设置津贴项目。

在个人津贴的分配上，各级各类在岗人员完成了聘期岗位任务和工作职责后，按学校规定岗位津贴的标准发放，对超出部分设立业绩奖励津贴，实行"多劳多得"，也就是说，完成基本岗位任务后，每多发一篇文章有一篇文章的奖励，多获得一项成果有一项成果的奖励，依此类推。在津贴的分配标准上，采取"存量不动，增量拉开差距"的原则，即全校上岗职工收入均要有所提高。每个上岗职工原来国家法定收入一律照发，学校从预算外收入中每年划出一定经费作为岗位津贴，用于激励职工完成学校定位、升级需要的补贴。各类津贴的标准，根据学校每年预算外收入状况决定，但总体上逐年加大投入，津贴标准逐年提高，学校内部岗位津贴发放的平均水平，将不低于郑州市高校的平均水平。在学校与各单位岗位津贴的分配上，学校与各单位签订岗位津贴发放与工作职责任务完成情况挂钩的协议，互相约束，共同执行。每年由学校年初按各单位设岗和实聘人数，与学校规定岗位津贴标准分别计算出总数拨给各单位，各单位按岗位津贴标准发给教职工个人，三年聘期末考核结束后，学校与各单位按实际完成的各级各类岗位数量进行结算，教师个人完成高于受聘岗位任务时，按其达到的岗位发放相应津贴；未完成聘期岗位任务的，只能下移一个档次进行考核，若合格可发给下一级岗位津贴，否则不得享受岗位津贴，多发部分将从其下一年个人收入中扣回。

四、实施"双向选择、竞争上岗"的激励机制

高校人事制度改革的核心就是"按需设岗、公开招聘、平等竞争、择优聘任、严格考核、合约管理"。学校按照"按需设岗，竞争上岗，淡化身份，双向选择"的原则，根据学科建设和工作需要科学合理地设置岗位，提出教师和科研人员、行政管理人员、教辅人员、工勤人员的岗位职责和任职条件，明确双方的权利和义务，向全校教职工甚至校外公开招聘。教职工不论原来是什么身份均可根据自己的能力和职业准备，选择自己的岗位，高职可低聘，低职可高聘，党政人员可选专业岗，专业人员可选职员岗，最后由学校择优选用，在平等自愿的基础上通过签订聘期合同，确立受法律保护的劳动关系。

为了做到公平竞争、择优聘用，实行了严格的聘用程序，其聘任程序分四步进行：第一步由学校和院部公布聘任各类人员的岗位设置、申报条件、聘期岗位任务、津贴待遇和聘期等方面的情况；第二步由职工根据公布的岗位设置情况和本人实际，自主择岗，提出个人的应聘意向；第三步按聘任岗位级别由学校、院部根据申请人的资格、业绩和教学考核情况分别进行确认；第四步受聘人员与聘任单位签订聘用合同。聘任期限学校统一定为三年，各聘任单位对个别情况也可定为一年或两年。学校和院部分别成立聘任委员会，三档以上教师和高级职员的聘任要提交学校聘任委员会研究决定，由校长签发聘书，签订聘约。聘任体现双向选择，可以由多个人竞争同一岗

位，可高职低聘，也可低职高聘，最终建立能进能出、能上能下、能高能低的激励，竞争、淘汰机制。

五、推行"精简机构、精简编制、精简人员"的机关内部管理体制改革

精兵简政是理顺内部管理体制的有力举措，高校党政管理机关及其人员要精兵简政是势所必然，首先要裁撤合并相应机构，其次是减少领导和一般工作人员的职数，压缩非教学人员。以适应现代高校管理为目标，理顺管理机构，规范处室职能，科学设置岗位，明确岗位职责，确定岗位素质要求，核定部门编制，包干处室事业经费，逐步实现高校机关管理现代化。

调整合并机关机构、压缩机关人员编制，把从事服务职能和经营职能的单位从机关行政管理序列中剥离出来，是学校深化人事分配体制改革最突出的一点。2000年6月，学校制定下发了《河南农业大学机关内部管理体制改革实施方案》，进一步明确机关党政管理机构和基本职能，剥离服务职能和经营职能，划出教学、科研、辅助服务等部门，进行了机关机构调整和转制剥离，将学校党政机关处室由原来的24个精简至17个，达到上级主管部门要求。人员编制也由182人压缩至120人，占全校事业编制人员的9%，比前两次改革又减少了1/3。这个比例完全符合教育部教人字（1999）第16号文件规定的8%—10%的要求。同时，按照职能把业务性质的单位从机关剥离，原设备科、教材科和校办的部分服务职能剥离转制，按企业管理进行运作，特别是后勤系统整建制地从管理序列中规范分离实行企业化管理。

在具体的改革步骤上：一是机关各单位（含副处级单位）首先填报单位职能、工作职责、内部设岗、编制和人员素质要求（按满工作量计算）的意见。一个单位内部如既有管理职能，又有经营、服务职能，要提出分离经营、服务职能的意见。二是学校机关改革领导小组进行初审，着重审查各部门提出的设岗是否合理；非党政管理职能是否分离；交叉职能是否得到调整，分散的职能是否合并；素质要求是否明确；岗位编制是否符合满工作量要求。

三是机关党政职能评审委员会进行评议，由机关各部门负责人向评审委员会回报本单位的意见，并解答委员会提出的问题；改革工作领导小组报告初审意见，评审委员会进行评议表决。四是确定机关管理机构，由学校机关改革领导小组对校直各单位的性质进行界定，提出处级管理机构改革的意见，对现有管理机构提出合并、合署、撤销、保留的意见。五是校党委讨论审定，向各单位反馈决定意见，最终进行公开聘任人员。

机关内部管理体制改革是学校深化人事分配制度迈出的重要一步，有利于党政管理队伍的整体优化，有利于调动广大党政管理干部的积极性，有利于学校管理水平的提高，有利于教育教学质量、科研水平和办学效益的提高，从而建立起一支精干高效、群众拥护、文化思想素质较高、待遇规范合理的机关管理干部队伍。

六、强化岗位聘期考核和聘后管理

健全考核制度，加强聘后管理是这次深化人事分配制度改革特别强化的重要环节。因为考核工作是评价和检查聘期岗位任务和岗位职责完成情况的重要措施，同时又是校内津贴发放的主要依据。因此在实施意见中就教师、管理职员、教辅人员、工勤人员等各级岗位的考核内容、考核方法程序和结果使用等都做了明确规定。

1. 考核的基本内容

对于教师的考核，在完成论文、成果等方面需要时间累积的特点，所以重点放在聘期末考核，而各年度考核以院、部、处、室为主，学校抽查为辅，各单位的年度考核分教学、科研两个方面。教学方面，第一年和第二年各类各岗位教师只考核各岗位规定的教学工作量和教学考核结果；科研方面，第一年完成当年科研合同任务，六档以上教师发表一篇以上本专业研究论文，或有成果获奖，或成果转化达到指标，第二年完成当年科研合同任务，六档以上教师累计发表本专业研究论文两篇以上，或有成果奖励或成果转化达到指标，第三年按聘期岗位科研任务进行全面考核。对于管理人员的考核，由于管理人员的工作具有时效性，必须每年进行严格考核，考核内容为学校年度总体计划中各单位各岗位的任务履行情况，并强化了群众参与监督程序，增加了述职、评议和投票推荐、聘任委员会审定等环节。对于图书管理、附中、教辅和工人的各级各类人员的考核，由单位根据相应的岗位任务进行年度与聘期末考核。

2. 考核的一般程序

各级各类人员的年度考核均由各单位进行，聘期末的考核按下列程序进行：一是各级各类人员聘期期满考核，先由系、教研室或部、处、室负责同志组织全体在岗人员进行述职；然后根据岗位任务情况推荐其等次。二是院部级单位考评委员会，对系、教研室或部、处、室推荐情况进行审查核实后，研究确定考核结果。三是学校考评委员会对专业人员的一、二、三档和高级职员进行考核确定等次，并对专业人员的四档以下和初、中级职员进行抽查审核。校级干部的考核由省委组织部组织进行。

3. 学校对院部等单位实行整体考核

学校按《单位合同书》考核院部整体任务完成情况。整体任务是本单位各类各级上岗人员岗位任务的叠加。上岗人员个人的岗位任务完成情况由各院部考核。整体任务完成的，基本岗位津贴全额划拨；每少完成1项（个）按业绩（奖励）津贴对应标准，即教学工作量以超工作量津贴标准，科研方面以论文奖励标准计算，从总划拨经费中减拨。对其他单位的整体考核以其负责人与学校签订的目标责任书中约定的为准。经考核完成任务后，岗位津贴全额发放；完不成的，扣发单位全体人员基本岗位津贴的20%。

4. 岗位考核实行年度考核与聘期末考核相结合的办法

受聘教学科研（含实验）岗位人员未完成年度基本岗位任务者，缓发其当年基本岗位津贴的30%，聘期末经考核完成总任务后，予以补发，完不成的不再补发；连续三年完不成任务者，除不再补发前两年缓发部分外，第三年扣发其基本岗位津贴的50%，同时下个聘期只能申报下一级别及其以下岗位。受聘职员岗位、其他专业技术岗位、工勤岗位人员未完成年度基本岗位任务者，扣发其当年基本岗位津贴的 30%，并停发其业绩津贴；连续三年完不成岗位任务者，第三年扣发基本岗位津贴的 50%，并停发其业绩津贴，同时下个聘期只能申报下一级别及其以下岗位。聘期中完不成当年基本岗位任务者，下年起可申请低一级岗位，经考核后，享受相应津贴，但缓发部分待聘期末按原申请岗位任务考核后，确定补发或扣发。

七、积极尝试"人事代理"制度

实行人事代理制度，是高校积极探索新的用人机制的良好开端，也是高校用人制度改革的正确方向。为贯彻国家和省关于加快事业单位人事制度改革精神，进一步优化人才结构，改革固定用人制度，破除职务终身制和人才单位所有制，学校结合自身实际，积极探索新的用人机制，对新接收的本科及其以下学历人员，在人事计划管理范围内实行人事代理及聘用合同制，其人事档案关系以代理的形式委托河南省人才交流中心管理，学校与其签订聘用合同，约定双方的权利和义务，明确受聘人的岗位职责、聘期目标任务及待遇。被聘人员在聘用期间与学校原有职工"同岗同酬"，享有相应的津贴和福利待遇。聘用期满，则自然解除与学校的一切关系，双方协商同意可在河南省人才交流中心的鉴证下，重新续聘。

1. 转变用人观念，创造良好环境

为搞活用人机制，推进聘用制和人事代理，河南农业大学提出了"淡化身份、按需设岗，面向社会选人用人"的思路，树立人才"不求我有，但求我用"的指导思想，扩大选人视野，拓宽用人渠道。只要优秀人才能够为学校所用，不必强求将其人事关系调入学校，努力从传统的"人才我有"转变到"人才我用"上来，以逐步形成"能进能出"的有序流动机制。对 2002年新分进学校的毕业生实行人事代理及聘用合同制，今后逐步扩大范围、加大力度，为人事代理制及聘用合制的顺利实施，创造良好的氛围。

2. 严格人事计划，规范进人程序

在人事计划管理范围内实行聘用制及人事代理，加强了人员宏观调控，杜绝计划外进人和盲目进人，防止了在推行聘用制过程中违反国家、省有关事业单位人事政策和人事计划管理规定的行为。一方面对新进人员实行人事计划管理，全校用人总量严格按省人事厅下达的人员计划数进行控制，校内各单位用人要在学校下达的分解计划指标内进行；另一方面规范用人程序，校内各用人单位按要求会同人事、组织、教务等相关职能部门对应聘者的政治思想、专业知识、业务能力等方面的情况进行综合考查，提出聘用意向后，由人事处提交校长办公会议研究批准。同意聘用的，由人事处在其毕业就业协议书上签署同意接收意见，凭进人计划卡和就业协议书到河南省人才交流中心签署人事代理意见，然后由河南省大分办直接派至省人才交流中心，经河南省人才交流中心委派到学校报到；人事处与聘用人员签订《聘用专业技术人员、管理人员合同书》，并由有关部门鉴证。

3. 人事代理与聘用制结合，打破职务终身制和人才单位所有制

实行聘用制及人事代理后，选择是双向的，用人单位要想吸引和留住人才就必须提供良好的生活和工作条件，用人单位面临着压力和挑战。被聘人员也必须尽职尽责，完成岗位目标，以除解聘之忧，增强了员工的竞争意识和敬业精神。基本形成职务能上能下，待遇能高能低，人员能进能出的灵活机制，有利于逐步实现事业单位人事管理由身份管理向岗位管理转变，由单纯行动管理向法制管理转变，由行政依附关系向平等人事主体转变，能进能出、有序流动的结果使用人机制得到了彻底转换，也必然导致人员结构的调整和优化。

4. 同岗同酬，兑现待遇

在待遇问题上，学校坚持"按劳分配、同岗同酬"的原则，对受聘人员与校内职工同等对待，一视同仁，被聘人员可以享受学校同等学力、同等条件、同等岗位人员相应的工资福利待遇和校内津贴。在养老、失业、医疗、工伤休假、女职工保护，因工（公）负伤、致残或死亡，非因工（公）负伤和患病等福利待遇上与学校原有职工享有国家规定的同等权利，由学校以货币等形式支付。还可以依照国家有关房改政策，享受学校发放的住房补贴，

由其自己决定在校内外租房或购房。学校聘用的管理人员，根据个人政治业务表现同样可以聘任或任命相应的党政职务。

5.认真进行考核，强化聘后管理

实行人事代理制后，学校和被聘用人员是平等的全约关系，而不再是传统的隶属关系。聘用人员的人事关系、人事档案等是以代理的形式委托人才交流中心管理，人才交流中心负责聘用人员的人事关系转移，人事档案、党团关系的转接，户口关系的落户，养老、失业、医疗等社会保险手续的办理，并负责专业技术职务的评定、档案工资的调整、婚姻、考研、出国政审等相关工作。学校协助人才交流中心为聘用人员办理以上相关手续，并及时提供应该归入个人人事档案的有关材料。被聘用人员在上岗后，要与学校签订聘用合同，期限一般为两年。合同期内，学校和被聘用人员是平等的合约关系，按合同内容履行各自的职责和义务，享受相应的权利，合同解除或期满，聘用人员与学校自然解除一切关系，合同期满双方同意可以续签。

第四节　财务管理体制改革

高校财务管理作为高校教育管理的重要组成部分，在高校内部管理体系中起着巨大的作用，越来越被高校所重视，它既是学校教学、科研等各项事业发展的保证，同时又涉及各方面的利益关系。财务管理体制是否科学合理，运行机制是否灵活，将直接决定教职员工办学积极性的发挥，直接决定学校改革发展步伐的快慢，也就关系到学校综合竞争力的高低，高校财务管理必须适应教育体制改革和教育事业的发展并不断完善。改革高校现有财务管理体制，建立起与社会主义市场经济相适应的财务管理体制，真正发挥财务管理在高校办学中资源配置的核心作用，并调动学校各方面生财、理财的积极性，从而显著提高教育资源的利用效率，已成为各高校财务管理面临一个重要课题。①

当前，随着我国教育体制的改革不断深入，高校财务管理体制改革的趋势和方向是建立"统一领导，分级管理"的财务管理体制，建立财务核算相对独立的二级核算单位，采用两级核算方式核算二级单位的收支。学院财务是在校财务处及学院双重领导下负责财政拨款、非财政收入的统一核算与管理，为全院教职工、学生提供教学、科研、行政管理等资金服务；学院财务管理机构由学校财务处派出主管会计全面负责学院财务的审核和监督，是学校财务管理的深化与延伸。它通过资金的合理配置，调控全院的经济活动，实现学院自我发展、自我约束、自我平衡的战略目标。实行校院两级财务管理打破单一会计核算管理模式，发展具有筹资、投资全方位的财务管理模式；财务管理的对象也将从以国拨经费为主、多元化自筹资金为辅的到校资金发展到以多元化自筹资金为主、以国拨经费为辅的到校资金。并运用先进的财务管理手段，科学合理地运作和调配资金，使有限的资金真正用在刀刃上，为学院教学、科研工作的正常运行及发展提供保证。

一、河南农业大学财务管理制度改革的概况

河南农业大学自 1999 年起着手对原有的校内财务管理体制进行了改革，以财务管理制度改革为新的突破口，努力推进了以院为主体、校院两级办学的内部管理体制改革，建立了"统一领导，分级管理"的财务预算管理体制和"院为主体，责权明晰，一级核算，两级管理"的财务运行新机制。改革的重点是实行校院两级管理，建立以院为主体的管理体制，推进学校财务管理工作重心下移，在明确划分校院两级职能和经费支出范围的基础上，按校院两级承担职能确定分配比例分配校院两级经费。同时打破院级各单位之间经费分配使用上的平均主义，以实际完成教学工作量和学生人数作为主要分

---

① 毛建荣、蒋艳婷、张华良:《构建高校学院二级理财管理体系的思考》,《事业财会》2005 年第 4 期。

配因素，把经费直接分配到各学院包干使用（包括职工、学生各种人员支出、教学行政等各种公用经费）。并对学校各职能部门的职能及管理办法进行改革，将原有学校各部门负责管理的相关经费及管理权随管理职能的变化全部下放交院级管理，学校各部门实行宏观管理、调查研究、制定政策、检查落实。新的财务管理体制，以院为主体预算单位，在管理上，使"人财物"和"责权利"相统一，鼓励各学院主动承担学校各种任务，提高院级办学积极性和自我发展能力，同时提高院级经济管理水平和资金使用效益。实行财务管理体制改革的目的是为了对学校人事制度改革和后勤体制改革提供基本保证条件，形成校内管理体制的综合配套改革方案，并适应 1998 年以来学校扩招后规模迅速扩大带来的一系列管理问题，推动学校事业全面健康发展。

二、推行"院为主体、责权明晰、一级核算、两级管理"的财务运行机制

财务管理是高等学校一项基础性工作，它主要任务是：依法多渠道筹措事业资金；合理编制学校预算，并对预算执行过程进行控制和管理；科学配置学校资源；努力节约支出，提高资金使用效益；加强资产管理，防止国有资产流失；建立健全财务规章制度，规范校内经济秩序；如实反映学校财务状况；对学校经济活动的合法性、合理性进行监督。

根据事权与财权相统一的原则，各学院要完成所承担的职责，必须要有一定的财权，学院自主权的落实必须依赖财权的有效分级。一般来说，高校财务上的集权与分权的程度，受诸多因素的影响，主要决定因素包括学校的办学规模、教学科研及管理体制，财力大小，校院两级事权的分布以及其他。要正确处理好"财务集权"与"财务分权"的关系，也就是在集中高校必要财力的前提下，明确学校与二级学院各自职责和资源配置，适当下放财权，寻找集权与分权的最佳结合点。同时，处理好"统一管理"与"分级管理"的关系，实行"统一管理"即统一财务管理制度、统一财务机构、统一

核算财务收支、统一管理资金结算账户。①

　　为此，学校积极推行"院为主体、责权明晰、一级核算、两级管理"的财务管理运行机制。"院为主体，责权明晰"是学校要下放教学科研管理权、人事权、财务权，使各学院成为拥有一定权力和职责的办学实体，成为学校中相对独立核算的实体，即各学院在遵守国家财经法律、财务制度和学校各项规章制度的前提下，对学校分配的各项经费和创收留成收入，根据事业发展需要，进行调整、使用和核算，把学校财务管理重心下移，形成在学校统一领导下的"一级核算，两级管理"体制。通过"一级核算，两级管理"明确了各学院的责、权、利关系，体现了"事权与财权"、"办事与用钱"、"责任与利益"相一致的原则，能够促进各学院自我完善、自我发展机制的形成，激活学院的办学活力，积极理财的主动性，这在当前教育经费使用效益不高，存在损失和浪费的情况下，具有重要的现实意义。

三、实行"统一领导、分级管理"的财务预算管理体制

　　预算管理是高等学校财务管理的一个重要组成部分，它贯穿了高等学校预算编制和执行的全过程，是高等院校进行各项财务活动的前提和依据。在市场经济条件下，随着高校办学规模的不断扩大，学校经费来源逐年增加，资金来源的多元化和支出的多样化，学校资源配置问题牵动全局，原有的预算管理已不符合高校形势发展的需要，必须建立新的预算管理即建立高校二级预算管理体系。

　　二级预算管理体系的建立是与学校内部的财务管理体制相适应的，是以"宏观调控，微观搞活"为目标，靠有效的内部经济责任制和完善的内部组织结构运行的；传统的以"归口分级"管理制度为核心的"统一领导、分级管理"的体制构成了内部框架，而各种形式的承包责任制、内部企业化管理制度则进一步丰富了预算管理体系。其主要特征是在整个学校建立健全财经

---

① 孙幼飞：《对高校实行校院两级财务管理的探讨》，《陕西教育（理论版）》2006年第21期。

规章制度、明确校内各二级院系权责关系和学校统一领导的基础上，根据财权划分、事权与财权相结合的原则，分别由学校和各二级院系分级管理学校预算。① 实行这一模式就意味着学校适当下放财权，即将一部分经费通过一定的分配方式下拨给学院，由学校财务统一核算，学院对学校下拨的经费统筹安排和使用，使资金使用价值最大化。

学校对校院两级的年度财务预算，实行的是"统一领导、分级管理"的财务预算管理体制。"统一领导"，就是统一财务收支计划，统一财务管理制度，统一预决算，统一资源配置，将高校的财权集中到校长领导下的财务部门，不设置二级核算单位。"分级管理"，就是高校根据各职能部门承担的工作职责，赋予相应的财权，校级财务部门通过二级职能部门编制的部门预算对经费使用总量进行控制，各职能部门在学校统一的财务规章制度、统一的财务收支计划和资源配置下，对学校下达的预算经费和分配的教育资源自主统筹安排和使用。具体的操作办法是：校级分配经费加上当年校级预计创收经费作为当年校级预算经费总额，对应校级经费使用范围进行预算。院级经费预算总额为校院两级按比例分配的院级经费。学校按照各院上一年度完成的标准教学工作量和年底实有标准学生人数等因素将院级经费直接分配至各院，由各院加上当年本院预计各种其他收入按照院级预算管理办法和支出范围进行年度支出预算。

四、明确学校和学院各自承担的职责

确定学校和各二级学院的经济权责是实行二级核算的基础。在这一体系中，学校负责全校资金总量的宏观调控，按照学生、教师人数及专业等因素下拨经费，制定全校统一的财务制度和经济分配政策，按照相关制度监督学院的经济运行，对全校和各院系的发展进行调控。学院的经济责任主要是按照学校相关财务制度科学、合理安排本单位的年度经费收支，按照学校要求

---

① 祝红霞、张美华：《高校二级院系财务管理运行机制研究》，《事业财会》2005 年第 2 期。

编制本单位财务收支计划和决算；在学校的指导下自主制定内部的经济分配办法。在校院两级经费分配上首先确定各级承担的职能和经费支出范围。

校级承担职能和支出范围只保留以下九项：①学校重大建设项目；②校级党政机关、教学辅助单位及附属事业单位在编人员的工资、奖金、福利、社会保障及行政办公费开支；③学校图书馆建设及发展；④校园公共区域的物业管理；⑤学校公用部位的水电暖及设施、设备购修；⑥学生宿舍及校管教室的维修与设备购置；⑦离退休人员经费的超支补助及遗属生活补助；⑧全校教职工的水电暖补贴；⑨按学校总收入的4%安排校长基金项目，用于对新增博士点、硕士点、省部级重点学科及对为学校作出突出贡献者的奖励，学校政策性补助支出及其他不可预见的必要支出。随着学校的发展，现在学校经费支出范围合并为7项：①学校重大建设项目；②校级党政机关及附属事业单位在编制人员的行政办公经费及各种人员支出；③学校图书馆建设及发展；④学校公共部位运转维护支出（原来的3、4、5项）；⑤校级经费负担的全校岗位津贴及各类人员经费及补贴；⑥贷款还本付息；⑦校长基金。除以上职能及经费外，其余全部下放到院。学校党政部门按编制和不同职能核定办公经费及特支费包干使用，对后勤集团实行校内企业化管理不再预算经费，其收入来源为按承担完成的维修建设服务工作量向总务处或各院按定额或市场价收费。

院级经费承担的职能和支出范围包括：①教学、试验、实习等一切教学业务活动；②教师队伍及学科梯队建设；③实验室及校内外实验、实习基地及资料室的建设；④行政管理及学生党团、社团各项活动；⑤学院教职工的工资、奖金、福利、社会保障所有人员支出等；⑥学生奖贷学金、勤工助学基金、困难补助及社会实践、第二课堂活动等所有学生费用；⑦学院所管范围内的水、电、暖的供应及设备、设施维修；⑧其他应当由学院经费支出的项目。

在校院两级经费分配时，为鼓励校院两级积极性，提高自我发展能力，学校确定，校院两级各自的创收经费及争取到的各种专项资金分别由本级或本学院使用，上级下拨的人员经费和公用经费以及研究生、本专科生的学费住宿费全部用于校院两级分配。为了保证全校教学经费的不断增长，促进院级教学条件的不断改善，经过测算校院两级经费分配比例大体维持在校院5∶5左右，2006年校院两级分配比例为48%∶52%，2007年为46%∶54%。加上近年来每年从校级经费安排人才引进，精品课程建设，教学名师等专项支出，院级实际使用经费占全校经费支出均达60%左右。

五、建立严格的财务监督考核体系

随着学校办学经费的多元化以及二级管理单位财务自主权的扩大，学校的经费格局变得复杂多样，各二级管理单位的经费也随之多样化。除了学校预算安排的经常性经费和专项经费外，还有各部门组织的教学服务创收、科研创收、接受捐赠等财务收支，这就要求校财务部门要及时准确地向院（系）、部、处、中心和科研所等单位提供相关的会计信息，一方面履行学校财务对各单位经费使用情况的实时、有效监控职能；另一方面使各单位能及时掌握本单位经费使用情况及财力状况的动态，增强他们的理财意识和自主理财的积极性。

1. 构建校院两级资金预算管理监控体系

监控体系和监督运行机制是全面落实校、院两级预算管理，推行校、院两级经济责任的制度保障。建立由纪委、监察、审计、工会以及学校民主管理委员会组成的校级预算执行监督体系；由纪委、检察、审计、财务以及院系工会、民主管理委员会组成的二级学院预算执行监督机构。针对资金预算渠道不同和资金预算审批分级授权差异，设计不同的监督程序与监督形式。校级资金预算执行情况由校纪委、监察、审计、工会和财务处共同进行监督，日常具体监督则由学校财务处组织实施，其他部门协助配合；院系资金预算执行日常监督以院系行政负责人和院系财务管理者为主，由学校财务、审计、院系行政负责人和院系财务管理人员组成，财务处应定期检查指导，对发现问题或薄弱环节及时督促纠正。

2.实行"透明化"财务管理操作

为了保证实行校院两级财务管理体制后学校经费的合理使用，学校建立了校院两级预决算职代会审批制度，力争做到校院两级预算的公开透明，便于职工监督。学校预算总方案和校级经费支出预算方案以及上年校级财务决算须经校长办公会议、职代会财经审查委员会和学校党委同意、提交学校职代会通过后执行。院级财务预决算须经各院党政联席会议同意，提交本院职代会通过、财务处审核、校长办公会议批复后执行。各个学院在学校的统一领导和财务处的具体指导下，建立包括，院系经济责任制度、资金计划审批管理制度、费用报销审核制度、工资与奖酬分配制度、职工代表和民主管理委员会监督制度等的学院财务管理制度体系，并报学校备案。同时加强财务管理手段的透明化，建立财务信息服务平台，使全校各部门、院级各单位及时准确掌握本单位经费状况，进行合理决策管理。

3.建立健全经济责任制

建立以学院为责任主体的经济责任制，学校下放财权，明确责任，以责定权，以绩效定奖惩。建立学院负责人财务"一支笔"制度，财务负责人对本单位的所有收支负责。鼓励各部门在法律法规允许的范围内，充分利用现有资源，遵守谁受益、谁承担费用的原则，保障学校、部门、个人三方利益。

校院两级财务管理体制改革的不断深化，进一步厘清了学校、学院两级管理职能，打破教学单位"等、靠、要"的思想，明确了学院在学校发展中应承担的责任和义务，确立了学院的二级办学体制的主体地位，最大限度地发挥了学院在教学、科研、社会服务及对外联络等方面的功能，使学院的权力和它所担负的任务相一致，逐步形成二级学院事权、人权、物权与财权相统一的运行机制。从而更加有效地加快了专业改造步伐，扩大了招生规模，推进了科技创新，强化了内部管理，节约了经费开支，提高了办学效益，增强了学院的实力，极大地激发和增强了学院的办学积极性和创造性。

第五节 教育教学改革

一、河南农业大学教育教学改革概况

20世纪90年代后期，随着国家高等教育政策的调整，高等学校迎来了实现跨越式发展的黄金时期。如何抓住这难得的发展机遇，尤其是作为一所具有90多年光荣历史的农业大学，如何紧贴社会发展和地方经济发展的需要，深化教育教学改革，提高人才培养质量，实现健康快速发展已成为摆在学校面前的一件大事。

河南农业大学面对国家高等教育宏观管理体制的不断改革和高等教育快速发展的形势，顺应时代发展需求，紧跟时代发展步伐。1995年以来，为不断适应社会、经济发展需求，培养我国现代化建设需要的具有创新精神和创业能力的高素质人才，先后四次修订教学计划。1997年，结合学年学分制的实行，学校把总学时由2800压缩到2600，对实践环节进行了适当调整，设置了限选课，允许学生在适当范围内，有一定的选课空间。1999年，根据教育部专业目录的调整，结合面向21世纪教学内容和课程体系改革的要求，对各专业教学计划进行了论证调整，总学时压缩为2500学时，其中必修课70%，选修课30%。2001年，学校作为河南省完全学分制管理改革试点高校，又一次修订了本科专业教学计划，实行弹性学年制，开设双专业和双学位，为学生个性发展创造良好条件。2005年，针对教学计划中教师和学生反映比较突出的选修课开设时间和质量问题进行了再次修订，要求每个专业的选修课都要设置创新教育和创业教育模块，每个模块中必须有一定数量真正意义上的创新或创业类课程，保证每个模块的特色。尤其是经过2002年和2008年两次教育部本科教学水平评估的洗礼，进一步明确了教学工作的中心地位，明确了办学指导思想、学校发展定位。面临新的发展时期，学校以教育思想改革为先导，以学科建设为龙头，以培养模式改革为核

心，以质量监控体系建设为保证，以服务地方经济建设为目的，全面提高教学质量，提升办学水平，实现了"规模、质量、结构、效益"协调发展。

二、深化课程体系和教学内容改革，优化人才培养方案

1. 不断优化培养方案

培养方案是实现人才培养目标的重要基础，在培养创新创业人才中起着决定性作用。学校于 1999 年、2001 年、2005 年、2007 年先后 4 次对人才培养方案进行了修订。1999 年，修订教学计划的着重点是压缩学时、增大选修课比例、加大实践教学力度、增加科研训练，把培养学生的创新精神、提高学生的实践能力放在重要位置。2001 年，实行弹性学年制，开设双专业和双学位，为学生的个性发展创造了条件。2005 年，提出了"厚基础、宽口径、精理论、高素质、强能力"的人才培养目标，把 2002 年教育部评估专家认可的学校办学特色进一步升华到加强创新创业教育、培养创新创业人才上，明确把创新教育列入培养方案。

2. 不断完善培养模式

学校遵循高等教育教学规律，逐步构建德、智、体、美全面发展的具有良好科学素质、较强实践能力和创新精神的高素质人才培养模式，探讨了理论教育和实践训练并举、通识教育和专业教育并举、创新精神和创新能力培养并举的多样化人才培养模式。经过几轮的改革实践，在"3 + 1"两段式，（即理论学习 3 年，实践训练 1 年）培养模式的基础上，逐步完善了"两段双强，四分双需"的培养模式：把理论教学与实践教学分为两个阶段，理论教学阶段重点强化基本理论学习和素质教育，实践教学阶段重点强化学生的动手能力和综合知识运用能力。四分双需即在四年级开始对学生进行细分培养，把培养目标落脚在满足学生的个性化学习需求、满足社会对人才的需求上来。

3. 不断优化课程体系

学校按照各个专业人才培养目标和规格的不同要求，不断优化专业课程

体系，加强课程之间的逻辑关系，注重将学科发展新成果和学科之间的交叉知识渗透到教学内容中，为培养学生的创新精神和能力奠定基础。1999年，学校对各专业课程体系进行了专题论证，强调进一步拓宽基础，注重创新意识和创业能力，建立了适应经济社会发展的课程新体系，解决了课程之间的重复和脱节问题。2001年，学校建立了"三通一特"的课程体系，即公共课全校打通，基础课按学科大门类打通，专业基础课按专业类群打通，专业课开出特色。2007年，在"三通一特"的基础上完善建立了"三同二优"的课程体系，即全校公共课相同，基础课同一门类相同，专业基础课同一专业类群相同，专业课设置优质精练，实践环节设置优化合理。不断优化的课程体系，为学生接受新事物、获取新知识创造了条件。

4. 不断强化实践教学

1990年，学校提出了构建实验教学、实习教学、生产劳动和社会实践为一体的"四元结构"实践教学体系，经过十几年的不断改进，特别是近年来创造条件使学生较早参加科研活动，对提高学生实践能力、创新精神和创业能力起到了很好的推动作用。在实验教学中，压缩验证性实验，增加综合性、设计性实验，提高了学生的实际操作技能。教学和毕业实习与生产实践和科研课题的紧密结合，使学生尽早参加科学研究，提高了学生的实践能力、创新精神和创业能力；通过生产劳动，培养学生的劳动观念；通过社会实践，拓展和深化课堂教学内容，让学生接触社会，密切与社会的关系。2007年，在"四元结构"实践教学体系的基础上，学校构建了"三层面、立体型、多元化"的新型实践教学体系。在基础实践教学层面，通过课程实验重点培养学生基础技能；在专业实践教学层面，通过教学实习重点培养学生专业基本技能；在综合实践教学层面，通过毕业实习、科技竞赛重点培养学生的应用能力。学校以校院两级教学实验中心、实验室为基础搭建"实验教学平台"；以国家、省、校三级重点学科实验室为依托搭建"实践创新平台"；以校内外实习基地（点）为基础搭建"实践教学平台"。学校通过产学研结合、第一课堂与第二课堂结合，使实践教学由课内向课外、校内向校外延伸，促进了实践教学内容、方式、方法进一步完善和充实。

三、深化教学领域内部改革，不断提高教育教学质量

学校始终坚持教学改革，切实实施教学质量工程，开展形式多样的教学活动，全面提升教学质量和办学水平。

1. 实施精品课程工程

2003 年，学校启动精品课程建设工程。制定了《河南农业大学精品课程建设工作实施办法》，文件规定，学校每年评选一次校级精品课程，每次评选 10 门课程，专项建设经费 30 万元，为精品课程建设提供了强有力的政策支持和资金支持。2004 年，学校与清华大学合作，建立了网上"精品课程建设平台"，为精品课程建设提供了可靠的网上技术支撑。并率先在国内实现了校级精品课程的网上无纸化评审，实现了精品课程的教案、大纲、习题、实验、教学文件以及参考资料等教学资源上网开放，为广大教师和学生提供免费享用的优质教育资源提供了条件。目前，学校已建成国家级精品课程 2 门、省级精品课程 12 门、校级精品课程 40 门，精品课程建设水平居全省高校的前列。

2. 启动大学英语教学改革工程

根据教育部《关于开展大学英语教学改革试点工作的通知》精神和《河南农业大学大学英语教学改革实施方案》，在 2005 级学生中启动大学英语教学教改工程。大学英语教学教改的主要内容是分级教学，即将新生分为预备级和大学英语Ⅰ级，预备级主要针对特殊专业（艺术设计、社会体育）学生，大学英语Ⅰ级针对一般专业学生。在课程设置上，预备级按原教学计划组织教学，大学英语Ⅰ级课程设置分两种情况：一是实验班，开设综合课和听说课；二是普通班，大学英语作为一门课程分为精读和听力两个课型授课。2005、2006 级各设实验班 3 个，2007 级约有 2000 人参加，拟在 2008级全面铺开。实验班不但学时和教学内容改变，教学模式也有创新，采用"二二四"教学模式，即综合课和听说课周学时各 2，学生课外自主学习周

学时 4，把课堂教学和学生自主学习有机结合起来，把现代教育技术与传统教学方法有机结合起来。通过两年试点，大学英语教学教改成效显著，实验班二级平均成绩和口语成绩均高于对照班成绩。"农科类高等院校大学英语教学改革的研究与实践"等 3 项与大学英语教学教改有关的课题 2006 年获准省级教改立项，教师发表研究论文 10 余篇。

3. 开展名牌（特色）专业建设工程

为了进一步加强专业建设，优化专业结构，提升专业建设整体水平，学校制定了《河南农业大学名牌专业建设管理办法（试行）》，并于 2005 年开始名牌专业的评审工作，已连续评选 3 年。共评出校级名牌专业 19 个，其中，2005 年度 12 个，2006 年度 4 个，2007 年度 3 个。2005 年以来，建设了国家级特色专业 2 个（农学、动物医学）；省级特色（名牌）专业 7 个，分别是农学、林学、动物医学、植物保护、农业机械化及其自动化、烟草学和动物科学。名牌专业建设工程的实施，整合了省、校、院三级专业建设的力量，对全校专业建设起到了示范和带动作用。

4. 坚持教学研究项目改革

学校坚持以教学改革推动教学工作，重视教学研究，修订了《河南农业大学教育教学研究项目管理办法》，落实了教学研究项目的经费支持政策。不断进行培养模式、教学内容和课程体系、教学运行机制、实践教学基地建设等方面的改革。2003 年以来，共承担教育部教学研究项目 1 项、河南高等教育教学改革研究项目 21 项，学校立项 105 项。在近两届省级和国家级教学成果奖评选中，获得国家级教学成果奖 4 项，省级教学成果奖 33 项。2007 年，学校设立"河南农业大学高等教育研究基金"，每年研究经费 10 万元，并出台基金项目管理办法，为高等教育研究的深入开展提供了制度和经费保障。

5. 组织形式多样的教学活动

为了调动教师教学积极性，提高教育教学质量，起到优秀教师的模范和带动作用，学校每两年评选一次教学优秀奖，2005 年、2007 年分别有 23 名和17名教师受到了表彰。2004年和2006年学校组织了两次青年教师讲课大赛，共有120多名教师参加初赛，42名教师参加决赛，其中20人获得校级奖励。这项活动的开展，切实提高了青年教师备课、讲课和驾驭课堂教学的能力。组织了三届大学生英语学习竞赛，进一步调动了学生学习英语的积极性，特别是提高了写作和口语交流能力。举办了两期教学管理人员培训班，提高了教学管理人员的业务素质和科学管理能力。举办了一期全校实验人员培训班，提高实验人员掌握现代仪器设备操作的技能，为推广教学平台的应用和普及网络技术起到了积极的作用。每年开展一次优秀毕业生评选活动，鼓励学生德智体美全面发展。

四、构建教育质量监控体系，建立教学质量保障的长效机制

教学质量是一个综合指标，除受社会环境、教育资源等客观因素外的影响外，教师的教学水平、学生的学习能力和学习积极性及管理部门的管理水平等因素也影响着教学质量。教学质量监控体系就是针对这些影响教学质量的主要因素而建立的一套科学、合理的竞争、激励、约束、评价机制，完成对教学全过程的质量监控，保证人才培养质量。经过长期研究实践，学校在教学管理工作中引入了激励机制和约束机制，从而进一步完善了教学质量监控体系，已初步建立了针对教、学、管三方面的质量监控体系。

1.“123”质量保障制度形成对“教”环节的质量监控

长期以来，学校坚持“贯彻一个条例、进行两种评价、严格三次考核”的质量保障制度，严格监控教学环节，促进了教师教学水平不断提高。

一个条例：即1998年学校制定的《河南农业大学教师教学管理工作条例》。条例共分九章四十七条，分别对教师的师德修养、任课资格、工作职责、教学环节、教学纪律、教学研究、奖励与处分都做了明确规定。尤其是在教学环节上，明确了备课、课堂讲授、辅导、答疑、作业批改、指导实验课、实习、试卷论文批改等各环节的质量标准。

两种评价：包括课堂教学评价和学生评教。课堂教学是教学工作最重要

的环节。为不断提高教师的课堂授课水平，学校制定了《河南农业大学课堂教学标准》。学校教学督导员和校、处级领导干部随时可以听课，保证课堂教学时时处于监控之中。教师教学态度的好坏，教学水平的高低，学生最有发言权。为此学校每年组织 1—2 次大规模的学生评教活动。对于在学生评教中反映问题比较多的教师，及时给予帮助和指导。对于多次帮助仍然不能胜任教学工作者，暂停其教学工作或限期调离。近年来有一人调离，一人暂停教学工作。

三次考核：教学考核、年度考核和职称评审教学综合量化考核。教学考核，学校于 1997 年制定了《河南农业大学教师、实验技术人员教学工作考核暂行办法》。考核采用学生评教和教师评教相结合的办法，按照优秀、称职和不称职三个等级，每学期进行一次，优秀不超过被考核总人数的 15%。考核结果作为教师和教学实验人员职称晋升、聘后管理和年度考核以及评优、评奖的主要依据。年度考核，年度考核从"德、能、勤、绩"四方面进行，年度考核办法中规定，年度优秀者必须至少有一学期教学考核优秀。年度考核与年终奖励直接挂钩。职称评审教学综合量化考核，1999 年学校制定了《关于职称评审实行教学量化综合考核的实施意见》，强化教学工作在职称评审中的作用。考核成绩达不到要求者，取消当年职称评审资格。该办法实施以来，全校共有 16 位教师因教学考核未达到相应标准，当年未能晋升高一级职称。

2. 自主、激励、约束机制，形成对"学"环节的质量监控

学生是教学工作的主体，是教育质量高低的最终体现者，如何激发学生学习的积极性和主动性，保证学习质量，实现学生的自主管理与自我约束，是教学监控机制的重要内容。

一是建立自主管理机制。为充分调动学生的学习主动性、积极性，培养学生的学习能力和学习兴趣，真正做到因材施教，给学生以充分的学习自主权，从 2001 级开始，学校实行完全学分制管理改革。为此学校修订了教学计划，建立了弹性人才培养方案，实行了以"学分制"为核心的学籍管理，

实现了"三自主"选择，即自主选择课程、自主选择教师、自主选择时间，基本上实现了学生的自主管理。自2001年实行完全学分制以来有6名学生因学业未达到要求而退学，真正实行优胜劣汰。

二是建立健全激励机制。为了激发学生的学习积极性和主动性，培养学习兴趣和爱好，学校每年都进行"三好学生"、"优秀学生干部"、"社会实践先进个人"、"优秀团员"、"优秀毕业生"、"优秀毕业论文"的评选工作及开展各种单科竞赛，给学生以充分展示个人才华的机会，这不仅提高了学生的学习质量，也提高了学生的综合素质。

三是实施合理的约束机制。注重德育考核。学校从1994年起开始实行德育量化考核。全学程德育总学分为40学分，德育量化指标体系分为两大部分，第一部分为平时表现，第二部分为附加分，学生在校四年必须修满34学分才能毕业。多年的实践证明，对培养学生正确的人生观和世界观，明确学习目的意义，增加学习动力，促进德智体全面发展，起到了显著作用。加强考试管理。在学校管理逐步由过程管理转向目标管理的进程中，考试管理是目标管理的一项重要内容，是检验教学质量的有效手段。通过不断的实践，学校已形成了"考前重教育、考中重管理、考后重处理"和"一严三快"的考试管理模式。即在考试前加大宣传力度，在实施诚信教育的同时，大力宣传考试的严肃性、重要性和作弊的严重后果，考试过程加强巡视和管理力度，考后无论什么原因，只要形成作弊事实，一律按照考试管理规定处理。"一严三快"即执行严，公布快，研究快，处理快。

3.建立完善评估、检查机制，加大对"管"环节的监控力度

教学管理的目的是确保教学工作有序、高效地运行，是提高教学质量的保证。建立和实施系统、规范、科学的评估机制，加大对管理部门的检查、监督力度，是提升教学管理水平，提高教学质量的重要手段。

一是加大对院部级管理的评价力度。随着学校各项改革工作的不断深入，校院两级管理体制已形成，教学管理工作重心下移，院（部）级管理水平将成为影响教学质量的直接因素。经过多次调研、讨论，制定了《河南农

业大学院部级教学工作水平评价方案（试行）》，加大对院部级管理的评价力度。

二是开展考场管理质量评估。为加强院（部）级考试管理，从 1995 年起，学校每学期进行一次期末考场管理质量评估。考场管理质量评估指标体系共分 7 项，分别是考场清理、学生证件、试卷质量、考试纪律、监考教师到位情况、监考职责及奖励，每项有不同的权重，并对连续两次获得第一名的单位进行表彰。通过几年评估，学生考试作弊率明显下降，对提高考试质量，保证考试的公平、公正起到了良好作用。

三是长期坚持教学检查制度。教学检查是学校长期坚持的一项制度，它是及时发现教学中存在问题、监控教学管理和教学质量行之有效的方法。在检查过程中主要采取院部自查和学校集中检查、定期检查与随机抽查相结合的方法进行。

四是设立校长信箱和处长接待日。校长信箱的设立和网上留言栏的设置，为教师、学生和校领导架起了信息互通的绿色通道，学校领导可随时倾听广大教职工生对各部门的意见、建议。处长接待日 1998 年设立，由总务处、教务处、图书馆等与学生学习、生活联系紧密的单位于每周二的下午在教学楼固定地点接待学生来访，把管理工作置于全校教职工生的监督之下。

五是不定期开展院部对学校管理部门评价活动。各职能部门管理是否科学、合理，服务是否到位，各基层教学单位的意见最能说明问题，因此学校不定期地开展院部评价校管理部门活动，及时了解管理中存在的问题，积极寻求解决对策。

五、完善创新创业教育体系，培养现代农业创新创业人才

在 2002 年教育部对学校开展的本科教学工作水平评估中，专家组经过深入调研与讨论，充分认可并高度评价了学校特色项目"加强创业素质教育培养农村创业人才"，认为学校"在教学工作中凸显创业素质教育"，"具有鲜明的农业教育和农业高校特色，适应了农村经济发展、农业结构调整和农

业产业化发展的需要，开启了农业高校服务'三农'的新思路，探索出一条切实实现并创造就业机会的新路子，对农村发展作出了重要贡献"。近几年来，学校创新产学研紧密结合机制，不断调整教学计划，进行"双创型"人才培养模式的探索与实践，改革课程体系和教学内容，努力培养适应现代农业需要的创新创业人才。

1. 调整学科专业结构，搭建创新创业教育平台

学科是专业建设的基本单元，建立适应现代农业发展的学科平台是培养现代农业创新创业人才的重要基础。学校根据经济社会发展的新要求，结合自身实际，适时调整学科专业结构，为创新创业教育搭建平台。1998年，学校进行了学科调整，归并了内涵一致学科，设置了社会急需学科，新成立了2院3系。2004年，学校坚持社会需求导向、促进学科交叉融合发展、学科与专业协调发展原则，再次优化了学科专业结构，学科调整涉及12个学院，新设置了生命科学学院、食品科学学院、资源与环境学院、信息与管理科学学院等。实践证明，本科专业依托重点学科，重点学科支撑本科专业，学科与专业互相作用，有利于创新创业教育优势资源发挥作用和特色学科专业的形成。

2. 实施人才强校战略，打牢创新创业教育的基础

师资队伍整体水平特别是其自身的创新精神与能力，是培养创新创业人才的重要基础。学校牢固树立人才资源是第一资源的理念，实施"人才强校"战略，积极开发和利用国际国内两种人才资源，狠抓培养、吸引、用好人才三个环节，切实加强师资队伍创新能力建设。1994年，学校实施"251"人才工程，建立了育才与用才相结合的人才培养体系，培养了一批优秀拔尖人才。2004年，在"251"人才工程基础上，实施了创新性人才计划，启动了特聘教授+团队工程、高层次人才引进工程、教学名师工程、中青年骨干教师培养工程等"四项工程"，进一步完善了引才、育才和用才三个环节紧密结合的新体系。同时，还加大了柔性引进力度，柔性引进双聘两院院士7位，名誉教授、客座教授、兼职教授、讲座教授等44人。同时，学校制定

《关于进一步完善岗位聘任和人事分配制度改革的意见（试行）》和《河南农业大学关于加强科技工作的若干意见》，设立了"科技创新基金"和"科研奖励基金"，会聚了高素质创新人才，打牢了创新创业教育的基础。

3. 创新产学研紧密结合机制，拓展创新创业教育空间

创新创业教育重点在培养学生的创新创业精神和实践能力，难点在加强实践教学环节，关键是构建稳定和规范的校内外实践教学阵地。近年来，学校以"科教富民行动"为抓手，积极创新产学研紧密结合机制，探索建立新型"校地（企）合作模式"，着力突破创新创业教育体系的机制瓶颈。2005年，学校"科教富民行动"在南阳3县9乡开始试点，建立了"科技副县长—科技副乡长—学生志愿者（科技推广员）"的行政保障机制，架起了学校与地方沟通的"桥梁"。"科教富民行动"在南阳成功实行，特别是形成的"方城效应"引起了强烈反响，现已向信阳、济源、鹤壁等多个地市稳步推进。学校通过新型校地（企）合作模式，完善了"三圈"实践教学阵地，即校本部各级科研平台、实验室、校内基地等为"第一圈"阵地，学校科教园区、大学生创业中心及郑州大学生创业园河南农业大学分园等为"第二圈"阵地；结合地方产业特色和学校学科优势分布于各市县的合作基地和分中心（试验站）为"第三圈"阵地。目前，学校已在全省设立科研分中心或实验站25个，建立合作基地300多个，形成了覆盖全省多个地市的创新创业教育网络。在这些基地和分中心（试验站），学生以"三士"下乡（即博士、硕士、学士随专家教授和科技推广项目捆绑式下乡）、"五个一"社会实践活动（一个科技点播台、一条科技"110"热线、一张科技服务网、一批科技副村长和一送科技下乡等活动）等第二课堂活动，以及"大学生科技创新计划"、"大学生实验创新项目"及"携手农合"等项目为载体，积极参与生产实践，在服务"三农"中，实现了理论学习与生产实践紧密结合，巩固了所学理论知识。

通过完善创新创业教育体系，学生的创新精神和实践能力显著增强，学校创新创业教育硕果累累。社会实践活动连续18年被中宣部、教育部、团

中央授予全国大学生社会实践先进单位。8件作品获国家"挑战杯"课外学术科技作品竞赛和创业计划大赛二、三等奖，42件作品获河南省一、二、三等奖，学校连续6年被团中央授予"高校优秀组织奖"。近3年，《人民日报》、《光明日报》、《中国青年报》、《科技日报》等中央级报纸，先后64次从不同角度报道了学校创新创业体系及其实践与效果。中共中央政治局常委、国务院总理温家宝对学校创造的"企业＋科技＋基地"技术推广模式做出了重要批示。中共中央政治局常委、国务院副总理李克强高度赞扬河南农大把科技推广与行政体系结合起来，在实现农业现代化的进程中发挥了重要作用。

第六节　后勤社会化改革

高校后勤社会化改革是我国高等教育领域的一项重要变革，旨在通过改革，将高校后勤服务纳入社会主义市场经济体制，建立市场化高校后勤服务体系，发展高校后勤产业，使高校后勤保障工作逐步与教学、科研工作分离。我国的高校后勤社会化改革始于20世纪80年代，但改革的进程相对缓慢。1999年11月至2002年12月，国务院办公厅先后4次召开全国高等学校后勤社会化改革工作会议，极大促进了我国高校后勤社会化改革的进程，这场变革迅速从原来的机制改革向体制改革推进，在全国高校中掀起了后勤改革的热潮。①

一、河南农业大学后勤社会化改革的概况

河南农业大学是河南省教育厅确定的省属高校后勤社会化改革试点单位，经过多年的探索和实践，学校的后勤社会化改革稳步推进，迈出了实质性的步伐。1993年，学校将后勤改革作为学校改革的重点，后勤部分科室

---

① 董书杰：《对高校后勤社会化改革若干问题的探讨》，《经济纵横》2008年第1期。

开始试行企业化管理改革，其中伙食科到 1995 年已基本实现日常经营管理费用自理；1996 年，学校被省教育厅确定为省属高校后勤社会化改革试点单位后，开始试行"小机关、多实体、大服务"的后勤经营管理体制，后勤系统开始由事业体制向企业体制过渡，总务处只保留 8 个岗位，代表学校对后勤保障进行宏观管理，其他科室全部变成服务中心或独立预算的经营实体；1998 年，学校对后勤实体实行减拨人员工资的办法，其减拨的工资从服务收入中取得，学校进行水、电、暖、物业等计量装置建设和标准的测算，后勤实体对学校进行市场化的有偿服务；1999 年，学校率先在河南省实现了后勤系统从行政系统整体剥离，成立了河南农业大学后勤发展总公司，变成了自主经营、自负盈亏的企业，确立了其独立法人的企业地位；2000 年，学校在省工商局注册河南农大后勤发展中心，初步建立了新型的后勤保障服务体系，进一步完善了运行机制，强化了内部管理，规范了市场运作，提高了服务质量，增强了市场竞争力和自我发展能力，为学校改革发展稳定作出了很大贡献。

二、不断改革管理体制，建设新型后勤保障体系

高校后勤社会化改革要求将后勤服务经营人员、相应资源等从学校行政管理系统中分离，意味着原高校后勤服务必须进行改革转制，形成一套新的管理体制。但从目前全国高校大量的事实看，高校后勤管理体制仍处于摸索阶段，出现了产权不清、责任不明、监管不利的现象。要真正深化高校后勤社会化改革并取得成效，首先必须搞好产权制度创新，包括产权的所有制改变和产权的合理调整与重组，做到产权明晰、权责清楚。[①]

1. 明晰产权关系

现代企业制度的核心是产权清晰，责权明确，产权有明确的归属和具体

------

① 朱晓文：《论高校后勤社会化改革存在的问题与路径创新》，《教育与职业》2006 年第 20 期。

代表，即以产权为依据，对财产关系进行合理有效的组合、调节的制度安排。[①] 因此，产权制度改革是高校后勤社会化改革的关键所在，只有明晰高校后勤产权，后勤企业才能成为真正参与市场竞争的主体，才能便于融资、投资，发展后勤事业，提高后勤保障能力，促进高等教育事业的发展。学校为支持后勤产业发展，在国家对高校与后勤企业的产权关系尚未理顺的情况下，提出了"产权归我，由你无偿使用；需要更新，由我投入；造成损失，由你负责；自创效益，归你所有"的产权管理原则，既在现行条件下明晰了甲乙双方一定程度的产权关系，又为后勤发展总公司的发展创造了一定的条件。

2. 明确甲乙方权责

甲乙方关系的确立，把后勤工作的监督管理职能与服务职能彻底分开，使学校的后勤管理与后勤服务权责清晰，利益明确。甲方代表了高校，具体而言就是代表学校行使管理权的职能部门；乙方则代表从高校中分离、为高校提供服务的后勤实体，甲乙双方之间是一种目标一致、分工不同的平等协作的关系。首先，根据后勤服务的工作范围和要求，总务处代表学校与后勤发展总公司签订《饮食服务协议》、《校园绿化与保洁托管协议》、《宿舍托管协议》、《水电服务管理协议》、《校医院管理协议》、《幼儿园托管协议》等一系列的经营服务管理协议，对甲乙双方的权利、义务、责任和应达到的服务质量标准作出明确规定，总务处根据协议对后勤服务进行监督、检查和验收，支付服务费用，按市场经济规律建立起真正的合同契约关系，职责明确，责、权、利相统一。其次，建立科学合理的服务价格体系。本着实事求是的原则，结合现有后勤职工的在岗情况，采取甲乙双方共同测算，或由社会相关单位测算后，由甲方审定的办法，确定相关服务项目（如物业、宿舍教室、水电等）的价格。已有明确社会标准的，就参照社会标准，同时考虑学校承受能力，学校标准应略低于社会标准。再次，对于学校的基础设施改

---

① 谭仕林：《深化后勤改革　服务教育创新——从华南农业大学后勤实体的发展看高校后勤社会化改革》，《科技进步与对策》2001 年第 12 期。

造和维修工程，甲乙双方的工程技术人员共同研究确立方案，并通过竞标，在同等条件下优先由乙方承建。

3. 建立考核监管机制

建立完善的内外部考核和监控机制，是后勤企业在新体制下健康发展的有效保证。在后勤管理体制改革后，学校的管理由原来的行政推动为主改成利益驱动为主，由直接管理为主改为间接管理为主，重点对起导向作用的目标管理体系、起动力作用的考核评价体系和起核心作用的管理服务质量体系进行宏观管理，通过事先监控、过程监控、结果监控方式，达到宏观管住、微观放活的目的。① 为此，学校委托总务处、学生处、产业处，根据后勤发展总公司的服务对象、范围、过程等情况，建立了一套全面的考核评估体系。通过事前、事中、事后的监控与考核，达到宏观管好、微观搞活。对监控考核的信息与结果，及时反馈给乙方，并据此对服务费进行核增或核减。后勤发展总公司在其内部也建立了一套评价各分公司工作实绩的有效办法，成立了由总公司领导、办公室、财务部等部门参加的考核监控小组，对各分公司基础管理水平、工作责任目标和经济效益完成情况、服务对象的评价、治安综合治理等，进行定时定量评价。据此结果，总公司对分公司经理进行奖惩，分公司经理对员工进行奖惩，充分调动后勤职工工作积极性和创造性，全面提高后勤服务水平和降低服务成本，保证经济效益和社会效益同步增长。

三、切实完善运行机制，充分发挥后勤服务效能

新型管理体制确立之后，必须完善运行机制，才能保证后勤服务效能得以良好发挥。为此，学校深化了四项重要改革。

1. 深化人事制度改革，实行全员聘任和动态管理

后勤发展总公司完全实行企业人事管理制度，实行全员聘任和动态管

---

① 许秀琴：《略论中国高校后勤社会化改革》，《清华大学教育研究》2001 年第 4 期。

理，形成干部能上能下，员工能进能出的人员动态管理机制。学校首先在明确其服务职能和标准要求的前提下，聘任其总经理。总公司在"公开、公平、竞争、择优"的原则下，自上而下实行全员聘任，一级聘一级，将岗位设置和岗位职责向全校公布，在全校范围内公开招聘，经过报名、审核、公开演讲、民主测评、聘任上岗，各级岗位职责清晰、权利义务明确。总公司对各分公司经理，各分公司对班组长均实行不定期聘任制，实行定编、定岗、定责、定酬、定员，签订经营与责任双重目标责任书，对没有完全履行岗位职责者随时解聘，使能者上、庸者下，彻底打破了干部任免中的僵化模式，使多级负责人都有一种压力，一种向上的动力，体现了"无功就是过，不进必然退"的用人指导思想。在人事管理上，对于整体转制到后勤发展总公司的原事业编制干部，保留原档案职级，在企业中任职与学校其他管理干部的职级不比照，其待遇与所聘岗位及所在单位效益挂钩，并保留企业干部提升行政职级的权利，从企业交流到学校其他管理岗位的干部，由学校组织、人事部门根据其德、能、勤、绩情况给予相应安排。对于原事业单位分流到后勤企业的职工，实行"老人老办法，新人新办法"。"老人老办法"，即原校事业编制的后勤职工人事关系—转为校内企业编制，学校按原渠道保留其享受的正式事业编制职工的公疗、劳保、福利等待遇，学校保留其档案工资和档案编制。到退休年龄，学校办理有关手续，并享受事业编制人员同等待遇；根据工作需要原事业编制人员可以双向流动。"新人新办法"，即企业新进人员，采用现代企业制度的通行办法解决。同时，为了减少管理过程中的"棚架"现象，后勤发展总公司各分公司均实行"单—首长负责制"，各部门只设正职，不设副职，而设置"经理助理"岗位，部门经理及助理人员调整或换岗的达 60% 以上，员工流动率达 30%，使上下级管理层次清晰，责任明确，大大提高了管理效率，服务职能发挥越来越好。

2. 深化分配制度改革，加大活工资比例

分配制度改革上，从事业工资制度向企业工资制度转化，按照"绩效结合，多劳多得，奖勤罚懒，公平合理"的分配原则，打破分配上的平均主义和"大锅饭"制度，建立起以效益为基础的分配机制，使员工的收入做到"三挂钩"，即与岗位挂钩，与效益挂钩，与考核（员工表现）挂钩保证了用人制度的良好运行，大大激励了员工工作的积极性和主动性。一是实行岗位工资。依据岗位职责要求，确定了总公司各个层次的岗位工资。其标准与所承担的责任义务相对应，属于固定工资范畴。上述岗位工资，目前仅占员工收入的50%左右。二是强化业绩工资或效益提成。为了促进各单位开源节流，增收节支，激励员工创造性工作，对管理服务型企业（如物业中心、宿教中心、幼儿园、校医院等）实行业绩工资，对经营服务型企业（修建中心、饮食中心、学苑家具公司、校园超市等）实行效益提成。制定严格的考核评价体系，对于完成或超额完成目标责任的，实行按比例享受或超额奖励，对于完成任务有折扣的，按比例减少，直至为零。通过这种方式，拉大收入差距，激励先进，鞭策后进。这种较大比例的"活动工资"，较好地调动了员工的工作积极性。分配制度的改革，真正体现了"绩效结合、多劳多得、奖勤罚懒、公平合理"的分配原则。

3. 强化后勤财务管理，使资金充分发挥效能

学校投入到后勤建设和托管服务的经费，采用严格预算管理、分期拨付的办法操作，该投入的投入，该监管的监管。对于后勤发展公司承建或托管的项目，严格按照预算定额或收费标准，分期按专项进行核算和拨付。同时，后勤发展总公司也采取了行之有效的财务管理办法，采取了一种好机制，两种好办法。一种机制是：财务两级管理，三级核算。总公司财务统管，为一级管理，一级核算；各分公司财务按目标及权限管理，为二级管理，相对独立进行二级核算，分公司所属班组为三级核算，侧重于项目预算管理。两种办法是：财务人员委派制与不定期轮岗制。总公司委派财务人员到分公司服务，待遇由总公司发放，按照总公司财务规定办事。并不定期轮岗。强化预算管理。在目标权限管理中，特别强调预算管理，特别是单项预算和过程管理，即事前审核，事中监控，事后考核。年度预算、单项预算及其变更，都必须经过严格的审核批准，使财务规范，收支清晰，动态明确。

4. 不断完善各项管理规章制度，使管理更加科学化、规范化

系统完善、科学合理的规章制度体系，是各项改革得以顺利实施的重要保证。后勤社会化改革两年来，学校高度重视规章制度建设，先后形成了《河南农业大学深化后勤社会化改革方案》、《河南农大后勤发展总公司各部门职责范围和经营服务项目》、《河南农大零修及专项工程收费标准》、《物业服务托管协议书》、《宿教服务托管协议书》、《饮食服务托管协议书》，以及总公司的人力资源管理、财务审批、责任目标管理、物资采购、固定资产管理等一系列规章制度，确保了学校建立新型后勤保障体制之后各项工作的顺利开展。与此同时，后勤发展总公司在各项服务中全面贯彻执行ISO9001—2000国际质量管理体系，通过审核、认证，与国际质量管理体系接轨，做到工作质量有标准，出现问题有记录，整改提高有依据，形成环形闭合体系，确保了产品服务质量，提高了管理水平和服务质量。

四、积极创建现代化企业，发展壮大后勤产业

学校在改革后勤管理体制，不断完善其运行机制的同时，还积极探索创建现代企业制度，不断增强后勤实体的生存和发展能力。

1. 建好管好"桃李园"，创造学生公寓社会化管理新亮点

连年扩招，学生住宿和吃饭的压力使学校难以承受，而几十年来学生宿舍、食堂建设由国家和学校单一投资的体制又制约着这一困难问题的解决。为此，学校大胆解放思想，采用学校出地（5公顷），社会出钱（向银行贷款），企业管理（后勤总公司管理），收费还贷（后勤总公司收费还贷）的学生公寓建设管理新模式。在省委、省政府和上级有关部门的关心支持下，经过一年两个月零九天的快速建设，落成了一座可容纳8200多名学生入住和就餐的宏大建筑群，缓解了河南农大和省会北区财院、轻院学生扩招的压力，保证了三所学校2001级8000余名新生的顺利入住。学生入住后，学校又采取了一系列科学合理、严格规范的管理和热情周到的服务措施。在管理和服务的项目、内容、质量标准等方面，保证制度化、规范化管理。学生

住宿档案、科技文化活动与宣传、生活服务等内容搞得有条有理，有声有色。同学们普遍反映，"住进桃李园，犹如回到家"。桃李园学生公寓建设与管理的成功实践，创造了"两个亮点"、"四个一流"。即"河南省教育物业的一个亮点、郑州市城市建筑的一个亮点"；"设施一流、管理一流、服务一流、环境一流"。这在河南省大型学生公寓建设史上尚属首例，在全国一个公寓区集中如此多的学生，多院校共住的情况也属少有。时任中共中央政治局常委、国务院副总理李岚清在视察"桃李园"学生公寓之后充分肯定地说："这是一个成功的探索与尝试。"

2. 组建"大物业公司"，探索新型后勤服务体系

为了给教职工提供全方位的现代物业服务，学校于2002年年底在全省高校率先组建"大物业公司"，将原物业、水电、动力及修建中心的零星维修职能合并组建为新的"物业管理中心"，人员、技术和条件优化组合，形成综合优势。目前，物业管理中心承担着全校教学区和三个家属区的水、电、气、暖管理与维修、保安、保洁、绿化、零星维修等，承担着后勤1/3以上的服务工作。物业管理中心在教学区、家属区、全部安装了智能化卡式电表和二级水表等措施，使水、电、气、暖管理初步进入良性循环，大大减少了水电的浪费和损耗，取得显著成效。2001年，全校用水比2000年降低19%。水电费回收率比2000年分别提高1.5和2个百分点；平均用水量比2000年节约8.4%。上述几项合计，为学校增收和节约资金约40万元。与此同时，还提出了"有困难、找物业"的响亮口号，开展上门服务活动，并开通了24小时服务电话，随叫随到，从水电暖到家具、门窗的制作维修，都能够在12个小时之内维修好，专门选派多名熟练的维修工来回在学校教学区、第一、二、三家属区巡查，随时满足用户的需要，最大限度地方便教职工生。目前，物业中心已具备了参与社会竞争的综合实力，计划在工商部门正式注册，跨出校门，服务社会。

3. 优化配置后勤资源，提高后勤服务保障能力

后勤发展公司积极优化配置后勤资源，完善管理和服务办法，解决后勤

社会化改革中所遇到的一些困难和问题，使学校环境发生重大改观，教职工生的满意率大为提高。宿教管理坚持"三服务，两育人"的根本宗旨，在学校连续扩招，宿舍教室紧张并不断调整的情况下，克服困难，细致管理，合理调配，确保了学生入住和教室正常使用。在全省高校中率先聘任大学本科生当"楼长"，其他工作人员也大都具备大专以上学历，方便了与师生接触与沟通，也提高了为师生服务的质量与档次。同时，在工作中把管理与服务有机结合，大力提倡情感服务，改善教师休息室的条件，想师生所想，急师生所急，周到体贴，无微不至。既创造了优美的环境和浓厚的文化氛围，又体现了融融亲情。饮食管理往往是学校后勤管理的热点问题，学校是在全省高校第一个将水、电、气、暖全部计入经营成本的单位。面对困难和压力，学校一方面投资改造或新建学生食堂；另一方面坚持"稳住基本大伙，搞好对外经营，提高两个效益"指导思想，抓好基础管理，全过程监控，充分挖掘内部潜力，不仅将成本因素化解到最低限度，而且在饭菜质量和服务水平上又有较大提高，高、中、低档饭菜比例恰当，花色品种增多。学校和总公司领导定期到学生食堂就餐和检验饭菜质量、价格。两年多来，没有出现过食品安全卫生事故，学生对饮食的投诉率几近为零。校医院以自身实力争取到省会高校首批社区卫生服务站，开办特色门诊，扩大医保范围，提高医疗服务质量，开展上门服务活动，每年为2000多名教职工和近7000名新生、毕业生做好体检和医疗保健工作。在高校中，河南农大校医院再次获得"省直职工医疗保险定点医院"称号（含住院），扩大了医院生存和发展的空间。幼儿园充分发挥教师和园舍优势，办出了特色和较高水平，使在园幼儿达400多人，创历史最高水平。

4. 创建新型企业，增加社会经济效益

后勤发展总公司注册为法人企业之后，在牢固占领并不断拓展校内市场的同时，充分发挥新型企业化管理体制和运行机制的优势，积极稳妥地开拓社会市场，以参股或控股的形式，组建了"郑州市学苑家具股份有限公司"、"郑州佰宜商贸有限公司"、"河南农大园林艺术工程公司"、"校园超市连锁店"，以及对修建中心、饮食中心经营性餐厅进行改制管理，等等。由于组织科学、管理到位，这些项目均实现了当年投资当年赢利，有些投资回报率达到两倍以上，不仅提高了后勤服务质量和管理水平，发展壮大了后勤企业的实力，也取得了良好的经济效益和社会效益，实现了"学校省钱办大事，后勤发展创效益"的双赢。

五、大力加强后勤文化建设，着力强化育人功能

高校后勤文化主要指的是高校后勤企业文化，它是高校后勤企业（或实体）员工在长期生产、经营、服务实践中逐步培育和形成的群体意识，是后勤管理的核心和灵魂，包括经营哲学、价值观念、精神风貌、企业制度等。高校后勤文化具有特殊性，它存在于高校各个层面的人文环境中，也存在于高校后勤社会化改革的进程之中，又因各高校后勤的历史渊源、管理模式、人员结构、地域特征的不同而表现出它的差异性。创建后勤文化是深化后勤社会化改革的重要举措，有助于在企业内形成良好的合作氛围，唤醒员工的潜意识弥补制度的不足，并降低制度的执行成本；还有助于树立后勤企业品牌和后勤企业形象，形成后勤企业的"文化竞争力"和"形象竞争力"。[①]

1. 加强企业文化建设，打造学习型企业

学校一直重视后勤企业文化建设，把"以人为本，诚信至上，优质高效，追求卓越"作为经营理念，发扬"团结进取、敬业奉献、求真务实、开拓创新"的企业精神，把后勤企业文化融入到不断创新的校园文化中去，融入到后勤的各项工作中去，引导后勤员工在服务上创新，在管理上创新，在观念上创新，保证后勤服务始终有较好的质量和较高的水平。通过各种途径强化企业文化，宣传企业文化理念，使企业文化深植广大员工的心田，使员工为总公司的改革发展出谋划策，心向一处想，劲往一处使，激发其创新精神和创新意识，增强凝聚力和战斗力。总公司努力创建学习型企业，定期组

---

① 薛忠云：《深化高校后勤社会化改革的新思路》，《江苏高教》2004年第6期。

织管理人员和技术骨干召开改革发展研讨会。为了鼓励员工积极学习，总公司专门制定了《员工外出培训及攻读硕士研究生管理规定》，极大地调动了员工学习的积极性和主动性，提高了他们的工作、学习的热情，形成了良好的学习氛围。

2. 强化育人功能，提高后勤服务水平

后勤服务在高校的覆盖面广，并且多方位、多层次地与学生接触，无论是吃、住、行、水、电、气等方面的服务和管理，还是校舍园环境、医疗保健、通讯设施、教室管理等保障工作，都与学生的学习、生活有着密切的联系，工作人员的言行举止都对学生有着潜移默化的影响。因此，在管理和服务中，学校坚持全心全意为广大师生服务的优良作风，强调社会主义伦理道德观、人生观、价值观，强化服务意识，明确"育人"责任，坚持管理育人、服务育人的方向。为此，后勤发展公司紧随高校创新步伐，每年围绕提高后勤服务水平和服务质量，提出主体创建口号。2005年提出创建"质量管理年"，2006年提出创建"管理效益年"，2007年为"优质高效服务年"，制定了工作方案和措施，要求各中心制定详细落实措施，切实办几件让教职工生满意的实事。为了贯彻落实"优质高效服务年活动"的各项措施，9月份，校医院、物业中心组织专业技术员工，利用工作之余在第三生活区开展义诊和义务水电维修活动。为教职工及居民提供听诊、测血压、健康咨询和节水节电咨询。物业中心10月放了两场电影，举行了两场庆祝第三家属区入住10周年庆典活动，丰富了教职工文化生活，取得了很好的效果。

3. 引进培养一批新型管理技术人才，提高后勤队伍整体素质

随着后勤社会化改革的逐步深入，后勤管理人员、技术人员的层次和数量已远远不能满足需求。为此，后勤发展公司制定了引进高层次管理人员和技术人员的计划，不断充实后勤队伍。2000年7月份，后勤发展总公司招聘5名本专科毕业生和2名土建工程师；2001年7月份，又招聘10名本专科毕业生；2001年10月又招聘4名会计师，使后勤发展总公司中具有大专以上学历的人员比例从51%提高到了64%。同时，各中心（部门）年初财

务预算列出专项培训经费，加大在岗职工的学历教育和岗位技能培训，提高了职工工作能力和服务水平，转变思想观念和工作作风，强化了风险意识、责任意识和服务意识。

　　学校的后勤社会化改革，在探索中前进，在前进中探索，一直处于河南省改革的前列，真正起到了试点和示范作用，得到了党和国家领导人、省委和省政府领导的充分肯定和极大鼓励，在全省高校和社会上得到了广泛认可。2001年4月，李岚清视察学校时说河南农大后勤社会化改革迈出这一步很不容易，取得了很大成绩，今后要继续深化这方面的改革。全国政协副主席王文元，国家教育部原部长朱开轩、副部长张保庆以及省市领导和全国130多个院校到学校参观，对学校的后勤社会化改革给予了充分肯定。2001年和2003年，学校被评为"河南省后勤社会化改革工作先进集体"，2005年被全国高校后勤研究会评为"后勤工作先进单位"，先后五次荣获省教育厅、省机关事务管理局"后勤改革与管理先进单位"的荣誉称号。

第六章　高校管理体制改革的成效

　　为全面客观地了解高校管理体制改革的现状、成效及存在的问题，2008年3—10月，笔者先后到西北农林科技大学、福建农林大学、山西农业大学、新疆农业大学等农林院校，就高校管理体制改革的相关问题进行了深入调研，了解了农林院校管理体制改革的共性特征和一般性规律。同时，笔者还先后走访了郑州大学、河南大学、河南科技大学、河南理工大学、河南工业大学等河南省内的高校，针对河南高等教育共有的政策背景及现状特征，深入了解河南省高校管理体制改革的基本情况。

第一节　高校管理体制改革的实证调研

　　2008年11月，在深入调研的基础上，笔者结合河南农业大学管理体制改革的实际情况，设计了《高校管理体制改革调查问卷》，面向学校教职工进行问卷调查，共发放调查问卷500份，收回496份，其中有效问卷494份，并运用规范分析、比较分析、定性和定量结合等研究方法，对学校各项管理体制改革的基本情况进行分析。

　　从调查问卷的设计上看，紧紧围绕学校各项管理体制改革，共分为干部管理体制改革、人事分配体制改革、校院两级管理体制改革、教育教学改革及后勤社会化改革 5 个部分，59 项调查问题，内容涉及对改革的满意度、改革的成效、改革中存在的问题，对进一步深化改革的建议等方面。

从调查样本的选择上看，按照样本选择的全面性、普遍性和多样性的原则，在调查单位上，重点选择了党委办公室、组织部、宣传部、人事处、教务处、科技处、学生处、财务处、总务处、基建处等职能部门，农学院、林学园艺学院等 16 个学院，图书馆、后勤发展总公司、实业发展公司等教辅单位。在调查人员上，从年龄、性别、职称职务、文化程度及岗位类别等方面综合考虑，重点选择了中层领导干部、教师、政工干部及工勤人员。从职务及职称构成来看，被调查人员中正高级职称占 13%、副高级职称占到 15%、中级职称占 37%、初级职称占 35%；从文化程度构成来看，被调查人员中博士占 6%、硕士占 37%、本科占 51%、大专占 6%；从岗位类别构成看，管理岗位占 41%、教学岗位占 27%、科研岗位占 13%、教辅岗位占 19%（如图 6.1—6.3 所示）。

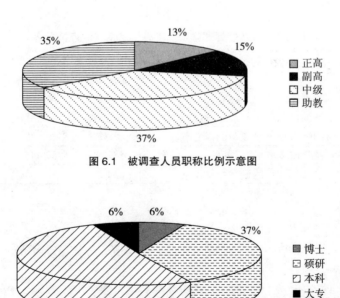

图 6.1　被调查人员职称比例示意图

图 6.2　被调查人员文化程度比例示意图

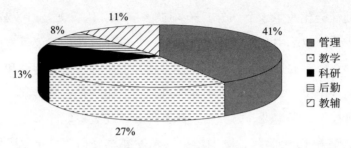

图 6.3 被调查人员工作岗位类别比例示意图

据调查的结果显示，被调查人员对学校管理体制改革的总体满意程度比较高，非常满意和基本满意的比重占到 90% 以上，其中，对干部管理体制改革非常满意和基本满意的占 92.41%，对人事分配体制改革非常满意和基本满意的占 91.57%，对校院两级管理体制改革非常满意和基本满意的占 95.24%，对教育教学改革非常满意和基本满意的占 94.87%，对后勤社会化改革非常满意和基本满意的占 94.32%（见表 6.1）。

表 6.1 对学校管理体制改革整体满意度调查情况表

问题	满意程度		
	非常满意	基本满意	不太满意
您对学校干部管理体制改革的满意程度	55.71%	36.70%	7.59%
您对学校人事分配体制改革的满意程度	64.29%	27.28%	8.43%
您对学校校院两级管理体制改革的满意程度	65.72%	29.52%	4.76%
您对学校教育教学改革的满意程度	57.43%	37.44%	5.13%
您对学校后勤社会化改革的满意程度	62.86%	31.46%	5.68%

第二节 高校管理体制改革取得的成效

一、教育思想观念得到进一步更新

观念是改革的先导，观念的更新也是改革最重要的成果。教育思想观念是高校为实现其办学目标，根据教育规律和自身实际而确立的办学思想和教育观念。从宏观上讲，它体现大学的使命、宗旨、价值观，是大学发展观概括性的表述。从微观上讲，它对大学具体的目标、任务、体制、传统及校园文化都具有重要作用。因此，高校管理体制改革所取得最基础的成效就是教育思想观念的更新与变革。

随着学校管理体制改革的不断深入，学校对于办学指导思想、办学定位、办学理念等有了新的理解和认识，得到了进一步的升华。1998 年到2000 年，学校连续 3 年分别举办了"学习理论、转变观念、查找问题、促进发展"，"调整专业布局、理顺管理体制"，"审定培养方案、论证教学大纲"专题研讨会，提出了"以质兴教"的教育观念，进一步把提高教学质量放在学校各项工作的中心地位；2001 年，学校召开高层专题研讨会，以贯彻教育部 4 号文件精神为主题，针对 WTO 对农业高等教育的挑战，提出树立"现代人才"质量新观念；2002 年，学校以教学评估为契机，多次召开研讨会，按照评估指标体系，进一步明确了办学思路，巩固了教学中心地位；2003 年，学校贯彻落实河南省教育厅组织开展的"教育管理年"活动，围绕这一主题召开了座谈会和讨论会，进一步增强了管理就是效益、管理就是质量的意识；2004 年，学校围绕"建设一所什么样的农业大学"和"怎样建设这样的大学"，深入调研，通过不同层次、不同范围的论证会，进一步明确了发展方向与办学思路，历时 8 个月制定了发展战略规划；2005 年，学校召开教学工作会议，出台了《河南农业大学关于进一步加强本科教学工作全面提高教育教学质量的意见》，开展"教学质量年"活动，启动了精品课程、教学名师、大学英语教学改革和院级教学质量评估等建设项目；2006 年，学校召开学科发展大型研讨会，围绕学科建设思想、学科集群、学科特区、学科支撑专业等问题进行研讨，明确了优势学科、特色学科和学科特区的建设目标与措施；2007 年，学校召开发展高层研讨会，落实教育部 2007 年 1 号和2 号文件精神，在实施"四大工程"的基础上又启动了教学团队、特色（名牌）专业、实验教学示范中心等第二轮教学质量工程建设项目；2008 年，学校召开办学指导思想与办学特色研讨会，学习贯彻党的十七大精神，坚持以办人民满意的大学为宗旨，进一步明确了办学思路、总体目标定位、类型定位、学科建设定位、办学层次定位、人才培养目标定位、服务面向定位，凝练了办学特色。经过多年的改革和探索，学校上下逐步形成了以坚持科学发展观、全面人才观、正确质量观、鲜明特色观为核心的，具有时代特征的教育理念。

一是科学的发展观。发展是硬道理，是高校各项事业的第一要务，也是高校管理体制改革的出发点和落脚点。高校深化管理体制改革，更新教育思想观念，就要深入贯彻落实科学发展观，把科学发展观贯穿到更新教育思想观念的全过程，贯穿到深化管理体制改革的全过程。坚持科学发展观，就是贯彻"巩固、深化、提高、发展"的方针，正确处理规模、质量、结构、效益的关系，促进教育事业全面、协调、可持续发展。指导思想上，把工作重心从发展规模转移到提高质量上来；工作思路上，稳定发展规模，重在结构调整，注重内涵发展，凸显办学特色；具体工作上，在加快硬件的同时，更加重视制度建设、机制创新、校园文化建设和育人环境优化等软件建设。要紧紧抓住发展这个主题，利用一切可以利用的条件，调动一切可以调动的因素，团结一切可以团结的力量，进一步转变发展观念，创新发展模式，提高发展质量，用发展凝聚人心，用发展破解难题，用发展检验工作，使广大教职工生的根本利益在发展中得以实现。

二是全面的人才观。高校作为人才培养的主要基地，肩负着培养造就数以亿计的高素质劳动者、数以千万计的专门人才和一大批拔尖创新人才的历史使命。人才问题始终是高校改革与发展的核心问题和头等大事，是高校一切事情的基础、前提、关键和保证。坚持全面人才观，就是牢固树立人才资源是第一资源的观念，始终把人才资源开发作为学校改革发展的首要任务，大力实施"人才强校"战略，紧紧抓住引进、培养和使用等关键环节，不断深化人才工作体制改革，创新人才工作机制，优化人才资源配置，进一步提升学校的综合竞争力。学校立足于学生知识、能力、素质的全面提升，强化创新精神和实践能力的培养，使学生得到全面发展。育人理念上，坚持"育人为本，德育为先"，既注重传授知识，又注重能力的培养，更注重品德的养成。育人实践上，强化全员育人、全程育人、全面育人，努力营造健康的育人环境，实现教书育人、管理育人、服务育人。

三是正确的质量观。质量是高等教育现代化的核心，是学校生存和发展的生命线，是学校各项工作中永恒的主题。高等教育的质量是一个多层面的概念，应包括高等教育的所有功能和活动：各种教学与学术计划、研究与学术成就、教学人员、学生、校舍、设施、设备、社区服务和学术环境等。①教育质量的好坏越来越成为影响和制约高校发展速度、办学效益的瓶颈，重视质量成为越来越多现代大学经营者的办学理念，以质量领先、以质量取胜以成为高校最重要的发展策略。坚持教育教学质量就是始终坚持"质量立校"的原则，大力实施质量立校战略，打好质量攻坚战，把提高质量作为高等学校工作的重中之重，把学生满意不满意、家长满意不满意、社会满意不满意作为衡量学校办学质量的最根本标准。教育观念上，坚持"学生为本，质量第一"，把培养适应现代农业需要的人才作为学校一切工作的出发点和落脚点。教学实践上，依据社会需要，科学设置专业，完善培养方案，优化师资队伍，健全质量监控体系，实现人才培养目标。

三是鲜明的特色观。办学特色是一所高校赖以生存和发展的根基，是可持续发展的潜力和持久生命力的表征。所谓办学特色是指在长期办学过程中积淀形成的、本校特有的、优于其他学校的独特优质风貌。特色应当对优化人才培养过程，提高教学质量作用大，效果显著。特色有一定的稳定性并应在社会上有一定影响，得到公认。②坚持鲜明特色观，就是突出学校的办学特色，走特色兴校之路，注重把握发展的一般性和特殊性规律，既把握高校发展所具有共同的规律，又体现出各自不同的特征，将高等教育的共同原则

---

① 联合国教科文组织：《21世纪的高等教育：展望和行动世界宣言》。

② 教育部高教司：《普通高等学校本科教学工作水平评估方案（试行）》2002年第6期。

与高校的办学具体实践有机结合，形成有生命力的办学特色；注重批判性和继承性的结合，充分考证学校办学历程的沿革与发展，把握其历史继承性和时代发展性，在遵循高校的本质特征和基本职能的基础上，结合不同社会、历史、文化环境和发展实际，最终形成既符合高等教育发展规律又具有现实指导意义的办学特色；注重培养"敢为天下先"的创新精神，积极进行体制和机制的创新，方式和方法的改进，与时俱进地总结和提炼符合自己实际的办学特色，从而为经济和社会发展提供有特色的服务，使学校具有更加牢固的发展根基和更为持久的竞争力。

二、教学中心地位得到进一步巩固

高等学校的主要任务是提高教育教学水平，为社会进步和地方经济的发展培养合格人才，学校的所有改革和一切工作都必须围绕教学这个中心地位而展开。因此，教育教学质量和人才培养水平的提高是进行高校管理体制改革的出发点和落脚点，也是高校管理体制改革最直接、最重要的成效之一。根据调查结果显示，86.07% 的人认为，教育教学的各项改革极大促进了学校事业的发展，对于学校实行的教学质量监控体系，非常满意和基本满意的达到 93.68%；对于学校目前的专业设置，非常满意和基本满意的达到 84.82%；对于目前学校实行的选修课分创新和创业模块，非常满意和基本满意的达到 89.88%；对于学校现行的人才培养方案，非常满意和基本满意的达到 89.88%；对于大学英语教学改革工程，非常满意和基本满意的达到 79.75%（见表 6.2）。

表 6.2　对学校有关教育教学改革各项措施满意度调查情况表

问题	满意程度		
	非常满意	基本满意	不太满意
您对学校教学质量监控体系的满意程度	32.91%	60.77%	6.32%
您对学校目前的专业设置的满意程度	26.58%	58.24%	15.18%
您对学校实行的选修课分创新创业模块的满意程度	19.00%	70.88%	10.12%

续表

问题	满意程度		
	非常满意	基本满意	不太满意
您对学校现行的人才培养方案的满意程度	12.67%	77.21%	10.12%
您对学校大学英语教学改革工程的满意程度	10.13%	69.62%	20.25%

1.通过深化管理体制改革，使各项政策进一步向教学倾斜

通过深化学校内部管理体制改革，学校出台了一系列有关加强教育教学的政策，从不同方面体现了向教学倾斜的理念，确保了教学中心地位。学校出台了《河南农业大学关于进一步完善岗位聘任和分配制度改革的意见（试行）》，设立教学为主型岗位和教学专项奖励。凡主持教学研究项目，获得教学成果，教学名师或精品课程负责人等都可申请不同等级的教学为主型岗位，享受相应的岗位津贴。设立教学专项奖励，包括超工作量奖、教学成果奖、优秀教材奖、教改项目奖、精品课程组奖、教学名师奖。学校制定了《关于职称评审实行教学量化综合考核的实施意见》，实行职称评审中的教学一票否决制，考核成绩达不到要求者，取消当年职称评审资格，从而强化教学量与质在职称评审中的决定性作用。学校还充分利用具有副教授和教授评审权这一政策杠杆，在职称评审中专设教学高级职称岗位，对教学特别优秀的教师如达到规定的条件，经过严格的程序可以逐级直接认定晋升为副教授职称。

2.通过深化管理体制改革，使教学质量进一步提高

以院为主体的办学管理体制改革，使学校的管理重心的下移，使机关职能部门有更多的时间和精力，关注教学管理。学校制定并实行了《院部级教学工作水平评价方案》等教学过程的监控体系。按教学进程指标对院部教学工作进行评估，成绩优秀者增加下年度拨款额度，优先安排增加招生人数，否则，核减拨款，压缩招生。实行"三制平行"的过程管理。实行随机和定期相结合的监督检查制，校院两级的教学督导制，为学生配备导师的制度，教学效果一票否决制。职称评审教学量化综合考核没有达到学校规定的，取消当年申报高一级职称的资格。各院部也十分注意加强教学工作，提高教育

教学质量。学院都制定了加强教学管理，保证教学质量的有关规定。林学园艺学院、人文社会科学学院先后制定了《关于加强教学管理，提高教学质量的意见》、《教师工作规范》等十几个文件。加强教学环节的过程管理，从教师的备课准备，教案编写，课堂讲授，作业布置与批改，实践教学的安排，毕业论文（设计）的撰写，考试各环节都有监督检查、评比验收标准，质量的高低与岗位任务，与业绩津贴挂钩。经费分配办法的改变，院部之间竞争机制的建立，使各院部更加重视。

3.通过深化管理体制改革，使人才培养质量进一步提高

通过深化教育教学改革，对原有的学科专业结构进行归类调整、改造、拓宽和优化。扩大学科专业口径和内涵，增强学科专业的活力和社会适应能力，实施按学科大类招生和培养的模式，以培养基础扎实、口径宽、专业水平和综合素质高的适应不同区域经济发展需要的各种人才，向社会输送了一批又一批合格毕业生。1998年开始实行公务员和基层选调生考试以来，学校毕业生考取人数均居全省高校首位，最高时占全省录用人数的46.8%。2003年开始实施国家和地方志愿者服务基层项目（毕业生志愿服务西部、服务贫困县、参加"三支一扶"）以来，学校参加人数每年都位居全省高校第一。近三年来，学校共培养毕业生9659人，其中有6796人面向基层就业，占毕业生总数的70.36%。在2007年12月召开的"2008年全国高校毕业生就业工作视频会议"上，学校作为全国4所高校的代表之一，以"深化教育教学改革，全面推进毕业生充分就业"为主题做了典型发言，受到教育部的肯定。

4.通过深化管理体制改革，使教学运行管理制度进一步完善

通过实行院为主体的教育教学改革，学院可以自行设置课程，学生在本学院可以选修院内其他专业的课程，学院也可以在学院内部统一调配教师和其他教学资源，应用先进的教学手段从事教学活动。实行灵活的学籍管理，学生按大类招生，两年后选择专业方向，修读其专业方面的主干课程及相关的选修课，学生可以根据自身的能力确定所修读的课程和修读年限，既可以

提前毕业，也可以延迟毕业，甚至还可以中断一段学习时间去工作后再来学习，对实行学分制提供了极大的方便。实行学分制改革，修订了学分制教学计划，实行"两期三段式"排课法，统一安排选修课学时和开课学期，为学生跨年级、跨专业自由选课提供了方便。据统计，近三年来，学校攻读辅修、双学位专业的1715人中，获得辅修专业证书的273人，获得双学位证书的722人。

5.通过深化管理体制改革，使实践教学环节进一步加强

实践教学是影响教育教学质量提高，培养学生创新精神的关键性问题，长期以来，困扰着高等农业院校的发展。以院为主体的办学管理体制改革，促使学院走出校门，进入社会，寻找问题的解决办法，建立了103个校外实习基地，较好地解决了实践教学问题，为提高学生的创新精神和实践能力创造条件。各个学院根据专业设置、实习需求，选择重点农业企业，根据自愿的原则，经双方协商，体现"互惠互利，对方优先"的思想，用合同方式明确各自的责任、业务和利益。农学院育种专业在漯河市源汇区金囤种业公司建立了实习基地，挂有"河南农业大学教学实习基地"的牌子，不仅为实习师生提供良好的工作条件，还为每个宿舍配备了电视机、计算机，指派理论扎实、实践经验丰富的技术人员对学生进行指导，学生亲自参与种子的选种、繁育、加工、管理、营销、售后服务等全过程的实践。

三、师资队伍整体素质得到进一步的提高

以院为主体的办学管理体制改革，进一步加强了师资队伍和学科梯队建设。学校确立了"人才强校"的发展战略，先后实施了"特聘教授＋团队工程"、"教学名师工程"、"青年教师培养工程"、"高层次人才引进工程"四项工程，在制度上保证人才强校战略的顺利实施。各个教学单位充分认识到要在竞争中立于不败之地，要提高自己的知名度，就必须有一支强大的师资队伍，必须加强学科梯队建设。学院充分都利用自己的办学自主权，在加大人才引进力度的同时，采取更加倾斜的措施，不惜力量，加大投入，切实

加强高层次人才和学科梯队的培养建设工作。近年来，学校以柔性引进方式吸引双聘院士 8 人，海外知名学者 21 人，设置省级特聘教授岗位 14 个，校级特聘教授岗位 21 个，新增博士后流动站 1 个，已接受博士生 153 人，硕士生 180 人，使教师队伍数量在三年内增长近 1 倍，硕士以上人员比例达到 75% 以上。目前，学校师资队伍总数 1312 人，专任教师 1054 人，外聘教师 258 人，队伍质量、学员结构、学历结构显著改善，为学校又好又快发展提供了有力的人才保证（见表 6.3）。

表 6.3　师资队伍职称、年龄、学缘、学历结构情况表

结构类型	结构名称	人数（人）	所占比例（%）
职称结构	教授	124	12.34
	副教授	280	27.86
	讲师	403	40.10
	助教及其他	198	19.70
年龄结构	35 岁以下	448	44.58
	36—45 岁	394	39.20
	46—55 岁	138	13.73
	56 岁以上	25	2.49
学员结构	本校毕业	165	16.42
	外校毕业	840	83.58
学历结构	博士	267	26.57
	硕士	472	46.96
	学士及其他	266	26.47

1. 为高层次人才的引进和培养提供了发展空间

人事分配制度体制改革进一步创新了用人机制，形成了以重点学科、学位点、重点科研基地为依托，以学科带头人为核心，围绕重大项目凝聚学术队伍的人才组织模式，促进了学科交叉融合，和优秀创新团队的集成发展，为不同层级人才都提供了广阔的事业舞台和发展空间。同时，通过人事分配制度改革，进一步精简了机构和人员，机关部处由原来的24个精简为17个，

人员编制减少了1/3，这就为引进和培养高层次人才，加强学科梯队建设提供了编制空间。

2. 为优秀年轻人才脱颖而出创造了良好的环境

通过深化干部人事制度改革，解决了突出存在的缺乏竞争、熬年头、论资排辈、平衡照顾等现象，严格实行岗位聘任制，看的是素质、水平、能力，靠的是公开、平等、竞争、择优，为一大批优秀的年轻专业技术人才和年轻干部能够有机会脱颖而出创造了良好的环境和条件，使一大批优秀年轻人才在新的岗位上挑重担、受锻炼、长才干，也使一大批优秀年轻干部走上领导岗位，顺利实现了新老交替，使整个队伍充满生机和活力，逐步建立全方位的鼓励和支持创新性优秀人才脱颖而出的人才制度。

3. 为建立竞争、激励、约束机制提供了制度保障

通过深化人事分配制度体制改革，积极探索按需设岗、以岗定薪、岗变薪变、优劳优酬的分配办法，破除了职务"终身制"和人才"单位所有制"，完善了重实绩、重贡献的分配制度，向高层次优秀人才和重点岗位倾斜，实行"一流人才，一流业绩，一流报酬"，基本形成了"能进能出、能上能下、能高能低"的竞争激励机制。同时，建立以品德、知识、能力、业绩为主要内容的指标评价体系和严格的考核考勤配套措施，考核指标得到了细化和量化，建立起绩效管理模式，人才评价的方式和手段更加科学化，进一步调动了广大教职工服务意识和办学积极性。据调查结果显示，在问到"如果您的工作成绩突出，您最想得到的奖励"的问题时，67.21%的人想增加收入，22.42%的人想晋级，3.79%的人想授予荣誉称号，2.79%的人想获得培训机会，2.53%的人想休假，1.26%的人想改善办公条件。

4. 为正确用人导向的形成提供了良好的舆论氛围

通过深化干部人事制度改革，进一步优化人才成长和工作环境，营造了尊重劳动、尊重知识、尊重人才、尊重创造的舆论氛围，使全校上下都深刻认识到，能否提拔重用，靠的不是关系、资历，要担当重任，要赢得组织和群众的认可，就必须勤奋学习，努力工作，内强素质，外树形象，按照德才

兼备的标准塑造自我。如果不努力工作，完不成责任目标，就失去了群众信任的基础，必然要下课下台。

四、科技创新和服务社会能力得到进一步增强

科学研究和服务社会是高校的中心职能，是评价高校办学能力与办学水平的两个核心维度，因此，一所高校的科技自主创新能力和服务地方经济社会建设的能力高低，也是反映一所高校管理体制改革是否成功的重要标志之一。

学校实行校院两级管理体制改革，在岗位聘任中，按需设岗，以岗定位，大大激励了广大教师开展科学研究的积极性，推进全校教职工满负荷运转；在年度考核中，专门对科研方面作出体的量化标准，包括聘期完成论文级别及数量、课题与经费、成果奖励及转化；在业绩津贴中，把论文分为5个等次，进行不同等级的津贴奖励，对学术专著和译著也做了规定，对获得国家级和省部级相关科技成果奖励，每个奖项学校按国家或省奖励金额1∶1匹配奖励，对畜禽新品种、大田作物、林木新品种、新农药、新兽药、新肥料以及发明专利、实用新型专利、外观设计专利都有相应的业绩奖励标准。此外，学校深入开展干部管理体制、财务管理体制、后勤社会化等各项综合改革，也都为学校科技自主创新能力和服务社会能力的提高提供了创新的源泉和不竭的动力。

自深化管理体制改革以来，学校充分发挥学校18个国家级、省部级科研平台的作用，构建以科技创新为核心、以研究开发为重点、以推广应用为主旨的农业科技创新体系，为河南现代农业的发展，农业科技进步作出了重要贡献。学校主持的"国家粮食丰产工程"河南课题项目，针对制约全省粮食持续增产的关键、重大、共性技术难题，开展科技攻关和示范推广，形成了具有河南区域特色的粮食增产技术体系，创造了黄淮海地区小麦15亩连片平均亩产717.2公斤、夏玉米平均亩产1006.85公斤和同一块土地上一年两熟平均亩产1628.3公斤的超高产记录，为河南粮食总产量连续登上800

亿斤、900 亿斤、1000 亿斤三大台阶发挥了重要作用。学校培育的玉米新品种"豫玉 22"是我国首批授权保护的植物新品种，荣获国家科技进步二等奖、省科技进步一等奖，累计推广 8000 多万亩，2002—2003 年种植面积全国第二、黄淮海第一。学校主持承担的优质特色固始鸡、三黄鸡等新品种选育技术研究，申请发明专利 9 项，并与固始县三高集团合作，形成了"育种中心＋基地＋公司＋核心户＋农户"的产业化发展模式，使企业新增产值 16.86 亿元，利润 8098 万元，带动 6477 家农户获利 1.71 亿元。据统计，"十五"期间，学校共主持承担省部级以上项目 1248 项，其中国家重大科技专项、863 项目、国家自然科学基金项目等国家级、省部级重大项目 142 项；获得国家科技进步二等奖 1 项，省部级科技成果 62 项；发表论文 2100 多篇，其中 SCI、EI、ISTP 三大索引论文年递增 30%；出版著作 90 多部；科研经费总额为 1.26 亿元，年平均增长 43.7%。

在加快科技创新步伐的同时，学校还始终坚持构建以项目为纽带、基地为依托、人才为关键、产业化为目标的农业科技服务体系，通过服务"三农"模式的探索与创新，在科技、教育和推广之间，在专家、学生和农民之间，在学校、政府和农村之间架起一座富民之桥，开辟一条富民之路。从 1987 年开始，学校先后向全省选派科技副县（区）长 36 人，在南召、民权、方城、新县等 20 多个县区进行科技开发服务，并针对地方实际需求，组成博士服务团，积极为农村经济发展服务。学校先后参与了南召伏牛山区鸭河小流域治理、新野蔬菜基地建设、民权星火科技开发、"新郑八千村"沙薄土改良、商丘市梁园区双八镇"科普示范点"等农业综合开发项目，极大地促进了地方经济的发展。2005 年，经与南阳市委、市政府协商，学校启动了"科教富民行动"，选择南阳市方城、南召、新野 3 县 9 乡开展了试点工作，选派专业对口的优秀教师担任当地的科技副县长、科技副乡（镇）长，选派专业对口的应届毕业生担任乡（镇）长助理，找准了教育、科研、推广与地方经济建设的结合点，有效解决长期存在的教育、科研和技术推广的脱节和棚架问题，得到了省委、省政府领导的高度重视，受到了农村干部群众的热烈欢迎，赢得了社会的广泛好评。"科教富民行动"在南阳成功实行，特别是形成的"方城效应"引起了强烈反响，现已向信阳、济源、鹤壁等多个地市稳步推进。此外，学校还承担了淅川、平舆、商丘等36县市的"科普及适用技术传播工程项目"共104项，在全省建教学实习基地90多个，每年都有上千名师生活跃在服务"三农"第一线。

五、工作效率和服务意识得到进一步提高

通过深化干部人事制度和机关内部管理体制改革，充分体现了精兵简政、按责定岗、职能明晰、精干高效的原则，使学校各学院和各部门的工作效率和服务质量都得到了明显的提高。首先，学校根据管理工作需要设置岗位，比照职员的高、中、初三个职等和一至十个职级，明确目标责任，合理设置岗位，并通过撤销、合并、合署、转制等形式，将机关部处由原来的24个减至17个，管理岗位由182个压缩到121个，增强了职能部门的办事效率和综合服务能力，减少了管理过程中的扯皮现象，杜绝了不正之风。其次，学校面向全校公布岗位，明确职能、责任和待遇，择优聘任，竞争上岗，满负荷运转，并按规定接受群众年度评议，聘期结束三年总考核，把师生对他们服务教学工作的评价，作为上岗、晋级的主要依据，打破了过去那种能上不能下，能进不能出的终身制陈规，提高了主动为师生服务，为教学科研服务的意识和水平。最后，学校通过明确职责，划分职能，将机关具有服务职能、经营职能的单位分离出去，实行重组，成立机关综合服务中心，企业化运作，其各种待遇都通过为师生服务、为教学科研服务来取得。

在调查中，有84.56%的人认为干部管理体制改革极大促进了学校事业的发展，对于干部选拔任用机制，非常满意和基本满意的达到94.81%；对于干部竞争上岗制度，非常满意和基本满意的达到93.67%；对于干部考核评价机制，非常满意和基本满意的达到94.34%；对于干部民主评议和群众监督机制，非常满意和基本满意的达到92.31%（见表6.4）。

表 6.4　对学校有关干部管理体制改革各项措施满意度调查情况表

问题	满意程度		
	非常满意	基本满意	不太满意
您对学校干部选拔任用机制的满意程度	16.33%	77.88%	5.19%
您对学校干部竞争上岗制度的满意程度	10.13%	83.54%	6.33%
您对学校干部考核评价机制的满意程度	18.06%	82.28%	5.66%
您对学校干部民主评议和群众监督机制的满意程度	21.04%	71.27%	7.69%

　　通过不断深化办学管理体制改革，使领导干部和教职工生的思想观念和精神面貌得到了很大转变。改革之前学校全揽一切，学院只是执行学校的计划，完成学校的任务，没有办学压力，学院之间缺少竞争，干好干坏一个样。改革后，学校拥有的权力少了，思考大局的时间和精力多了，学院拥有了更多的自主权，但办学的责任和紧迫感增加了，由被动完成任务变成了主动思考事业发展大计，变"要我做"为"我要做"和"要做好"。办学压力由校长一人承担，成为教职工、院长与校长一起分担，学院主动面对社会，不仅参与社会竞争，学校内部也展开了竞争。经费的使用，由原来的"事不关己"，变成精打细算，尽可能地提高使用效率。通过改革也促进了教职工的思想意识和精神风貌发生极大改观，风险意识、竞争意识、改革意识、创新意识和市场经济意识已深入人心，原来个别教职工身上那种"做一天和尚撞一天钟"的懒散作风大为改观，取而代之的是干事创业的积极性和主动性。

　　同时，通过深化管理体制改革，学校的后勤服务水平和服务质量得到提高。据调查结果显示，83.53% 的人认为后勤社会化改革对学校事业发展起到促进作用，对于实施后勤社会化改革之后，加强后勤保障能力、弥补办学经费和资源不足、改善学生学习生活条件、满足教职工需求等方面的调查，赞同的比例都在 70% 以上（见表 6.5）。

表 6.5　对学校有关后勤社会化改革各项措施调查情况表

问题	是	不是	不清楚
您认为后勤社会化改革是否促进了学校事业的发展	83.53%	15.28%	1.19%
您认为实施后勤社会化改革后，学校的各项后勤保障工作是否得到了加强	77.23%	16.45%	6.32%
您认为实施后勤社会化改革后，是否弥补了学校办学经费和资源的不足	82.28%	18.06%	5.66%
您认为实施后勤社会化改革后，是否改善了学生的学习和生活条件	71.27%	21.04%	7.69%
您认为实施后勤社会化改革后，是否满足了教职工生的需求	71.27%	21.04%	7.69%

六、办学效益得到进一步增强

1. 确保了四项教学经费的逐年增长

通过深化以院为主体的校院两级管理体制改革，保证了教学经费的较快增长和合理使用。一是严格教学经费预算，确保教学经费支出。在院级初次分配包干经费预算时，明确教学经费占院级可支配经费的最低比例，并明确规定各单位预算外收入的资金，必须有不低于 40% 的部分直接用于补充教学收入，财务处在给各院结算预算外收入时，直接将其收入的 40% 划入该院教学经费专户。近三年来，全校从各种办班、在职研究生、成人教育收费和附属企业收入中补充教学经费分别占当年预算外收入的 43.25%，40.36% 和 43.98%，目前院级教学经费支出预算基本占可支配经费的 70% 以上。二是加强院级教学经费的使用管理，确保教学经费用到实际教学工作上。学校建立了教学经费专项管理制度，为每个学院的教学经费建立了专门账户并封闭运行，除其他项目经费可调入教学经费专户，以增加教学经费外，教学经费不得调出或用于其他支出，当年教学经费有结余时，顺延结转到下年的教学专项中，不得挪作他用。三是积极筹措教学经费，保证教学经费的增长。学校进行了各种教学经费奖励或配套投入，如重点学科，精品课程，教学名师等，为了保证各种奖励配套专项经费的有效使用，学校将这部分专项经费直接拨入学院教学经费专户使用。除此以外，学校还鼓励科研和其他经费向教学投入或直接支持教学活动，鼓励科研经费购置仪器设备兼顾教学使用，科研设备向本科生教学实验开放，有条件的课题向学生开放，学生的实验实习结合科研活动，利用科研经费完成。通过一系列的改革，学校本科业务费、教学差旅费、体育维持费、教学仪器设备维修费四项教学经费得到了稳步增长，四项教学经费占学校学费总收入的比例逐年提高，2005—2007 年，分别为 32.7%、34.1% 和 36.7%（见表 6.6）。

表 6.6　近三年四项经费支出占学费收入比例

年份	学费收入（万元）	四项经费（万元）					四项经费占学费收入比例（%）
		本科生业务费	教学旅差费	体育维持费	教学仪器设备维修费	合计	
2005	4248.4	1037.2	244.6	33.6	73.9	1389.3	32.7
2006	4988.7	1307.8	268	39.1	87.2	1702.1	34.1
2007	5752.6	1653.8	295	54.1	106	2108.9	36.7

从生均四项经费增长率的增长情况看，2005 年、2006 年、2007 年生均四项经费分别达到 1030.39 元、1163.64 元和 1340.77 元，2006 年比 2005 年增长 12.93%，2007 年比 2006 年增长 15.22%，增长率为 17.7%，年均增长约 15.06%（见表 6.7）。

表 6.7　近三年生均四项经费变化情况

年份	四项经费（万元）	本科学生数（人）	生均四项经费（元）	生均年增长率（%）
2005	1389.3	13483	1030.39	12.00
2006	1702.1	14627	1163.64	12.93
2007	2108.9	15729	1340.77	15.22

2. 提高了财务管理水平和资金使用效益

实行校院两级管理体制改革后，各项经费直接分配到学院，各学院都必须根据经费的多少，认真做好预算，把经费用到最需要的地方，投入教学和实验室建设的经费明显提高，改革后的 2002 年和 2003 年学校经历了教学水平评估和建校 90 年校庆，在学校没向各院投入经费的情况下，各院利用自有资金和创收经费竞相对实验室进行了改建装修、设备添置，教学实验条件迅速改善，面貌大为改观。

3. 大大节约了办学的运行成本

由于新管理体制的实行，全校各单位严格了财务管理，在拓宽渠道增加单位经费收入的同时，采取各种措施，堵住经济漏洞。同时，各单位责任感增强，加强管理，厉行节约，杜绝各种跑冒滴漏，取得了明显效果。2001年，新财务管理体制正式实行的第一年，在全校学生数增加 3000 人的情况下，用水量反而比 2000 年减少了 18.3 万吨（2000 年 103 万吨）。改革之后，在学校招生规模迅速扩大，教学科研任务大幅增加的前提下，学校生均公共用水和用电量较改革之前大幅度下降（见表 6.8，图 6.4，图 6.5）。

表 6.8　近几年公共用水用电基本情况表

年份	用水量（立方）		用电量（度）	
	总量	生均量	总量	生均量
2000	1030000	98	6000000	570
2001	847000	63	6600000	490
2002	717000	44	6588524	407
2003	820000	48	8570000	501
2004	820000	45	8800000	486
2005	760000	41	8680000	466
2006	520000	25	10110000	483
2007	630000	29	11720000	547

另外，通过对河南省教育厅计财处以及河南省内几所大学的调研，将2005—2007 年河南农业大学与郑州大学、河南大学、河南师范大学等省内冠名大学的六所高校生均公用水电费进行比较分析得出，2005—2007 年间，河南农业大学生均公用水电费均为几所高校当中最少的，分别为 207.34 元、

278.95 元、234.82 元（见表 6.9），比生均水电费最高的学校分别低出
471.66 元、450.07 元、292.46 元，比六所学校生均水电费的平均值分别低出
207.63 元、165.11 元、197.17 元（见图 6.6）

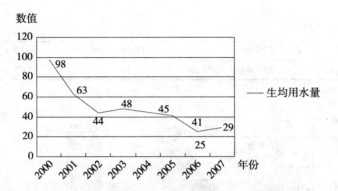

图 6.4　近年来生均用水量变化示意图

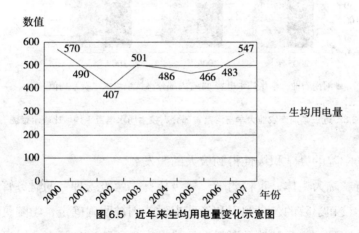

图 6.5　近年来生均用电量变化示意图

表 6.9　近三年河南省内部分高校生均公用水电费基本情况表

学校	生均水电费（元）		
	2005 年	2006 年	2007 年
河南农业大学	207.34	278.95	234.82

续表

学校	生均水电费（元）		
	2005 年	2006 年	2007 年
郑州大学	416.59	729.02	527.28
河南大学	430.33	449.87	436.23
河南师范大学	346.68	344.35	283.07
河南科技大学	257.78	288.87	328.45
河南理工大学	679.00	415.09	515.12
河南工业大学	359.43	437.16	501.76

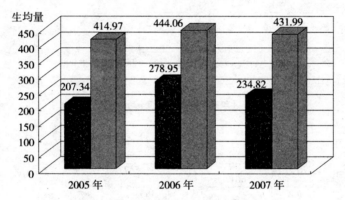

图 6.6　近三年河南农业大学与河南省部分高校生均水电费平均值比较示意图

4. 各个学院的办学积极性得到极大的激发

在实行"院为主体、责权明晰、一级核算、两级管理"的财务管理体制改革中，学校和学院的各自职责和经费支付范围被明确确定，学院负责实验室及校内外实验、实习基地及资料室的建设。各学院通过董事会、科技成果转化资金、提供技术服务等方式，筹集资金用于改善教学工作条件，院级教学设施、实验室和实习基地建设进展迅速。机电工程学院 2000 年投入教学经费 66.1 万元，2001 年增加到 81.3 万，增长 23%，近三年，牧医工程学院投入教学的预算外资金和自筹经费分别达到 43.4 万元和 35.1 万元，还通过建立董事会，筹集资金 100 多万元，建立了饲料检测中心，疫病检测中心，药物检测中心，更新教学设备，较好地改善了办学条件。

5.对综合改革起到了基础性保证作用

通过校院两级管理体制改革，实现了院级"人财物"和"责权利"的统一，推动了各学院人员结构的不断优化，由于对各院分配经费不考虑其职工人数，只以完成工作量和学生人数为主要因素，克服了吃大锅饭和人浮于事的现象，各学院主动承担教学任务，实行满工作量，建立内部考核办法等，加强了内部管理，提高了管理水平和办学效益。同时，由于后勤服务及水电暖及维修经费全部下放到院，纳入各院经费预算管理，受后勤服务的主体由过去对学校一个单位，对校长要钱，变为校内多个主体，为谁服务向谁收费，谁用水电谁交费，不再找校长要钱，形成了后勤企业化管理的校内市场环境，推动了后勤服务方式和服务思想的改变，为完成学校后勤体制改革发挥了主导作用。

据调查结果显示，74.68%的人认为校院两级财务管理体制改革极大促进了学校事业的发展，在认为校院两级财务管理体制改革有哪些优势时，44.30%的人认为，可以分散校级层面上的办学压力，有利于建立高效率运行的管理体制；69.20%的人认为，可以加强各个学院对人、财、物进行统一调配，使各种资源得到充分利用；55.69%的人认为，可以增强各个学院教职工的主人翁意识和干事创业的责任感；49.36%的人认为，可以使师资培养更具计划性和针对性，用人效率得到提高；62.02%的人认为，可以提高学校办学的积极性和自我发展的能力（见表6.10）。

表6.10　对学校有关校院两级财务管理体制优势调查情况表

问题	赞同比例
可以分散校级层面上的办学压力，有利于建立高效率运行的管理体制	44.30%
可以加强各个学院对人、财、物进行统一调配，使各种资源得到充分利用	69.20%
可以增强各个学院教职工的主人翁意识和干事创业的责任感	55.69%
可以使师资培养更具计划性和针对性，用人效率得到提高	49.36%
可以提高学校办学的积极性和自我发展的能力	62.02%

七、办学条件得到进一步改善

办学条件建设和机制体制创新相互影响、相互制约，一方面，办学条件的改善为管理体制的改革奠定物质基础；另一方面，管理体制的改革为办学条件的改善提供充足动力。学校内部管理体制改革最为深入的时期，正是学校办学规模迅速扩大，办学条件迅速改善的时期。

1. 学校的融资渠道不断拓宽，自我发展能力不断增强

"十五"末，学校年经费收入为 22053 万元，比"十五"初年经费收入增加 13713 万元，增长 164.4%，其中学费收入、科研经费以及其他专项两部分占经费收入比例从"十五"初的 47% 上涨到 62.1%，学校自我发展能力得到明显增强；教学、科研仪器设备总值 9500 万元，比"十五"初增加 6036 万元，增长 174.2%；建筑面积 46 万平方米，比"十五"初增加 18.6 万平方米，增长 67.8%；职工住房面积 14.4 万平方米，比"十五"初增加 2.9 万平方米，增长 25.2%（见图 6.7、图 6.8）。

2. 教学仪器设备的投入力度不断加大

由于原来高校高度集中的财务管理体制、教育经费的严重短缺和教育资源的无偿占有，使高校基层教学科研部门形成了个个摆困难、争夺教育投资的不良风气，造成了重复采购、设备闲置等教育资源浪费现象，使原本紧缺的教育经费更加捉襟见肘。实行校院两级管理体制改革，学校和学院的办学积极性都得到了充分发挥，为了满足教学和科研需求的不断增长，学校逐年加大教学仪器设备的投入，配备了各种实验设备，满足了开放、创新实验的需要。学校教学科研仪器设备总值由 2005 年的 10173.5 万元，提高到 2007 年的 15012.15 万元。生均教学科研仪器设备值达 8028.75 元，近 3 年每年增值分别为 1861.61 万元、2130.45 万元和 2708.20 万元，年均增幅超过 21.77%（见表 6.11）。同时，学校按照各学院的学生人数、计划课时数、学科数、专业数，划拨经费，由各学院根据工作需要配置资源，可优化资源配置，减少盲目采购，提高仪器设备的使用效率。

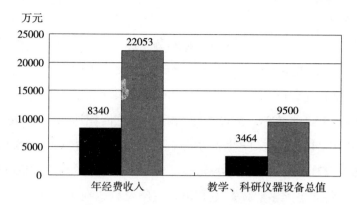

图 6.7　"十五"期间学校办学经费变化示意图

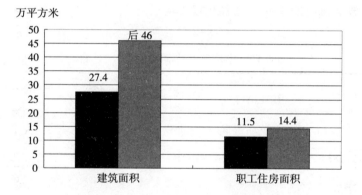

图 6.8　"十五"期间学校办学条件变化示意图

表 6.11　教学科研仪器设备统计表

学年项目	2005—2006 年	2006—2007 年	2007—2008 年
教学科研仪器设备总值（万元）	10173.50	12303.95	15012.15
生均教学科研仪器设备值（元／学生）	6083.54	6804.53	8028.75
当年新增教学科研仪器设备值（万元）	1861.61	2130.45	2708.20
新增教学科研仪器设备所占比例（%）	22.40	20.90	22.00
每百名学生配教学用计算机（台）	24.40	27.10	32.51

3. 教学行政用房条件明显改善

教育资源的计划管理和无偿使用，致使高校一方面教学、办公、资料用房严重不足；另一方面浪费现象非常严重。一方面水、电、交通、通信等费用矛盾突出，供不应求；另一方面公私难分、经常超支。实行校院两级管理体制改革后，学校的教育资源配置将实行市场化有偿使用，这将促进各种教育资源的合理配置和使用。目前，学校占地面积共 3219350.92 平方米，生均占地面积 183.82 平方米；学校教学行政用房总面积达 284423.96 平方米，生均面积达 16.24 平方米；学生宿舍面积 116210.35 平方米，生均面积 6.64平方米。教室 221 个，座位数 20940 个。其中，多媒体教室和语音室座位数12656 个，百名学生配多媒体教室和语音室座位数达到 72.3 个；全校学生用计算机 5693 台，百名学生配备计算机 32.51 台。各类教室功能齐备，很好地满足了教学科研的需要（见表 6.12）。

表 6.12　学校各类教学行政用房统计表

学校占地（m²）		教学行政用房（m²）		学生宿舍（m²）		多媒体教室、语音室（个）		普通教室（个）	
总面积	生均	总面积	生均	总面积	生均	座位数	百名学生均数	座位数	百名学生均数
3219350.92	183.82	284423.96	16.24	116210.35	6.64	12656	72.3	8284	47.3

4. 图书文献资源逐年提高

通过各项改革的深入实施，学校的图书馆的建设力度不断加大，图书资源购置经费不断增加，图书资源利用率不断提高。近 3 年来，学校投入文献资源购置的经费达 1217 万元，共增加纸质文献 43.52 万册，年生均进新书8.13 册；先后购买了近 20 个中、外文大型全文期刊和电子图书数据库，增加电子文献 28.27 万册。（见表 6.13）同时，各类图书资源在服务学校教学、科研的过程中，发挥自身优势，先后建起了"小麦文献信息数据库"、"玉米文献信息数据库"等几个专题特色数据库，其中"小麦文献信息数据库"特色突出、信息量大、使用方便，获得 CALIS 管理中心的二等奖。自建的网上视频点播系统，各种教育视频资料达 13000 多部。

表 6.13　近三年图书资源总量及增量统计表

学年度	纸质图书总量 （册）	电子图书总量 （册）	总进书量 （册）	年生均增量 （册）
2005—2006	1157279	584765	71954	4.30
2006—2007	1385159	689379	227880	12.60
2007—2008	1520509	819500	135350	7.24

5. 公共服务设施不断完善

学校在体育活动场所的建设与改造中增加投入，从而改善了教学条件，增加了学生的体育锻炼空间，运动场所总面积达到了 54046 平方米，生均 3.09 平方米，满足了本科教学人才培养的需要。学校把校园网建设作为提高教学与科研水平、提高管理效率的重要工作来抓，拨出专项资金，建成了功能完善、支撑强劲、运行良好的校园网络。学校积极争取中央和地方共建实验室建设项目、日元贷款项目、省政府生命科学研究院建设专项等，多种渠道筹集资金 7700 万元。学校于 2004 年启动了新校区征地工作，在国家宏观调控政策不断加强，土地政策不断趋紧的条件下，完成了新校区征地和新校区规划。学校以深化管理体制改革为动力，坚持走科学发展之路，完成了新老校区功能布局规划、老校区功能完善规划、闲置土地利用规划、科教试验园区功能布局规划，许昌试验农场的部分场区回购等。

第七章　高校管理体制改革的策略选择

当前教育改革已经进入全面适应经济体制、政治体制、文化体制、社会体制改革和建设的要求，以适应和推进社会体制建设为重点，更加注重制度创新的共建阶段。[①] 我国高校管理体制改革的指导思想是在党的基本路线指引下，逐步建立和完善能主动适应国家经济和社会发展的学校管理体制和运行机制，积极探索建设中国特色的社会主义大学的路子。因此，要充分运用正确的政策导向、思想教育和物质激励手段，最大限度地调动广大教职工的积极性，通过建立现代大学制度、优化权力和谐配置、完善内部治理结构等途径调整结构，转换机制，优化队伍，增强活力，改善办学条件和教职工待遇，达到不断提高教育质量、科研水平和办学效益的目的，这是我国高校管理体制改革的必然选择。

第一节　建立现代大学制度——高校管理体制改革的目标

我国经济体制改革的目标是建立社会主义市场经济体制，建立与社会主

---

① 刘延东：《指导我国教育改革发展的宏伟纲领和行动指南》，《求是》2010 年第 17 期。

义市场经济制相适应的现代大学制度，则是我国高等学校管理体制改革的目标。当前，我国正处于新的社会转型时期，大学制度存在的时间和空间发生了巨大变化，影响大学制度的因素和力量正在发生变化，大学的职能和属性也在发生变化。引发这些变化的直接动因是市场经济体制的推进，在其背后，则隐含着更多的深层次原因，尤其是随着高等教育大众化进程的启动，规模的急剧扩张加剧了大学制度的裂变，引发了大学制度与社会转型的矛盾，现有的大学制度已经明显地表现出对社会转型和市场经济制度的不适应。将建立现代大学制度作为高等学校管理体制改革的目标，有利于明确高等学校管理体制改革的方向，有利于推进高等教育乃至事业单位管理体制改革与经济体制改革相适应。《国家中长期教育改革和发展规划纲要（2010—2020）》明确提出了"建立中国特色的现代大学制度"的要求。2010年12月，国务院印发的《关于开展国家教育体制改革试点的通知》也把"建设现代大学制度"作为改革试点十大任务之一和改革试点基本内容提了出来。因此，无论是实践层面还是理论层面，建立现代大学制度都已经成为了我国高校管理体制改革的目标。

一、现代大学制度

现代大学制度是建立在现代大学理念的基础上的。大学起源于12世纪的欧洲，早期的大学主要是以知识传授为主，18世纪末期，由于陈旧的形式和体制已经无法适应社会的发展要求，早期的这种大学逐渐开始走向衰落。被高等教育界广泛认同的现代意义上的大学始于19世纪初由洪堡所创立的柏林大学。柏林大学是德意志现代文明的摇篮，它颠覆了传统大学模式，树立了现代大学的完美典范，人们尊称它为"现代大学之母"。洪堡在创建柏林大学时提出了"学术自由"、"大学自治"、"教授治校"等办学思想变成了现代大学制度思想的滥觞，其核心原则有二：一是大学里面的学术研究、教师和学生学习都应当是自由的，即我们通常所称的学术自由和教学自由原则；二是教学与学术研究相统一，即大学不仅有传承知识的功能，还具有探索高深知识的责任。洪堡认为大学的主要职能不是传授知识，而是追求真理，因此学术研究应当具有第一位的重要性。柏林大学将洪堡的理念传递至欧美各地，其办学思想在世界上广为借鉴，成为世界上很多大学仿效的对象。

　　进入 20 世纪，特别是第二次世界大战后，科学技术的迅速发展，经济结构的变化，以及政治上的民主化都向传统的大学制度提出了挑战。美国大学的兴起，把大学的社会职能充实到大学的观念之中，其中最具代表意义的是美国"威斯康星观念"（Wisconsin Idea）的形成，"威斯康星观念"源于威斯康星大学的教育实践及办学理念。威斯康星大学初建于 1848 年，校址位于威斯康星州麦迪逊市，规模较小，在国内并无太大的影响。1862 年《莫里尔法案》颁布实施后，州政府决定把依《莫里尔法案》所获资金分配给威斯康星大学，自此该大学便步入一个崭新且极富戏剧性的变革发展时期。威斯康星大学在发展中逐步清醒地认识到，大学的发展必须与整个社会的进步紧密联系起来，大学只有在服务于整个社会各种需要的基础上，自身才有可能走向兴盛，此即为"威斯康星观念"的雏形。1904 年，范海斯（Charles R. Van Hise）出任威斯康星大学校长，他非常重视大学的社会服务，他甚至宣称"服务应该成为大学的唯一理想"。他认为大学，尤其是州立大学除了知识传播和科学研究外，还应担负起本州经济服务的使命，知识传播和科学研究也应考虑到本州区域经济的需要。在出任威斯康星大学校长的 15 年间，他把大学直接为社会服务的理念发扬光大，并使威斯康星大学办学模式的影响扩展到全国甚至国外。①"威斯康星观念"以其自身体现的以服务为鲜明特征的高等教育观念，不但在 20 世纪初的美国高等教育领域产生了巨大反响，而且还在事实上影响了此后美国高等教育的发展。这一观念的诞生使得美国在继承欧洲大陆的大学模式的基础上，彻底摆脱了象牙塔的束缚，得以

---

　　① 王保星：《威斯康星观念的诞生及对美国高等教育的影响》，《河北师范大学学报》2000 年第 1 期。

直面美国的现实社会生活，使得服务成为继教学、科研之外美国大学所担当的第三大任务。①

目前，随着经济全球化和知识经济的发展，大学又被赋予了在国际化进程中的沟通与交流功能。西方现代大学制度也正是在这样一个观念不断创新的过程中逐步发展起来的，其支撑的核心理念就是"学术自由，学校自治，教授治校"。从西方国家大学理念发展和现代大学制度建立的发展历程来看，现代大学制度促进并保障了大学的持续、快速发展，使大学从社会的边缘走进经济社会的中心，同时，也极大地促进了西方社会经济文化的发展。

我国现代大学的发展起源于19世纪末20世纪初，主要是在借鉴西方大学办学理念和大学制度的基础上建立和发展起来的，特别是1917年蔡元培柄政北京大学之后，他借鉴德国大学的理念和制度，结合当时北京大学的实际，将西方学术自由、大学自治、教授治校的大学理念的核心思想运用于北京大学的改造中，进行了一系列卓有成效的改革，初步奠立了现代大学教育的理念、精神、使命、宗旨、功能、性质、组织等制度基础，并提出了他的大学观：大学肩负振兴民族的使命，大学是研究高深学问的机构，大学要思想自由、兼容并包、教授治校。

纵观国内外现代大学制度的发展历程，我们不难发现：大学不能独立存在于现实社会之外。洪堡通过制度的设计，实现了大学服务于国家利益的办校宗旨，19世纪中期以后德国之所以成为各国创建和改革其大学制度竞相仿效的榜样，主要是因为基于大学理念所进行的制度创新；美国将大学和实用主义结合在一起，这种制度设计使得大学比以往更加贴近社会和经济的发展；蔡元培先生所作的工作，也是当时救亡图存的社会背景使然。这些事实表明，大学的理念与现实社会的结合，应当成为确立大学制度的原则。同时，在制度的设计中应确保大学教育真正成为对人的素质教育，其根本方法

---

① 詹姆斯·杜德达斯著，刘济良译：《美国公立大学的未来》，北京大学出版社2006年版。

在于学术自由和思想自由——这正是大学理念的精髓所在，这些应当成为制度设计的出发点。

现代大学制度的内涵源于大学的权利与义务相统一的原则，学术自由是大学的权利，大学对社会的责任是大学的义务。因此，现代大学制度本身是一个多维角度的概念，同时也是一个不断发展的概念。一般意义上的现代大学制度就是一种与本国政治、经济、文化相适应的，引领时代方向的大学与政府、大学与社会、大学与大学之间的规定性以及大学内部各种规范性关系的总和。它有其特定的内涵：一是主体性。大学应当是独立的，应当以独立法人的身份承担社会责任，履行社会义务，完成自身的使命。二是开放性。大学应当是开放的，应当以开放的姿态接纳各种学术思想、各种学术流派，包容人类各种不同的文化，增进不同文化的交流与融合，促进文化互动、相互理解和国际化。三是人文性。大学应当更加关注人性与人的发展，实现科学教育与人文教育的融合，致力于人与自然的和谐共存和社会与自然的可持续发展。四是卓越性。大学应当更加关注质量，更加关注效率，更加关注社会进步和文化发展的需要，用优异的人才、创新的科学成就和高品质的服务促进社会的进步。

二、中国特色现代大学制度

每一个国家的现代大学制度都是针对本国大学特定的社会制度和文化传统而设计和建设的，有着强烈的本国特色。与西方传统意义上的大学相比，我国大学在内部结构上与政府行政组织有着明显的同构性质，具有自身的特色，我们今天所要建立的中国特色现代大学制度，既不是 19 世纪的德国大学制度，也不是 20 世纪的美国大学制度，更不是 20 世纪 20—30 年代的我国大学制度，而是针对当前我国大学所承担的现实使命，建立起来的具有中国特色的现代大学制度。中国特色现代大学制度就是指与社会主义市场经济体制相适应，符合高等教育发展规律，在政府的宏观调控下，面向社会依法自主办学，实行民主管理，管理体制与运行机制相统一的高等学校管理制度的总称。构建中国特色现代大学制度就是要明确举办者、管理者和办学者之间的权力和责任，要求大学的管理必须主动适应社会与学生的需要，它要求正确理解和明确大学举办者、管理者和办学者之间的关系和义务，全面把握和落实大学作为法人实体和办学主体所应具有的权力和责任。在中国特色现代大学制度下，国家作为投资者，政府作为管理者，对大学具有领导权、调控权、监督权。大学必须为国家服务，对政府负责，在国家的教育方针，政策法规的指导下办学，为国家经济建设提供人才服务和智力支持。

中国特色现代大学制度包含四层含义：一是现代大学制度的前提是与社会主义市场经济体制相适应，符合高等教育规律；二是现代大学制度的核心是面向社会，依法自主办学，实行民主管理；三是现代大学制度的特征是学术自治，政校分开，权责分明，管理科学；四是现代大学的关键是建立高等学校法人制度。其中面向社会，依法自主办学，实行民主管理，是现代大学制度的本质；学术自治、政校分开、权责分明、管理科学则是现代大学制度的特征。

学术自治是高等学校的天性，是现代大学制度的第一特征。《世界高等教育宣言》明确指出：大学自治和学术自由是 20 世纪大学发展的永恒原则。学术自由是高等学校区别于政府、企业、其他事业单位的根本特征，彰显着高等学校的本质，是现代大学制度的根基。缺乏大学自治和学术自由的根基，现代大学制度就失去了存在的土壤和发展的空间。学术自治与学术自由是联系在一起的，没有学术自治，学术自由就缺乏存在的条件，学术创新也难以实现，高等学校的民主则无从体现。

政校分开是指政府作为公立高校的管理者与办学者分开，所有权与办学权分离，责权利分明。计划经济条件下，政府是高等学校的举办者、管理者和事实上的办学者。市场经济条件下，举办体制走向多元化，政府现在只是公立高等学校的举办者，高等学校是办学者。高等学校的所有权归属于国家，政府教育行政机关代表国家行使管理权，即宏观调控，高等学校依法管理和经营学校资产。

权责分明是指高等学校内部，党委领导下的校长负责制体制完善，重大问题党委决策，以校长为首的行政系统运转灵活。横向，党政分工明确，学术权力与行政权力配置合理，党委决策系统、行政决策系统、专家—学术决策系统能够相互支持，协调动作，形成合力；纵向，学校一级与院系一级分权合理，上下顺畅，执行有力，责权利相结合，能够调动基层的积极性，实现管理的优化。

管理科学是指高等学校内部机构设置合理，决策系统、执行系统、监督系统、反馈系统健全；竞争机制、激励机制运用适度，组织机制、工作机制完善；内部自治系统运转灵活、高效、协调、优化。

中国特色现代大学制度的四个特征是有机联系、互相统一的。学术自治是现代大学制度的本质在高等学校中的体现；政校分开是高等学校实现依法自主办学、实行民主管理的关键；权责分明是社会主义市场经济体制和高等教育规律的要求，是现代大学制度先进性的表现；管理科学是现代大学制度得以确立和运行的保障，是衡量现代大学制度科学性的准绳。

三、中国特色现代大学制度的建立

中国特色现代大学制度的建立过程不是一蹴而就的，甚至根本就不存在现代大学制度的终极样本，倡导建立中国特色现代大学制度的意义并不在于要达到一个什么样的制度状况，而在于鼓励我们坚持不懈地不断完善现有的制度，以适应经济社会发展对高等教育的要求。因此，中国特色现代大学制度的建立要坚持走"问题导向型"的建立策略，即通过不断地识别和解决大学中存在的制度性问题而逐步建立较为完善的大学制度体系，这样一种策略可以有效保证我们所建立起来的现代大学制度能够满足全面性、实效性、本土性与时代性等方面的要求。

1. 遵循基本原则，建立中国特色现代大学制度

中国特色的现代大学制度中的"现代"不完全是时间性概念，而主要是价值性或意义性概念，即是指大学制度所依据及体现的大学理论、思想、观

念的价值水平。建立中国特色的现代大学制度作为我国高校进步和发展的基础性活动，必须遵循本真大学原则、系统性与整体性原则、科学性原则和开放性原则，从而保证中国特色现代大学制度体系的先进性及合规律性，为大学真实性发展提供科学的制度平台。

一是遵循本真大学原则。要保证大学在本质上是培养人才和发展文化的机构，是以学术或知识为核心活动的机构，大学活动的基本价值取向和精神主旨是追求学术、文化、知识的进步，是培养人格健全、富有智慧和责任感的优秀人才。大学的决策者、管理者、研究者应该在大学的定性问题上达成共识，避免在大学的理论研究及制度设计时出现自说自话、所持理念及设计思路南辕北辙的现象；要树立大学在本质上应该是一个培育人才、发展文化的组织，大学的思想应该是自由和开放的，大学的价值取向及活动目标应该是多元的，大学在法律和机构的层面上应该是独立的，大学在具体的活动中应该是富有个性特色的理念；要维护大学活动的动力及为社会服务的自觉性的特征，而不能抑制或忽视这些特征；大学活动的动力及为社会服务的自觉性主要来自大学内部的活动目的和教育自觉性，要认清大学作为一种具有全世界相通特质的文化和知识活动机构，具有世界性与本土性的双重性质，不能为了强调中国特色而使中国大学的内在品质游离于世界大学的标准之外，影响中国大学的国际评价和国际比较，影响中国大学按照世界优秀大学的标准进行制度和文化建设。

二是遵循系统性及整体性原则。大学作为人类历史上延续时间排名第二的社会组织，一方面表明其性质、宗旨、功能与社会发展的趋势和逻辑具有极大的一致性；另一方面表明大学组织具有顽强的自我发展、自我完善的自觉性和能力。而在一千多年的发展过程中，大学的思想、制度、文化越来越成熟，大学对社会的影响越来越深刻，大学与社会的关系越来越密切，已经从社会边缘进入到社会的中心，成为社会发展的策源地、加油站及国家的软实力。大学在其功能增加的过程中，也自然地发展成为一种与社会许多方面密切相关的复杂组织，人们已经不能从任何单一的方面或角度来理解或评价大学，从任何单一的角度来思考大学的制度改革或文化建设。大学的复杂性特征要求人们在思考大学问题的时候，必须秉持系统性、整体性的观念和方法，而依据系统性、整体性的思维原则来思考现代大学制度建设，则应处理好继承与创新的关系。我们进行现代大学制度建设，应该注意大学制度内容的逻辑一致性，其对大学内外关系处理的合理性，积极克服权宜性思维和行为习惯，深入地研究大学组织的本质及规律，虚心地吸收教育家们的有益理论和方法，在大学性质、治校原则等重要问题上达成共识，以拨乱反正的气派制定出具有深远意义的新的大学制度，同时现代大学制度建设作为新时期大学制度的发展目标，必须具备创新的特征。这种突破和超越的内容是多方面、全方位，甚至是基础性的。其中既有思想理论方面的内容，也有组织制度方面的内容，还有传统、习惯、风气方面的内容。

　　三是要遵循科学性原则。建立中国特色现代大学制度必须科学把握现代大学的性质和特点，遵循大学发展的逻辑，构建以促进学术繁荣为目的的制度内容。大学之所以称其为大学，根本原因在于具有很强的学术性和学术精神，大学之所以得以生存与发展，从根本上说，就在于其学术性和学术精神的延续与繁荣。大学从其诞生之日起，便与"学术"结下了不解之缘。尽管现代大学与过去的"学者行会"有了很大不同，但大学作为学术组织的性质是始终如一的。学术活动的价值既是大学形成的原因，又是大学存在的根基。"支配着大学的根本是学术，大学正是在学术这一本质特点上，确定着自己存在的根据、自身与他物之间的关系以及自身的发展。"[①]促进学术的繁荣和发展就是"大学人"最根本的价值追求。因此，科学把握学术发展规律，真正把大学作为学术组织来建设和管理，是我们建立现代大学制度的根本点，也是我国大学在新的历史时期成就学术辉煌的必由之路。一个国家真正优良的大学制度，必定是能为本国自主的学术成长提供有效支撑的制度。没有成熟的学术传统，一个国家的大学制度不可能成为沟通学术教育与政治

---

　　① 赵峻岩:《学术的诉求：西方大学制度的本质》,《现代教育管理》2009 年第 10 期。

社会的枢纽，不可能在真正的思想层面上回应中国人生活处境中的许多基本问题，也自然无力重新阅读包含在中西两方面传统中的那些人类根本问题。中国特色大学制度建设应调整价值导向、尊重学术价值，将学术标准植入大学的每一项工作之中。大学各项制度和治理结构，如人才培养制度、科学研究制度、为社会服务的制度、师生评价制度、教师聘任制度、学术评议制度、教师薪酬制度等，都应该建立在大学作为学术组织基础上，要特别剔除有关制度中将学术要求简单地转换成经济性、行政性要求的做法，还大学学术制度以本来面目，使大学制度真正成为促进大学学术繁荣的可靠保障。

四是遵循开放性原则。每一个国家的现代大学制度都是针对各国大学特定的社会制度和文化传统而设计和建设的，有着强烈的本国特色，因此，就有德国现代大学制度、美国现代大学制度、日本现代大学制度之说。与此同时，不同国家的现代大学制度又有一定的共同性，尽管不同时代各国大学存在和发展的社会环境各不相同，但是，在培养人才和传承文化方面，各国都有一些共同的制度安排，尤其是人类社会进入近现代以后，随着国际交往与交流日益广泛地推进，各国在大学制度上的相互学习也越来越多。在现代大学制度的国际学习中，各国并没有完全抄袭和照搬他国的制度，而是在尊重本国国情和文化传统的基础上移植了某些具有共通性的制度精神，建设性地学习和借鉴了他国的某些制度安排。我国在创办现代大学之初，就开始学习国外现代大学制度，在一个多世纪的历史中，我们曾经学习过日本的大学制度、德法和美国的大学制度，以及苏联的大学制度等。但是，我们今天要建立的现代大学制度与历史上曾经进行过的探索并没有多大的共同性，原因在于：首先，今天和未来我国大学的内外生存环境已经发生了根本的变化；其次，我国大学制度所要解决的矛盾是现实的，这些矛盾产生于现实环境之中，也只有在现实中才可能得到解决；最后，我国已经发展起了世界上规模最大的高等教育系统，高等教育正在走向大众化，大学所承担的社会责任绝不是以往任何时期的大学可以相媲美的。因此，今天我们建立现代大学制度要遵循开放性原则，要重视国际经验的，要从国外大学制度成功的经验中汲取于我有益的原则、规范、机制、标准、组织形式和大学精神等，并结合我国大学的条件使其中国化。只有这样，国际性的现代大学制度才可能在我国大学生根、发芽，成为我国大学繁荣发展的保障。我国现代大学制度最终要靠我国高教界的智慧来创造和建立，国外大学不可能为我们预备一套现成的适合我国国情和文化的现代大学制度。大学制度本身是社会文化的再现，不同的社会文化为大学制度提供不同的文化特质，历史悠久、博大精深的中国文化是我国现代大学制度根植的土壤。国际性与本土化结合是建设我国现代大学制度的必由之路。没有国际性，我们的大学制度不可能获得现代大学自由之精神；没有本土化，我们要建立的大学制度可能丧失生命力。

2. 制定大学章程，建立中国特色现代大学制度

大学章程是为了落实高校办学自主权，满足高等学校自主管理和依法治校的需要，根据国家法律、法规，由举办者和办学者根据法定程序制定，并对高校重大的、基本的事项作出全面规定而形成的规范性文件。它是教育法规的具体化，是大学成为面向社会办学的独立法人实体的首要条件，是现代大学成立的合法性的基础，也是现代大学制度的载体。1995 年我国的《教育法》规定学校有按照章程行使自主管理的权利；1998 年的《高等教育法》规定申请设立高等学校应当向审批机关提交章程、章程的修改应当报原审批机关核准等内容；2010 年《国家中长期教育改革和发展规划纲要（2010—2020）》明确提出，"各类高校应依法制定章程，依照章程规定管理学校"，"学校要建立完善符合法律规定、体现自身特色的学校章程和制度"。并以此作为完善中国特色现代大学制度的重要内容。这些政策法规既确立了大学章程的法律地位，又显示了大学章程在建立中国特色现代大学制度中的作用。

大学章程是高校自治和落实办学自主权的保证，是高校自主管理的根本依据，也是社会参与高校事务管理的根本依据，因而，大学章程制定主体的合理性直接关系到我国大学章程的正确制定，关系到我国大学办学自主权能否真正落实。理想的大学章程既能体现国家办学的意志，又能体现大学办学的内在规律，是政府、社会和高校责、权、利的统一。"在制定大学章程的

过程中，如何处理好大学与外部关系，即大学与政府的关系、大学与社会、大学与大学之间的关系，是章程能否真正对办学起规范作用的关键因素之一。"①因而，大学章程的制定首先要确立章程制定的主体。在我国，政府是高校的举办者，高校的经费主要来自于政府，大学必须有政府的支持才能得到长远的发展，同时，政府还是高校的管理者，政府作为国家教育事业的宏观管理者，有权利用行政手段对所辖的高校进行宏观管理。因此，政府部门代表是大学章程制定主体的重要成员。政府代表参与大学章程的制定，可以让政府与高校之间进行公开博弈，并通过大学章程的形式进行明确界定，使大学章程真正成为政府对高校进行管理和监督的依据，成为高校自主办学的保护力量。从社会与大学的关系看，社会公众以及与大学密切相关的利益相关者应当成为大学章程制定的成员之一。社会大众作为大学的所有者，把举办大学的权力委托给政府，这种初始委托代理关系发生在全民与政府之间，上级政府对下级政府或学校进行再次委托，通过层层委托到了大学组织。②因此，社会大众才是大学真正意义上的举办者，因而社会大众的杰出代表理应代表公众参与大学章程的制定。

作为大学章程制定和天然主体，高校在大学章程制定过程中发挥着主导作用，因此高校应从规范章程制定程序、完善章程文本内容和确保章程科学实施三个方面来完善大学章程的制定。

一是规范章程制定程序。严格科学的大学章程制定程序能够为大学章程制定提供天然的保障，大学章程的制定应是大学全体成员充分参与、充分酝酿和充分宣传的过程。大学章程对学校方方面面的工作都进行了规范，它的制定和修订涉及各方面的利益，而师生是学校教育教学活动的主体，有权参与学校的发展和重大事项的决策。因此，不管是从学校主体的角度，还是从维护师生权益的角度看，章程的制定和修订都要鼓励全校师生的参与。在具

---

① 胡莉芳：《大学章程制定的核心问题与原则探究》，《中国高教研究》2007 年第 10 期。

② 马延奇：《大学转型：以制度建设为中心》，社会科学文献出版社 2007 年版，第 203 页。

体的实施过程中可以采取问卷调研、小型座谈会、在师生中开展相关的大讨论、草案公示等方式，调动全校师生的积极性，这也是章程在大学运行中发挥实质作用的基础。

二是完善章程文本内容。好的章程实施效果要以完善的大学章程文本为前提，大学章程既是大学的"基本法"，又是大学的一张"名片"，大学章程应体现出大学这一特定组织的属性，尊重大学的学术逻辑，对学术自由作出重点呵护，为教师、研究人员等的学术研究工作提供切实的制度和物质保障。大学章程还是对大学的办学理念、办学目标、实际运行与管理做法、文化传统等基本问题的提炼与升华，因而又要体现出大学办学理念，弘扬办学特色，使其成为大学办学理念和大学精神的制度保障，比如序言中对办学理念和学校定位的阐述、学校标志、校旗、校歌、校庆日、纪念日、学校的管理特色、教学科研特色、后勤工作特色等，都可以通过章程这个载体进行总结和提炼。当然，大学应该承担的社会责任，如学校的规模、人才培养目标、师生权益保障、物质保障条件等，章程不但不应该回避，而且应该明文规定，一方面对学校内部起宣示和监督作用；另一方面向社会展示承诺，为学校提供信誉证明。

三是确保章程的科学实施。大学章程建设不是以章程文本形成为终结，而是要以大学章程产生最佳实施效果为深层次目标。大学章程的制定既要为学校发展提供保障，又要对学校进行约束和节制，其作为学校运行的基础性自治规范，它的价值体现在既要促进学校依法治校，保障学校运行，又要明确学校的社会责任，为学校提供信誉证明。它规范了学校内部运作，把法律法规的规定细化、具体落实到了学校的教学、科研、服务和人事、财务、资产等各项工作中，促进了大学依法治校，保障了大学的正常运行。制定大学章程的过程就是对高校自身的办学理念、运行机制以及各项规章制度进行认真梳理和明晰的过程。所以，高校在外部支持环境有限的情况下更需要自觉、自省，用章程规范自身的办学和管理行为，传承学校的办学精神和传统，建立自我约束和自主发展的运行机制。随着外部宏观环境的不断好转，国家的教育行政管理体制改革不断推进，大学的办学自主权会不断落实，这时章程的重要性更加凸显。大学不能认为自己在外部支持环境有限的情况下就无能为力、无所作为，因为大学办学自主权的落实与大学章程建设工作的完善是一对共生现象。只有当大学章程建设完善，大学真正具备自主发展与自我约束的能力，教育主管部门才能真正放权，大学的办学自主权才能落实。而此时，大学章程的作用也就淋漓尽致地发挥出来。

3. 树立法制观念，建立中国特色现代大学制度

随着我国社会变革的进一步推进，整个社会结构的变动、利益格局的调整以及思想观念的变化都对当前的大学管理提出了新的要求。建立中国现代大学制度就是要用能够更加体现人们价值需要的制度来替换传统的大学制度，从这个意义上说，中国特色现代大学制度的建设过程就是基于我国传统大学制度之上的合法性重构的过程。为此，一方面，建设中国特色现代大学制度应当尊重制度主体的合法性，充分维护大学有关利益主体的权益。目前，我国大学的办学环境已经且仍在发生着重大变化，市场体制对大学的影响在不断拓展，大学内部各种利益主体的权利意识在不断增强，参与管理要求日益强烈，那种单纯由领导者制定制度并进行集权决断的管理方法已经不符合人们的基本价值追求了，尽管这种做法在很大程度上依然在起作用，但改革的呼声日趋高涨。大学的管理过程是以知识为中介的人际关系活动过程，从动态的方面看，体现着教师、学生、管理人员众多利益相关者相互交流和对话的活动过程。因此，建设现代大学制度，必须充分考虑大学管理过程的综合性和复杂性，在管理中要将管理对象从单纯的被管理者转变为管理过程中的参与性力量，依靠集体的力量和民主的机制来推动整个管理过程的有效运行。体现在大学制度的建设上，首要的就是要保证制度主体的合法性，要广泛吸纳师生员工及相关社会利益主体参与制度制定并给予其充分表达利益诉求的机会，尤其要重视广大教师和学生的利益诉求，使大学制度真正成为维护各有关利益主体权益的重要工具。

另一方面，建设中国特色现代大学制度应当体现制度程序的合法性，努

力完善民主协商的制度程序。大学制度的形成过程就是一个公共选择的过程，是一个民主决策行为，是在利益均衡的基础上确定共同价值观的过程。建设现代大学制度必须克服过分强调行政权威的问题，使制度安排走向科学化、民主化。在现代法治国家，"一切不民主的制度都是非法的制度"。① 因此，大学在其制度建设过程中，需要构建一种民主的协商机制和各利益主体参与对话的平台。学校要为师生员工提供有关制度变革的公共论坛，开展涉及制度建设的对话与讨论，这是保证制度重构合法性的必要前提。同时，大学内部的教研室、学术委员会、教授委员会等各种学术性组织，工会、教职工代表会议等各种团体性组织的存在及其在制度建设过程中的积极参与，都为大学制度的合法性重构提供了根本的保证和条件。程序合法还要求大学制度在执行过程中坚持严肃的标准，这样的制度才具有较高的信度，其执行的结果容易被人们所认同和接受。比如，为了保证教师职务评聘制度的合法，就应当在坚持程序公正的原则下严格执行相关规定，坚决杜绝超越规定办事的"场外交易"的情况出现，尤其是学校领导要以身作则，要维护制度的尊严，不能使制度执行的公正性遭到践踏。

4. 构建和谐关系，建立中国特色现代大学制度

纵观大学制度的建立过程，其实质就是大学的利益相关者不断博弈的过程，同时也是大学的利益相关者不断增加的过程。进入高等教育大众化，我国现行大学制度正面临前所未有的挑战：大学规模急剧扩大，利益群体不断分化，利益相关者日渐增多，大学与社会的联系日益密切。健全的现代大学制度是大学创新与发展、不断提升办学质量的重要保障，也是大学安定有序的重要依据，是实现大学和谐发展进而推动和谐社会建设的基础。构建我中国特色现代大学制度，重点应处理好几个关系。

正确处理大学与政府的关系，建立现代法人治理结构。在处理大学与政府的关系问题上、关键的问题就是政府以直接的方式还是以间接的方式管理

---

① 别敦荣：《高等教育管理与评估》，中国海洋大学出版社 2009 年版，第 128 页。

大学。直接的管理方式就是以行政命令的方式进行管理，常采用的手段是控制大学的人事权、财政权从而决定大学的发展取向；间接的管理方式就是通过拨款和投资的方式来引导大学发展的走向，政府给大学以自主权。根据委托代理理论，大学与政府之间不是一种行政上的隶属关系，而是一种契约关系。在我国社会转型期内，政府与大学的关系应实行间接管理的方式，建立现代大学法人治理结构。高校法人治理结构是建立现代大学制度的关键，科学合理的大学法人治理结构能更好地处理好国家作为投资者、政府作为管理者、学校作为办学者之间的关系，明确三者间的权力和责任，从而使大学办学具有更大的适应性和灵活性。可以说，建立现代大学法人治理结构，基础在大学，关键在政府，根本在法治。

正确处理大学与社会发展需要的关系，促使社会成为"开放的社会"。大学不仅仅是教育教学阵地，其本身就是一个社会组织，学校生活就是社会政治、经济、文化生活的一种形式或一个方面。随着社会的进一步开放，法制化、民主化进程的加快，大学将比以往更多地受到来自社会公众、社会文化和市场机制的制约，多种社会力量也将以各种不同的形式影响到大学的办学行为和自主状态。开放的社会给大学带来多元的影响，这是社会发展的必然趋势，这种趋势促进新的大学制度的建立，现代大学制度中要求的大学自治、学术自由的教育理想只有在开放的社会中才有可能实现。

正确处理大学发展与学术发展内在需要的关系，实现行政权力与学术权力的和谐互动。行政权力和学术权力的配置及其互补状况在很大程度上影响和决定着高校内部管理的实际运行。虽然学术自身的特性限定了学术权力的适用范围，使其在某种情况下常带有一定的片面性和保守性，但高等学校作为学术文化机构的基本特征，以及高校面向社会自主办学的趋势，要求高校应更多地遵循高等学校内在的学术逻辑和规律。从构建现代大学制度的角度来看，高校现行的学术权力和行政权力状况应有所调整，在学校管理上应实行双层管理系统。在学院层面的管理上，重点解决学科发展的关系，发挥学科专家在学术事务上的作用；在学校层面，重点处理跨学科发展问题和学科发展平衡布局问题，在需要集中管理的行政事务问题上要发挥行政权力的高效率。

正确处理大学发展与学生发展的关系，建立人性化的教育制度。追求学术质量使大学倾向于将更多的精力放在科研上，教学无形中就会受到忽视。这就要求大学妥善处理教学与科研的关系，建立人性化的教育制度。如何使大学围绕大学生的个性发展组织教育教学活动，更好地选拔人才、培养人才，要求高校在教育教学制度上更多一些人性化设计，充满人文关怀，给学生提供多方面的发展机会。大学在办学过程中既要重视学术水平的良性发展，又要做好教学工作以满足学生发展的要求；不仅在大学文化上，同时也应在制度上体现大学的人文关怀，使学生在身心愉悦的环境中学习知识、体会人生、感受生活。

5. 打破制约瓶颈，建立中国特色现代大学制度

现代大学制度的建立是一项复杂的、艰巨的系统工程，其中，高校人事制度改革无疑是这一进程中必须攻克的壁垒，只有在人事制度改革上取得突破，现代大学制度的建设才能步入正轨，高等院校才能真正提高自身的办学质量和办学效益。我国高校人事制度改革经过 30 多年的探索和试点，现在应当进入整体设计、有序推进阶段，这一改革有赖于国家政策导向下形成的正确价值取向和社会舆论，有赖于大学组织文化和氛围的改变。因此，只有将高校人事制度变革纳入建立现代大学制度这一系统工程，整体设计，有序推进，才能收到成效。

第一，准确把握改革特点。一是过渡性。目前，我国正处于社会转型期，高校人事制度改革必然具有过渡性的特征，它必须实现由适应计划经济的传统人事管理向适应市场经济体制的整体性人力资源开发和管理转变，由适应精英教育的高校人事制度向适应大众化教育的现代人事制度转变，从以政府管制为主向以政府宏观调控、高校面向社会自主办学转变，从集权型向分权型转变。同时要恰当处理好改革、发展和稳定三者之间的关系，根据教育自身发展规律的需要，循序渐进，分阶段、有重点地逐步推进。二是整体

性。推进高校人事制度改革是一项复杂的系统工程，高校应当通过分配制度和后勤体制的改革、教学和科研改革、科学的学术评价机制的建立等配套性措施，以及深入细致的思想政治工作，为深化人事制度改革提供有效的物质基础和深厚的群众基础。三是特殊性。现代大学制度的设计要考虑办学的两个基本维度：其一是高等教育作为现代社会的一个子系统，它必然受到社会发展状况与需求的制约；其二是作为培养高层次人才、发展科学与文化的机构，它必须按照教育和学术发展的规律行事。因此，建立现代大学制度，深化高校人事制度改革，既要遵循社会主义市场经济发展的规律，更要遵循高等教育发展的规律；既要适应多样化的社会需求，更要尊重人才培养、学术研究的个性特征和知识分子的心理特点。要充分考虑高等学校这一社会组织的特殊性，不能简单地引入市场竞争、企业管理模式，也不能将学术管理与行政管理混为一谈。四是多样性。任何改革都必须从实际出发，不同高校在类型、层次和分布上具有不同的特点，这种多样性决定了不同高校的人事制度改革必然具有自身的独特性。高校人事制度改革没有必要也不应该千篇一律，而应结合自身实际，找准定位，改出特色。这种多样性也是高校活力的源泉。

第二，坚持实行科学管理。科学管理是在现代管理思想指导下形成的高效化、科学化、专业化和民主化的管理体系，只有实行科学管理，才能逐步建立适应社会主义市场经济体制的新的高校人事制度。在管理思想上要从以事为本转变为以人为本，坚持科学发展观，以人力资源的开发与利用取代传统的人事管理办法，真正树立以人为中心的管理观念，把人事制度改革的重心从以事为本转到以人为本，激活生产力基本要素中最活跃的因素，同时，实行人性化管理，注重人文关怀，构建和谐校园，促进人的全面发展。在目标定位上要从重视数量和效益转变为重视结构和素质。当前经济社会发展和人民群众对优质高等教育日益增长的多种需求与高等教育改革发展不适应的矛盾仍然存在。这一基本矛盾决定了高校人事制度改革的目标取向应适时从数量、效益向结构、素质方向转变。在管理模式上从人事管理转变为人力资源管理。高校要在深化人事制度改革时，必须强调人力资源战略与组织战略的有机紧密匹配和整合，在推动学校发展的同时，注重教职工个体的共同发展；进一步突出人本管理，更注重教职工权益的保障，尊重教师个人发展以及相应校园文化的塑造，开发教职工个体的潜能，体现以人为本、以人才为本和人校合一、共同发展的战略思想。

第三，坚持改革的同步性。高校人事制度改革包括教师、科研人员聘任和党政管理人员聘任两个方面，两项改革应当整体设计，同步推进，改革的取向和力度也应大体一致。一是注重分类改革。教师队伍建设往往需要提供更多的个性发展、个性舒展的空间，给予百家争鸣、"标新立异"的自由，而管理队伍的建设则相对强调共识与共性，要求共同的管理理念、互相协调和配合，更注重发挥团队精神。因此，高校在推进人事制度改革的过程中，必须摆脱计划经济时代"一刀切"的观念和模式，以效率与质量为目标，做到分类改革，区别管理。二是实行职务等级和职能等级"双梯并行"。现代人力资源管理倡导建立多元化的职业生涯通道，在高校中则具体表现为职务等级和职能等级两种不同的职业生涯通道，每一位教职工既可以选择成为管理者，也可以选择成为具有核心专长的专家。高校中应该存在这样两条清晰的职业发展通道，为教职工提供教师和管理人员两条职业发展阶梯，并分类制定相应的激励制度。三是强化编制管理。院系等学术机构，要根据不同学科的特点，以教学科研效益与质量评估作为制定编制的依据；对行政机构则应重点考察师生的认可程度，以全面的行政效率和服务对象评估替代传统的考核，并作为确定编制的依据。高校应正确处理教师、管理干部、教辅人员和其他专业技术人员之间的比例关系，通过改变单一的编制管理模式，建立事业编制与组织编制、固定编制与流动编制、教学编制与科研编制等多种编制相结合的编制管理体制，有效控制事业编制和固定编制，逐步增加流动编制和组织编制，以形成比较合理的队伍结构，促进办学效益和办学水平的提高。

第四，下沉权责重心。我国大学内部组织结构可以分为三个子系统，即具有科层化特征的教育行政子系统——行政机关；承担教学、科研等学术任务的教学研究子系统——院、系；为保证大学正常运转的后勤服务子系统以及校园产业子系统。在大学内部组织系统的结构维度上，唯有院系直接发挥了大学组织系统的功能。院系的活力直接影响大学的活力，院系处于"主体性"结构的地位。高校应理顺校、院系两级关系，确立院系"主体性"结构的地位，将教师聘任的权力和责任同时赋予院系领导。这并不意味着要削弱学校行政部门的应有作用，而是强调校级职能部门要注意角色调整，在"有所为，有所不为"的原则下，把该管的事情管得更好，把不该管以及难以管好的事情放权让院系去管，最大限度地发挥院系在人事制度改革和管理方面的积极性，同时通过问责制、学科末尾淘汰制等方式，要求他们向校长负责，向全院系教师负责，以保证院系根据学科发展的需要来选贤用能。另外，在强调将教师聘任的权力和责任赋予院长、系主任的同时，应注重加强院系管理队伍的建设，强化院系教师聘任等管理指挥职能和目标管理责任。

第五，创新评价制度。高校用人制度改革的核心是推行聘任制，教师是学校的办学主体，教师聘任制是学校最基本的制度，其他聘任制都是在此基础上的延伸。教师聘任制的基本原则是"按需设岗、公开招聘、平等竞争、择优聘任、严格考核、合约管理"，在具体实行过程中，一是实行评聘分离。从评价与聘任制度在实践中的作用来看，评聘结合的结果总是偏重于评，在传统的评价聘任制度中，教师的利益主要与评结合而非与聘结合，从工资、住房、待遇到申报课题等所有教师权益均取决于评的结果，而非聘的结果，从而引导教师将主要精力和兴趣放在职务评定上，只要真正实行聘任制度，评聘必然实现分离。同时，实行评聘分离，淡化身份管理，强化岗位管理，还能打破论资排辈的制度性弊端，为优秀青年人才的脱颖而出创造良好的环境和氛围，从而真正实现人才评价制度，形成良性发展、充满活力的竞争机制。二是设置终身教职。在我国设立终身教授制时，应以法律形式予以确认，并建立终身教职后评估制度、教师解聘的法定标准，同时需要具体考虑这样一些问题：终身教职的起点线划在何处，对终身教职者如何进行连续激励等。目前我国应首先尝试在研究型大学推行终身教授制，同时将终身教职进行分类，以区别对待。三是试行非升即走（转）制。非升即走（转）制是一把双刃剑，对中青年教师来说，他们既是得益者又可能是受损者。然而从总体上看，它对中青年教师的长远发展和学校的长远利益均显巨大的潜在的正向力，因而要坚定不移地试行。考虑到历史因素，可采取"老人老办法，新人新办法"，将聘任制实施之时作为分界线，之前者无终身教职也可长期聘用，之后者则严格执行非升即走（转）制。此外，鉴于高校人事与社会人事之间存在的阻隔，可并用"走"和"转"，因校制宜，鼓励流动。四是完善考核制度。删繁就简，重质轻量，考核是晋升、奖惩的基础，教师工作的优劣依赖于对教师工作的考核。制定科学合理的考核办法，对于加强岗位管理，充分调动教师的积极性，形成激励竞争机制有着十分重要的意义。

第二节　下移办学权力重心——高校管理体制改革的支点

　　高校办学自主权是高等教育的特点和自身发展规律的内在要求，是我国社会变革和社会主义市场经济发展的必然产物，是规律性要求和时代性要求相结合的结果。下移高校办学权力重心始终是我国高等教育改革关注的核心问题之一。近年来，随着我国高等教育快速步入大众化阶段，大学的规模迅速扩大，生源结构复杂化、经费来源多渠道化、办学机构多层次化、大学功能多样化等特征日趋显著，高等教育呈现出在多目标下的多元化发展趋势。在新形势下，传统的中央集权式教育管理模式越来越显得力不从心，甚至已经成为阻碍我国高等教育发展的主要瓶颈之一。诚如温家宝总理在 2010 年 1 月听取教科文卫体代表对《政府工作报告（征求意见稿）》意见、建议时所言："一所好的大学，在于有自己独特的灵魂，这就是独立的思考，自由的表达。千人一面，千篇一律，不可能出世界一流的大学。大学必须有办学自主权。"进一步落实高校办学自主权，下移办学权力重心，这是我国高校管理体制改革的客观要求和必然选择，也是我国高校管理体制改革的支点。

一、高校办学自主权的内涵

高校办学自主权的概念。"自主"在《辞海》中义为"自己做主，不受别人支配"。[①]"自主权"在《现代汉语词典》中指"人或组织拥有法律赋予的全权为自己或者组织自身的利益而进行活动，不从属于别人或其他社会组织权威的权力。"[②]高校办学自主权这一概念是随着我国教育体制改革的发展由高等教育理论工作者提出的一个具有特定性意义的概念，是既带有时代发展的印记，又具有中国特色的一个概念。所谓高校办学自主权是指"高等学校为保障办学活动能够依据自身的特点和教育客观规律的要求，充分实现大学以学术为核心的办学功能所需要的自主决策权、自主执行权、自主监督权、自主管理权等"。[③]"它是进行创造性研究和教学活动的必要条件，是分析高等学校与政府和社会之间关系的关键点，反映了政府和社会对学校活动支持与干预的程度。"[④]高校办学自主权的实质"就是要使学校具备能主动适应经济社会发展的自我发展和自我约束的能力，而不是在封闭系统里搞自我完善的所谓自治权利"。[⑤]

根据我国《高等教育法》的规定，我国高校享有七个方面的办学自主权。一是招生权。《高等教育法》第三十二条规定："高等学校根据社会需求、办学条件和国家核定的办学规模，制定招生方案，自主调节系科招生比例。"二是专业设置权。《高等教育法》第三十三条规定："高等学校依法自主设置

---

① 《辞海》，上海辞书出版社 1989 年版，第 4951 页。
② 中国社会科学院语言研究所词典编辑室:《现代汉语词典》，商务印书馆 2005 年版。
③ 龙献忠等:《改革开放以来我国大学办学自主权的政策文本分析及启示》，《黑龙江高教研究》2004 年第 10 期。
④ 朱九思、姚启和:《高等教育词典》，湖北教育出版社 1993 年版，第 86、87 页。
⑤ 蔡克勇:《大学办学自主权的相关因素分析》，《中国教育报》1997 年第 5 期。

和调整学科、专业"。三是教学权。《高等教育法》第三十四条规定："高等学校根据教学需要，自主制订教学计划、选编教材、组织实施教学活动"。四是科学研究权。《高等教育法》第三十五条规定："高等学校根据自身条件，自主开展科学研究、技术开发和社会服务。国家鼓励高等学校同企业事业组织、社会团体及其他社会组织在科学研究、技术开发和推广等方面进行多种形式的合作。国家支持具备条件的高等学校成为国家科学研究基地。"五是对外交往权。《高等教育法》第三十六条规定："高等学校按照国家有关规定，自主开展与境外高等学校之间的科学技术文化交流与合作"。六是校内人事权。《高等教育法》第三十七条规定："高等学校根据实际需要和精简、效能的原则，自主确定教学、科学研究、行政职能部门等内部组织机构的设置和人员配备；按照国家有关规定，评聘教师和其他专业技术人员的职务，调整津贴及工资分配。"七是财产权。《高等教育法》第三十八条规定："高等学校对举办者提供的财产、国家财政性资助、受捐赠财产依法自主管理和使用。高等学校不得将用于教学和科学研究活动的财产挪作他用。"

随着社会的不断发展，高校在应对社会不断变革带来的各种挑战的发展过程中，高校办学自主权也随之呈现出以下特点。其一，具有相对性。从语义学角度分析，"自主"就是"自己做主"，所谓的"自主权"实际上指自我主持的权利，"自主"一词对应于"他律"，因而，自主权的概念是相对于制衡的。它总是有限的、受限制的①。其二，具有历史性。我国高等教育奠基人潘懋元指出，"教育是一个永恒的概念，高等教育是一个历史的概念"，"高等教育的历史性在于它只存在特定的历史阶段"②。高校办学自主权的历史性不仅仅表现在其只存在于特定的历史阶段，同时还表现在高校不同的发展阶段，其内涵和外延是不断发生变化的，也就是说，高校办学自主权是一个历史的、动态的概念。其三，具有文化性。"文化对高等教育的制约

---

① 参见方展画：《高校办学自主权刍议》，《辽宁高等教育研究》1997年第6期。
② 潘懋元：《多学观点的高等教育研究》，上海教育出版社2001年版，第9页。

与影响具有全面性，即文化制约与影响存在于高等教育的方方面面，这是由文化的弥散性所决定。所谓文化的弥散性，通俗地讲便是'无处不在，无孔不入'的特性。"①文化的民族差异性决定了各国高等教育的不同模式和基本特色。作为高校的办学自主权，必然也受到各民族文化的影响，打上民族文化的烙印。由于各国文化价值取向的差异而导致高校的办学自主权不同。其四，具有层次性。高校办学自主权分为三个层次，"最高层次表现为：在整个高等教育管理与政府控制之间的关系上，教育管理所具有的自主权；其第二个层次表现为：一所高等学校的内部管理与政府控制之间的关系上，高等学校所具有的管理自主权；其第三个层次表现为：高等学校本身的整体管理与校内学者的自我管理关系上，学者们在开展教学与研究活动时所具有的自主权"②。

二、我国高校的办学自主权的演进

我国现行的高等教育体制是在计划经济体制的背景下形成的。在那种国家高度集权和直接控制的体制下，国家不仅计划统一招生并包办毕业分配，而且统一审批专业设置、统一设计课程设置、统一制订教学计划，统一编写教材甚至直接指定教材。为使政府政策法令得到及时有效地贯彻，大学内还设立了与国家行政机关各部门对应的庞大行政管理部门。大学只是国家机构的一部分，属于政府的附属物，没有独立的法人地位，办学自主权状况完全埋没在政府管制中。不过，随着计划经济体制转向市场经济体制，高等教育体制的改革也随之进行。

1950年的《关于高等学校领导关系的决定》明确了新中国高等教育管理体制中央集权的性质，即"全国高等学校以由中央人民政府教育部统一领导为原则。凡中央教育部所颁发的关于全国高等教育方针、政策与制度，高

---

① 张应强：《文化视野中的高等教育》，南京师范大学出版社1999年版，第6页。
② 参见林正范：《自主管理和管理效率：香港高等学校管理》，杭州大学出版社1991年版。

等学校法规，关于教育原则方面的指示，以及对于高等学校的设置变更或停办，大学校长、专门学院院长及专科学校校长的任免，教师学生的待遇，经费开支的标准等决定，全国高等学校均应执行"。

1956年原高等教育部制定的《中华人民共和国高等学校章程草案》规定："高等学校的设立和停办，由中华人民共和国国务院决定。高等学校的系、专业、教研组、函授部，夜校部、夜分校和函授教学辅导站的设立和变更，由中华人民共和国高等教育部决定。高等学校根据高等教育部批准的教学计划和教学大纲进行教学工作。高等学校设校、院长一人，由高等教育部提请国务院任命。"

从20世纪80年代中期开始，政府在高等教育管理上高度集权、高校缺少自主权的问题成为高等教育改革的主要内容之一。1985年发布的《中共中央关于教育体制改革的决定》提出"当前高等教育体制改革的关键，就是改变政府对高等学校统得过多的管理体制，在国家统一的教育方针和计划的指导下，扩大高等学校的办学自主权"。

1986年，我国颁布的《民法通则》规定法人制度，将我国的法人分为企业法人和非企业法人两类，非企业法人又包括机关法人、事业单位法人和社会团体法人。符合法人条件的高校取得了民事意义上的事业单位法人资格，明确了高校享有民事权利和承担民事义务的主体资格。

1992年原国家教委发布了《关于国家教委直属高等学校内部管理体制改革的若干意见》，该意见首次提出"国家教委直属高校是由国家教委直接管理的教育实体，具有法人地位"。同年9月，原国家教委颁布了《国家教委党组关于加快教育改革和发展的若干意见》中指出，"在政府和学校的关系上，通过立法，逐步确立高等学校的法人地位"。

1993年，《中国教育改革和发展纲要》正式提出"在政府与学校的关系上，要按照政事分开的原则，通过立法，明确高等学校的权利和义务，使高等学校真正成为面向社会自主办学的法人实体"。随后国务院颁布了该纲要的实施意见，进一步规定了具体的措施，"学校在政府宏观管理下，自主组织实施教学、科研工作及相应的人、财、物配置，包括制定年度招生方案、自主调节系科招生比例、调整或扩大专业范围、确定学校内部机构设置、决定教职工聘任与奖惩、经费筹集和使用、津贴发放以及国际交流等"。"加快教育立法步伐，抓紧制定《教育法》、《职业教育法》和《高等教育法》等一批教育法律和行政法规。各地也要从实际出发，制定和完善有关的地方教育法规，逐步形成分层次的教育法规体系。各级政府要带头执法，要建立和加强执法监督制度"。

首次确定了大学的法人资格的是 1995 年颁布的《中华人民共和国教育法》，其第 31 条规定："学校及其他教育机构具备法人条件的，自批准设立或者注册登记之日起取得法人资格。"在 1998 年 8 月全国人大通过的《中华人民共和国高等教育法》第 30 条规定："高等学校自批准设立之日起取得法人资格。高等学校的校长为高等学校的法定代表人。高等学校在民事活动中依法享有民事权利，承担民事责任。"

1998 年 12 月教育部在《面向 21 世纪教育振兴行动计划》中强调，"切实落实《高等教育法》关于'高等学校应当面向社会，依法自主办学，实行民主管理'的规定，扩大高校办学自主权"。1999 年，国务院发布《关于深化教育改革全面推进素质教育的决定》，该决定重申"按照《中华人民共和国高等教育法》的规定，切实落实和扩大高等学校的办学自主权，增强学校适应当地经济社会发展的活力。"

2004 年 2 月，国家教育部发布的《2003—2007 年教育振兴行动计划》指出："继续深化学校内部管理体制改革，完善学校法人制度。高等学校要坚持和完善党委领导下的校长负责制，推进依法办学、民主治校、科学决策，健全学校的领导管理体制和民主监督机制。"

2010 年 7 月，我国颁布《国家中长期教育改革和发展规划纲要（2010—2020 年）》提出："落实和扩大学校办学自主权。政府及其部门要树立服务意识，改进管理方式，完善监管机制，减少和规范对学校的行政审批事项，依法保障学校充分行使办学自主权和承担相应责任。高等学校按照国家法律法规和宏观政策，自主开展教学活动、科学研究、技术开发和社会服务，自主设置和调整学科、专业，自主制定学校规划并组织实施，自主设置教学、科研、行政管理机构，自主确定内部收入分配，自主管理和使用人才，自主管理和使用学校财产和经费。"

从以上我国高校的办学自主权的演进中，我们可以看出政府对高等学校的高度集权管理不断地放松，大学在各方面事务上的自主权有很大程度的增强，这不仅有利于维护大学办学的主体地位，使大学遵循自身发展的内在规律，而且也有利于充分调动大学办学的积极性和创造性。

三、进一步落实高校办学自主权

落实高校办学自主权核心问题在于重新界定大学和政府的权力关系，切断政府直接干预和管理大学的脐带，建立一种防止政府直接参与大学管理的治理结构，保障大学尊重自身的发展规律而不是行政的规则和意志来行使权力，让大学回归到作为学术机构的身份上来。

1. 坚持政府对高校的宏观管理

由于我国传统体制的特殊性，我国高校自主办学思想的出发点不在高校，而是在于政府，高校的办学自主权都是以政府行政改革为前提的，只有政府逐步下放管理的权力，高校的办学自主权才可能逐步得到落实和完善。加快政府职能的转变，实行政事分开，这已成为当前高等教育改革最紧迫的任务。在市场经济的条件下，国家对教育的管理主要是宏观调控，政府不应直接管理和控制高校内部的运行环节与过程，不应插手、干预高校内部的日常事务，而应主要运用立法、规划、拨款和法律规定等行政手段来调控管理的目标、发展的规模和速度、教育的质量和效益；以法律的形式确定政府与学校的关系，明确学校的权利和义务；通过法律、经济中介机构和必要的行政手段管理高校，对学校进行信息指导和社会评估。这样政府就可以较好地避免因直接干预高校的办学，维护高校的自主办学的地位，保障高校的办学符合教育的发展规律和自身的组织特性。

　　一是建立三元主体模式。由于高度集中的计划经济体制的影响，在集权模式的管理体制下，我国的高校与政府形成了一种双主体的单向关系，即政府不但拥有举办权，同时还拥有办学权，高校只是政府指令的执行者，而进入社会主义市场经济，高校不再是面向政府办学，而是要面向社会办学。原有的双元主体模式很显然又已经不能适应现有的教育体制，它束缚着高校自主办学权的实施和落实，因此，首先要明确各自的角色定位，建立举办者、管理者、办学者分离的三元主体模式。[①] 举办者可以是国家政府，也可以是企事业单位或私人个体，高校成为办学主体中的主体，国家教育行政或相关部门为管理者，行使监督、指导、检查、服务的职责。

　　二是制定高等教育政策与标准。从系统的观点出发，高教是社会大系统中的一个子系统，它的发展要与国家经济和社会发展相适应，这就决定了要对其发展的层次、结构等在总体上进行规划，这一规划必须由政府从宏观上加以把握。具体来说，政府根据科学预测和调查，制定高等教育政策与标准，用以指导和帮助各高校自觉处理好在办学过程中结构、规模、质量和效益之间的关系。教育政策的基本功能是管理和调整教育领域的社会关系和解决教育问题，高等教育政策同其他公共政策一样都具有指明方向、规范行为、协调关系的功能。从世界高等教育发展的趋势看，各国政府都十分重视教育政策的指导作用，用政策指导和规范大学的发展是现代各国高等教育管理的主要依靠形式。高等教育的标准，实际上指的是关于高等教育的一种尺度，它不同于一般教育法律和政策，是对高等教育活动和教育领域所期望的一种准则和规定。[②] 这里具体指的是对高校以及高等教育活动中各个主要环节的基本规定和要求，包括对高校办学条件的相关规定；对学校培养目标的要求；对教学质量的要求；对学科和专业建设的要求；对课程的形式和主要内容的基本规范；对任职教职工的基本要求；对学生入学、毕业的标准，对

---

①　参见马龙海：《论高校自主办学的权力与责任》，《辽宁教育学院学报》2001 年第 3 期。

②　参见谢维和：《我国应建立自己的教育标准》，《教育研究》2001 年第 11 期。

各种证书标准的要求等。这种标准规定的只是高校自主办学必须达到的基本要求，它鼓励各个高校自主办学中在此基础上根据自身特点办出特色、办出水平，它鼓励高校自主办学质量的不断提高。① 高等教育标准作为政府实施宏观管理的一种手段和方式，也是作为检查和评估高校自主办学质量的一种依据。高等教育标准制定具有很强的专业性，它的制定应广泛吸收各种专业人员参加，听取不同领域专家的意见，组织有关人员进行深入研究，制定出符合高教规律的、科学的高等教育标准。

三是完善和执行高等教育法律体系。政府应通过完善的法律规范，将其意志和需要渗透到高校教育活动中，从而达到调控高校的目的。实践证明，通过法律调节政府与高校的关系是十分有效的而且必要的。政府可以通过立法，将政府的意志渗透到高校的运行过程中去，从而影响乃至决定高校的发展方向。从宏观上讲，教育立法既强化了政府对高校的调控作用，又在立法的前提下保证了高校享有充分的办学自主权。我国改革开放以来也通过立法加强高等教育的办学自主权，明确提出要建立政府宏观管理，学校面向社会自主办学的体制。如 1993 年的《中华人民共和国教育法》，1998 年《高等教育法》等教育法律都强调扩大高等教育的办学自主权。《中共中央关于教育体制改革的决定》中明确指出扩大办学自主权，为学校自主发展提供更多的可能性和自主管理权。然而这些法律中的明文规定并没有落到实处，主要原因是这些法律规范仍然过重强调高等教育的国家所有权和政府管理权，高校受制于政府管理的地方太多而独立的办学权限不够。为此，教育部 2004 年度工作要点中谈到"完善中国特色的教育法律法规体系，全面启动《中华人民共和国教育法》、《高等教育法》、《学位条例》修改工作，开始起草《学校法》、《教育投入法》等可行性研究，积极推动各地制定配套的教育法规和规章"。因此，我们要尽快建立以"教育法治"为目标模式的教育法制体系，确保高校办学自主权落到实处。在高校与政府

---

① 参见谢维和:《我国应建立自己的教育标准》,《教育研究》2001 年第 11 期。

和谐发展的关系问题上，必须妥善解决政府应不应该管高校、政府对高校管什么以及政府对高校如何管的问题，实现"政府适度调控"与"高校自主办学"的完美结合，进一步明确政府与高校在自主办学中的权利和义务。明确高校办学自主权行使的方式和范围，一是高校自身行使自主权时，要按照法律的规定依法行使；二是政府职能机构对高校的教育活动中的管理也要依法进行。

我国现有的《教育法》、《高等教育法》等法律法规对高校办学自主权的规定过于粗略，还不足以涵盖高校应有的办学自主权内容，必须加以补充和完善：一方面，有必要拓展高校办学权的内涵和外延，增加高校办学自主权的战略或内容。譬如，在招生自主权方面应明确增加考试权，在科研与社会服务权方面应明确提出高校具有校办产业经营权，在财产管理和使用权方面，应明确赋予高校学费收缴权等。另一方面，现有的法律法规对高校办学自主权的实现还缺乏一种应有的实施细则和保障措施。因此，还应该进一步完善实施细则，明确保障措施。也就是说要通过法律法规和实施细则的明确来实现高校的自主办学。为此，国家应该通过立法完善高校办学自主权得以实现的实施细则和保障措施。同时还要完善争端处理机制和救济条款。不仅确保高校有畅通渠道履行请求权、知情权、参与权和申诉权，同时保障政府和高校对权利的行使是良性的，提供高校自主权受到非法干预时的救济途径以及高校不当行使权力时的制裁方式，使恶意行为、不良行为受到惩处。

四是发挥政府拨款调控手段。拨款是市场经济下国家调控高校的常用手段。一方面，利用拨款可以确保社会的正当要求，引起高校的足够重视，促使高校更好适应经济和社会发展；另一方面，也只有利用拨款能确保高校有能力去满足社会发展的种种正当要求。新中国成立以来，我国高等教育宏观管理体制一直都是以集中管理为主要特征的，教育经费全部是由政府包下来，由各主管部门采取行政方式向所属高校拨款。各主管部门通过拨款，有效地指挥和控制各高校为本部门服务。它是计划经济的产物，高校成为各部门的下属单位，学校缺乏自主权，不利于发挥学校特色。①《教育改革与发展纲要》指出，要"改革对高等学校的财政拨款机制，充分发挥拨款手段的宏观调控。对于不同层次和科类的学校，拨款标准和拨款方法应有所区别。改革按学生人数拨款的方法，逐步实行基金制"。现行的拨款方式是主管部门按学校的学生人数下拨经费。只要是经政府认可的专业和招生人数，政府就下拨综合定额，这种方式具有一定的局限性：拨款不是以教育质量而是以学生数量作为依据，由此，为了获取更多的政府拨款，许多高校争相开设热门专业。而那些暂时处于所谓的冷门专业，则会越来越冷。在目前的这种拨款方式下，面对这种情况，政府对高校的热门专业可以停止拨款，学生缴纳学费和学校自筹经费来解决经费问题，而对那些基础性的冷门专业，则可以采取全额拨款方式，以保证学校专业结构的平衡。此外，政府要逐步改革现行拨款方式，考虑专业性质，专业与政府、市场关系的多样性，考虑高校的不同类型和发展个性，不能在拨款上一视同仁。什么类型学校，什么样的专业，应该多投资；什么类型学校，什么样的专业，可以少拨款。政府应该考虑社会的总体需求和发展趋势严格把关，发挥经济杠杆的作用。

五是加强评估中介机构的建设。建立和发展高等教育评估中介机构是实现政府宏观管理的必然要求。新中国成立以来，我国的高校一直是由政府教育主管部门直接管理的，政府评估指标、标准恒定不变，评估项目过于细致，使得所有高校的发展千篇一律，不利于高校依据自身实际情况发展，办出特色。如此一来的结果造成了我国高校的单一、僵化，缺乏活力，效益低下。随着政府职能的转变，即要求改变由政府主管部门直接评估高校的方式，把对高校的评估权力下放给非政府的高等教育中介机构。高等教育评估中介机构是介于政府、社会和高校之间的、独立地对高等教育质量进行客观评判并作出权威性鉴定的专门评估组织。它主要通过接受委托的方式，对高校的教育质量作出评判和鉴定，为政府提供咨询决策、为社会提供公证，

---

① 参见姚启和：《高等教育管理学》，华中理工大学出版社2000年版。

从而促进高校教育质量的提高。① 作为联系政府和高校的桥梁纽带和"缓冲器"，中介机构可以沟通政府与高校，向政府提供信息，反映学校的要求、密切政府与学校之间的关系。根据我国学者阁光才的研究，中介机构的功能分为三大类，分别是决策研究和咨询功能、监督和协调功能、信息服务功能。② 政府的一些职能，例如评估、审议、监督等可以通过中介机构来完成。这样，可以减少政府与学校的摩擦，减少矛盾，高校易于接受，减轻政府的一些负担，又可以避免直接管理产生的弊端，避免新体制下政府与高校之间距离加大，有益于政府加强宏观管理。因此，"政府应培育和引导教育中介组织的发展，把教育中介组织作为教育领域社会自治的重要力量"③。

我国开展高等教育评估工作时间不长，而开展高等教育评估中介机构的工作更是刚刚起步。截至 2000 年高等教育类中介行政的社会团体只有 33 个，一般是协会、研究会、大学教育基金会和校友会等性质，而且主要是靠近政府自上而下的中介组织和少量的自下而上的中介组织。④ 因此，存在以下不足之处：其一，大学与政府间的中介机构未获得充分的合法性。其二，大学与政府间的中介性机构是一种形式上的中介，根本不具有缓冲大学与政府间矛盾的资格。其三，我国大学与政府间的中介性机构提供的服务层次比较低。比如评估中介，就缺乏高水平的学术评估。其四，大学与政府间的中介机构的行政色彩较浓，与教育行政部门存在着直接的上下级隶属关系。其五，大学与政府间中介性组织的类别过于单一，一些相当重要的中介机构（比如拨款中介）难以出现。⑤ 因此，有必要加强对高等教育中介机构的建设，

①　参见戴革萍、毛水生、王庆文：《关于高等教育评估中介机构的几点思考》，《高等理科教育》2003 年第 3 期。

②　参见闵维方：《高等教育运行机制研究》，人民教育出版社 2002 年版，第 174 页。

③　劳凯声、刘复兴等：《探索依法治教和政策调控的新机制》，《教育发展研究》2003 年第 4 期。

④　参见闵维方：《高等教育运行机制研究》，人民教育出版社 2002 年版，第 215 页。

⑤　参见王建华：《我国大学与政府间中介性组织的现状原因与对策》，《青岛科技大学学报》（社会科学版）2002 年第 3 期。

使其发挥指导、评审、评估的作用，从而促进高校办学自主权的有效运行：其一，赋予教育中介组织一定的法律地位。教育中介组织只有具有一定的法律地位，才能有其各方面的保障，得到政府和社会的认同，所作出的结论才具有权威性；而且还能够保持组织自身一定的活动权益，即具有相对的独立性；其二，鉴于现在的教育中介机构多为官方、半官方性质，要拓宽教育中介组织的资金来源渠道，更广泛地吸收社会各界资金，实行教育中介机构的主体多元化；其三，提高教育中介机构的自身质量和服务质量。教育中介机构人员构成中要有专家、对社会有影响的重要部门和人物的参与，增强其活动过程（特别是决策过程）的民主性、科学性。此外，还要加强对教育中介机构的机制建设，使其成为社会参与教育管理的有效形式，进一步减轻政府及学校的负担。

六是建立健全高等教育市场。为高校的发展提供良好的环境。在市场经济条件下高等教育要健康发展，离不开良好的社会环境，如规范有序的市场。完整全面的法律体系、畅通灵敏的物资信息交流网络等，这些都是高校发展不可缺少的保障条件，又是高校本身无法解决的。政府是保障大多数人利益而存在的，它有义务也有能力为社会各主体的发展提供他们自身无力解决的外部条件，促进社会服务体系的发展。尤其是现今政府要把高等教育纳入市场经济的轨道，引入市场机制，较好地引导、建立和健全与高等教育有关的市场，即人才市场、资金市场、技术市场、社会化的后勤服务市场等，为高校现代大学制度的建立创造良好的市场运行机制和发展环境。

2. 建立高校自身良性运行机制

1998 年世界高等教育大会《21 世纪的高等教育：展望与行动世界宣言》中指出："高校应拥有管理其内部事务的自主权，但同时必须有明确和透明的责任制，向政府、议会、学生和整个社会负责。"学校要善于行使自己的权力，承担应负的责任，建立起主动适应经济建设和社会发展需要的自我发展、自我约束的运行机制。高校越是决策科学民主，管理完善，主动适应社会发展，政府也就不必再用过多行政手段进行直接干预，高校也就相应拥有较多自主权。

一是高校要建立依法自主办学机制。高校的办学自主权不是绝对的"自由"，在"自主"的同时它还对应着"他律"。高校不能仅仅考虑自身的发展而忽视社会发展的需要和国家的整体利益，要自觉接受政府部门的调控与监督，尤其要防止出现借扩大办学自主权之名抛开法律法规为所欲为的现象。高校要自觉贯彻《高等教育法》及其他相关法律法规，严格按照法律办事。办学自主权的扩大，也就意味着责任的重大，高校只能在法律许可的范围和政府的宏观调控下行使办学自主权，他的自主办学必须接受社会各方的监督，它不能为了自主而实行"非理性办学"。另一方面，高校应依据国家的教育法律、法规及基本教育政策建立完善规范的组织规章制度，使高校的决策及常规管理规范化、制度化，有法可依，有章可循。高校必须通过制定学校规章制度，将国家教育法律、法规和基本国策的要求转化为规范学校行为的具体准则，将学校的行为引导到符合国家各项法律、法规及基本教育政策上来，并且使这种约束成为学校自我发展的运行机制。

二是高校要构建合理的内部权力机制。一个有利于高校自主办学的校内制度环境是确立高校办学自主权的保证，而要营造这样一个环境，要考虑避免党委权力和行政权力泛化的倾向，建构一个合理的高校内部的权力机制。我国长期以来基本上实行的是党委领导下的校长负责制，高校的最高决策机构是校党委会。《中国教育改革和发展纲要》指出："实行党委领导下的校长负责制的学校、党委对重大问题进行讨论并做出决定，同时保证行政领导人充分行使自己的职权。"这种管理体制在《高等教育法》中得到进一步体现和确认。这种领导体制有如下要求：第一，坚持党委的领导地位，学校的一切重大问题，必须经校党委会讨论通过。第二，党政关系的正确处理。校长作为学校的行政首长，对外是学校的法人代表，对内主持行政工作，执行党委决定，对党委负责。因此在现实中求明晰党委和行政在高校各自的权力和责任的边界；明确规定党委会决策的事项，处理好党政之间的关系，克服党政不分，以党代政，党委包揽一切的现象。

从学术权力和行政权力的关系看，应避免行政权力取代学术权力、行政权力管理学术活动的现象。一般认为，承认并尊重学术权力，就是要在学校学术管理活动中通过制度设计，给学术权力以应有的地位和权威，建立发挥其效能的制度保障机制，合理规范学术权力与行政权力各自发挥作用的领域和范围，使二者在学术管理活动中建立一种有机的分工、合作与制约关系。首先，健全学术委员会学位评定委员会、校务委员会等学术权力机构及教代会、工会等群众性组织的建设，委员会应有明确章程，明确意识范围，保证专家、教授及其集体参与学校管理。并在学校学术事务的决策中有发言权，不能只是以提意见、提建议的形式出现，应该直接参与到咨询、决策、审议、监督、保证等主要环节中。同时保证不担任任何行政职务的教授占有一定的比例，以保证来自校长等行政系统之外的学术权力也享有一定参与学校行政事务决策的权力。其次，对从事学术事务管理的行政人员的选任、职责、考核等方面提出要求，严格实行聘任制和职员制。① 目前，我国高校缺乏一支职业化的高校管理队伍，特别是高级管理人员，管理水平很难适应日益复杂多样的专业学术管理的要求。许多高校则是由一些不懂得管理知识的人员来管理。从现实角度出发，管理队伍的建设应逐步走向专业化，不仅要让懂得教育的管理专家走上行政岗位，而且要提供能让他们按教育规律进行管理的有效机制。避免行政权力对学术业务的过多干预，保证教师在学术活动中的学术自由和主体地位。再次，对行政管理的各种规则、程序及方式要有一定的监督和制约机制。无论是学术权力还是行政权力的行使都要建立各自的运行机制和制约机制。保证行政权力运行的合法性和合理性，达到兼顾公平和效率的目的。必须明确不法行使行政权力的法律责任。不法行使学校行政权力包括不行使、不当行使和越权行使等方式。不法行使权力应当负一定的法律责任。

---

① 参见刘宗南、丁玲：《论我国大学的权力模式及其变革》，《温州大学学报》2005 年第3 期。

　　三是高校建立有效的监督反馈机制。一方面要根据高校的性质、功能和特点，建立与党委领导下的校长负责制以及二元权力模式相协调，以监督、参议行政权力为主要职能的教代会制度。① 教代会是高校民主管理的有效形式，它既有民主监督的功能，又有一定的审议功能和信息反馈功能，有利于高校管理的科学化、民主化。充分发挥教代会的监督作用，要让教师和学生参与到学校的管理活动中来，落实和发挥教职工代表大会的监督反馈作用；要明确教代会的性质，给教代会性质、功能以准确的定位：要从实际出发，界定教代会的职权；要制定教代会活动规则，不能随意化。调适学术权力与行政权力，促进教代会发挥作用，以加强监督。建议修改完善《高校教职工代表大会条例》，使教代会在法制的轨道上运行。② 另一方面，全面实行校务公开制度，学校改革与发展的重大决策，学校的财务收支状况，福利待遇以及教职工权益的其他事项，要及时向教职工公布，学校的招生规定，收费项目与标准等事项要向学生、家长和社会公开，接受监督。

　　四是高校要建立高校自主服务的模式。高等教育自主权的实质"就是要使学校具备能主动适应经济社会发展需求的自我发展和自我约束的能力，而不是在封闭的系统内搞自我完善的所谓自治权力。"③ 在高等教育运行机制中，高校是核心的行为者，政府的宏观调控只是高校办学自主权的外在影响条件，高校要更好地运用办学自主权，更好地生存、竞争和发展，还有赖于其自身的自主服务。高校要在自我约束、自我发展的基础上，充分利用现有的所有资源包括人力资源、财力资源、物力资源和信息资源，加强与社会的联系，通过教学和科研以及其他相关途径为社会服务。满足社会对各类人才的需求，借助教学、科研活动及其成果来为社区、社会和人类服务，通过教

---

　　①　参见刘宗南、丁玲：《论我国大学的权力模式及其变革》，《温州大学学报》2005 年第 3 期。

　　②　参见毕先顺、杨海山、王艳明：《高校学术人员参与管理和决策的调查与研究》，《高等教育研究》2005 年第 4 期。

　　③　蔡克勇：《大学办学自主权和相关因素分析》，《中国教育报》1997 年第 5 期。

学培训、调研、咨询、成果转让等途径向外辐射，形成服务网络，同时从社会中获得自身发展的重要资源。高校的自主服务既可以保证自身的办学自主权又可以得到社会强有力的支持，从而拓宽高校发展的有利环境。

3."政府适度调控"与"高校自主办学"的有机结合

高校作为社会的一个子系统，从来不会也不可能孤立地存在于一个社会的政治、经济与文化之外，同样，高校作为一个社会组织，也不可能完全脱离于社会管理的宏观体系。"政府调控"与"高校自主"既对立又统一，在落实与扩大高校办学自主权的具体实施中，我们必须明确一个理念——"政府适度调控"与"高校自主办学"相结合是高等学校健康运行的根本保证。

政府是对社会各方面的活动进行协调与控制的机构，高等学校是培养高级专门人才、进行科学研究的专门机构。政府与高校的职能性质、地位作用、活动内容与方式大不相同，双方既有一致性，又有矛盾性。这种对立统一的关系反映在高等教育哲学上即是以认识论为基础还是以政治论为主，是强调高等学校的自由性，还是强调其价值性。当代高等教育的发展证明，在处理政府与高校关系上，任何走极端的关系模式，都不利于高等教育的健康发展。既不能一味强调政府的管理，而抹杀高等学校的自主权，也不能只单纯强调"放权"，而放弃政府的宏观管理权。否则，就会回到计划经济体制下视高校为政府的附属物或过去西方高等学校"自由自治"的老路上去。正如迪特里希·戈尔德施米特所指出："一个更具根本性的观点是：教学和科研在成为完全自治的活动中或受到严格监督的时候，它们都会受到损害。"①

从理论上看，大学是一个"按照自身规律发展的独立的有机体"这一内在逻辑要求高等学校必须具有办学自主权。办学自主权是高等学校自身应有的权力，不是外部对高等学校的恩赐。这是因为高等学校工作的专业性、学术性强，高等教育的运行有其自身规律，身处第一线的学者、管理者对高教

---

① 约翰·范德格拉夫:《学术权力——七国高等教育管理体制比较》，浙江教育出版社2003年版，第182页。

事务最有发言权。高校拥有自主权，便于按照教育的自身规律和特点办事，提高办学效益。"有效的自治是一个充满活力和富有责任感的大学所必不可少的"①"失去了自治，高等教育就失去了精华"②。可以说，西方发达国家的高校能够取得较高的学术成就，与其历史上长期形成并延续下来的高校自治传统不无密切关系。随着市场经济体制的建立，对高等学校扩大办学自主权又提出了新的要求。在市场经济条件下，高等学校作为专业教育，其培养出的人才要能为社会所用或满足社会的需要，这在客观上要求高校与社会之间应发生直接紧密的关系。在计划经济体制下，实行政府高度集中统一的管理模式，高校只根据政府的计划和指导开展工作，外无压力，内无动力，必然产生依赖性，缺乏主动适应社会变化的能力。在市场经济体制下，这种不适应更为突出。市场复杂多变，要求高校作出灵活反应；企业成为经济活动主体，会对人才培养规格提出要求并可能参与高校活动，这都要求赋予高等学校相应的自主权，高等学校应成为面向社会自主办学的实体。因此，扩大并落实高校办学自主权当属必然。

虽然如此，我们也应该看到当代社会存在这样一个显而易见的事实：高校与政府的相互依赖程度越来越高。欧洲中世纪大学那种高度自治的社会性组织，已成为遥远的往事。在当代，无论是从高等学校自身的生存和发展还是从社会的发展进步来说，政府都应该而且必须承担管理高校的责任。现代社会，高等学校规模庞大，层次多种，形式多样，结构复杂，无论是中世纪的行会式大学还是洪堡时代的德国大学，都无法与之等量齐观。当代的高校系统，已经成为整个社会大系统中的一个有机的子系统。这个子系统本身的存在，越来越直接地依赖于社会母系统提供的资源。在市场经济体系中，为了生存，为了发展，为了增强在社会中、行业中的竞争力，高等学校一方面力争拥有更多的办学自主权，另一方面又比过去任何时候都更注重政府在社

---

① D．博克：《美国高等教育》，北京师范大学出版社 1991 年版。

② 王义僜：《我国高校的恰当定位为什么这么难》，《中国高教研究》2005 年第 3 期。

会系统之间的协调作用，以保证教育资源供应（尤其是经费支持）的正常化和丰富性。否则，高等学校将难以生存，更不用说去发展。正是由于这种依赖性的增加，政府也就自然而然地被推到高校与社会关系的协调者及其保护者的位置上。政府的作用，已成为当代高等学校正常生存和发展必不可少的外部因素。在高校对社会的依赖性日益增加的同时，社会对高校的依赖性也越来越大了。当代的高等学校，不再是游离于社会之外或社会边缘的机构组织。相反，随着生产力和科学技术的发展，高等学校在经济和社会发展中的地位和作用越来越突出，尤其是在经济知识化和知识经济化日渐成为时代潮流的今天及未来，高等学校能否全方位地、不断地促进社会经济科技文化进步，直接影响到一个国家的强弱兴衰，高等学校已被看做是属于国家和社会的重要资源，任何负责任的政府不可能对大学听之任之，撒手不管。当代西方高等教育的发展大势之一，正是"绝对化"的自治自由向"国家化"倾向的增强。"高等教育作为国家头等重要的事业，其活动原则必须符合国家需要和广泛接受的社会标准。"① 因此，政府在重大目标问题上完全有必要对高校进行适度控制，给高校以足够大的外力，促使高校在自主办学的过程中认真考虑对国家对地区的社会发展所承担的责任。在政府与高校的关系问题上，绝非一个"放"字可以了得。

总之，高等学校要求自主办学，而政府却不仅不放弃而且加强"必要控制"是一对无法回避的矛盾。就世界范围来看，高教管理体制改革的总趋势是分权制国家逐渐加强国家干预，集权制国家给地方、高校放权，其共同点是努力在"国家调控"与"学校自主"之间寻求一种平衡与和谐。只不过西方国家的高等学校由于与社会联系日益增加，正在由传统的"自治"走向自觉地接受政府的干预，而我国高校却为免予政府的过多干预而追求办学自主权。两者的演化过程呈相向而行的态势，目的都是为了寻求一个合理的"度"，从而使得政府与高校的关系协调与平衡。当然，政府与高校的关

① 吴松：《大学学术组织的理性思考与改革尝试》，《中国高等教育》2006 年第 8 期。

系的平衡是相对的。随着经济、政治的发展，这种平衡是不断被打破，"度"不断在变化。我们根据新的情况构建新的平衡，寻找新的合理的"度"，而新的平衡和"度"又会被打破，这是一个否定之否定的前进过程。因此，我们必须根据社会的发展，用变化发展的思维方式来协调和平衡政府与高校的关系，将"政府适度调控"与"高校自主办学"有机结合起来，以确保高等学校健康运行。

4.完善市场机制，发挥市场调节作用

在市场经济条件下，大学身不由己地卷入了市场，不可避免地要受到市场的调节和支配。市场对高等教育的教育观念、办学体制、管理方式、教学方式、招生与就业制度以及人才培养模式等各方面产生了重要影响，给高等教育的改革和发展带来生机与活力，促使高等教育必须改革体制，调整结构，提高质量和效益，并且从社会和经济发展的需要着眼，从实际出发，着力办出高校自己的特色。"市场模式的主要优点是它可以不断地刺激学院和大学，使其适应不断变化的经济和社会状况。"[①]因此，高等学校要遵循市场经济规律，引进市场机制，面对市场自我调节，以适应市场经济对高等教育提出的新要求。

一是引入供求机制，平衡高等教育产品的供求关系。市场经济是一种以市场作为配置资源基础力量的经济组织方式。在这种方式下，生产什么样的商品，采用什么方法进行生产以及生产出来后怎销售出去等问题，都要依靠供求力量来解决。在这里，供求对整个社会生产的调节是起决定作用的。在供求机制作用下，经济与社会发展对高校所培育的人才的数量、层次、质量、类别的需求，在相当大的程度上将通过人才市场反映出来。无论是供大于求，还是求大于供，都表明高等教育与经济社会发展的不相协调性。与市场供求机制关系最大的是人才培养的自主权。在我国传统的高等教育体制

① 伯顿·克拉克著，郑继伟等译：《高等教育新论——多学科的研究》，浙江教育出版社1988年版，第101页。

下，由于国家"包"得过多，"统"得过死，高校缺乏面向社会、面向实际自主办学的活力与动力，所以供求机制基本是不起作用的。比如，从前几年高校毕业生供需情况看，最紧缺的专业多数与第三产业有关，如外贸、金融、财会、计算机、外语等，而我国高校专业的70%是培养第二产业的人才。所以供求比例不协调：在我国广大农村地区、乡镇企业、边远地区、艰苦行业需要大量人才，却难得到人才。而近几年情况则恰恰相反，外贸、金融、财会、法律等专业的毕业生越来越多，明显供过于求。这一切问题都表明了我国高校专业设置与市场需求的不协调，高等教育与国民经济的发展不协调。因此落实高校办学自主权，必须引入市场供求机制，与社会建立信息反馈机制，高校的人才培养目标、专业设置、教学方式要符合市场对人才的要求，做到供求平衡。

二是引入竞争机制，激发高校自身活力。引入竞争机制可以推进高等教育管理体制的改革。现行的高度集中的高等教育管理体制对高等教育形成了绝对垄断。第一，垄断了整个社会的教育资源，既包括资金、土地、实物等有形资源，也包括政策等无形资源。第二，垄断了高等教育的消费市场。第三，垄断渗透到大学内部管理的各种过程和层面上，高校的招生权、人事管理权、财务管理权等都基本掌握在行政主管部门手中，高校成了行政主管部门的附属机构，自主办学的空间狭窄。高等教育引入市场的竞争机制，就是要将高校及学校教职工置身于市场经济的一般竞争中，跟着市场这只"看不见的手"转。不同高校为获得有利的生存与发展条件、较多和较好的学生来源以及增进办学效率和效益，在一定的资源条件和社会关系约束下而各尽所能、努力超过对方。高校之间的竞争可以使高校增加对外界社会需求反应和适应的敏捷性，具有较强的社会适应能力和变通能力：可以促使高校寻求自身的社会价值和生存机制，努力办出自身的特色，从而形成高等教育的多样化格局；也可以促使高校优胜劣汰，形成合理的结构和布局。高校的教职工之间的竞争主要表现为获得更好的待遇及发展条件，竞争有利于促进教师不断提高自身的业务水平和科研能力。可以说，我国高等教育领域引入竞争机制有利于提高办学效益和办学质量。

　　三是实行等价交换原则，促进高等教育价值的实现。通过调查研究，我们发现目前高校办学自主权落实较差的一个主要方面就是财务自主权。我国高校的教育经费来源主要包括财政拨款、学生收费、学校自行创收和社会捐赠，其中财政拨款占绝大部分。政府对高校进行投资，理所当然就可以对高校办学进行干预，对经费的使用进行指导。这一方面体现了政府的宏观调控，另一方面也影响了高校财务自主权的落实。所以，落实高校财务自主权，必须改变政府投资体制，拓宽经费来源渠道，增强高校自主筹资能力。教育经费的来源体现了市场经济的等价交换原则。在市场经济中，所有生产经营单位，通过市场交换关系而实现其价值。高校生产出的知识和人才是有价的，知识和人才的生产者的劳动价值，部分要通过交换得到体现。尽管人才商品和科技知识商品的生产成本无法准确测定，即无法完全按等价实施市场交换，但在市场经济条件下，占有大学劳动成果的一方，大多是有偿的，还要遵循市场交换原则。[①] 一方面，高校要实行学生交费入学。消费者追求未来的高额利益，理应支付相应的教育费用。而目前，我国高校在本科层次的教育尽管已实行学生交费入学，硕士研究生教育阶段则部分实行交费入学，统招的博士研究生仍一律由国家承担教育费用，这种做法明显不符合市场经济中等价交换的原则。另一方面，高校与社会这一消费者之间也应实行等价交换原则。社会在享受科研服务、产品开发、专利转让、人员培训等高校知识商品时，向知识商品的供方——高校直接支付服务费用。这部分费用应属于学校的创收的范围，应是学校办学经费的重要来源，学校对其有自主支配权。高等教育引进等价交换原则，使生产的知识商品和费用紧密结合起来，有利于促进高校教学质量和科研水平的提高，促进人才的"孵化"和科研成果的转化。

_____

　　① 参见陈列：《市场经济与高等教育——一个世界性的课题》，人民教育出版社 1998 年版，第 77 页。

第三节 完善内部治理结构——高校 管理体制改革的核心

迈克尔·夏托克认为，妥善的大学治理不是大学成功的唯一保障，但是有效的治理一旦与大学的战略目标、发展计划及文化背景协调一致，就可以极大地促进该大学的发展。[①] 我国 2010 年颁布的《国家中长期教育改革和发展规划纲要（2010—2020）》对于高等教育的改革和发展，突出了建立中国特色的现代大学制度的要求，并把完善大学内部治理结构、深化校内管理体制改革作为重要任务提了出来，要求"公办高等学校要坚持和完善党委领导下的校长负责制。健全议事规则与决策程序，依法落实党委、校长职权。完善大学校长选拔任用办法。充分发挥学术委员会在学科建设、学术评价、学术发展中的重要作用。探索教授治学的有效途径，充分发挥教授在教学、学术研究和学校管理中的作用。加强教职工代表大会、学生代表大会建设，发挥群众团体的作用。"完善高校内部治理结构就是建构一种能够提供各种权力公平角力并使利益相关者的利益诉求获得最大满足的治理结构形式，其根本任务就是促进高校政治权力、行政权力和学术权力的和谐配置，建立学校层次和与学院（系）层次的良性关系。

一、高校内部治理结构

高校治理结构理论源于公司治理结构理论，公司治理结构理论源于制度经济学对企业产权状态与决策权结构之间复杂关系的研究。1995 年，全球治理委员会在题为《我们的全球伙伴关系》的报告里，正式将治理定义

[①] 参见迈克尔·夏托克著，丁安宁译，《高等院校宏观调控管理》，江苏教育出版社 2009 年版。

为"是个人或组织、公共部门或私有部门管理其一般事务的多种方式的总和，它是一个使得冲突和多元利益得到妥协并采取合作行为的持续过程。"这一概念揭示了治理理论的六个特征：治理的前提是"冲突和多元利益"的存在；组织应是一种"非单一化"组织；治理不是一整套规则，也不是一种活动，而是一个过程；治理过程不是控制，而是协调；治理既涉及公共部门又包括私人部门；治理不是一种正式的制度，而是持续互动。由此可见，"治理"不同于"统治"，也不同于"管理"。

大学治理（University governance）是一个被西方广泛使用的核心词汇，大学治理研究兴起于 20 世纪 60 年代，早在研究初始阶段，就形成了结构主义，结构主义的兴起与大学治理实践的变革密切相关。当时美国高等教育正向大众化阶段转变，大量新生和教师涌入校园，造成了大学内部组群力量的剧烈变化，外界的民权运动、和平运动冲击着校园，在内外因素的合力下，大学治理发生了巨大变革。许多高校成立了教授会，开始出现教师集体谈判，教师权利制度化。最终大学内部建立起董事会领导下以校长为首的行政系统和以教授会为代表的学术群体各负其责的"联合治理"结构。正是大学治理所发生的"结构"上的变化，引发了研究者对"结构"的关注，形成了结构主义研究。结构主义在相当长的时间内占据了大学治理研究的主流，但是，随着治理实践的发展，结构主义的不足不断暴露出来。美国大学的"联合治理"制度历经长时间的发展，日趋成熟和稳定，要想继续通过结构性因素的改进来完善治理，变得比较困难。进入 20 世纪 90 年代，结构主义陷入了实效性危机。随后，大学治理研究发生了理论转型，人——文化研究逐步繁荣起来。人——文化研究的特点是，突出人与文化对治理的重要作用，研究人及文化因素如何影响大学治理，试图从人及文化因素上寻找改进治理的途径。围绕"人"方面建立的研究主题有：参与治理的人群的数量和特征；领导素质与才能对治理的影响；人际互动中的信任、认同和责任感；提高治理有效性的组织学习。围绕"文化"方面展开的研究主题有：发展文化鼓励人们参与治理，认同组织提倡的治理理念；有效治理中所包含的核心的文化价值；消除文化障碍的方式与途径。人——文化研究产生了很多具有较强解释力的成果，既深化了人们对大学治理的认识，又对改进大学治理发挥了指导作用。正是因为文化研究的推动，美国大学在治理改革中越来越强调大学的类型和文化特点，比如，传统的小型学院注重决策中的沟通和互动，重视教师参与决策；规模庞大的巨型大学重视子系统的决策能力，提倡分散化治理。

时至今日，由于角度不同，人们对何谓大学治理的理解也不尽相同。有人认为，"所谓大学治理是为实现大学目标而设计的一套制度安排，它给出大学各利益相关者的关系框，并对大学的目标、原则、决策方式、权力的分配和剩余决策权定下规则，通过大学各利益相关方追求自身目标的活动从而有效率地达成大学目标"①。当前，在高校管理体制改革中也逐步引出了大学治理的议题。大学治理的核心问题是大学决策权力的分配。从这一角度的观点认为，大学治理就是大学内外利益相关者参与大学重大决策的结构和过程。还有人认为，"大学治理对传统意义上的大学管理而言，它更强调协调、合作和沟通。治理的主体和权威除了社会公共机构外，也可以是私人机构，还可以是公共机构和私人机构的合作。在权力运行的向度上，大学治理过程可能更注重学校与政府、社会力量之间的上下互动的管理过程"②。张维迎教授认为，大学治理的基本问题，是用什么样的制度才能保护大学的目标和理念的实现。还有一些学者将大学治理进一步界定为大学内外利益相关者对大学重大事务作决策的结构和过程，是各种决策权力在各个利益相关者之间的配置与行使，包括权力分配结构和权力行使过程两个互相匹配的方面。综合以上观点，我们可以这样定义大学治理：它是在大学利益主体多元化以及所有权与管理权分离的情况下，协调大学各利益相关者的相互关系，降低代理成本，提高办学效益的一系列制度安排。大学治理结构旨在研究建立怎样的

---

① 赵成、陈通：《治理视角下的大学制度研究》，《高等教育研究》2005 年第 8 期。

② 黄建雄：《自主与调控：大学治理中的政府行为》，华中师范大学硕士学位论文。

一种组织性框架及机制，才能够在"冲突和多元利益"状况下"管理其一般事务"。大学治理结构形式上体现为一种对大学进行管理和控制的体系，其实质则是大学决策权力的制度安排问题，既表现为大学内部权力的分配、协调与行使的制度，也表现为大学与外部环境、如政府和社会等其他利益相关群体相互作用的规则。大学治理结构包含外部治理结构和内部治理结构两部分。外部治理结构主要是大学利益相关者之间的权力关系和责任义务，包括大学与政府、大学与社会、大学与用人单位、大学与投资者、大学与学生及其家庭等。大学内部治理结构主要是指大学内部利益相关者之间各种权力的分配、制约和利益实现的制度规定、体制安排和机制设计，集中体现大学管理的结构、运行及其规制的主要特征和基本要求。

高校是一个集知识创新、知识应用、知识传播为一身，融教学、科研、社会服务为一体的学术性机构，其内部组织的特征是以学科专业为基础的学术性组织架构，因此，大学内部治理结构有其自身的特点。高校内部治理结构从本质上讲，首先是一种高校内部的制度安排，即基于所有权和管理权分离而必须建立的关于高校内部不同治理主体之间权力分配和制衡关系的制度安排；其次是一种契约关系，即以法律为依据，以简约的方式规范高校内部各利益主体之间的关系；再次是一种有效的运行机制，即"通过一定的激励和约束手段调动各种因素关系，协调各种关系，以实现高校办学目标的组织和运转机制。"[①]

就我国而言，大学内部治理结构及其要素主要包括高校政治权力、行政权力和学术权力三大权力关系的配置和校院两级管理模式的构建两个方面。我国高校的权力系统包括党委形成的政治权力、校长形成的行政权力和教授形成的学术权力三种权力系统。一是以党委为核心的政治权力系统，党委领导的政治权力是指在大学内部建立党的组织，以党委作为高校的领导

---

①　王卫星：《内部控制——基于高等院校的研究》，北京大学出版社 2008 年版，第 59—70 页。

核心对重大问题进行决策。党委是学校的领导核心，统一领导学校各项工作，总览全局。其一方面支持校长独立地行使职权，另一方面协调学校内部各个方面的工作。目前我国高校内部党组织机构不尽相同，根据党委的主要责任范围，一般下辖团委、工会、纪律检查委员会，党委本身设有党委办公室、组织部、宣传部、统战部，在校内各单位设有党总支、党支部等。二是以校长为首的行政权力，包括校务委员会（或校长办公会）以及各种专门委员会，主要职能机构有校长办公室、教务处、学生处、研究生处（或研究生院）、科技处、社科处、人事处、财务处、实验设备管理处、后勤与产业管理处、外事处、招生与就业指导处、保卫处、基建处、离退休工作处、审计处（室）等部门。在纵向管理上，我国高等学校目前大都采用校、院（系）两级领导的直线—职能式领导，以校长作为最高领导全面负责本学校的教学、科研和其他行政管理工作。按照不同学科的性质设置各个不同的院系，每一级设职能机构辅助该级领导开展工作。一般高校还含有数量不等的直属机构及附属机构。三是以学术委员会为代表的学术权力，学术权力是以教授为主要代表的教职员工对学术方面以及学校的事务进行民主管理。在我国，学术权力的主要体现形式是学校校务委员会、学术委员会、职称评定委员会等机构。发挥好这些机构在行政管理和学术管理中的作用，才能保证学术权力的正确运用。学术委员会是由大学教授和专家代表组成的学术审议评议机构，其在学校领导下审议学科与专业的设置、教学与科学研究计划方案，评定教学与科学研究成果等有关学术事项。

二、和谐配置政治、行政和学术权力

我国大学治理结构的架构就在于党委领导的核心地位、校长负责的关键作用和教授治学的根本要求这三者之间的有机结合。党委的政治领导、校长的行政职权和教授的学术权力，构成高校管理体制和运行机制的基本方面，构成大学治理结构的基本要素，也分别代表了高校的政治权力、行政权力和学术权力，涉及高校基本资源即政治资源、行政资源和学术资源的优化配置问题。显然，能否达到高校权力的和谐配置和高校资源的最优配置是大学治理结构质量与效率的衡量标准。

1.完善高校党委领导下的校长负责制，明确大学治理结构的基本指向

党委领导下的校长负责制是新中国成立后特别是改革开放以来我国高校领导体制长期探索的历史选择，具有鲜明的中国特色，是党和国家积极探索高校内部管理体制实践经验的科学总结，是我国高等学校坚持社会主义办学方向和落实国家教育方针的根本保证，也是我国高等教育制度和体制的基本特征。大学治理结构要以坚持和加强党委领导下的校长负责制为前提，以改进和完善党委领导下的校长负责制为圭臬。党委领导下的校长负责制的内涵主要体现在四个方面：一是在领导管理体制上，党委是学校的领导核心，总览全局，协调各方，统一领导学校工作。二是在领导制度上，校长为学校的法定代表人，在校党委的领导下，积极主动、独立负责、依法行使职权，全面负责学校的教学、科研和其他行政管理工作。三是在工作制度上，党委必须支持校长行使职权，不可包揽具体事务；校长必须尊重党委对学校行政重大问题和重要事项的决策权。四是在决策机制上，党委对学校工作负领导责任、决策责任，党员校长按规定程序进入党委会，参加党委的集体领导和决策。四个方面相辅相成，构成一个完整有机的整体。高校党委是学校事业的领导核心，行使对学校工作的统一领导权、决策权；校长是学校行政的主要负责人，具体落实党委会的决策、决定。这种运行机制体现了集体领导与个人负责的结合，有利于充分发挥决策层与执行层的作用。正确认识、把握和实现党委领导核心的地位和作用，是加强和改进党委领导下的校长负责制的首要任务，也是完善大学治理结构的基本要求。党委对高校，不仅是思想政治上的领导，而且是改革发展稳定全局上的领导，突出表现为把握高校的思想政治领导权、对重大问题和重大事项的决策权和对重大决议执行情况的监督权。党委负有对学校发展的战略性、全局性、根本性的问题作出决策的重大职责。高校党委的领导核心地位集中体现于党委和行政的关系上。在党委和行政的关系上，党委一方面要充分行使领

导权，领导学校的全局工作；另一方面又要充分调动校长和其他行政领导的积极性、主动性和创造性，大力支持校长独立负责地行使职权。党委书记作为党委的"班长"，重要的是要摆正书记个人与党委集体之间的关系、善于处理好书记个人在党委决策过程中的作用与校长在行政实施过程中的职权之间的关系。理顺党委集体领导和校长个人负责之间的关系，把党委领导和校长负责有机地结合起来，形成高效的管理体制和运行机制，是完善大学治理结构的根本要求。

校长负责是实施党委领导下的校长负责制的基本要求，也是完善大学治理结构的必然选择。校长是学校法定代表人和行政主要负责人，全面负责学校的教学、科学研究和其他行政管理工作。加强和改进党委领导下的校长负责制，关键是要发挥校长的行政领导作用，使校长独立负责地行使行政管理职权。校长不只是党委决策的执行者，实际上也是党委决策的主要成员之一。正是在这一意义上，在大学治理结构中，校长既是学校党委决策的具体执行者，也是主要决策者。党委的"职责"和校长的"职权"，体现了大学治理结构的重要内涵。因此，"校长负责是关键"，重要的就是体现在对学校党委的负责上。对学校党委负责，才能维护党委的领导核心地位，促进党委领导职责与校长职权之间关系的和谐协调，更好地维护和实现社会、学校和师生员工的根本利益。这是完善大学治理结构的重要基础。

2. 推动行政权力从"管理"向"服务"转变，凸显大学治理结构的体制特色

高校的行政权力是依靠包括国家法律、政府意志、社会要求、学校规章等制定的强制手段形成的影响和支配大学内部成员和机构的一种权力形式，该权力具有强制性，其主体是校长及行政管理机构。从实质上看，行政权力的核心是"权"，是一种统治力、领导力，但由于大学自身学术性的特点，行政权力在高校的地位和作用应该是一种外在的决定作用。"服务学术应成

为高校行政管理者的根本理念"。① 高校的行政工作是行政权力实施的体现，它是一项探索性，创新性比较强的工作，贯穿于工作的全过程，包括计划、组织、协调、实施、控制、创新等。② 在高校管理体制改革中，作为发起者和推进者并处于主导地位的学校一方，其行政职能要服务于学院需求，实现由"管理型"行政到"服务型"行政的跨越。

第一，增强服务观念和意识。观念是行动的先导，只有树立"服务学院需求"的观念，在实际工作中才能有为学院服务的行动，才能为实现"服务型行政"奠定思想基础。③ 一是要摆正位置，准确把握校级行政工作的定位，牢固树立"发展是第一要务，服务也是生产力的"现代意识，把服务中心、服务大局、服务学院、服务群众融入工作的各个方面。在服务学院教学、科研、服务师生上创造性地行使权力，自觉把服务作为职责，把权力运用当做服务的过程，在管理中体现服务，真正实现由管理型行政向服务型行政的转变。二是要紧紧抓住师生员工最现实、最关心、最直接的问题，使各项工作和决策真正符合师生员工的愿望和利益，使广大师生员工从学校的发展中得到更多的实惠。要充分认识群众利益无小事，凡是涉及师生员工切身利益和实际困难的事情，再小也要竭尽全力去办。做到能办的事情立即办，能办但有困难的事情，想方设法办，暂时不能办的说明原因做好工作赢得谅解，避免问题及事态的激化和扩大。三是坚持从群众中来到群众中去的工作方法，真正做到"以学院为本"，做到"权为学院所用，情为学院所系，利为学院所谋"。把学院的满意不满意、赞成不赞成作为工作的出发点和落脚点，把学院满意与否作为衡量校级行政工作质量高低的第一标准。

第二，提高服务素质和能力。高校校级行政服务能力的大小、水平的高

---

① 朱益上：《服务学术为本：高校行政管理理念的必然选择》，《湖南科技学院学报》2009年第7期。

② 参见卢苇：《高等院校构建服务主导型科研管理模式的几点思考》，《南京财经大学学报》2007年第5期。

③ 参见王芳：《浅谈加强高校服务型机关建设问题》，《大连教育学院学报》2006年第1期。

低，取决于校级行政工作人员的素质。素质的高低取决于人的学习成效和经验的积累。实现管理到服务的转变，必须以培养"公正、务实、精干、高效"的高素质高效机关干部队伍为基础，提高机关干部的服务能力和服务水平。一是增强机关人员道德素质。开展社会主义荣辱观教育，树立正确的世界观、人生观、价值观和良好的职业道德，把敬业尽责作为自己最基本的要求。二是倡导"终身学习"和"工作学习化，学习研究化"的理念，在机关营造出"终身学习、全员学习、团队学习"的学习环境和氛围。二是大兴调查研究之风，注重机关干部的适应能力、思维能力、创新能力的培养，强化能力训练，实现机关干部由管理型向服务型、知识型向知识能力型、规范型向规范创新型转变。

第三，提升服务效率和质量。推进高校管理体制改革改革，作为学校层面，其核心是提高行政工作的效率和服务质量。一是要按照"管理规范、权责明确、运转协调、精简高效"的原则，从学校实际出发，科学设置机构，理顺部门职能，优化人员结构，实现资源重组，转换管理机制，提高工作效率，切实解决好机关内部职能交叉、权责脱节、推诿扯皮等问题。二是要按照"八个坚持、八个反对"的要求，进一步转变高校行政作风，优先解决好学院和师生员工反映的突出问题，把"为学院服务、为教学科研服务、为师生员工服务"落到实处。三是积极推行办公自动化，改进服务方式，充分利用网络资源优势，降低运行成本，提高办事效率。

第四，创新拓宽服务渠道。优质服务是一个动态过程，伴随着高等教育快速发展，新情况、新问题、新矛盾会不断出现。① 特别在推进高校管理体制改革过程中，学校的科技实力、教学质量、管理水平、校园环境、服务质量等都对高校行政工作建设提出了更高的要求。因此，创建"服务型行政"必须以创新为动力，按照"发展要有新思路，改革要有新突破，开放要有新

_____

① 参见陈诚：《创建"服务型机关——高校机关作风建设的问题和对策"》，《内蒙古财经学院学报》2007 年第 4 期。

局面，各项工作要有新举措"的要求，牢牢抓住为学院服务、为师生员工服务这一主题，改进服务方式，拓宽服务渠道。一是通过加强校级机关文化建设，把弘扬创新精神、营造团结进取、求真务实、敢为人先的人文环境作为校级机关文化建设的着力点和落脚点。二是要充分发挥行政机关基层党组织的战斗堡垒作用和党员的先锋模范作用。以党的先进性建设带动行政机关作风建设，以行政机关作风建设促进党的先进性建设，使两者互动，使工作重心下移，夯实行政机关作风建设的基础，提升行政机关整体服务水平。三是深入开展以"管理创新、服务创新"为主题的争创"优秀创新工作成果"活动，树立创新意识，完善创新机制，带动行政机关各项工作不断开拓创新。

第五，强化服务效果。创建"服务型行政"必须以制度为保证，建立和完善各项行之有效的行政工作制度和机制，规范服务行为，接受群众监督，强化服务效果。一是建立健全行政工作行为准则，为机关干部履行职责和学习生活有章可循。二是以考评为抓手，健全和完善行政机关作风建设考评办法，形成一套符合机关特点，且行之有效的考评激励约束机制。三是大力推行政务公开制度，实施透明服务。四是健全和完善监督机制，畅通监督渠道。

总之，在推进完善高校内部治理结构中，校级行政要服务于学院需要，实现由"管理型行政"到"服务型行政"的转变，实现行政职能的服务化。其关键是要加强组织领导，以转变观念为前提，增强服务意识；以提高素质为基础，提高服务能力；以提高效率为主线，提高服务质量；以争创先进为动力，创新服务载体；以建章立制为保证，强化服务效果。只有这样，才能确保校级行政逐步转变为"服务型行政"，才能凸显大学治理结构的体制特色。

3. 推进学术权力的回归，营造大学治理结构的宽松氛围和良好条件

学术权力来源于科学真理和专业知识。就高校而言，其权力行使的主体是教学、科研人员，主要是那些代表了大学最高学术水平的教授及由他们构成的团体。"学术权力存在是由学者们的学术地位和学术威望形成的，实质

上它是一种学术威望所构成的魅力、影响力和内聚力；它完全是自发的，是一群人自觉而又心甘情愿地追随他（她）、接受其支配"。① 要回归学术权力的地位应在内部加强学术委员会的权威，把属于学术方面的权力交还给教授。学术委员会是审议学术事务的重要机构，应定期评议大学中的相关工作，提出改进的意见和建议。要提高学术委员会的地位和权力范围，应把包括学校专业设置与建设、学科建设、教学改革方案、科研发展规划以及教学、科学研究成果的评定等有关学术事项的审议权划归学术委员会。

一是发挥学术权力在院级管理中的作用。美国著名的高等教育管理学家——罗伯特·伯恩鲍姆（Robert Brinbaum）认为，在大学里同时存在着"传统的管理科层结构"和"教师在其权力范围内对学校有关事务作出决策的结构"，这种组织结构的二重性，建立在不同的权力系统上，其中管理权力（行政权力）的基础是上级对活动的控制和协调，专业权力（学术权力）的基础是自主性和个人的知识。② 在我们推行的校园两级管理体制改革中，我们主张将行政权力和学术权力从原来的各级管理层次中进行重新的配置，行政权力作为法定权限保留在学校一级，学术权力则完全下放到学院。这就意味着在学院层面要充分尊重学者与学术组织在学术事务决策中的作用，确立学术权力在院级管理中的主导地位，实现由以行政为中心的院级管理体制向以学术为中心的管理体制转变。院级管理要面向直接从事教学、科研的学者、教授、专家以及基层学术组织，以"学术"为纽带调动和激发其积极性和主动性，不断提高学校整体和师生个人学术水平。要通过对权限的规定和划分，将学术问题的决策权回归给相应的学术组织，改变行政干预学术的不正常状态，使学术权力在学院管理中真正享有发言权、决策权，进而使教授及其学术组织真正能以主人翁的姿态，自觉把自己融入到学校的建设和发展中，最终实现"专家治校"和"教授治校"的目的。

---

① 季诚均：《大学属性与结构的组织学分析》，人民教育出版社 2006 年版，第 128 页。

② 参见罗伯特·伯恩鲍姆著，别敦荣主译：《大学运行模式》，中国海洋大学出版社 2003 年版。

　　二是营造凸显学术自由的氛围。学术权力的合法性来源于学术自由。学术自由是大学必须遵循的基本原则，只有在这个原则的坚持与维护下，大学才能致力于真理的探索。[①] 作为科研组织的高等学校及其相应院系，其正规结构虽无法脱离科层制的基本结构，但其对科学研究的信仰、价值观和理念应该是组织的中心。因此高校要创建一种倡导科学研究精神的组织文化氛围，将管理工作与科研工作交融在一起，从而将组织文化的规范性与操作性整合到有利于组织目标的实现上来。无论是教学还是科研、社会服务，大学的核心价值观是追求真理、探究高深学问。这就决定了学术是大学的标志和生命、学术的最高目标就是求真。为追求真理，教师除了要掌握高深的专门知识，还需要执著的信念、大胆的批判精神、强烈的创新意识、务实的工作态度，而且更需要一个宽松、民主、自由的氛围。只有在自由的氛围中，教师的思想才能得到彻底的解放，教师的创新精神和创新能力才能被充分地激发出来、才能找到探究真理的路径。在高校管理体制改革下，学校需要建立起一种开明的行政管理制度。在倡导学术创新、容纳各种学术观点、尊重学术权威并把他们作为大学学术管理主体的同时，又应注意从制度建设层面来预防和检视有可能出现的学术霸气，从而为新的学术思想的孕育与形成、为学术新人的成长营造宽松的环境。

　　三是以学术为中心调整学院组建思路。大学学术性的本质属性要求大学的任何改革必须以学术为中心，以发展学术为目的。因此，高校管理体制改革应该体现科学发展观的基本规律，树立"以人为本"的观念，把调动教职工尤其是重点学科带头人的积极性、能动性和创造性作为中心环节和重要内容。[②] 在学院组建上，要以学术为中心，根据不同的学科性质，规范学院的设立与调整，将相关性较强的学科集中到一起，以一个一级学科或若干个一

---

　　① 参见常维亚、赵莉：《论行政权力与学术权力的平衡——和谐管理的视角》，《国家教育行政学院学报》2007 年第 10 期。

　　② 参见祝建兵：《普通高校二级管理模式运行中权力让渡思考》，《学术探索》2007 年第 10 期。

级学科为基础来组建院系，达到消除原有专业、学科之间的壁垒，促进边缘学科、交叉学科、信息学科和大学科群的不断涌现，实现学科交叉、学科综合、学科优势互补与学术资源共享，从而凭借学科群和大学科优势，培养厚基础、宽口径和强适应性的现代科学知识综合化高素质人才，促进学校教学、科研水平的提高，为实现学校资源的优化配置与有效利用奠定基础。

同时，以学术为中心组建院系的方式需要打破原有的系和科研所的运行框架，牵涉多方利益的重组，困难较大。因此，应坚持循序渐进，稳步推进，成熟一个组建一个。在建院之初，规模不宜过大，要注重学科关系间的协同与耦合，要以学科相近、相邻为组合原则，所属各系各专业应当是紧密结合的学科群体，而不是一个松散的联合体。从长远发展的角度看，学院的规模又不能过小，以便于学科的建设和发展以及相关学科的交叉与渗透。

四是完善学术民主制度，突出学术中心地位。健全的学术民主制度是实现学院管理以学术为中心的保障。一是建立健全学术委员会制度，进一步落实和贯彻《高等教育法》，建立健全学术委员会，明确学术委员会的职责和权限，以确保专家学者参与学术事务决策的权力落到实处。二是建立和健全专业委员会及学科委员会制度。大学的学术事务是复杂多样的管理活动，既有普遍性、共同性又有差异性和特殊性。学科专业、课程设置、教材选择、教师聘任等都有学科、专业的特点。如果所有学术事务都由同一个学术委员会决策．表面看是对学术权力的重视，实际上可能会造成学术权力的不当使用。三是加强制度建设，充分保障教师权益，进一步建立健全"以教师为主体的教职工代表大会"制度①；明确规定教代会的职责并确定学者代表的比例，使教代会的组成真正反映高校各种利益群体的要求。使教职工参与学校民主管理和监督的权力落到实处。四是营造以学生为育人中心的氛围，凸显学生的主体地位。大学肩负着培养社会主义事业合格的建设者和接班人的历

---

① 参见钟秉林：《现代大学学术权力与行政权力的关系及其协调》，《中国高等教育》2005 年第 19 期。

史重任，大学不能把学生仅仅当成教育管理的客体，而要把他们当成接受教育服务的主体并采取切实措施，保障学生参与学校事务的权利。

三、积极构建校院两级管理模式

系统理论和科层管理理论对现代教育管理的影响很大。系统理论认为，"管理者面对有限资源和约束条件，只有采取结构重组和对资源的合理配置，才能达到整体优化的目的"[1]。而科层管理理论则提出了按职位分类、权力分层、法定资格、委其责任等观点。相对高校管理体制改革而言，既要优化资源配置，科学设置教学科研单位，又要以目标为导向，对职务、责任、权力和利益进行合理配置。这正印证了积极构建校院两级管理模式对于完善高校内部治理结构的重要性和必要性。推行校院两级管理体制改革包含两方面的内容，一是对学校教育资源重新整合和优化配置，形成学校——学院两级管理层次；二是转变学校职能部门的管理职能，管理重心下移，建立以学院为中心的管理体制，明确校院两级的职责和权限，以提高学校的办学效益和办学水平。

1. 优化校院两级资源和职能的配置

构建校院两级管理模式，高等学校必须以规范学院的设立与调整为起点，通过相应管理体制与运行机制的建立，强化校内公共资源的建设，实现校内资源的合理配置和校院两级管理职能的调整，提高学校资源的利用效率。

一是根据不同的学科性质，规范学院的设立与调整。在校校两级管理模式下，学校与院（部）是同时作为资源配置的主体的。根据权利与义务相统一的原则，每一个资源配置对象必须获得与其责任相称的资源，才能履行与其权利相称的义务。因此，高等学校要提高资源配置的效率，必须从资源配

---

① 参见吴静：《高校二级管理模式下宏观调控实现方式探析》，《中国高教研究》2005 年第 5 期。

置主体的设立与调整入手，进行集权与分权的适度结合，通过规范学院的设立与调整，达到管理幅度和管理层次的基本平衡，从而提高学校的管理绩效与管理效率。学院则应该建立在通用的学科专业"门类"上，满足规模性、综合实力性、学科融合性、前瞻性与生态性等条件，遵循"大学的管理模式归根结底要与学生的培养模式相协调"这一基本原则，以一个一级学科或若干个一级学科为基础来组建学院，达到消解原有专业、学科之间的壁垒，促进边缘学科、交叉学科和大学科群的不断涌现，实现学科交叉、学科综合、学科优势互补与学术资源共享，从而凭借学科群和大学科优势，培养厚基础、宽口径和强适应性的高素质人才，促进学校教学、科研水平的提高，为实现学校资源的优化配置与有效利用奠定基础。

二是明确不同的建设目标，强化校院两级资源配置。高等学校各类资源按其所服务范围的不同，可以分成校级资源与院级资源两个部分。校级资源是面向全校服务的资源，主要包括公用教室、公用实验室、图书馆、校级行政管理用房、福利与附属用房、教职工宿舍等物力资源，以及公共课教师、图书馆人员、校级机构行政管理人员、后勤人员等人力资源与校级经费等财力资源。院级资源是各院（系）、各专业使用的资源，主要包括专用教室、自用实验室、图书室、系和专业级管理教研用房等物力资源以及教学人员、科研人员、院与专业级的后勤人员等人力资源和院级经费等财力资源。现阶段我国高等学校资源配置过程中的主要问题是，教育经费投入严重不足与重复建设和浪费现象并存，校院两级资源配置结构不合理。在校院两级管理模式下，学校资源配置可以按照两个层面进行。在校级资源配置的层面上，应该根据校院两级的职能与管理目标，以加强校内公共资源的建设为重点。同时，强调学校层次的放权，防止出现高度集权时的人力、物力与财力资源过度集中于校级建设现象重演，强化校院两级资源的合理配置。在院级资源配置的层面上，必须强调学院层次的相对"集权"，建立学院资源统一规划、合理配置、院内共享、对外服务的管理制度。

三是采取不同的提供方式，提高资源的利用率。根据公共选择理论，公共产品可以采取公共提供与市场提供两种方式，高等学校的校院两级资源管理可以借鉴该理论，采取不同的方式进行生产与提供。对于体育场馆、公共教室、校园网络、图书馆、学生生活服务设施以及全校性的公益设施等校级公共资源，可以采取由学校负担建设资金的公共提供方式，从而避免校院两级管理模式下的"重复建设"问题，充分挖掘办学潜力，实现资源的优化配置，集中学校财力，提高大学的办学能力。对于中心实验室、实习基地、专用设备以及院级实验室等院级或校院两级共管的公共资源，可以采取混合提供方式，由学校、学院与社会资金共同投资建设，实行有偿使用、市场运作的模式，在保证正常教学需要的前提下，既可以为校内科研与生产提供服务，也可以在高校之间甚至向社会提供服务，以强化资源共享，提高资源的利用率。

四是精简机构，实现管理重心下移。高等学校内部管理体制改革以实现校院两级管理作为改革的切入口，通过明确校院两级的管理职权，赋予学院一定的自主权，解决了长期以来困扰学校发展的学科建设与管理效能问题的两个关键性问题，从客观上推动了一个以目标管理为主，有宏观调控能力的精干、高效、有序的校级行政管理的建立。在学校内部权力结构的划分上，根据校院两级管理的要求，学校一级的行政部门，一方面需要把一些权力集中起来，进行集权管理，行使制定目标、监控考核、研究政策、宏观调控、对外联络五大职能；另一方面，应坚持学术自由，进行适度的分权，采取集权与分权相结合的方式进行管理，把基层学科和课程的调整与设置权、科研项目管理权、教师聘任权、资源分配权、人事权等学术、行政权力下放给学院一级，使学院具有包括自主用人权、自主管理权和自主配置院内资源权等权力，成为集教学、科研、人事、财务等职能于一身的实体性机构，从而承担起学科建设、提高教育质量和社会服务三大职能，突破校级集权的模式，扩大中下层学术自主权，实现学校管理重心与权力导向的下移。

五是实施职员制，规范校级行政行为。目前，高等学校机关存在机构臃肿、人浮于事、人员素质偏低、工作效率不高的现象，影响了学校管理水平与办事效率的提高。为适应校院两级管理的需要，必须建立一支优化、精干、高效，与高校教师队伍相匹配的管理人员队伍，从而有利于职业化、专业化干部队伍的形成，充分发挥各级，各层次人员工作的积极性。职员制的实施是解决上述问题最为行之有效的办法。建立职员制，就是倡导行政管理人员的职业化，建立"淡化级别、强化职责、事职相符、责薪相对、能上能下、能进能出"的用人机制。高等学校实施职员制的基本思路是建立以问责制为基本特点的岗位责任制，以管理任务确定岗位和岗位所需最低职员职级，适当减少或取消科室，减少"长"的位置，设置"主管"、"协管"等岗位，明确岗位之间的责任关系，做到事事有人管、人人有责任。同时，适度剥离服务性职能，建立机关服务中心，实行专业化管理，减少条块分割，达到管理与服务职能的适当分离，强化学校的宏观管理职能与学院的学术管理职能。

2. 强化校级的宏观管理职能

校院二级管理体制是一种不同于高校传统管理方式的新模式，其根本目的是要解决高校发展的动力机制问题，它的核心就是降低管理重心，下放管理权力，调整管理跨度，规范管理行为，真正建立起学校宏观调控、学院自主办学的高校运行机制，促进学科的整合和发展，激发各级组织的活力，切实提高办学效益。要想真正建立起科学高效的校院二级管理模式，宏观调控和自主办学是两个根本出发点，两者相辅相成，缺一不可。①

强化校级宏观调控就是在赋予学院充分的自主权、鼓励学院自我管理、自我发展的同时，校级行政要把工作重点从直接管理转移到计划、指导、协调、监督和服务等宏观调控上，实现管理模式的跨越和优化。校级宏观调控的主体实质上是校级行政部门，其发挥宏观调控作用体现在计划、指导、协

---

① 参见吴静：《高校二级管理模式下宏观调控实现方式探析》，《中国高教研究》2005 年第 5 期。

调、监督职能和服务职能五个方面。制定学校近远期战略发展规划、学校学年工作要点、学期工作重点以及主持制定部门工作计划等是学校把握总体办学方向、分步实施办学目标的关键手段，也是行政部门贯彻学校办学思路、发挥宏观调控作用的重要途径；对二级学院教学、科研、管理等方面进行积极有效的指导既是帮助学院开展规范管理、维持良性运转的过程，也是把学校的办学思路和管理理念融入学院日常管理，从而形成学校整体办学特色的过程；组织协调是校级行政机关发挥整体资源优势，从全局角度出发统筹安排，合理调配公共资源，使"全校一盘棋"的观念通过行政职能部门的有效协调落实到学校日常管理中；监督是校级职能部门在指导协调，提供服务的同时，对学院财务、教学、管理等活动进行监督管理，以确保学院在学校的统一领导下规范管理，有序运行，健康发展；"以全面管理为主"转向"以服务为主"是二级管理模式下行政部门职能转变的重要标志，这种服务既有政策咨询服务，也有技术服务，既有信息服务，也有后勤服务，这种服务过程也是宏观调控的重要内容。

强化校级宏观调控力度的途径是学校利用预算、制度、指标、契约、信息等载体把工作重点从直接管理转移到督促检查和协调服务上来，实施科学管理。在预算管理上，学校财务部门要通过预算编制审核、预算执行追踪、预算决算清查等来强化对学院财务的宏观调控。首先是加强预算编制的审核。学院上报年度财务预算方案后，学校财务主管部门要进行严格审核，结合学校规划、办学经费总额以及学院实际情况编制学校年度财务预算，经学校审议通过后下达；其次是加强预算执行的追踪。对学院预算执行过程实施实时监控，建立预警机制，定期检查并进行财务分析，一旦发现预算执行偏差，及时反馈信息给学院，督促学院分析原因后采取必要措施调整，以确保预算目标的顺利完成；最后是加强预算决算的清查。每一年度结束时对学院财务进行决算，根据各学院执行情况，给予相应的奖励和惩罚，适当的激励用来激发学院严格执行预算和节俭办学的积极性，预算执行情况不理想的学院则可以通过决算分析重新审视当年度预算编制及执行的科学性、计划性、合理性，为下年度资金的安排和使用提供借鉴。

　　制度管理是二级管理模式下校级行政部门由实施直接管理转为宏观调控的最有效工具。随着高校管理体制改革的不断深入，新情况、新问题也会不断出现，职能部门要根据学校办学实际和学院遇到的具体问题提出政策设想，确立政策导向；建立健全各种规章制度和管理办法，使学院的各项管理活动都能做到有章可循，真正实现"以政策引导人，以法规约束人，以制度管理人"。为此，首先要保证制度本身的合理性、可行性。制定符合学校管理实际的制度，是学校实施和谐管理、提高管理能力的前提，也是学校提高执行力的基础。① 学校制度建设，要充分考虑学校的实际校情和地域特点，要考虑教师的可接受性，要适应教职工生的发展需要。只有这样才能确保制度管理的合理性，才能有利于发挥制度的宏观激励和约束功能。其次，要严肃制度的坚强执行力。在学校管理过程中，一旦制定出切合实际的制度，如何执行、执行得是否彻底公开就显得至关重要。没有执行好或执行有偏差，任何好的决策或目标都不可能成功，再健全再完善的制度也只是墙上画虎成为摆设，学校的发展也不过是海市蜃楼、昙花一现。事实证明，制度制定以后关键是执行。考核一个学校的办学水平，在某种意义上说，就是考量一个学校制度的执行力。再次，注重刚柔相济，制度管理要与人本管理相结合。制度面前人人平等，强调制度的执行力，这是对的，但在执行制度的同时，还要挖掘制度中蕴藏的"人文关怀"，还要体现制度决策者的人本意识。在维护制度的权威性、公平性、公正性的同时，要充分体现制度的"柔性"一面，要充分体现对人的关怀。在制度建设上要体现以学生为本的教育理念、以教师为本的激励理念；在制度的落实中要突出发展这一核心，夯实尊重这一基础，抓好和谐这一根本。②

　　建立有效的评估指标体系是学校实现宏观调控的必要手段，也是检测

---

① 参见金坤荣：《学校制度管理要三思》，《新课程研究》2007 年第 10 期。

② 参见段纪满：《学校制度管理中的以人为本》，《新课程研究（教育管理）》2007 年第 6 期。

管理水平和管理成效的重要工具。在高校管理体制改革中，学校可以参照《普通高等学校本科教学工作水平评估方案》制定学院办学水平评价指标体系，设立师资结构、教学条件、教学管理、课程建设、科研水平、教风、学风、学习效果与社会评价等评估指标。以此指标为基础定期对学院开展评估工作，把评估结果作为对学院招生计划、预算编制以及学院工作考核的重要依据，同时根据形势发展的需要逐年调整评价标准，以促进学院不断向前发展。另外，学校各职能部门可以分门别类制定教师、中层干部考核指标、教师课堂教学评估指标、科研工作考核指标等，通过科学化、系统化的指标建设，规范学院办学，帮助学院形成自我管理、自我发展的良性运行机制，进而实现学校的宏观调控。

全面契约管理思想是颜美达于 2005 年提出的。它是指在人力资源管理当中，根据企业的具体情况，把经济契约与心理契约有效地结合起来，促进组织与员工的共同持续发展。① 在高校管理体制改革中，推行契约管理是指在自愿和互利的基础上以合同或协议的形式规定校院双方的权利义务、明确管理职责的管理方式。这种管理方式在后勤管理上应用最为广泛，包括宿舍管理、水电通信管理、饮食服务以及校园日常管理等。后勤公司成立后，学校将行政拨款制改为服务收费制，建立甲乙方关系的社会化服务保障体系，计财处代表学校以契约合同形式提出后勤各项工作的计划、任务、要求并对其服务价格、标准、质量进行检查、监督，并根据服务内容与质量支付结算。一旦发现违约行为，轻者予以经济惩罚，严重者终止项目合作。另外，安全保卫部门与学院签订的治安、消防安全责任书，学生处与新生及家长签订的契约管理协议书，资产管理部门与学院签署的资产管理责任书，人事管理部门与教职工签订的聘用合同等，均属此类管理。

信息的及时流通、传递和反馈不仅有助于提高管理效率，而且为科学决策提供了重要依据，并且对各项工作起着有效的评价和监督作用。学校职能

---

① 参见夏桂华、任杰:《浅析对高校教师的全面契约管理》,《商业经济》2006 年第 9 期。

部门通过信息开展有效管理主要分为两个层次：一是对学校整体办学资源信息进行收集整理，形成数据库和信息库，在此基础上进行分析与预测，加强研究力度，总结经验，提出设想，为学校提供决策根据；二是搭建信息交流平台，借助网络媒介，实现指导性信息、服务性信息以及优质教育资源共享，建立信息通报制度，把对学院检查评估获取的信息全面客观地反映出来，通过学院间的横向比较和学院自身的纵向评价达到督促学院自我完善、自我调控的目的。

3. 建立校院两级财务管理体制

由于我国高等学校长期以来办学经费处于紧张状态，学校财务管理一直采取高度集中的财务管理体制，这种体制对于集中财力解决学校迫切问题起到了很好的作用，但是随着办学规模的扩大，其负面效应也开始显露出来，主要表现为学院的主动性被抑制，办学积极性难以发挥。在校院两级管理模式下，正确处理集权与分权的关系，明确校院两级的支出责任，确定合理的分配要素与相应的财力资源分配模式，建立事权与财权相统一的财务管理体制，不仅是实现学校财力资源有效配置的重要前提，也是实现校院两级管理，确保改革顺利进行的关键。

第一是明确校院两级的支出责任，实现事权与财权的有机统一。校院两级支出责任的划分，应按照强化目标管理与宏观控制，降低管理重心与简政放权的原则，将能下放的职责尽量下放到学院。保留在学校本部的支出，是为了实现学校的职能而设立，主要应包括三个部分：一是维持学校机关运行的支出；二是离退休人员的支出；三是涉及公共资源以及基本建设等不宜下放或确实无法下放的支出。下放到学院的支出，是为了实现学院的职能而设立，主要应包括两个部分：一部分是基本支出，即学院的运行支出，包括人员支出、学生支出与运行费用三个部分，它是维持学院正常工作秩序的基础，学校必须将这些支出明确到各学院，让学院进行自主管理，做到事权与财权的统一；另一部分是专项支出，它的设立是为了解决学校不同阶段的发展重点与突出问题，有利于实现学校的发展目标与提高资金使用效益。

第二是确定相应的分配模式，实现财力资源的合理配置。校院两级管理模式不仅涉及学校财力的分配问题，对不同利益格局的调整也产生了深刻影响，因此，必须确定合理的分配要素和建立科学的分配模式，实现学校财力资源在学校与学院之间以及不同学院之间的合理配置。在分配要素的确定上，应设立包括学生规模、职工队伍、学科构成与科研水平等多因素的指标体系，以照顾不同学科类型、不同生源层次、不同办学规模与不同办学水平学院的现状与发展要求。在分配模式的构建上，应该按照"效率优先、兼顾公平"的原则，采用"运行经费＋专项经费"的模式，建立"运行经费"按公式计算分配，"专项经费"由职能部门与相关学术机构按项目递补的学校财力资源配置制度，解决校内资源配置过程中个别与一般、重点与一般等问题，实现学校财力资源的合理配置。

第三是建立合适的财务管理体制，实现集权与分权的有效结合。校院两级管理模式下的财务管理体制，应在《高等学校财务制度》的统一要求下，根据学校权力结构的划分与校院两级管理职能的特点，按照事权与财权相统一的原则，建立"统一领导、分级管理"的财务管理体制及其"院为主体，权责明晰，一级核算，两级管理"的学校财务工作运行机制。在这一体制模式下，学校的财务政策、财务资金、会计核算工作与会计人员等应由学校统一管理，确保学校财力资金的集中与会计政策的统一。学院作为管理的主体，则应负责预算的编制，院内管理制度的制定，经费的审批与使用，职工收入分配等具体的财务管理工作，既扩大学院自主管理的权力，又加大学院自我约束的责任。

4. 建立相应的制衡制约机制

由于校院两级管理体制改革涉及制约因素十分复杂，涉及面广，问题复杂，每个教职工对改革的认同感的差异以及各种利益调整带给个体的后果的多样性，将给改革带来很大的阻力。① 因此，我们在推行高校管理体制改革

---

① 参见闵维方：《高等教育运行机制研究》，人民教育出版社 2003 年版。

的过程中就必须进行相应的配套改革、营造良好的改革环境，通过建立健全有效的评价与监控机制的建立，为校院两级管理模式的成功实施奠定基础。

　　一方面要推进学校服务社会化改革，营造良好的办学环境。校院两级管理模式实施以后，学校公共服务职能必须从管理工作中分离出来，组建独立运行的服务体系，并按照服务产品的性质，采取不同的生产与提供方式，建立符合自身规律的运行模式。第一，按照私人产品性质，改革后勤服务模式。通过财务管理体制的改革，将现行集中到学校后勤部门的运行经费分配到各学院（包括机关），建立后勤服务有偿使用的制度，从而改革现行不计成本的纯后勤服务模式，建立内部成本核算制度，实行企业化模式运作。第二，借鉴公共产品与私人产品的生产方式，改革教学服务模式。一是对教学行政服务与体育场地、图书馆、公共教室等校级公共教学资源采取公共提供的方式，由学校承担运行费用；二是对教学用水电、教具维修、教学用车、教材供应、教学印刷等教学后勤服务项目，采取市场提供的方式，由用户（学院）付费使用；三是对中心实验室、实习基地等教学物力资源的建设与使用，采取混合提供的方式，由学校承担建设责任，由用户（学院）付费使用。第三，建立公平竞争的高校服务市场体系。高校服务市场体系必须引入竞争机制，打破校内垄断的行为，让学院在选择服务对象，决定服务内容，确定服务价格上有充分的自主权，以确保服务质量，降低学院运行成本，提高办学效益。

　　另一方面要完善学校绩效评价体系，强化学校的监督职能。校院两级管理模式实施以后，学院拥有更多的自主权，学校的职能将从直接管理向监督控制转变，工作的重心是实现目标管理，强化过程监督，突出评估与考核。从学校层面出发，一是要建立科学的教学评价体系。在校院两级管理模式下，对学院教学工作的评价应采取日常教学评价与学院办学水平综合评价两种形式。在实施过程中，日常的教学评价工作应当结合日常的教学督导、教学检查、学科与专业评估等工作进行；学院办学水平综合评价应借鉴教育主管部门对于高等学校的评估办法，采取以本科教学工作为评估对象的教学评估形式，结合院长任期目标考核进行。二是建立有效的预算监督体系。根据学院事业发展计划与学校年度财务预算，强化以学院为主体的两级预算编制工作，树立院级预算的权威；学校财务部门要根据国家财政方针政策，监督学院严格执行预算，促使学院自觉遵守国家财政制度，建立科学的学院内部民主理财机制；要建立严格的院长任期目标考核体系，院长的任期目标考核要通过建立相应的指标体系与完善相应的考核机制来实现。指标体系的设立，应该从规模、质量、结构与效益四个方面，重点对学院的办学状况与发展潜力进行考核，强调学院的发展规划与远景目标，注重眼前利益与长远利益的统一，防止以牺牲质量为代价的短期行为。同时，考核评价机制应该围绕院长任职期间的德、能、勤、绩四个方面的内容进行，关键是要建立责、权、利相统一的院长任期目标责任制度与责任追究制度。

从学院层面分析，要建立学院自我约束机制，落实学院的发展责任。校院两级管理模式实施后，学院的职能由现行单纯的教学活动执行者转变为具有综合管理职能的办学实体，这客观上要求学院建立自我约束与自我发展的运行机制，从而肩负起学院的发展责任。第一，健全学院行政管理组织，建立有效的决策机制。学院应建立"院长全面负责、党组织政治保证、教代会民主管理"的高效能决策执行系统与决策反馈系统，健全院长负责制下的行政管理组织，确立院长对内全面领导学院教育、教学和行政管理工作，对外代表学院对学校承担学院管理的责任，确保学院各项决策的正确制定与认真落实，积极把握发展机遇。第二，健全学院学术权力组织，建立有效的咨询机制。学院应健全以教授为主体的院学术委员会、学位委员会、专业与课程委员会等学术权力组织，通过明确学术权力组织的性质与职权范围，充分发挥其在教学、科研方面等学术事项咨询与审议的职能以及教学质量监控与教师业务考核上的主导作用。第三，健全院级教代会制度，建立有效的监督机制。学院应建立以教师为主体的教职工代表大会制度，对学院的办学方向、发展规划、财务预算、影响职工切身利益的政策以及学院的重大决策进行审议，依法保障教职工参与对学院的民主管理和监督的权利，维护教职工的合法权益。①

校院两级管理模式的构建是一种不同于过去二级行政机构的新的管理模式，其实质是使学校原有的以职能部门为主体的管理模式转变为以二级学院管理为主体的管理模式，其根本目的是使高校能主动适应社会改革和发展形势的需要，确立、调整学校与二级学院及职能部门之间的责权利关系，使二级学院通过相对的自主办学，更好地促进学科的整合和发展，激活基层的办学活力，有效地提高教育教学质量和办学效益。这种改革既需要观念上的更新，也需要在制度上的完善，既需要体制上的突破，也需要内容上的丰富。因此，构建校院两级管理模式应以转变观念为前提，以优化校内资源配置作基础，以实现学校又好又快发展为目的，通过校院两级管理职权的调整，财务管理体制的构建，相关配套改革的实施赋予学院更多的自主权，确立学院"主体性"结构的地位，从而推动学校管理重心的下移，实现管理与监督、服务与指导的和谐统一，促进高校管理体制改革的全面实施。

① 参见刘天佑、周清远:《高等学校构建校院两级管理模式若干问题》,《教育研究》2005 年第 11 期。

后　记

　　在全球变革的背景下，世界范围内高等教育正在发生着深刻的变化，正在向更密切的外部联系和更复杂的内部结构的方向演变。我国的高等教育经过一个多世纪的探索，既借鉴了外国的经验，又深深根植于中国传统文化的土壤之中，形成了中国特色的高等教育体系，为中国的社会发展和进步作出了重大贡献。改革开放以来，传随着我国经济社会的变革与高等教育自身的发展，我国高等教育就踏上了改革之路，作为这一改革的重要组成部分，我国高校管理体制改革从 20 世纪 70 年代开始，先后经历了酝酿与尝试阶段、启动和全面探索阶段、逐步深化阶段和全面推进并取得突破性进展阶段四个阶段。尤其是自 20 世纪 90 年代以来，这一改革逐步深化，取得了重大成就，促进了办学理念的更新、优化了教育资源配置、提升了学校办学水平、促进了办学效益的提高，积累了宝贵而丰富的经验。

　　当今世界正处在大发展、大变革、大调整时期。世界多极化、经济全球化深入发展，科技进步日新月异，人才竞争日趋激烈。我国正处在改革发展的关键阶段，经济建设、政治建设、文化建设、社会建设以及生态文明建设全面推进，工业化、信息化、城镇化、市场化、国际化深入发展，人口、资源、环境压力日益加大，经济发展方式加快转变，都凸显了提高国民素质、培养创新人才的重要性和紧迫性。中国未来发展、中华民族伟大复兴，关键靠人才，基础在教育。面对前所未有的机遇和挑战，必须清醒认识到，我国高等教育还不完全适应国家经济社会发展和人民群众接受良好教育的要求。但作为高等教育领域内的重大改革，我国目前的高校管理体制改革并未完成，大部分领域还处在摸索、攻坚阶段，个别领域还将在长期时间内成为政策权衡与学术讨论的焦点。高校办学自主权的缺失、学校的统一集权和学院的自主管理的矛盾、学术权力和行政权力的失衡、管理效能的不足以及功利化思想对高校的冲击已经成为制约高校管理体制改革的瓶颈。进一步深化高校管理体制改革成为全社会共同心声。

依据高校管理体制改革的基本理论，结合对河南农业大学管理体制改革的实践分析，笔者认为，当前我国高校管理体制改革要与社会主义市场经济发展相适应，与高等教育宏观管理体制改革相适应，不断提高教育质量，完善资源配置机制、优化动力机制、健全监督机制，实现管理体制的真正创新，促进管理效率的有效提高，从而促进高校的全面、稳定和可持续发展。高校管理体制改革的核心是按照责、权、利相统一的原则，有序地推进管理重心下移，扩大学院自主权，形成在学校统一领导、调控和监督下学院相对独立自主运行的体制；突破点是从观念、体制、制度、形式等多方面实现从"管理型"行政到"服务型"行政职能的转变；重点是进一步建立以学术为中心的院级管理体制，逐步代替以行政为中心的院级管理体制；关键是进一步强化校级宏观调控力度，实现管理模式的优化，进一步完善相关配套改革；保障不断强化对学院的评价和监控机制。最终的目的是通过转换机制，使高校管理更加趋于科学和合理，以充分调动教职员工的积极性，增强办学活力，提高办学质量和效益。

责任编辑:王世勇

图书在版编目(CIP)数据

浪涌象牙塔——新视野下高校管理体制改革研究/褚金海　高　昕　著.
－北京:人民出版社,2011.11
ISBN 978－7－01－010395－2

Ⅰ.①浪…　Ⅱ.①褚…②高…　Ⅲ.①高等学校-学校管理-体制改革-研究-
中国　Ⅳ.①G647.1

中国版本图书馆 CIP 数据核字(2011)第 227090 号

浪涌象牙塔
LANG YONG XIANGYATA
——新视野下高校管理体制改革研究

褚金海　高　昕　著

人民出版社 出版发行
(100706　北京朝阳门内大街 166 号)

环球印刷(北京)有限公司印刷　新华书店经销

2011 年 11 月第 1 版　2011 年 11 月北京第 1 次印刷
开本:710 毫米×1000 毫米 1/16　印张:22.75
字数:324 千字　印数:0,001－2,000 册

ISBN 978－7－01－010395－2　定价:48.00 元

邮购地址 100706　北京朝阳门内大街 166 号
人民东方图书销售中心　电话 (010)65250042　65289539